D1929242

Zu diesem Buch

Die Azteken schufen das mächtigste Imperium Mittelamerikas. Ihr Zeitalter, dem die Feldzüge des Hernán Cortés von 1519 bis 1521 ein jähes Ende setzten, brachte eine jahrtausendealte Kultur zur Hochblüte. Technotitlan, die Lagunen-Hauptstadt im Hochtal von Mexiko, übertraf mit ihren Häusern, Tempeln und Palästen, mit ihren Gärten, Aquädukten und Brücken alle Städte des damaligen Europa an Größe und Glanz. Kriegerische Expansion und weitgespannter Handel schufen die Voraussetzungen für verschwenderische Prachtentfaltung und grausame Opferkulte. Höhepunkte und Alltag im Leben der Azteken sind uns in Bilderschriften und Chroniken farbig überliefert. Auf sie gestützt beschreibt Nigel Davies mit seltener Kennerschaft den Aufstieg der Azteken zur Macht und ihr rätselhaftes Unterliegen gegen eine Handvoll bewaffneter Spanier. Aus aztekischer Sicht gibt er zudem einen erschütternden Bericht über den Niedergang eines Volkes, in dem der europäische Kolonialismus ein erstes Opfer fand.

Nigel Davies, geboren 1920 in England, wurde in Eton ausgebildet. Von 1947 bis 1961 leitete er ein Familienunternehmen. 1962 übersiedelte er nach Mexico City, wo er seither lebt und sich dem Studium der Geschichte und Kultur der alten Völker des Landes widmet. Für seine Arbeit wurde ihm von der Universität London die Doktorwürde und von der Staatsuniversität von Mexiko der Grad eines Magisters verliehen. Eines seiner Werke – geschrieben in spanischer Sprache – wurde vom Staatlichen Mexikanischen Institut für Anthropologie, ein zweites von der Staatsuniversität veröffentlicht. Nigel Davies spricht mehrere Sprachen und hat alle Länder Lateinamerikas besucht.

Nigel Davies

Die Azteken

Meister der Staatskunst – Schöpfer hoher Kultur

rororo

Rowohlt

Davies Of 654

Süddeutscher Rundfunk
Anstalt des öffentlichen Rechts
BIBLIOTHEK

1989-G-110

49.–58. Tausend Januar 1989

Veröffentlicht im Rowohlt Taschenbuch Verlag GmbH,
Reinbek bei Hamburg, Januar 1989
Die Originalausgabe erschien unter dem Titel
«The Aztecs. A History» im Verlag Macmillan, London
Übersetzung aus dem Englischen: Stasi Kull
Umschlagentwurf Walter Hellmann
(Wandgemälde eines Gebäudes in Teotihuacan, Mexiko /
Archiv für Kunst und Geschichte, Berlin)
Copyright © 1974 by Econ Verlag GmbH, Düsseldorf und Wien
«The Aztecs» © 1973 by Nigel Davies
Gesamtherstellung Clausen & Bosse, Leck
Printed in Germany
1280-ISBN 3 499 18522 9

Die Azteken

Tenochtitlan.

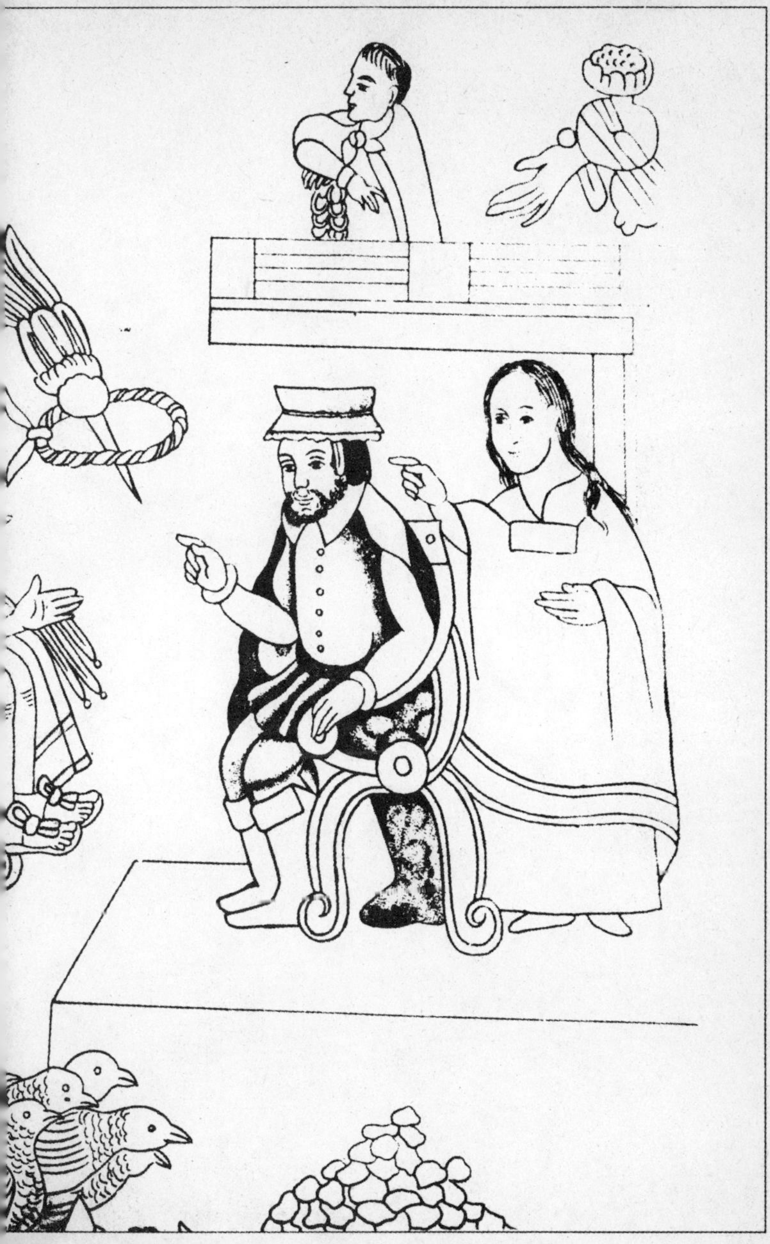

Inhalt

4. KAPITEL: MOCTEZUMA I. – DAS REICH NIMMT GESTALT AN

5. KAPITEL: EINE NEUE EPOCHE

6. KAPITEL: DER LÖWE VON ANAHUAC

7. KAPITEL: EIN MANN IN SEINEN BESTEN JAHREN

8. KAPITEL: DER SONNENUNTERGANG

9. KAPITEL: AZTEKISCHES NACHSPIEL
S. 357–384

ANHANG
S. 385–429

REGISTER
S. 431–438

Vorwort

Dieses Buch soll in großen Zügen die Geschichte eines bemerkenswerten Volkes bringen, das wie seine peruanischen Zeitgenossen, die Inkas, erst im letzten Zeitraum vor der spanischen Eroberung berühmt wurde.

Es ist eine dramatische Geschichte von einer ziemlich armseligen kleinen Gruppe später Einwanderer im Hochtal von Mexiko, die schließlich nach vielen Fehlschlägen auf zwei winzigen Inseln in der Lagune siedelten und sich dann daran machten, alle ihre stolzen Nachbarn zu überwältigen. Im Verlauf von Jahrzehnten erweiterten sie ihre Stadt, bis sie größer war als irgendeine in Europa, und ihr Reich, bis es die Küsten beider Ozeane erreichte.

Als ich vor vielen Jahren Mexiko zum erstenmal besuchte, war ich wie so viele andere erstaunt über den Reichtum, die Schönheit und die Vielfalt der Monumente, die schweigend von des Landes großer präspanischer Vergangenheit Zeugnis ablegen. Mir erschien es ganz außerordentlich, daß ein zu jener Zeit von der übrigen Menschheit völlig abgeschlossenes Volk eine Zivilisation hervorgebracht hatte, die es mit den mir bereits bekannten Kulturen der Alten Welt aufnehmen konnte.

Meine Wißbegierde wurde durch die Tatsache noch gesteigert, daß zumindest für die jüngeren der Kultstätten historische Berichte greifbar waren, die ebenso ausführlich und persönlich waren wie viele jener über Ruinen in anderen und bekannteren Regionen. Überdies war es äußerst aufschlußreich zu entdecken, daß dieses Volk, so entlegen vom zeitgenössischen Europa und Asien, als hätte es auf dem Mond gelebt, im Denken und Tun gar nicht so völlig verschieden war.

Während der anschließenden Studien und Forschungen fiel mir ganz besonders die gähnende Kluft auf, die den Besucher Mexikos von jeglicher Berührung mit der bekannten Geschichte des Gebietes fernhält, weil diese auf zugängliche Art und Weise einfach nicht verfügbar ist. Natürlich kann man die Arbeiten bestimmter Chronisten erwerben, wovon einige sogar ins Englische und Deutsche übersetzt sind. Sie erscheinen jedoch ohne bereits vorhandene Kenntnisse wirr und sogar langweilig und können auch nur in Buchhandlungen erstanden werden, die darauf spezialisiert sind.

Einerseits widmen Ströme von Besuchern Zeit und Mühe ohne Ende, um weit entlegene archäologische Stätten zu erreichen, ohne sich direkt oder indirekt darüber klar zu sein, daß diese in einem historischen Zusammenhang stehen. Andererseits bemerkte ich während meines Aufenthaltes in Mexiko, daß Leute, die streng genommen keine Wissenschaftler sind, aber große Wißbegierde bekunden und in bestimmten Bereichen der alten mexikanischen Kultur gut unterrichtet sind, zum Beispiel in der Kunst und in der Architektur, noch nicht einmal vom Vorhandensein, sagen wir der Tepaneken gehört haben, jenem bedeutenden und historischen Volk, das, wie wir sehen werden, die Azteken die Kunst der Staatsgründung gelehrt hat!

Viel ist in der Tat über die Azteken oder Mexica geschrieben worden. Aber diese Studien befassen sich hauptsächlich mit ihrer religiösen und gesellschaftlichen Ordnung. Außerdem haben Angelegenheiten wie Handel, Kriegsgeschehen, Waffen, Art der Kleidung und sogar Eß- und Trinkgewohnheiten angemessene Beachtung gefunden.

In jüngerer Zeit ist jedoch wenig über die politische Geschichte der Azteken veröffentlicht worden – das heißt, über die vollbrachten Großtaten – und über die Männer, seien es Helden oder Übeltäter, die sie ausgeführt haben. Mit meinem Buch möchte ich versuchen, diese Lücke zu füllen.

Zu einer Zeit, da Mexiko eine zunehmend wichtige Stellung in der modernen Welt bekommt und das allgemeine Interesse an den vorkolumbischen Völkern täglich größer wird, scheint es eine lohnende Aufgabe zu sein, eine historische Darstellung von den tatsächlichen Ereignissen in den letzten Jahrhunderten vor der Ankunft der Spanier zu geben, wobei die bestehenden Kulturen einen plötzlichen Untergang erlitten, wie es niemals irgendeiner anderen Zivilisation widerfahren ist.

Tatsächlich ist der Zeitraum des aztekischen Reiches und etwa das Jahrhundert, das seiner Gestaltung vorausgeht, der einzige Abschnitt der alten mexikanischen Geschichte, für den genaue Angaben über Ereignisse und Persönlichkeiten zur Verfügung stehen.

Natürlich hat die moderne wissenschaftliche Archäologie das Vorhandensein anderer höherer Zivilisationen in Mexiko, und zwar lange vor den Azteken, entdeckt oder bestätigt – Kulturen, die im ersten Jahrtausend vor Christus mit den Olmeken begannen und ungefähr im zehnten und elften Jahrhundert n. Chr. mit den Tolteken endeten –, die in großen Bereichen kulturellen und wahrscheinlich auch militärischen Einfluß hatten. Infolge des Fehlens von schriftlichen Berichten jedoch sind der genaue Umfang und die Art des Wirkens dieser Zivilisationen schwer zu bestimmen. Sogar unsere Kenntnis von der Geschichte der Tolteken ist in der Hauptsache auf ihren Niedergang und Fall begrenzt. Damit sind unter den vorherrschenden Völkern in Mexiko nur etwa die Azteken die letzten, über die im allgemein anerkannten Sinn des Wortes eine zuverlässige Geschichte geschrieben werden kann.

Im alten Mexiko jedoch vollzogen sich Wandlungen sehr langsam. Während in Mesopotamien ein Imperium auf das andere folgte, sollte man das aztekische Zeitalter einfach als den letzten Akt eines langen dramatischen Geschehens betrachten. In vieler Hinsicht waren die Azteken eigentlich mehr Nachahmer als Anreger. So wie man viele toltekische Gebräuche in frühere Zivilisationen zurückverfolgen kann, so stammt auch vieles, was man oft für typisch aztekisch hält, in Wirklichkeit von den Tolteken. Und in vieler Hinsicht sind die toltekischen und aztekischen Kulturen selbst nur Variationen zu einem großen Leitmotiv, das bereits in den ersten Jahrhunderten unserer Zeit in der riesigen Metropole Teotihuacan geboren wurde. Die ehrfurchtgebietenden Monumente dieser Stadt in der Nähe von Mexico-City bestehen noch, und ihr kultureller Einfluß reichte bis in das ferne Guatemala, wohin sogar kaum die Azteken vorgedrungen waren.

Der tatsächliche Begriff ›Azteke‹ ist geeignet, Verwirrung zu stiften. In ihrer eigenen Sprache gab es ursprünglich einen Ausdruck

Azteca oder *Aztlaneca* – ein Name, der von ihrem überlieferten Herkunftsort Aztlan abgeleitet wird. Später wurden sie aufgrund einer Weisung ihres Schutzgottes umbenannt und als Mexica bekannt (wird Meschika ausgesprochen). Von diesem Namen kommt das moderne ›mexikanisch‹ oder ›Mexiko‹.

Als die Spanier ankamen, scheint das Volk sich nicht als ›Azteken‹ bezeichnet zu haben, und im allgemeinen wird dieser Begriff auch nicht von den frühen Chronisten verwendet. Erst im achtzehnten Jahrhundert kam die Bezeichnung ›Azteke‹ durch den Historiker Clavijero in häufigeren Gebrauch. Im besonderen schrieb er vom ›Aztekischen Reich‹, und als solches wurde es in der Folge bekannt.

Der Begriff ›Azteke‹ ist mangels eines besseren in der Tat unentbehrlich geworden, und zwar, weil der Ausdruck ›Mexica‹ oder ›Mexikaner‹ der Name eines einzelnen Volkes von mehreren ist, die das Reich eroberten. Das Reich wird darum am zutreffendsten als ›aztekisch‹ bezeichnet, in Übereinstimmung mit der bestehenden Gewohnheit.

Im Hinblick auf die Mexica, die tatsächlich das Rückgrat des Reiches waren, ist es darum am sinnvollsten, selbst auf die Gefahr hin, pedantisch zu erscheinen, sie lieber ›Mexica‹ als ›Mexikaner‹ zu nennen. Die letztere oder hispanisierte Fassung ist irreführend, da der Begriff alle späteren Einwohner des modernen Mexiko umfassen sollte, von denen, strenggenommen, verhältnismäßig wenige von den ursprünglichen Mexica abstammen.

Es mag nützlich sein, einige Worte über das zugängliche Quellenmaterial anzufügen, das glücklicherweise reichlich vorhanden ist.

Im großen und ganzen gibt es zwei Gattungen:

Die eine besteht aus den Bilderhandschriften, als Kodizes bekannt, auf einheimischem Papier gemalt und ziehharmonikaartig gefaltet. Es gibt verhältnismäßig wenig Kodizes, die sich auf historische Ereignisse im Hochtal von Mexiko beziehen, sie sind selbst Kopien von Originalmanuskripten aus der Zeit nach der Eroberung.

Die zweite Gruppe besteht aus Büchern, die ebenfalls nach der Eroberung, entweder in spanischer Sprache oder im einheimischen Nahuatl, in lateinischer Schrift verfaßt worden sind. Dieses

Material, das sowohl auf früheren Kodizes wie auf mündlicher Überlieferung beruht, ist reich und mannigfaltig. In dieser Beziehung sind wir den ersten spanischen Ordensbrüdern und ihren indianischen Schülern zu großem Dank verpflichtet.

Diese schriftlichen Quellen sind hervorragend, die Angaben, die sie vermitteln, widersprechen sich jedoch oft und sind schwer zu entwirren. Da dieses Buch für den Durchschnittsleser gedacht ist, habe ich versucht, ein in der Tat verwickeltes Stück politischer Geschichte, soweit es menschenmöglich ist, in großen Zügen darzustellen und zu vereinfachen. In der schwierigen Frage der Chronologie wurden Ergebnisse früherer Untersuchungen für den Zweck dieses Buches gekürzt. Lesern, die sich weiter in die Materie vertiefen wollen, werden Literaturhinweise und Anmerkungen nützlich sein.

Natürlich ist neben den schriftlichen Quellen für bestimmte Teile unserer Geschichte manches archäologische Beweismaterial eine Hilfe. Die Spanier zeigten jedoch eine Neigung, die zu der Zeit ihrer Ankunft noch in Dienst stehenden Kultzentren als Teufelswerk zu zerstören. Viele der spanischen Kirchen und Klöster, wie zum Beispiel Santiago de Tlatelolco, wurden aus den Steinen der früheren Pyramiden und auch ungefähr auf deren Gelände aufgebaut. Demzufolge stammen viele der erhaltenen Monumente, die heute zu sehen sind, aus der voraztekischen Zeit. Der jetzige Besucher muß seine Phantasie bemühen, um erkennen zu können, daß ihn nicht so viele Jahrhunderte von der Aztekenzeit trennen wie die Azteken von einigen der großartigsten Überreste der mexikanischen Vergangenheit.

Der Schwerpunkt dieses Buches liegt auf dem letzten Zeitraum vor der spanischen Eroberung. Es wäre für mich die schönste Genugtuung, wenn meine Studie dazu dienen würde, diesen Geschichtsabschnitt in das richtige historische Verhältnis zu setzen und damit vielleicht, wenn auch nur im bescheidenen Maße, zum allgemeinen Verständnis der Völker des alten Mexiko beizutragen.

N. D.

1. Kapitel
Die lange Wanderschaft

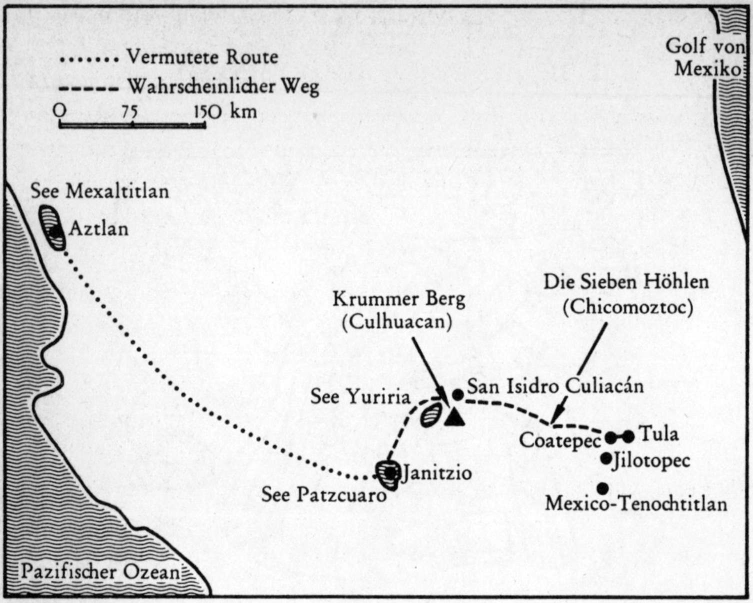
Vermutete Route
Wahrscheinlicher Weg
0 75 150 km
Golf von Mexiko
See Mexaltitlan
Aztlan
Krummer Berg (Culhuacan)
Die Sieben Höhlen (Chicomoztoc)
See Yuriria
San Isidro Culiacán
Coatepec
Tula
Jilotopec
Janitzio
See Patzcuaro
Mexico-Tenochtitlan
Pazifischer Ozean

Der Auszug

Soweit die Azteken die Eroberung durch die Spanier überlebt hatten, sahen sie ihre Welt in Trümmern liegen, und ihre Götter waren gestorben. Darum suchten sie Trost in ihrer glorreichen Vergangenheit. Für die einst stolzen Eroberer und jetzt armseligen Unterworfenen war keine Überlieferung verehrungswürdiger als die ihrer frühen Wanderschaften, bei denen sie ebenfalls schwerer Bedrängnis und Demütigungen ausgesetzt waren und dennoch überlebten. Ein Prinz aus königlichem Geblüt mit Namen Tezozómoc schrieb fast ein Jahrhundert nach der Eroberung seine Auffassung von diesen frühen Ereignissen nieder:

»Und im Jahre 1609, Ich, Don Hernando de Alvarado Tezozómoc, der ich ein Enkel dessen bin, der der große König Moteuczoma (Moctezuma) der Jüngere war, und ein Abkömmling seiner edlen Tochter, entsprossen dem Schoße der Prinzessin, meiner überaus geliebten Mutter, Doña Francisca de Moteuczoma, deren Gemahl Don Diego de Alvarado Huanitzin war, mein hochverehrter Vater, ein Mann von edler Geburt, diese sind es, die mich gezeugt haben, und in aller Wahrhaftigkeit bin ich ihr Sohn . . . Alles, was sie (die Edlen alter Zeiten) in ihren Chroniken niederschrieben und bezeugten, ist wahr und enthält keine Lüge. Sie haben es aufgezeichnet, ohne etwas hinzuzufügen oder an Täuschungen zu denken.
Und auch aus diesem Grunde bezeuge und bestätige ich, Don Hernando de Alvarado Tezozómoc, die Geschichte dieser Ahnen, denn was ich nun niederschreibe, entstammt nicht nur einigen wenigen mündlichen Berichten; was ich erzähle, weiß ich von den bereits Genannten, von denselben Vorfahren, die es aufzeichneten; ich vertraue fest auf das, was ich aus ihrem vielgeliebten Munde über die verehrten Könige und Edlen hörte, die damals lebten und von deren Taten ich erzähle und denen unser Herr und Gott gnädig sein möge.« (Crónica Mexicayotl)

Das Dunkel, das über den frühen Mythen und Sagen der Mexikaner, oder Mexica, liegt, ist kein Einzelfall. Es macht es aber schwierig, über diesen Abschnitt ihrer Geschichte zu berichten.
Die frühen Wanderungen der Mexica, von denen in alten Hand-

schriften und Chroniken erzählt wird, sind seit langem ein Thema kritischer Untersuchungen. Die ersten dieser Studien aus dem achtzehnten Jahrhundert neigen zu einer wortgetreuen Auslegung der Originaltexte, die zum Teil symbolischer oder mythischer Natur sind.[1] Daher hat man den Mexikanern einen räumlich und zeitlich weit entrückten Ursprung zugeschrieben.

Nachdem einige Historiker des neunzehnten Jahrhunderts, etwa Orozco y Berra, eine kritischere Auffassung vertreten hatten, verfielen andere Gelehrte ins genaue Gegenteil und deuteten die Geschichte der aztekischen Wanderschaft als reinen Mythos. Die ursprüngliche mexikanische Heimat Aztlan, eine Insel, war für sie nichts anderes als ein Spiegelbild der geographischen Lage jener großen Hauptstadt, die später im Hochtal von Mexiko gegründet wurde.[2]

Spätere Forscher sahen sich vor die Frage gestellt, ob die Heimat der Mexikaner in der Stadt Mexiko selbst oder – wie in einigen frühen Aufzeichnungen erwähnt – im 2000 Meilen entfernten Kalifornien aufzuspüren sei. Studien jüngeren Datums jedoch suchen nach einem Mittelweg und glauben in den alten Legenden eine gewisse Wahrheit entdecken zu können.

Wie bei den alten Griechen sind auch bei den alten Mexikanern solche Legenden oft mit tatsächlichen Ereignissen und wirklichen Personen verknüpft.

Die erste entscheidende Frage nach den mexikanischen Vorfahren gilt natürlich ihrem Ursprungsort. Sie wurde nicht nur in der Zeit nach der spanischen Eroberung gestellt. Der große Aztekenherrscher Moctezuma I. wünschte, daß die in ihrer angestammten Heimat Aztlan Zurückgebliebenen an den glänzenden Siegen seines Reiches Anteil nehmen sollten, das zu seiner Zeit, um 1450, auf der Höhe seiner Macht stand. So ließ er alle Magier, deren man habhaft werden konnte, zu sich kommen, alles in allem waren es sechzig. Mit prächtigen Geschenken – Umhängen, kostbaren Steinen und Federn – machten sie sich auf den Weg nach einem Ort, der als Geburtsstätte ihres Gottes Huitzilopochtli bekannt war. Hier begegneten sie einem Dämon, der sie in Vögel und sonderbare Tiere verwandelte. In dieser Gestalt strebten sie einem weit entfernten Ziel zu. Nachdem sie wieder Menschengestalt angenommen hatten, erkannten sie, daß sie sich unter ihrer eigenen Sippe befanden. Deren Mitglieder kamen in Kanus herbei, sprachen dieselbe Sprache und erkundigten sich, wer sie seien und woher sie kämen.

Das Orakel der Urmutter

Sie wurden zu einem sehr alten Mann gebracht, der mit ihrer Gottheit verwandt war. Der Alte wollte wissen, wer jetzt die Priester des Gottes seien. Man nannte ihm Männer, von denen er natürlich nie gehört hatte, darunter den König Moctezuma selbst, der sie hierher gesandt hatte.

Der alte Mann versprach, sie zur Mutter ihres Gottes Huitzilopochtli zu bringen. Auf dem Weg dorthin hatten sie verschiedene Abenteuer zu bestehen; unter anderem versanken sie im tückischen Treibsand, aus dem sie der Greis mit einem einzigen Finger befreite. Er begann, ihnen schwere Vorwürfe zu machen: Seit sie, weit entfernt vom spartanisch einfachen Leben in Aztlan, reich und mächtig geworden seien, hätten sie leichtfertigen Sitten und üppigen Lebensgewohnheiten gefrönt. Schließlich gelangten sie zu Huitzilopochtlis Mutter, einer steinalten Frau, die so abstoßend wirkte, als käme sie direkt aus der Hölle. Man erzählte ihr die Geschichte der aufsehenerregenden Gründung des Aztekenreiches durch das von ihrem Sohn erwählte Volk: Wisset, daß vier frühere Herrscher (vor Moctezuma I.) ein Leben voller Hunger, Entbehrungen und Arbeit führen und den anderen Provinzen Tribute zahlen mußten. Nun aber ist die Stadt wohlhabend und unabhängig, sie hat sich entfaltet und sich die Handelswege an der Küste und auf der ganzen Erde gesichert. Mexiko ist jetzt Herrin, Fürstin und Königin aller Städte, die nun ihren Befehlen gehorchen.

Die Magier überreichten ihr die prächtigen Geschenke. Offenbar kaum beeindruckt sagte sie nur, sie selbst sei arm und elend. Anstatt Erstaunen über die glänzenden Erfolge zu äußern, sagte sie den Untergang voraus: die Mexica würden ihrerseits eines Tages unterworfen werden, so wie sie es mit den anderen getan hätten. Mit dieser unheilvollen Botschaft kehrten die Zauberer zum Herrscher Moctezuma zurück.

Im späten sechzehnten Jahrhundert berichtet Pater Durán, daß alte

Azteken, bei denen er Erkundigungen anstellte, verschiedener Meinung über den Ursprung der Mexikaner waren. Einige glaubten, sie seien aus Quellen entsprungen, andere bezeichneten Höhlen als Ursprungsort, während wieder andere behaupteten, sie seien Abkömmlinge der Götter. Pater Durán erwähnt, daß viele Aufzeichnungen der Eingeborenen von den ersten Mönchen als Teufelswerk verbrannt wurden. Es sei daher nicht möglich, die volle Wahrheit zu erfahren. Diese Schlußfolgerung gilt auch heute noch.
Der gelehrte Pater äußert dann eine eigene Vermutung. Die Indianer Mexikos, so meint er, seien einer der verlorenen Stämme Israels. Seine Theorie fand große Verbreitung und hielt sich hartnäckig. Um seine Ansicht zu rechtfertigen, führte er wunderliche Gründe an. Er zitiert den Propheten Hosea, der gesagt hat, Gott habe zehn Stämme Israels als Strafe für ihre Sünden zu ewiger Feigheit und Kleinmütigkeit verdammt. Nachdem die Indianer sich von Cortés und ganzen dreihundert Mann besiegen ließen, hätten sie genau die gleichen Eigenschaften gezeigt, folglich wären sie jene verlorenen Stämme. Für denselben Chronisten ist dieser Zusammenhang durch gewisse religiöse Bräuche erwiesen, etwa durch Opferhandlungen auf Berggipfeln oder in Höhlen, durch rituellen Kannibalismus oder Kindsopfer, wie sie in der Bibel beschrieben worden sind.

Das geheimnisvolle Aztlan

Die Ungewißheit über die Herkunft der Mexikaner und die geographische Lage von Aztlan ist bis heute geblieben. Einige suchen diesen Ort weit entfernt in den südlichen Vereinigten Staaten, andere im Hochtal von Mexiko selbst. Manche Autoren behaupten, Aztlan habe nie existiert. Wieder andere bevorzugen die Küste des Golfs von Mexiko als Ausgangspunkt der Wanderschaft.[3] Die meisten modernen Forscher halten sich jedoch mehr an die aus den Chroniken bekannten Überlieferungen und suchen Aztlan in nordwestlicher Richtung. Nach wie vor stellt sich die Frage: Wie weit entfernt vom Hochtal von Mexiko mag Aztlan gelegen haben? Jede Antwort auf diese Frage muß den gesamten Problemkreis der kulturellen Entwicklung der Mexica berücksichtigen. Sollten sie, wie es scheint, bereits ein gewisses Maß an Zivilisation besessen haben, als sie ihren

endgültigen Wohnsitz erreichten, dann haben sie vorher wohl kaum in der fernen Wildnis gelebt. Waren sie hingegen bei ihrer Ankunft nichts anderes als Nomaden, dann würde das Gegenteil zutreffen, und der Ort ihres Ursprungs hätte weit entfernt jenseits der Grenzen der mittelamerikanischen Zivilisation gelegen.
Die Quellen, die am meisten über die Wege der Mexica aussagen, stimmen darin überein, daß diese zuerst zu den sogenannten ›Sieben Höhlen‹ (Chicomoztoc) und dem ›Krummen Berg‹ (Culhuacan) gelangten.[4] Das Problem der Lage Aztlans und dieser beiden Orte kann nur als Ganzes erforscht werden. Alle drei sind in nahezu jeder Quelle gemeinsam erwähnt, allerdings öfter als gleichbedeutende und seltener als verschiedene Orte – zum Beispiel als ›Aztlan-Chicomoztoc‹ oder ›Aztlan-Culhuacan‹. Aber wenn es sich nicht um ein und denselben Ort gehandelt hat, kann man aus diesen Angaben zumindest schließen, daß diese Plätze in derselben Gegend zu suchen sind.

Die ›Sieben Höhlen‹

Aztlan selbst wird nur als vom Wasser umgeben beschrieben. Die Mexica lebten dort als Fischer und besaßen Boote.
Nun zu den Überlieferungen von den ›Sieben Höhlen‹:

»Und der Felsen dort in Quinehuayan wird Chicomoztoc genannt, welcher Höhlen hat auf sieben Seiten; und von dort kamen die Mexica und trugen ihre Frauen, als sie paarweise aus dem Chicomoztoc kamen. Es war ein furchterregender Ort, denn dort wimmelte es von wilden Tieren, die in dieser Gegend beheimatet waren: Bären, Tiger, Pumas, Schlangen. Und überall waren Dornbüsche, Agaven und Wiesen. Und da dieses Land so weit entfernt war, wußte später niemand mehr, wo es lag.« (Crónica Mexicayotl)

Aztlan ist zweifellos als Ursprungsort der Azteken oder Mexica bedeutungsvoll. Die ›Sieben Höhlen‹ jedoch sind von legendärer Bedeutung nicht nur für diesen Stamm, sondern auch für die zahllosen anderen, die vor ihnen in das Hochtal von Mexiko gelangten – nach den überlieferten Aufzeichnungen kam jeder dieser Stämme ursprünglich von den ›Sieben Höhlen‹. Sie waren also der legendäre

Ausgangspunkt aller Auswanderer, die Mitte des zwölften Jahrhunderts, nach dem Zusammenbruch des Toltekenreiches, ins Hochtal von Mexiko kamen. Die ›Sieben Höhlen‹ können somit ebenso ein allgemeiner, immer wieder benutzter Sammelpunkt wie ein Ausgangspunkt der Mexica beim Beginn ihrer Wanderung gewesen sein.

›Krummer Berg‹ oder Culhuacan, der dritte Ort, der im Zusammenhang mit den frühen Wanderungen erwähnt wird, ist ebenfalls von großer Bedeutung, da die Verbindung dieses Ortes mit den Tolteken auf eine große kulturelle Tradition verweist. Die Stadt gleichen Namens im Hochtal von Mexiko spielt als Bindeglied zwischen den Mexica und dem früheren Toltekenreich eine wichtige Rolle in der Geschichte der Mexica.[5]

Bleiben wir noch einen Augenblick bei der naheliegenden Frage, ob es nicht möglich ist, diese Orte, die in so enger Beziehung zueinander standen, genauer zu lokalisieren. Das ist merkwürdigerweise nicht der Fall, aber es gibt darüber zwei interessante Theorien:

Da ist zunächst Dr. Paul Kirchhoff, der annimmt, daß das ursprüngliche Culhuacan identisch ist mit San Isidro Culiacán, rund 270 Kilometer nordwestlich der Stadt Mexiko und jenseits der heutigen Stadt Queretaro gelegen. Die ›Sieben Höhlen‹ müßten etwas weiter im Osten und Aztlan etwas weiter im Westen gelegen haben (siehe Karte S. 16).

Professor Wigberto Jiménez Moreno teilt die Meinung, daß die ›Sieben Höhlen‹ nordwestlich der Stadt Mexiko lagen, vermutet sie jedoch nur etwa 100 Kilometer von ihr entfernt. Hingegen nimmt er an, Aztlan läge viel weiter entfernt im Nordwesten, und zwar an der Küste des heutigen Staates Nayarit in einer Mexaltitlan genannten Lagune. Mitten in dieser Lagune liegt eine Insel, und das entspricht weitgehend den Abbildungen in alten Handschriften, auf denen Aztlan als ein von Wasser umgebener Ort dargestellt ist. Noch heute gibt es in der Nähe einen Aztatlan genannten Ort, der ursprünglich in der inzwischen stark versandeten Lagune gelegen haben müßte.

Trotz der bemerkenswerten Übereinstimmung von Namen und geographischer Lage erscheint es einleuchtend, den Ausgangspunkt der Mexica und den Sammelplatz der anderen wandernden Stämme

näher bei ihrem endgültigen Wohnsitz zu suchen. Denn viele von ihnen hatten, als sie im Hochtal von Mexiko ankamen, bereits eine ziemlich hohe Kulturstufe erreicht.[6]
Während heute der Ansicht, der Hauptversammlungsort, die ›Sieben Höhlen‹, sei verhältnismäßig nahe der Stadt Mexiko in nordwestlicher Richtung zu suchen, weitgehend zugestimmt wird, gehen die beiden Haupttheorien in der Frage der geographischen Lage Aztlans, von wo die Mexica aufbrachen, nach wie vor auseinander. So bleibt die Frage offen: Lag Aztlan an der weit entfernten Nordwestküste oder verhältnismäßig nahe beim Hochtal von Mexiko? Dies wiederum führt zu der Frage, ob es vielleicht zwei Aztlans gegeben hat.
Je mehr man sich in das Studium des Ursprungs der Mexikaner vertieft, desto stärker wird nämlich der Eindruck, daß man es, so deutlich sich die Mexica als solche von anderen Stämmen unterscheiden, nicht mit der Wanderschaft eines homogenen Stammes zu tun hat, sondern mit der zweier recht unterschiedlicher Hauptgruppen, die sich zu irgendeiner Zeit vereinigt haben. Bei den frühen Mexica waren zwei verschiedene Zivilisationsstufen zu beobachten. In den Chroniken werden sie manchmal als mit Fellen bekleidete Halbwilde geschildert, manchmal aber heißt es, sie hätten Steinbauten errichtet. Es ist also sehr gut möglich, daß sich der ursprüngliche Stamm der Azteken später mit anderen Stämmen vereinigt hat, die aus viel weiter entfernten Gegenden kamen und sich auf einer niedrigeren Kulturstufe befanden.
Für das Vorhandensein zweier unterschiedlicher Typen von Auswanderern spricht, daß Gott Huitzilopochtli seinem auserwählten Volk befohlen haben soll, sich nicht mehr Azteken, sondern ›Mexica‹ oder ›Mexikaner‹ zu nennen (der letzte Name geht wahrscheinlich auf das Nahuatl-Wort *meztli* [Mond] zurück):[7]

»Sodann änderte er ohne Säumen den Namen Azteken und sagte zu ihnen: ›Ihr sollt Euch von nun an nicht mehr Azteken nennen, Ihr seid nun Mexikaner.‹ Als sie diesen Namen angenommen hatten, bemalte er ihre Ohren, gab ihnen Pfeil, Bogen und das kleine Netz. Und von da an schossen die Mexikaner sehr geschickt mit dem Pfeil auf alles, was sie in der Luft sahen.« (Crónica Mexicayotl)

Das Geschenk von Pfeil und Bogen spricht für die Annahme, daß zwei Gruppen sich vereinigten, eine nomadische und eine zivilisiertere. Pfeil und Bogen waren die Waffen der Nomaden, während die Speerschleuder *(atlatl)* kennzeichnend für zivilisiertere Völker war.

So sind verschiedene Meinungen über die Lage von Aztlan vielleicht doch nicht völlig unvereinbar. Es scheint möglich, daß der zivilisiertere Teil des gesamten Stammes bereits längere Zeit innerhalb der Grenzen der alten Tolteken-Zivilisation gelebt hatte, obgleich er ursprünglich von weit her gekommen war.

Die zu dieser Gruppe stoßenden nomadenhaften Neuankömmlinge kamen vielleicht auch auf den Gedanken, von ihrer ursprünglichen und weiter entfernten Heimat als von ›Aztlan‹ zu sprechen. Deshalb mag wohl mehr als ein Aztlan bestanden haben. Es ist wahrscheinlich ein sinnloses Unterfangen, durch weitere Forschungen die genaue geographische Lage dieses Ortes feststellen zu wollen. Nicht nur der Name ist legendär und darum sowohl geographisch als auch zeitlich schwer zu bestimmen. Man sollte Aztlan gleichermaßen als Begriff wie als Ort würdigen. Schließlich sollte auch das zukünftige Tenochtitlan ein weiteres Aztlan werden, ein Bevölkerungszentrum an den Wassern einer Lagune – wenn es auch niemals diesen Namen erhielt.

Das göttliche Symbol Huitzilopochtli

Die Mexica machten sich ungefähr im Jahre 1111 auf den Weg. Es sollte eine lange Wanderschaft werden, bis sie schließlich im Jahre 1345 seßhaft wurden.[8] Die ersten Auswanderer waren arm und gering an Zahl. Sie wurden von vier Priestern oder *teomamas* – wörtlich ›Träger Gottes‹ – geführt:

»Sie hatten ein Idol bei sich, genannt Huitzilopochtli, das von vier Hütern getragen wurde, die ihm dienten; zu ihnen sprach er insgeheim über die Ereignisse ihrer Wanderschaft und verkündete ihnen alles, was sich ereignen würde. Und dieses Idol war so hoch geachtet und verehrt, daß niemand außer den Hütern es wagte, sich ihm zu nähern oder es zu berühren. Es wurde aufbewahrt in einem Schrein

aus Schilf, und bis zum heutigen Tag hat keiner dieser Eingeborenen es jemals zu Gesicht bekommen. Und die Priester erhoben dieses Idol zu einem Gott und taten ihrem Volk die Gesetze kund, die es zu befolgen und einzuhalten hatte, die Zeremonien und feierlichen Handlungen, die seine Opfergaben begleiten sollten. Und dieses taten sie an jedem Ort, wo sie ihr Lager aufschlugen, gemäß dem Brauch der Kinder Israels, da sie durch die Wüste wanderten.«
(Durán)

Die Berichte der Chronisten von diesen Ereignissen verraten deutlich ihre Vertrautheit mit dem Alten Testament. Was sich aus den Bilderhandschriften ermitteln läßt, gibt naturgemäß Rätsel auf, obwohl darin viele Ortsangaben zu finden sind.
Das Volk der Mexica, das beim Aufbruch aus sieben Sippen, *calpulli* genannt, bestand, führte das typische Leben eines Stammes auf Wanderschaft:

»So zogen die Mexikaner geraume Zeit durch das Chichimeken (Nomaden) = Gebiet; hatten sie sich an einem günstigen Ort niedergelassen, so blieben sie ungefähr zwanzig Jahre dort, ging es ihnen gut, so wurden sie für zwei, drei, vier, fünf, zehn oder fünfzehn Jahre seßhaft, ging es ihnen schlecht, so blieben sie zwanzig oder vierzig Tage (sie machten sich auf den Weg nach Cuextecatl-Ichocayan und Coatl-Icamac); überall gaben sie dem Land Namen; sie nährten sich von Fleisch, Bohnen, Amarant, Salbei, spanischem Pfeffer und Tomaten.
Wo sie lange genug blieben, bauten sie Tempel und errichteten ihrem Gott Huitzilopochtli einen Wohnsitz . . .«
(Crónica Mexicayotl)

Bei längeren Aufenthalten bauten sie nicht nur Tempel, sondern gelegentlich auch Spielplätze für das rituelle Ballspiel, das ein fester Bestandteil der alten mexikanischen Kultur war. Sie benutzten dafür vorhandenes Gestein, und später errichteten sie sogar einfache Befestigungsanlagen. Gewöhnlich säten sie Mais an, den sie manchmal ernteten und manchmal zurückließen, bevor er reif war. Ihre Gewohnheit, die alten Leute an geeigneten Plätzen auszusetzen, erscheint herzlos, aber wahrscheinlich hatten sie keine andere Wahl, denn ein Fußmarsch durch das karge Bergland dieses Gebietes muß mühsam gewesen sein.

Die Weissagung des Gottes

Zeitweilig litten die Wanderer unter Hunger und Durst und wegen ihrer unzureichenden Bekleidung auch unter den Unbilden der Witterung. Aber sie trösteten sich mit der Hoffnung auf bessere Tage, denn ihr Gott war freigebig mit Zukunftsverheißungen für sein auserwähltes Volk:

»... denn wir werden uns niederlassen und seßhaft werden, und wir werden alle Völker der Welt erobern; und wahrhaftig, ich sage Euch, ich will Euch zu Herren und Königen machen über alles auf dieser Welt; und ihr werdet herrschen und unzählige Lehensleute haben, die Euch Tribut entrichten und Euch zahllose und sehr kostbare Steine darbringen werden, dazu Gold, die Federn des Quetzalvogels, Smaragde, Korallen und Amethyste, und Ihr werdet Euch damit schmücken; Ihr sollt auch vielerlei Federn haben, die des blauen Schmuckvogels, des roten Flamingos, des Tzinitzianvogels, und all das herrliche Gefieder und Cacao und Baumwolle in vielen Farben; dies alles werdet Ihr erleben, denn dies ist in Wahrheit mein Auftrag, und dafür bin ich hierher gesandt worden.« (Crónica Mexicayotl)

Dies alles erfuhren sie von ihren Priestern, die vorgaben, es aus Träumen zu wissen, die ihr Gott ihnen sandte.
Neben dem Ertrag ihrer nur beiläufig betriebenen Landwirtschaft lebten die Mexica-Wanderer von der Jagd. In der Lagune ihrer ursprünglichen Heimat waren Wassertiere im Überfluß vorhanden gewesen, aber als sie Aztlan verließen, waren sie auf Hirsche und Rehe, Kaninchen, Vögel und sogar Schlangen angewiesen. Da sie nur von Zeit zu Zeit Ackerbau betrieben, dürften sie sich hauptsächlich von solchem Fleisch ernährt haben.
Weder ihre Lebensweise noch ihr gesellschaftliches System waren also ausschließlich primitv, denn auch die Herrschaft der vier priesterlichen Anführer deutet das Vorhandensein einer gewissen Hier-

archie an – vielleicht einer beginnenden Standesordnung. Hinzu kommt, daß sich die Azteken bereits auf dieser Entwicklungsstufe des Nahuatl bedienten, der Sprache der zivilisierteren Bewohner von Zentralmexiko. Außerdem kannten sie den rituellen Kalender des alten Mexiko mit dem heiligen Zyklus von zweiundfünfzig Jahren und waren sogar in das Ritual des Menschenopfers eingeweiht. Berichte aus dieser Zeit betonen mit Recht nomadische Merkmale der Mexica. Der allgemeine Eindruck ist jedoch der einer Gruppe auf Wanderschaft, gering an Zahl, arm und ungenügend versorgt, aber nicht gänzlich unzivilisiert. Durch ihre Bauten, ihre gesellschaftliche Ordnung, Landwirtschaft, Sprache und Religion unterscheiden sich die Azteken erheblich von den Nomaden, die ihnen zum Teil ins Hochtal von Mexiko vorangegangen waren. Von diesen wird übereinstimmend berichtet, daß sie mit Fellen bekleidet waren, in Höhlen wohnten und primitive Götter anbeteten. Vor allem aber betrieben sie, im Gegensatz zu den Mexica, keine Landwirtschaft. So gehören die Mexikaner zweifellos in den Bereich der mittelamerikanischen Zivilisation, wenn auch vielleicht in deren kultureller Rangordnung an unterste Stelle.

Das zerfallende Toltekenreich

Zu der Zeit, als die Mexica von Aztlan aufbrachen, war das Toltekenreich, dessen Pracht und Herrlichkeit sie sich eines Tages zum Vorbild nehmen sollten, in einem Zustand beginnenden Zerfalls. Das könnte ihnen sogar den Antrieb zum Aufbruch aus Aztlan gegeben haben. In dem Gebiet, durch das die Mexica zogen, war das Toltekenreich, dessen Blütezeit sich von der Mitte des zehnten bis zur Mitte des zwölften Jahrhunderts hielt, die beherrschende Macht. Es gibt nicht geringe Zweifel über das tatsächliche Ausmaß des Herrschaftsgebietes der Tolteken; ihre Kultur und ihr Einfluß waren jedenfalls über ganz Mittelamerika, ja sogar bis Chichen Itza auf der Halbinsel Yukatan verbreitet. Die berühmten Überreste von Chichen sind tatsächlich auf großartigere Weise eine Wiederholung der Kulturstätten der Toltekenhauptstadt Tula; und zahlreiche Darstellungen zeugen von der großen Gottheit dieses Volkes, von Quetzalcoatl, der ›Gefiederten Schlange‹.

Tula ging um die Mitte des zwölften Jahrhunderts unter, wahrscheinlich im Zusammenhang mit Einfällen von Barbaren aus dem Norden. Der Niedergang der Tolteken hinterließ, gleich dem der Römer, ein Machtvakuum. Wehmütig wurde später das Toltekenreich als Hort von Beständigkeit und Zivilisation verehrt. Diejenigen, die an die von den Tolteken geordnete Welt gewöhnt waren, blieben nach ihrem Niedergang wie gelähmt zurück. Plötzlich verließ sie ihr legendärer Priesterkönig, wie die Sage berichtet, und verschwand im Osten:

»Und als sich diese Dinge ereignet hatten, war Quetzalcoatl beunruhigt und betrübt und faßte den Entschluß, fortzugehen und seine Stadt Tula zu verlassen.
Daraufhin machte er sich bereit. Es wird gesagt, daß er alles in Rauch aufgehen ließ – sein Haus aus Gold, sein Haus aus Korallen; und noch weitere Kunstwerke, die wunderbaren und wertvollen Dinge, alle diese vergrub er und verbarg sie in Bergen und Schluchten.
Und außerdem verwandelte er die Kakaobäume in Dornbüsche und alle Vögel mit kostbaren Federn – den Quetzal, den blauen Schmuckvogel, den roten Löffelreiher – alle diese schickte er voraus. Sie machten sich vor ihm auf den Weg nach Anahuac.«
(Florentine Codex)

In dieser durch den Zusammenbruch entstandenen unsicheren Lage erschienen die Mexica auf der Szene. Lange bevor sie ihr endgültiges Ziel erreichten, besuchten sie die verlassene und trostlose Hauptstadt Tula. Sie gehörten nur zum äußeren Kreis der Tolteken-Zivilisation, wenn auch nicht zu jenen Nomaden, die zum Teil das Verhängnis der Tolteken herbeigeführt hatten und ihnen sogar als Söldnertruppen gedient haben könnten. Damit soll nicht gesagt werden, daß die Mexica zu diesem Zeitpunkt einflußreich oder auch nur erfolgversprechend gewesen wären. Sie waren nach wie vor ein Haufen armseliger Wanderer, die nur ihre Nachbarn zu beunruhigen vermochten.
Von den Ereignissen innerhalb des ersten Kalenderzyklus von zweiundfünfzig Jahren, zwischen dem Aufbruch der Mexica von Aztlan und ihrem ursprünglichen Sammelplatz bei den ›Sieben

Höhlen‹ bis zu ihrer Ankunft in der Umgebung von Tula, etwa 60 Kilometer nordwestlich der heutigen Stadt Mexiko, wissen wir nur wenig. Nachdem sie sich bei den ›Sieben Höhlen‹ zusammengefunden hatten, »verloren sie sich in den Bergen, den Wäldern und Klippen und wanderten, wie es ihrer Laune entsprach« (Codex Azcatitlan). So kann man es in dem kurzen Nahuatltext lesen, der die Illustrationen zu ihrer Wanderschaft im ›Codex Azcatitlan‹ ergänzt. Von den Ereignissen wird in einem mehr magisch-religiösen und weniger in einem politischen Zusammenhang berichtet. Meistens erzählen die Chronisten in einfacher Versform, wie im Alten Testament, von dem Verhältnis des Stammes zu ihrem Gott Huitzilopochtli. Über die Orte, die unterwegs besucht wurden, sind sich die beiden wichtigsten Quellen nicht einig.[9] Gelegentlich kämpften die Wanderer mit ihren Nachbarn und machten sogar Gefangene, die sie als Opfer darbrachten. Ein Bild von vier Trägern der ihrem Gott geopferten Frauen ist erhalten geblieben.

Zwistigkeiten und Spaltungen

Zu dieser Zeit hatten die Wanderer unverkennbar unter Zwistigkeiten zu leiden. Ein erster Zwischenfall dieser Art ereignete sich, als die Mexica unter einem Baum lagerten, der sich in zwei Teile spaltete, was als böses Omen angesehen wurde. Darum befahl der Gott Huitzilopochtli seinen Priestern, die tugendhaftesten der Mexica von der Sippe zu trennen; sie wären die wenigen von ihm Auserwählten und hätten ihren Weg weiterzugehen und den Rest der Gruppe zurückzulassen. Dies war die erste Absplitterung vom eigentlichen Stamm, der weitere folgen sollten.

Ein anderer Vorfall, ebenfalls eine Art religiöser Spaltung, ereignete sich, kurz bevor sie aufbrachen. Eine Schwester des Gottes Huitzilopochtli hatte sich auf Zauberei verlegt und benutzte allerlei Hexenkünste und Beschwörungsformeln, um besondere Macht über Tiere, vor allem über so gefährliche wie Schlangen, Skorpione, Tausendfüßler und Giftspinnen, zu gewinnen. Diese sollten auf ihr Geheiß jeden beißen, der sich ihren Wünschen widersetzte.

Huitzilopochtli war nicht gewillt, ketzerischen Widerstand gegenüber seinen Vorschriften zu dulden, und beauftragte seine Leute,

diese Schwester samt ihren Anhängern in der Nacht zurückzulassen.
Auch diesmal waren also die Störenfriede von der Sippe verbannt worden. Sie zogen nach einem Ort mit dem Namen Malinalco; wir werden später noch mehr von ihnen hören, denn sie versuchten, sich wieder mit der Sippe, die sich inzwischen im Hochtal von Mexiko niedergelassen hatte, zu vereinigen.
Die Hauptgruppe zog weiter und erreichte einen Ort, Coatepec (Hügel der Schlangen) genannt, von dem gesagt wird, daß er in der Nähe von Tula lag. Hier feierten sie das erste ›Neue Feuer‹ der Wanderschaft, das den Beginn eines neuen Umlaufs von zweiundfünfzig Jahren im rituellen Kalender des alten Mexiko ankündigt. Erst beim fünften ›Neuen Feuer‹, Jahrhunderte später, waren sie in ihrem verheißenen Land seßhaft geworden; daher lag in Coatepec, zeitlich gesehen, der größte Teil ihrer in Aztlan begonnenen Wanderschaft noch vor ihnen. Was jedoch die Entfernung anbetraf, befanden sie sich dort nur noch etwa 60 Kilometer von ihrem endgültigen Wohnsitz entfernt. Aber das Ziel wurde erst nach vielen Umwegen erreicht. Es wurde mehr ein Umherstreifen als eine Wanderschaft auf einem vorbestimmten Weg.

Huitzilopochtlis Wiedergeburt

Das große Ereignis in Coatepec war die Geburt oder vielmehr die Wiedergeburt des Gottes Huitzilopochtli, was vermutlich die endgültige Machtübernahme durch seine Anhänger bedeutet. Pater Bernardino de Sahagún, wohl der bedeutendste aller spanischen Chronisten, berichtet davon. Im Original Nahuatl und zugleich in einer spanischen Fassung schrieb er zwischen 1548 und 1585 alles auf, was er aus einer großen Zahl von Quellen in Erfahrung gebracht hatte. Der Bericht erfaßt jede Einzelheit der präspanischen Zeit und enthält auch eine genaue Aufzählung der damals bekannten Tier- und Pflanzenwelt. Sein drittes Buch berichtet von der Abstammung der Götter und beginnt mit dem Ereignis in Coatepec, das auch für ihn in der Nähe von Tula lag. Hier lebte eine fromme Frau mit dem Namen Coatlicue (›die mit dem Schlangenhüftentuch‹), die Mutter von 400 Söhnen war. Eines Tages fegte sie im Tempel auf dem Hügel: »Und einmal, während sie kehrte, sank eine kleine Kugel aus Federn auf sie herab. Coatlicue hob sie auf und steckte sie in ihr Gewand. Als sie mit ihrer Arbeit fertig war, wollte sie den Federball hervorholen, aber sie fand ihn nicht mehr. Danach fühlte sich Coatlicue schwanger« (Florentine Codex).

Ihre 400 Söhne waren durch die Aussicht auf das freudige Ereignis mit einer so übernatürlichen Ursache keineswegs außer sich vor Freude. Sie waren im Gegenteil über ihre dem Anschein nach liederliche Mutter rechtschaffen empört. Ihre einzige Tochter Coyolxauhqui gab ihren Brüdern sogar den Rat, ihre Mutter zu töten, bevor deren Schande bekannt würde.

Einer der 400 jedoch übte Verrat und berichtete Huitzilopochtli, der noch im Leib seiner Mutter war, von dem Plan. So gewarnt, machte er sich daran, sich zu wappnen. Bei seiner Geburt erschien er mit Panzer und Schild bewaffnet und schwang die berühmte Feuerschlange (Xiuhcoatl), die von da an zum Symbol für die Waffe des Gottes wurde. Aber auch die 400 Brüder waren auf den Kampf vorbereitet: »Sie stellten sich in einer festgelegten Schlachtordnung auf, legten ihre Papierrüstungen an und setzten ihre Papierhelme auf; sie nahmen ihre Waffen, bemalten Papierfahnen und befestigten Schellen, *oyoalli* genannt, an den Waden. Und die Spitzen ihrer Wurfspieße hatten Stacheln« (Florentine Codex).

Huitzilopochtli aber entzündete seine Feuerschlange: »Mit ihr durchbohrte er Coyolxauhqui, schlug ihr schnell den Kopf ab und hieb ihren Körper in Stücke. Ihr Kopf blieb auf dem Berg Coatepetl (Coatepec) liegen, die einzelnen Teile ihres Körpers aber fielen den Hang hinunter« (Florentine Codex). Im mexikanischen Nationalmuseum für Anthropologie ist eine herrliche Statue dieser enthaupteten Göttin zu sehen – nicht als Torso, wie man zuweilen meinte. Huitzilopochtli vollendete sein Werk, verfolgte seine 400 Brüder und schlug sie vernichtend; nur sehr wenige entkamen.

Seine Waffe, die Feuerschlange, wurde zur geheiligten Reliquie. Als die Hauptstadt der Azteken später in einer verzweifelten Lage war, wurde als letzter Versuch ein einsamer Krieger mit der heiligen Waffe den Spaniern entgegengeschickt. Doch diesmal blieb die Waffe ohne Wirkung.

In Coatepec gab Huitzilopochtli, nun in Wahrheit der höchste Gott der Mexica, durch seine Priester den Befehl, einen nahegelegenen Fluß einzudämmen:

»Als der Damm fertig war, überflutete das Wasser die ganze Ebene und bildete eine große Lagune; die Ufer wurden mit Weiden, Pappeln und Zedern bepflanzt; im Wasser wuchs Cuperus und Schilf; und ein an Arten reicher Fischbestand bildete sich. Enten, Gänse, Reiher und Pfeifenten siedelten zusammen mit einer großen Menge anderer Vögel, die noch heute an der Lagune von Mexiko zu finden sind.« (Durán)

Mit anderen Worten, die Mexica versuchten, die Lebensbedingungen ihrer ehemaligen Heimat, Aztlan, wiederherzustellen und zugleich die Voraussetzungen für ihre zukünftige Inselhauptstadt zu schaffen.

Der zürnende Gott

Die Mexica lebten sehr zufrieden in Coatepec, das sich auf wunderbare Weise in eine Art Paradies verwandelt hatte; sie verbrachten viel Zeit mit Gesang und Tanz. Die Freude über diesen Ort war so groß, daß Stimmen laut wurden, man solle sich hier endgültig niederlassen. Das jedoch paßte Huitzilopochtli überhaupt nicht, seine Auserwählten waren noch nicht erprobt, und er wurde böse:

»Voller Zorn sprach der Gott zu den Priestern: Wer sind sie, die sich erlauben, meine Entschlüsse außer acht zu lassen und sie zu bezweifeln? Sind sie etwa mächtiger als ich? Sagt ihnen, daß ich noch heute an ihnen Vergeltung üben werde; wie können sie es wagen, das, was ich beschlossen habe und wofür ich gesandt worden bin, in Frage zu stellen. Gebt allen kund und zu wissen, daß sie mir und nur mir zu gehorchen haben.« (Durán)

Die aufsässigen Anführer fand man am nächsten Morgen tot, ihre Herzen waren herausgerissen, wie es bei Menschenopfern üblich war. Der wachsame Gott befahl nun seinen Leuten, die Dämme zu zerstören und den Fluß wieder seinem gewohnten Lauf zu überlassen. Das Wasser der Lagune verlief sich, die Fluren, das Schilf und alle Bäume begannen zu vertrocknen. Fische, Frösche und Reptilien, von denen die Menschen sich ernährt hatten, gingen zugrunde; die Wasservögel begannen zu verschwinden, das Land war wieder trokken und öde wie zuvor.

Diese Geschichten sind von großer symbolischer Bedeutung, doch ganz abgesehen davon sind sie aufschlußreich für die Zusammensetzung der Gruppe und ihre Religion, wie auch für ihre Wanderwege und das tägliche Leben.

Nachdem sich die beiden ursprünglichen, aber verschiedenartigen Gruppen, eine halbzivilisierte und eine nomadenhafte, vereinigt hatten, liegt es nahe, anzunehmen, daß die Mexica als eine einzige, wenn auch gemischte Schar weiterzogen. In Wirklichkeit ist es nicht so einfach. Es scheint, daß während der langen Wanderschaft kleinere Gruppen dazukamen, andere aber wieder abfielen. Der erste bereits erwähnte Vorfall dieser Art geschah, als sich der Baum spaltete und Huitzilopochtli seine getreuen Anhänger vom Stamm löste. Das zweite Ereignis war die Preisgabe einer Schwester des Gottes; Berichte davon betonen, daß auch ihre Anhänger zurückgelassen wurden. Die dritte Trennung, an der wieder eine Schwester des Gottes beteiligt war, erfolgte in Coatepec; sie vollzog sich in der Form eines Aufstandes gegen die anerkannten Anführer.

Es scheint glaubhaft, daß die erste Geschichte einer Trennung mit Meinungsverschiedenheiten zwischen Anhängern Huitzilopochtlis und solchen anderer Götter erklärt werden kann. Das war zu einer Zeit, als jener noch nicht gänzlich als höchste Gottheit anerkannt war. Andererseits beruhen die beiden darauffolgenden Zwischenfälle, die jedesmal sogenannte Schwestern Huitzilopochtlis betreffen, wahrscheinlich auf Streitigkeiten unter den Clans, die jeweils von Getreuen des Gottes angeführt wurden – oder sogar auf Auseinandersetzungen unter Huitzilopochtlis eigener Anhängerschaft, mit der er immer besonders verbunden war.[10] Aus diesen Konflikten entstand eine einheitlichere Gruppe, die mit der Zeit von Huitzilopochtlis eigenem Clan beherrscht wurde. Dieser wurde von nun an von einem inneren Kreis von Priestern und Getreuen regiert.

Der tatsächliche Ursprung Huitzilopochtlis, des bedeutendsten Gottes der Mexica, dessen Kult ihnen den Rang eines auserwählten Volkes verlieh, liegt im Dunkeln. Die herkömmlichen Berichte schildern ihn als die führende Gottheit der gesamten Sippe von Anfang an, wenn auch jede dieser sieben Gruppen ihr eigenes Gottesidol hatte. Wie Jahwe führt Huitzilopochtli sein Volk mit Hilfe seiner Priester in das verheißene Land und fordert dafür die Tugenden der Tapferkeit und des Gehorsams. Wenn man aber die alte mexikanische Geschichte studiert, entdeckt man oft, daß der Sachverhalt einer viel späteren Epoche auf einen früheren Zeitraum übertragen wird. Hat eine bestimmte Gottheit am Ende einer langen Wanderschaft die Vorherrschaft inne, dann vermuten die Chronisten, daß derselbe Gott auch beim Aufbruch die Führung besaß. Von Huitzilopochtli wird berichtet, daß er von Beginn an die Macht in Händen hatte; seine ›Geburt‹ in Coatepec wird jedoch beschrieben, als sei er vor der Ankunft der Mexica nicht vorhanden gewesen. Dies ist ein deutlicher Widerspruch. Es ist darum wahrscheinlicher, daß der ursprüngliche Anführer zwar Huitzilopochtli hieß, aber kein Gott, sondern ein Sterblicher war. In einigen Berichten wird ein menschlicher Anführer dieses Namens erwähnt. Man darf somit annehmen, daß ein Held einer frühen Zeit erst zu einer Legende und dann zu einer Gottheit wurde. In der Tat war es für einen menschlichen Anführer nicht ungewöhnlich, den Namen eines Gottes zu tragen.[11]

›Kolibri des Südens‹

Der einzigartige Kult des Gottes Huitzilopochtli war vermutlich bereits bei seiner ›Geburt‹ in Coatepec begründet worden. Tatsächlich war dieser Vorgang mehr die Erhöhung als die Erschaffung eines Gottes. Der Name Huitzilopochtli entstand aus der Zusammensetzung von ›Kolibri‹ *(huitzilin)* und dem Begriff für ›links‹ und ›südlich‹ *(opochtli)*, was soviel heißt wie ›Kolibri des Südens‹. An sich ist der Kolibri ein Symbol aus der ältesten Zeit Mexikos. Dieses zarte kleine Geschöpf wurde in enge Verbindung mit dem Kult des Menschenopfers gebracht und gelegentlich sogar dargestellt, wie es mit seinem Schnabel Blut aus dem Opfer saugt. Da der Kolibri in der Regenzeit erscheint, wurde er auch zum Symbol für den Regen.[12] Überdies ist Huitzilopochtlis Geburt in Coatepec in mehr als einer Beziehung eine Wiedergeburt. Sie ist nicht nur das Zeichen für den Beginn der Vorherrschaft seiner Anhänger über den gesamten Stamm der Mexica, sie bedeutet auch eine Wesensänderung des Gottes. Tatsächlich gibt er sein prosaisches Dasein als gewöhnliches Idol der Fischer oder als schlichter Erdengott auf und verwandelt sich in den strahlenden Gott der Sonne.

In der üblichen Deutung dieser Wiedergeburt versinnbildlichen seine Schwestern und die 400 Brüder den Mond und die Sterne, mit ihrer Verfolgung verkörpert Huitzilopochtli die Sonne am Beginn ihres Tageslaufs. In seiner neuen und aufsehenerregenden Rolle als Sonnengott symbolisieren ihn nun die Farbe Blau und der Süden.[13] Das Kolibri-Element in seinem Namen verkörpert die gefallenen Krieger, von denen man annahm, daß sie in Gestalt dieses Vogels die Sonne auf ihrem täglichen Lauf begleiten. So wurde er auch der Gott des Krieges und verkörperte damit den Eroberungswillen der Mexica.[14]

Huitzilopochtli ist dadurch wie sein auserwähltes Volk eine Synthese des Alten mit dem Neuen, des seßhaften Siedlers mit dem nomadisierenden Eroberer. Beide Begriffe sind für das Verständnis der Mexica wesentlich. Vor allem sollte, als Sinnbild des feurigen Gestirns, das dynamische Element des Gottes vorherrschen; die älteren und friedlicheren Götter der Mexica überlassen nun ihrem kriegerischen Schutzgott den Vorrang mit seinem beharrlichen Verlangen nach Krieg und Kampf. Als tägliche Kost braucht er das Blutopfer der gefallenen Krieger, die sein Paradies bevölkern und bereit sind, ihn auf seiner Himmelsbahn zu begleiten.

Als die Mexica Coatepec, nach der Überlieferung im Jahre 1168, verließen, zogen sie, wie schon berichtet, nach Tula, das zu dieser Zeit in einem Zustand völliger Verwüstung war. Die Tolteken flohen nun aus ihrer schwer betroffenen Hauptstadt. Es sieht jedoch nicht so aus, als hätten die Mexica bei der Zerstörung Tulas eine größere Rolle gespielt. Ihr dortiger Aufenthalt war kurz, anschließend nahmen sie ihre Wanderschaft wieder auf. Es gibt unterschiedliche Berichte über die von ihnen besuchten Orte bei ihrer Ankunft in dem von Bergen umgebenen Hochtal von Mexiko, wo sie sich

schließlich niederlassen sollten.[15] Eine wichtige Siedlung, in der sie sich vorübergehend aufhielten, war Xaltocan. Diese Stadt lag damals inmitten einer Lagune gleichen Namens und muß den Mexica darum wie ihre Heimat erschienen sein. Zudem war Xaltocan eine der führenden Mächte im Hochtal und die Hauptstadt einer in nordöstlicher Richtung sich ausbreitenden Region.
Damit beginnt für die Mexica die Bekanntschaft mit den einflußreichsten Bewohnern der Hochebene; doch hat man geringe Kenntnis von ihrem Leben, obwohl dieser Teil ihrer Wanderschaft fast ein Jahrhundert dauerte. Es muß angenommen werden, daß ihr Dasein, während sie von einer Stadt zur anderen zogen und eine Generation der anderen folgte, ohne große Veränderung verlief. Der kleine Stamm zog weiterhin von Ort zu Ort, jagend und fischend, säend und erntend, wie die Umstände es erlaubten, und wenn sie irgendwo länger blieben, errichteten sie für Huitzilopochtli einen Tempel.

Die künftige Heimat

Nun waren die Mexica nur noch wenige Kilometer von ihrem endgültigen Wohnort entfernt; es lagen aber noch viele Mißhelligkeiten vor ihnen, und der Schauplatz, der sich ihnen darbot, als sie sich näherten, unterschied sich natürlich sehr von dem, den der heutige Besucher vorfindet.
Das Hochtal von Mexiko, zwischen den beiden Meeren auf einer Höhe von über 2300 Metern gelegen, bildet das Herz und die Mitte des Landes. Da es völlig eingeschlossen ist, stellt es genau genommen kein Tal, sondern ein Becken dar. Mit nahezu 100 Kilometern in nordsüdlicher und über 60 Kilometern in ostwestlicher Richtung umfaßt es rund 650 Quadratkilometer fruchtbaren Landes. Es ist im Osten, Süden und Westen von Bergen wie von einem riesigen Hufeisen umgeben; die eindrucksvollsten von ihnen sind die schneebedeckten Vulkane im Südosten.
Da große Temperaturunterschiede unbekannt sind, wurde das milde Klima dieser Region oft als ewiger Frühling beschrieben. Während des Winters kann in den frühen Morgenstunden gelegentlich Frost vorkommen, er wird aber rasch durch die wärmenden Strahlen der Sonne vertrieben. Im April und Mai, vor der viermonatigen Regen-

zeit, kann das Thermometer mittags bis 30 Grad Celsius ansteigen, die Nächte jedoch sind auf dieser Höhe immer kühl.
Heute ist das Hochtal für einen Teil des Jahres trocken und staubig, da die einstigen großen Seen oder Lagunen zum großen Teil austrockneten oder trockengelegt wurden. Vor und zur Zeit der Eroberung gab es fünf Lagunen, die von Quellen und kurzen Flüssen aus den umgebenden Bergen gespeist wurden. Als die Mexica ankamen, waren die Gebirge noch stark bewaldet. Doch schon vor der Ankunft der Spanier hatte jede Generation ihren Anteil an Bäumen geschlagen und damit zur Abforstung beigetragen.
Könnte der Besucher von heute auf wunderbare Weise in die präspanische Zeit zurückversetzt werden, würde ihm ein anderer bedeutender Unterschied im Vergleich zur Gegenwart auffallen. Damals fehlten nämlich die Haustiere, das Pferd, der Esel, das Schwein und die Ziege, die heute zum gewohnten Bild gehören. Die Völker des alten Amerika besaßen nämlich keine Schafe und Rinder wie die Mongolen und anderen Nomaden der alten Welt. Vor Cortés' Ankunft gab es als Haustiere nur Truthahn und Hund (zusammen mit Lama und Meerschweinchen in Teilen Südamerikas). Frei in der Natur lebende Tiere, besonders in den Lagunen und in deren Nähe, waren natürlich zahlreicher als heutzutage. Auch die Pflanzenwelt war anders. Gegenwärtig sind im Hochtal zwei Baumtypen, der Pfefferbaum und der Eukalyptus, vorherrschend. Letzterer kam erst in einer späteren Zeit aus Australien, während der erstere aus Peru stammt, nicht aus Mexiko, wie sein spanischer Name *(pirul)* vermuten läßt. Doch während sich vieles in Mexiko sehr rasch verändert, bleibt andererseits manches so, wie es war. Die Lehmhütten von damals unterschieden sich wenig von einigen der heutigen in den kleinen Dörfern. Damals wie heute wird vorwiegend Mais angebaut, in neuerer Zeit allerdings mehr in den Niederungen. Früher, als der Pflug unbekannt war und es als einziges vorhandenes Gerät nur den Pflanzstock *(coa)* gab, war der Anbau an den Abhängen der Hügel und Berge leichter, da man dort nicht mit so dicken Schichten Gras und Unkraut zu kämpfen hatte. Seit unvordenklichen Zeiten bis heute besteht die Kost des mexikanischen Bauern aus dreierlei Pflanzen – dem Mais, den Bohnen und dem Kürbis.

Im zwölften Jahrhundert war das Hochtal bereits mit Dörfern, ja sogar mit Städten besiedelt, keine jedoch erreichte die Ausmaße jener Hauptstadt, die von den Neuankömmlingen eines Tages aufgebaut werden sollte. Nachdem die Mexica Xaltocan verlassen hatten, hielten sie sich noch an einer Reihe von anderen Orten auf, bis sie endlich nach Tenayuca kamen. Das war die Hauptstadt der nomadisierenden Chichimeken geworden, die das Hochtal nach dem Sturz der Tolteken in Besitz genommen hatten. Die Chichimeken hatten ein eigenes Reich gegründet, dessen Glanzzeit zwischen 1200 und 1250 lag. Dieses Volk, einst reine Höhlenbewohner, die sich in Felle kleideten, vermischte sich bald durch Heirat mit den Überlebenden der zivilisierten Tolteken und wurde allmählich seßhaft. Wie so viele berühmte Orte in der mexikanischen Geschichte ist Tenayuca (›Ummauerter Platz‹) heute ein gewöhnlicher Vorort von Mexico City. Im Gegensatz zu anderen Örtlichkeiten kann es sich jedoch wesentlicher architektonischer Überreste rühmen. Neben der imposanten Pyramide mit ihren vielen Stockwerken unterscheiden sich die Ruinen von Tenayuca durch ihre aus Stein errichtete Schlangenmauer, wie sie später rund um den Großen Tempel in der Hauptstadt der Mexica gebaut wurde.

Als die Mexica kurz vor 1300 n. Chr. in Chapultepec ankamen, entsprachen die Zustände dort etwa denen in Italien ein Jahrhundert nach dem Fall von Rom. In das Hochtal war eine Reihe von Stämmen eingefallen, von denen einige, gleich den fortschrittlicheren Goten, vorher schon innerhalb der Grenzen des Reiches gewohnt und verhältnismäßig zivilisierte Gewohnheiten angenommen hatten. Andere jedoch waren noch halbe Barbaren, obwohl ihnen die gleiche Möglichkeit, von ihren Herren zu lernen, gegeben war. Das Hauptkulturzentrum war immer noch Culhuacan, nicht zu verwechseln mit dem legendären alten Culhuacan, von wo die Mexica aufgebrochen waren. Der Ausdruck Culhua stammt wahrscheinlich vom Nahuatl-Wort *colli,* ›Großvater‹, womit Menschen mit Vorfahren, das heißt von hoher Abkunft, bezeichnet wurden. Culhuacan war schlechthin die am Leben gebliebene Toltekenstadt des Gebietes, und Erinnerungen an die Tolteken wurden hochgehalten wie die an ein goldenes Zeitalter. Aber Culhuacan blieb auch wichtig als politische Tatsache; wie Ravenna nach dem Fall von Rom, verkörperte die Stadt Erneuerung und Überleben der Tolteken-Zivilisation. In diesen unruhigen Zeiten war Culhuacan Symbol für die Aufrechterhaltung der Grundsätze von Rechtmäßigkeit und Fortbestand.

Zu der Zeit jedoch, als die Mexica auf dem Schauplatz des Hochtales erschienen, war dieser weder von den überlebenden Tolteken beherrscht noch von den nomadischen Eindringlingen, deren Macht nur von kurzer Dauer gewesen war. Die Führung war inzwischen von späteren Ankömmlingen übernommen worden, die sich, nachdem sie bereits weitgehend die Lebensweise der Tolteken angenommen hatten, einer ziemlich hohen Kulturstufe rühmen konnten.[16] Vielleicht etwas anfechtbare Berichte erzählen, die Nomadenherrscher hätten den Neuankömmlingen Land gegeben und sie an ihre Töchter verheiratet, ähnlich wie ihre eigenen Vorgänger Toltekenfrauen von hoher Geburt geheiratet hatten.

Die Acolhua und die Tepaneken

Von den verschiedenen eingedrungenen Gruppen waren zwei besonders wichtig. Eine von diesen, die Acolhua, siedelten am östlichen Ufer der Lagune im Gebiet von Texcoco (siehe Karte S. 54).[17] Ursprünglich war das Zentrum dieses Stammes Coatlichan, heute ein Dorf, das erst kürzlich durch die Auffindung eines riesigen monolithischen Standbildes berühmt geworden ist. Die Statue wurde aus dem Felsen, mit dem sie noch verbunden war, herausgehauen und steht nun, ein riesiger Steinblock, am Eingang des Nationalmuseums für Anthropologie in der Stadt Mexiko. Allgemein ist sie als ›Tlaloc‹, der Regengott, bekannt; da sie jedoch einen Rock trägt, wird sie wohl seine Schwester, die Wassergöttin, darstellen.

Das zweite Volk, das unter denen, die vor den Mexica in die Region kamen, große Bedeutung hatte, waren die Tepaneken.[18] Sie siedelten am westlichen Ufer der Lagune, ihre Hauptstadt war Azcapotzalco (›Platz des Ameisenhügels‹), heute auch nur ein Vorort der Stadt Mexiko. Wie viele andere Städte wurde Azcapotzalco nicht

erst von den Neuankömmlingen, den Tepaneken, gegründet, sondern konnte sich einer fast tausendjährigen Geschichte rühmen.[19] Die historische Bedeutung der Tepaneken kann nicht genug betont werden. Sie sollten die Mexica während der frühen Jahre in ihrem endgültigen Wohnsitz beherrschen. Unter der Vormundschaft der Tepaneken entwickelten sich die Mexica von einem verarmten Stamm zu einer werdenden Großmacht. Diese Grundlage war es, auf der die Azteken aufbauten. Nicht die Tolteken, sondern das kurzlebige Reich der Tepaneken wurde den Azteken zum Vorbild bei ihrer Reichsgründung.
Im Hochtal von Mexiko und den angrenzenden Gebieten gab es zu dieser Zeit keine beherrschende Einzelmacht. Die Acolhua und Tepaneken, die sich an der Lagune gegenübersaßen, fingen gerade erst an, als Großmächte in Erscheinung zu treten. In der Politik war alles im Fluß; sie bot einen Schauplatz von nahezu balkanischer Vielfalt. Es gab wenig stabile Freundschaftsbande, dagegen aber ein Kaleidoskop ständig wechselnder Bündnisse zwischen kleinen Herrschern. Das Bild wird noch komplizierter, wenn man sich vorstellt, daß es dazu eine Vielzahl von ›Prinzchen‹, von Kleinherrschern gab, die oft gleichzeitig über ein und dieselbe Stadt regierten. Spanische Chronisten sprechen von ›Königen‹, aber dieser europäische Begriff kann nicht ohne weiteres auf die mexikanischen Monarchien angewandt werden: Häufig bezieht sich der Titel Herrscher auf einen Auserwählten, wird aber ebenso auch in der Mehrzahl gebraucht und bedeutet dann mehr als einen Gebieter für jedes Volk. Trotz solcher offensichtlichen Verwicklungen erfreuten sich diese Gemeinwesen einer gemeinsamen Kultur. Größtenteils waren sie Untertanen des gestürzten Toltekenreiches gewesen und hatten damit Anteil am gleichen kulturellen Erbe. Ein Teil dessen war ihr religiöser Glaube; obwohl jedes Volk seinen eigenen Schutzpatron begünstigte, hatten sie, die Mexica eingeschlossen, ein gemeinsames religiöses Gedankengut.

Ein Götterhimmel von verwirrender Vielfalt

Das religiöse Erbe umfaßte eine Vielfalt von Göttern und Göttinnen, von denen jeweils eine oder mehrere über einen bestimmten

Bereich des menschlichen Lebens herrschten (siehe Aufstellung der Götter im Anhang). Zwei der wichtigsten und ältesten Götter waren der Gott des Regens (Tlaloc), der den Haupttempel in Tenochtitlan mit Huitzilopochtli teilte, und Quetzalcoatl (›Grünfederschlange‹), dem eine ganze Anzahl von Aufgaben oblag. So hatte er den Menschen die Lehre vom Ackerbau und von der Schrift gebracht, er war der Gott des Morgen- und Abendsterns, sowie auch des Windes.[20] Er hatte Tula zur Zeit der Katastrophe verlassen, und es wurde von ihm gesagt, daß er eines Tages aus dem Osten wiederkehren würde – und er kam in der Gestalt von Hernán Cortés.

Fast von gleicher Bedeutung waren bestimmte Göttinnen, wie Coatlicue, die Mutter des Huitzilopochtli, eine Art Erdgöttin, und Tlazolteotl, die Göttin der Liebe. Jeder Mensch mußte ihr einmal, gegen Ende seines Lebens, eine Beichte ablegen. Da sie auch die Göttin des Unrats war, ist das Beichten böser Dinge als sinnbildliche Darstellung des Ausschüttens und der Reinigung von Unflat zu verstehen. In enger Beziehung standen naturgemäß Liebe und Mond, und Tlazolteotl, die Göttin der Liebe, unterhielt über die ›Vier Hundert‹ (unzählige) Kaninchen enge Verbindung zu den zahlreichen Göttern des *pulque*, des heiligen Getränks, denn das Kaninchen war es, das die köstliche Flüssigkeit beim Nagen an den Agaven, aus deren Saft man den berauschenden Trank gewinnt, entdeckt hatte. Die Beziehung des Kaninchens zum Mond las man aus dessen Oberflächenschatten, in dem die Mexikaner eine Ähnlichkeit mit diesem Tier zu erkennen glauben.

Wie in vielen Religionen gab es auch ein göttliches Schöpferpaar, bekannt als Herr und Herrin der Zweiheit, *Ometecuhtli* und *Omecihuatl*, sie wohnten einsam im dreizehnten Himmel *Omeyocan*, dem Zwiefachen Ort. Aber wie es manchmal so geht, ungeachtet eines Lippenbekenntnisses, das diesem ehrwürdigen Paar dargebracht wurde, waren sie durch prunkvollere Gottheiten in den Hintergrund gedrängt worden. Ihr Vorhandensein verdeutlicht nur die uralte mexikanische Vorliebe für den Dualismus. Unter den Azteken finden wir später zwei Hohepriester, zwei führende Handelsherren und in vielen Städten zwei Monarchen.

Überdies ist Zwei nicht die einzige heilige Zahl; auch Vier ist von großer Bedeutung; wir treffen oft auf Beispiele von Auslandsmissionen, die von vier Abgesandten ausgeführt und Zeremonien, die von vier Priestern vollzogen werden. Desgleichen ist die Zahl Fünf von Bedeutung; es gibt vier Himmelsrichtungen, jedoch fünf Seiten, rechnet man den Mittelpunkt dazu. Eine Auffassung, die auch den Chinesen bekannt ist. Eine andere Ähnlichkeit mit chinesischem Denken ist die Unterscheidung der Himmelsrichtungen durch besondere Farben.

Von großer Bedeutung, nicht nur in der Religion der Mexica, sondern auch in der aller Völker, die wir unter dem Begriff mittelamerikanischer Zivilisation zusammenfassen, war das geheiligte, 260 Tage umfassende Kalenderjahr. Nach seiner Plazierung in diesem Kalender hatte jeder Tag seinen Namen, der aus einem von 20 Zeichen und einer vorangehenden Zahl aus eins bis dreizehn bestand. Jedem Kind wurde bei der Geburt als Teil seines vollen Namens ein dem Geburtstag entsprechendes Zahl- und Tageszeichen beigegeben. Je nachdem, ob diese Zeichen günstig oder ungünstig waren, gestaltete sich auch das Schicksal des Kindes. Zum Beispiel war Sieben Regen gut, die an diesem Tag Geborenen waren barmherzig, teilnahmsvoll und mitfühlend. Auch der nächste Tag, Acht Blume, war günstig, aber die Kinder dieses Tages mußten sofort gebadet und getauft werden, damit nicht ein Teil der Zeremonie erst am folgenden Tag, Neun Krokodil, vollzogen würde, da dieses Zeichen als widernatürlich und lasterhaft galt. Wer nach Neun Krokodil benannt sei, hätte grundsätzlich einen Hang zum Bösen: Einer seiner geringeren Fehler wäre der Hang zu Verleumdungssucht und Freude an der Verbreitung von Gerüchten; er wäre so unfähig, auf sich selbst aufzupassen, daß es unweigerlich sein Schicksal sei, in Lumpen und Fetzen herumzulaufen.

In diesem unerbittlichen System gab es mehr schlechte als gute Tage. Dem erbarmungslosen Schicksal konnte man sich jedoch manchmal nach vorheriger Vereinbarung mit dem Priester durch einen Aufschub von Bad und Taufe entziehen, um die Namensgebung des Kindes an einem günstigeren Tag vornehmen zu können.

Von den vielen wandernden Stämmen kamen die Mexica als letzter und waren wahrscheinlich am wenigsten willkommen. Sie galten als grausam und zählten zu den am wenigsten zivilisierten Bewohnern

des Hochtales von Mexiko, obgleich sie das Nahuatl sprachen und Landwirtschaft betrieben.[21]
Schließlich siedelten sie Ende des dreizehnten Jahrhunderts in Chapultepec (›Heuschreckenhügel‹). Noch hatten sie das ihnen verheißene Land nicht erreicht, aber es war buchstäblich von diesem Hügel aus zu sehen. Die Jahre, die sie an diesem Ort verbrachten, umfassen einen wichtigen Zeitraum in der Geschichte der Mexica. Bei ihrer Ankunft wurden sie hauptsächlich noch von ihren Oberpriestern regiert, den vier Gottesträgern, die ihre Wanderung befohlen hatten. Sie übten diese Herrschaft auch weiterhin aus, vermutlich angeregt durch die von Huitzilopochtli gesandten Träume und Visionen. Er zögerte nicht, sie immer wieder vor der Versuchung, sich niederzulassen, zu warnen, da sie doch bald wieder vertrieben würden. Sie sollten die Ereignisse abwarten, und wenn es an der Zeit wäre, würde er ihnen sagen, was zu tun wäre.
Außer diesen Oberpriestern hatte jeder Clan seinen eigenen Häuptling. Die Anzahl dieser Sippenverbände war nun von ursprünglich sieben auf fünfzehn bis zwanzig angewachsen. Da ihren Anführern bisweilen bestimmte militärische Aufgaben zufielen, werden sie auch manchmal ›Hauptleute‹ genannt. Sie hatten auch religiöse Bedeutung, da jeder Clan seinen eigenen Schutzgott hatte. Für die Regierungsform der Mexica zu dieser Zeit hat man manchmal den Ausdruck ›Militärdemokratie‹ verwendet. Tatsächlich war es aber eine Gottesherrschaft. Weder für das System der Demokratie einerseits noch für das des Königs von Gottesgnaden kann man im alten Mexiko eine Parallele finden

Huitzilopochtli wird oberste Gottheit

In der ersten Zeit ihres Aufenthaltes in Chapultepec regierten die religiösen Anführer recht erfolgreich. Vermutlich durch äußeren Zwang wurde die Regierung später einem einzigen Anführer mit dem Namen Huitzilíhuitl (›Kolibrifeder‹) übertragen. In der damaligen Lage der Mexica, umgeben von habgierigen Nachbarn, war wohl eine einheitliche Regierung wünschenswert geworden. In Wirklichkeit entsprach jedoch eine pluralistische Herrschaft den ortsüblichen Bräuchen weit eher, und viele Nachbarvölker besaßen weiterhin zwei, vier oder mehr Herrscher.

Indem sie einen einzigen Anführer wählten, entschieden sich die Mexica für ein System, das unter Nomaden und Völkern, die nicht den Nahua entstammen, vorherrschte.[22] Dessenungeachtet war es, was die Mexica betraf, ein wichtiger Schritt vorwärts. Eine pluralistische Regierungsform hat ohnehin große Nachteile, insbesondere für ein Volk mit dem Ehrgeiz, andere Völker zu erobern. Das neue Amt des Alleinherrschers stammt im wesentlichen von der Macht der Oberpriester, zum Teil aber auch von Huitzilopochtli, dem später als Gott verehrten, ursprünglich menschlichen Herrscher. Die neue Entwicklung könnte man als den Beginn seiner unumstrittenen Macht als oberste Gottheit betrachten.

Der schicksalhafte Hügel von Chapultepec

Chapultepec war ehemals eine Hochburg der Tolteken, und hier war es, wo sich der letzte Toltekenherrscher, ein armer Flüchtling, erhängte. Einige wenige Tolteken wollten den Ort nicht aufgeben, hatten aber keinen eigenen Herrscher. Chapultepec hat niemals in der mexikanischen Geschichte an Bedeutung eingebüßt. Auf diesem Hügel ließen die Aztekenherrscher ihre Bildnisse in den Felsen meißeln, hier hatte Kaiser Maximilian seine Residenz, und hier leisteten im Jahre 1847 die Marinekadetten ihren letzten heroischen Widerstand. Jeder heutige Besucher kann sich davon überzeugen, daß der Hügel einen umfassenden Blick auf die Stadt Mexiko gewährt und das ganze umliegende Land beherrscht. Das Schloß von Chapultepec, in einem schönen Park gleichen Namens gelegen, beherbergt, wie es sich gehört, das Nationalmuseum für Geschichte.
Die Mexica, immer noch ein unbedeutender Stamm, waren nicht in der Lage, die örtliche Politik zu beeinflussen. Sie hatten keine Freunde, und es blieb ihnen nur die Rolle von Vasallen und Knechten. Als Spätankömmlinge ohne Land befanden sie sich in einer äußerst bescheidenen Lage. Es grenzt ans Wunderbare, daß sie jemals eine strategisch so wichtige Stelle besetzen konnten. Trotz ihres Elends dauerte es bei den Mexica nie lange, bis sie sich mißliebig machten und die Nachbarn mit ihren Possen verärgerten:
»Die Mexikaner siedelten in Chapultepec und obwohl sie nach der

langen Wanderschaft, die sie hinter sich hatten, wahrhaftig müde, niedergeschlagen und in Unordnung waren, vermehrten sie sich dennoch, gemäß dem Brauch der Kinder Israels in Ägypten unter dem König Pharao. Und als ihre Nachbarn sahen, wie sie an Zahl zunahmen, begannen sie sich zu beunruhigen und sie zu bekriegen, um sie zu vernichten; ihr Name sollte ausgelöscht werden auf Erden, und keiner ihres Geschlechtes sollte sich hier niederlassen können.«
(Tezozómoc)

Angesichts dieser Bedrohung begannen die Mexica sich zu bewaffnen, so gut sie konnten.
Zweimal wurden sie angegriffen und aus Chapultepec vertrieben. Der erste Überfall ereignete sich etwa um 1315. Der Anlaß war die Ankunft Copils, des Sohnes von Huitzilopochtlis böswilliger Schwester, die, wie bereits erwähnt, auf Geheiß ihres göttlichen Bruders im Stich gelassen worden war:

»Die Mexikaner waren umgeben von zahllosen Leuten, von denen niemand ihnen wohlgesinnt war, und warteten auf das kommende Unglück; zu dieser Zeit hatte die Hexe, die die Mexica zurückgelassen hatten (Malinalxochitl), die sich eine Schwester ihres Gottes nannte, einen erwachsenen Sohn, genannt Copil. Ihm hatte die Mutter die Ungerechtigkeit enthüllt, die Huitzilopochtli ihr zugefügt hatte. Copil war darüber zutiefst betrübt und sehr verärgert; er versprach seiner Mutter, die schlechte Behandlung, die sie erlitten hatte, zu rächen. Als dann Copil hörte, daß die mexikanischen Krieger sich auf dem Hügel von Chapultepec befanden, begann er, mit allen Völkern Pläne zu schmieden, um das Geschlecht der Mexica zu vernichten, indem er sie, die er gut kannte, bösartigen, kriegerischen, tyrannischen und widernatürlichen Wesens brandmarkte.«
(Codex Ramírez)

Copil hatte Erfolg mit seinen Machenschaften, die Mexica wurden besiegt und von ihrem Wohnort vertrieben. Er selbst aber wurde getötet, sein Herz herausgerissen und an der Stelle in der Lagune versenkt, wo die Mexica ihren endgültigen Wohnsitz nehmen sollten.

Es gelang den Mexica, nach Chapultepec zurückzukehren, aber sie wurden weiter schwer bedrängt, und diesmal blieben sie nur kurze Zeit. Während dieses Aufenthalts wählten sie Huitzilíhuitl zu ihrem Alleinherrscher, der ihre Verteidigung befehligen sollte. Einige Jahre später, 1319, entfesselte ein Bund mächtiger Staaten einen neuen Krieg gegen sie. Über die treibende Kraft dieses großen Zusammenschlusses ist man sich nicht einig, die Tepaneken scheinen die Hauptinitiatoren gewesen zu sein. Solange eine Art Gleichgewicht der Kräfte in dieser Region aufrechterhalten werden konnte, mag man die Anwesenheit der Mexica in Chapultepec geduldet haben. Als aber die Macht der Tepaneken zu wachsen begann, muß ihnen der ihrer Hauptstadt so nahegelegene strategische Punkt begehrenswert erschienen sein. Ohne Zweifel fanden sie willige Verbündete, die darauf brannten, den Aufschwung der Mexica zu unterdrücken.[23]

Hinter Chapultepec fand ein heftiger Kampf statt, und in der Lagune, in der die Mexica Zuflucht gesucht hatten, folgte ein weiteres Blutbad.

Der unglückliche Herrscher der Mexica wurde, wie es einem Kriegsgefangenen gebührte, in Culhuacan geopfert. Der größte Teil der Flüchtlinge befand sich in bedauernswerter Lage; es fehlte ihnen sogar an Bekleidung. Schließlich gelangten sie nach Culhuacan, wo sie sich der Gnade der Herren dieses Ortes auslieferten. Während es dem größten Teil der Flüchtlinge gelungen war, zusammenzubleiben, war es unvermeidlich, daß kleinere Gruppen versprengt wurden. Diese Mexica, unter denen sich viele Frauen befanden, flohen in die benachbarten Städte.

Zweierlei Zeitrechnungen

Die erhalten gebliebenen Bilderchroniken liefern Illustrationen, die dieses tragische Geschick bezeugen, das 200 Jahre vor der Eroberung durch die Spanier gewissenhaft für die Nachwelt aufgezeichnet wurde.[24] Die erste Quelle, der ›Codex Boturini‹, zeigt Chapultepec auf einem Hügel mit einer obenauf sitzenden Heuschrecke. Daneben liegendes Holz symbolisiert das Entfachen des ›Neuen Feuers‹ am Beginn des zweiundfünfzigjährigen Umlaufs. Überall im alten

Mexiko waren zweierlei Zeitrechnungen im Gebrauch: einmal der geheiligte oder rituelle Ablauf von 260 Tagen, der wiederum in 20 ›Wochen‹ von je 13 Tagen eingeteilt war; und zweitens das gewöhnliche Jahr von 18 Perioden mit je 20 und fünf ›ergänzenden‹ Tagen, zusammen 365 Tagen.[25] Eine weitere Zeitrechnung der Mexikaner erfolgte in ›Bündeln‹ von 52 Jahren mit je 365 Tagen. Ihr System, dies zu bestimmen, kann man am besten mit einem Spiel Karten erklären. Angenommen, wir hätten Bezeichnungen für unsere Jahre wie ›Eins von Pik‹, ›Zwei von Herz‹, ›Drei von Karo‹, ›Vier von Treff‹, ›Fünf von Pik‹, ›Sechs von Herz‹ und so weiter. Die sich daraus ergebende Kombination von dreizehn möglichen Zahlen mit vier möglichen Namen oder Farben (die mexikanischen Jahre wurden ›Haus‹, ›Kaninchen‹, ›Rohr‹ und ›Feuerstein‹ genannt) ergibt eine Gesamtsumme von zweiundfünfzig verschiedenen Bezeichnungen für die Jahre; erst dann wiederholt sich der Zyklus. In Mexiko begann dieser immer mit dem Jahr ›Zwei Rohr‹, und sein Anfang war ein schicksalhaftes Ereignis.[26]

Derselbe Codex zeigt unterhalb der Zeichnung von Chapultepec mit dem Symbol der ›Neuen-Feuer‹-Zeremonie herzzerbrechend weinende Angehörige des Mexica-Stammes.[27] Weiter rechts sehen wir den unglücklichen Herrscher Huitzilíhuitl und seine Tochter in Gegenwart eines der Fürsten von Culhuacan. Alle drei sind an den Namenszeichen über ihren Köpfen zu erkennen. Der Herrscher und seine Tochter werden an den Haaren herbeigeschleppt – die übliche Art, Kriegsgefangene darzustellen. In einer anderen Chronik, dem ›Codex Azcatitlan‹, wird eine noch dramatischere Episode geschildert. In der oberen linken Ecke ist die Einsetzung Huitzilíhuitls als Herrscher zu sehen, darunter das Bildzeichen für Chapultepec mit einer Zeichnung der mit hohem Schilf bewachsenen Lagune. Mitten darin kämpfen die Mexica gegen ihre Widersacher.[28] Weiter rechts werden durch dieselben Leute der Herrscher und weitere Mexica als Gefangene weggeschleppt. Darüber ist ein Krieger abgebildet, der durch Herausreißen seines Herzens geopfert wird. Neben den Darstellungen stehen die entsprechenden Jahreszeichen.

Die Mexica kamen als demütige Bittsteller nach Culhuacan. In ihrer tiefen Erniedrigung fühlten sie sich sogar veranlaßt, ihren neuen Herren als Zeichen der völligen Unterwerfung das ehrfurchtsvoll gehütete Banner Huitzilopochtlis und seinen Umhang zu überreichen. Ungeachtet ihrer derzeitigen Unordnung versetzte die Ankunft dieser reuevollen Schar ihre Gastgeber in nicht geringe Verlegenheit; zwei der vier Herrscher neigten dazu, sie wohlwollend zu behandeln; daraus ergab sich im Rat eine hitzige Auseinandersetzung darüber, wie man mit den Eindringlingen verfahren sollte. Es wurde entschieden, kein Risiko einzugehen und strenge Zurückhaltung zu wahren. Dementsprechend wurden die Mexica aufgefordert, sich in Tizaapan, etwa zehn Kilometer westlich von Culhuacan und nahe dem heutigen Sitz der Nationaluniversität von Mexiko, niederzulassen. So waren sie weit genug entfernt, um nicht stören zu können, aber wiederum nicht so abgelegen, daß ein wachsames Auge nicht ihr Leben und Treiben hätte beobachten können. Außerdem wurden sie mit der festen Überzeugung nach Tizaapan befördert, daß, nach menschlichem Ermessen, in dieser vulkanischen Öde, wo es von Schlangen und anderen gefährlichen Reptilien wimmelte, niemand zu Wohlstand kommen könnte. Aber zum Erstaunen ihrer Herren überlebten sie nicht nur, sondern hatten Erfolg:

»Die Mexikaner waren über die Schlangen sehr erfreut, sie kochten und rösteten sie alle und aßen sie auf. Später erinnerte sich Coxcoxtli an sie und sprach zu seinen Leuten: ›Oh, geht und seht nach denen, die Ihr verlassen habt, vielleicht sind sie tot!‹ Und sie gingen und sahen Feuer und Rauch und fragten: ›Habt Ihr leiden müssen, Mexikaner? Wir sind nur gekommen, um Euch zu sehen und zu begrüßen und uns nach Eurem Ergehen zu erkundigen!‹ Und die Mexica antworteten sogleich: ›Ihr habt uns einen Gefallen erwiesen, und wir sind zufrieden.‹ Und die Culhua gingen direkt in den Palast und berichteten Coxcoxtli: ›O Fürst, o König, wir gingen sie zu sehen, sie haben mit den Schlangen aufgeräumt und sie alle aufgegessen!‹ Und Coxcoxtli meinte: ›Seht, was das für ein Gesindel ist, habt keinen Umgang mit diesen und sprecht nicht mit ihnen!‹«
(Crónica Mexicayotl)

Unter so widrigen Umständen wie diesen zeigten die Mexica, im Unterschied zu ihren Nachbarn, Mut und Ausdauer. Weit entfernt, sich von ihrem Mißgeschick geschlagen zu geben, fühlten sie sich zu neuen Anstrengungen angespornt. Sie waren entschlossen, in dieser unwirtlichen Umgebung zu überleben, sie vernichteten nicht nur die Schädlinge, sondern kultivierten auch den Boden und errichteten Tempel und Wohnungen. Sie hatten ihren Nomadeninstinkt noch nicht völlig verloren und machten so aus der Not eine Tugend. Durch ihre Gewohnheit, Landwirtschaft und Jagd zu verbinden, gelang es ihnen zu überleben. Vermutlich ergänzten sie ihre Speisekarte durch appetitlichere Arten von Wild als gerade Schlangen. In Tizaapan setzten sie, nach ihrem jüngsten Mißgeschick mit einem Alleinherrscher, wieder eine Gemeinschaftsregierung von vier Oberpriestern ein. Unter diesen wird Tenoch als erster erwähnt, und als solcher blieb er im Amt bis lange nach der Gründung von Tenochtitlan.

Das erwählte Volk

Die Widerstandskräfte der Mexica beeindruckten die Herrscher von Culhuacan. Einer anderen Darstellung der oben berichteten Ereignisse zufolge lag der Gedanke nahe, daß jemand, der unter solchen Bedingungen zu überleben vermochte, sich eines ungewöhnlichen göttlichen Schutzes erfreuen mußte. Einer der zu Erkundigungszwecken ausgesandten Beobachter meinte: »Ich habe Euch bereits gesagt, dieses Volk ist von Gott besonders bevorzugt; es sind schlechte Leute mit üblen Sitten; laßt sie in Ruhe, tut ihnen nichts, denn solange man sie nicht herausfordert, werden sie sich ruhig verhalten.« Von dieser Zeit an kamen die Mexikaner nach Culhuacan und gingen unbehindert ihren Handelsgeschäften nach; es entwikkelten sich verwandtschaftliche Beziehungen, und sie behandelten sich gegenseitig wie Familienangehörige. Diese ehelichen Verbindungen sind für die Mexica ein Vorgang von großer geschichtlicher Bedeutung. Durch die Beziehungen mit dem ältesten und zivilisiertesten aller Völker des Hochtales wandelte sich ihre gesellschaftliche Stellung. Nicht mehr länger ungebildete Emporkömmlinge oder zudringliche Nomaden, waren sie nun die ›Culhua Mexica‹. Sie waren dazu bestimmt, die verehrungswürdigen Traditionen hochzuhalten, und sie bezeichneten sich durch ihre Ehen als die Erben von Culhuacan und damit des Toltekenreiches und seiner Herrscher.

Abgeschnittene Ohren und die gehäutete Prinzessin

Die Mexica waren für ihre Herren bald in einen Krieg mit dem in der Nähe lebenden Volk der Xochimilco verwickelt. Culhuacan, das sich in Gefahr befand, von diesem Gegner besiegt zu werden, ersuchte die Mexica um Hilfe. Diese forderten natürlich die Bereitstellung ausreichender Waffen, wurden aber dahin beschieden, daß sie sich selbst auszurüsten hätten. Huitzilopochtli sprang wie gewöhnlich in die Bresche und gab Anweisung, Schilde aus Schilf und Lanzen aus Stangen zu machen. So bewaffnet und wohlgerüstet, vereinigten sie sich mit den Culhua und kämpften zum Teil in Kanus und zum Teil an den Ufern der Lagune. Durch ihr Auftreten retteten die Mexica die Lage und vertrieben den Feind mit ihren handgemachten Waffen. Gefangene sollten nicht gemacht werden:

»O Mexica, wißt, welchen Befehl ich (der Culhua-Herrscher) Euch gebe! Niemand darf Gefangene machen. Wir werden sie nur verstümmeln, reißt jedem eins seiner Ohren ab. Und so verfuhren sie. Wer immer einen, zwei oder drei Gefangene machte, bemächtigte sich ebensovieler Ohren. Sie schichteten die Ohren vor dem Herrscher von Culhua auf und errechneten damit genau die Anzahl der Gefangenen.« (Anales de Tlatelolco)

Die Mexica, stolz auf ihren Triumph, begannen vornehm zu tun und feine Kleider anzuziehen. Die Culhua waren weit davon entfernt, wegen ihrer Errettung außer sich vor Freude zu sein. Sie erschraken über die kämpferische Verwegenheit ihrer Vasallen. Einer der Herrscher, der diesen immer wohlgesonnen gewesen war, warnte sein eigenes Volk, es drohe ihm Vernichtung, wenn sie sich nicht unverzüglich in Sicherheit brächten.
Eine andere, noch grausigere Geschichte als die von den Ohren der Gefangenen wird von der seltsamen Art und Weise erzählt, wie sie

sich verabschiedeten. Huitzilopochtli, dessen Anregungen selten ein friedliches Leben verhießen, sprach zu seinem Volk:

»Wir müssen dringend eine Frau suchen, die wir die ›Frau der Zwietracht‹ nennen werden und die ich in dem Ort, wohin wir gehen und wohnen werden, zu meiner Mutter oder Großmutter machen werde. Denn dies ist nicht die Stätte, wo wir Aufenthalt und Wohnung nehmen werden; dies ist nicht der Ort, den ich Euch versprochen habe. Es wird nötig sein, daß wir unseren jetzigen Wohnsitz nicht im Frieden verlassen, sondern mit Kampf und dem Tod von vielen. Laßt uns unsere Waffen erheben, Bogen und Pfeile, Schilde und Schwerter, und laßt so die Welt unseren Wert erkennen.« (Durán)

So von ihrem Gott angestachelt, gingen sie zu einem der Herrscher von Culhuacan und begehrten seine Tochter als Monarchin und Frau ihres Gottes. Er erfüllte ihre Bitte, und die Prinzessin wurde nach Tizaapan getragen. Ungeachtet ihrer auffallenden Schönheit, die man mit einem kostbaren Halsband verglich, wurde sie auf der Stelle umgebracht, ihre Haut abgezogen, die sich dann ein Priester überstreifte. Dann erging an ihren Vater, Achitometl, die Einladung, an den Feierlichkeiten für die neue »Göttin«, die nun Huitzilopochtlis Frau werden sollte, teilzunehmen. Er kam, begleitet von zahlreichen Prinzen und Adligen und mit Geschenken beladen. Inzwischen hatte der Priester in der Haut der Prinzessin im Heiligtum neben dem Gottesidol Platz genommen. Achitometl, nichts Böses ahnend, betrat das schwach erleuchtete Gemach:

»Er nahm Reibzeug, Räucherwerk, Blumen, Tabak und Eßwaren und legte dies alles vor das vermeintliche Götterbild, das Enthäutete, zu dessen Ehre er Wachteln den Kopf abgeschlagen hatte. Er opferte Weihrauch und entzündete das Räuchergefäß, und da erkannte er die Haut seiner jungfräulichen Tochter. Von ungeheurem Schrecken erfaßt, lief er laut schreiend zu seinen Gefährten und Vasallen: ›Wer sind diese, o Culhua? Seht Ihr nicht, daß sie meine Tochter gehäutet haben? Diese Schurken dürfen hier nicht bleiben. Laßt uns sie auslöschen; sie sollen auf der Stelle zugrunde gehen!‹ Augenblicklich brach der Kampf aus. Da sprach Huitzilopochtli zu seinen Priestern: ›Dies ist mir bekannt, geht ruhig und behutsam fort von hier.‹« (Crónica Mexicayotl)

Ungeachtet dieser Erzählung, die unglaubhaft klingen mag wie so viele der frühen Geschichten, waren die Mexica an diesem Ort viel länger geblieben, als von der Umgebung erwünscht. Ihre offenkundige Selbstsicherheit mußte von ihren ehemaligen Herren geradezu als Herausforderung aufgefaßt werden. Die Geschichte zeigt schwerlich eine der anziehenderen Seiten ihres Charakters. Man kann es jedoch nicht oft genug erwähnen, daß sie in einer langen Reihe lediglich die letzten Anhänger des ›Gehäuteten Gottes‹ waren. Wie andere Gottheiten war dieser ursprünglich ein Gott der Pflanzenwelt. Das Anziehen und Abwerfen abgezogener menschlicher Haut symbolisiert das Wachsen und Abnehmen der Jahreszeiten.[29] Es mag für diesen Gott in der Alten Welt keine Entsprechung geben, man sollte sich jedoch des unglücklichen Schicksals von Marsyas, Apollos überheblichem Rivalen, erinnern, um zu erkennen, daß der Brauch, Menschen zu enthäuten, nicht allein der Neuen Welt vorbehalten blieb.

2. Kapitel
Herrscher der Frühzeit

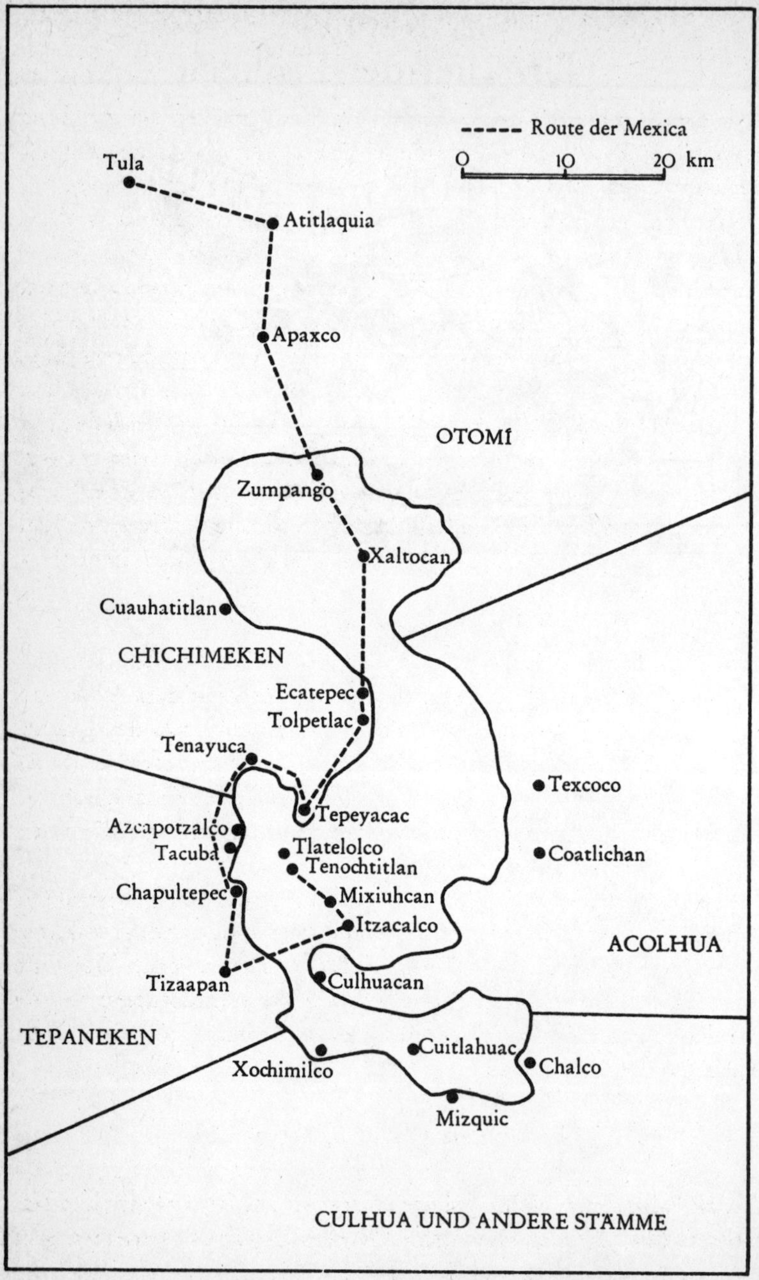

Das Tal von Mexiko und die wichtigsten Stationen

Schwer bedrängt von den verärgerten Herrschern von Culhuacan, suchten die Mexica Schutz in der Lagune:

»Als sie erkannten, daß sie verfolgt wurden, brachen sie mit ihren Frauen und Kindern in lautes Geschrei aus und fingen an, so viele Speere zu schleudern, daß die Leute von Culhuacan, nachdem sie viele Wunden davongetragen hatten, anfingen, sich zurückzuziehen. Dadurch war es den Mexikanern möglich, sich abzusetzen und nach Ixtapalapa zurückzuweichen. Von dort zogen sie an einen Ort namens Acatzintlan, wo sie sich dem Wasser anvertrauten. Unter Zuhilfenahme von Schilf machten sie sich Flöße aus ihren Speeren und Schilden. Da das Wasser seicht war, konnten sie ihre Frauen und Kinder auf die Flöße bringen. Nachdem sie auf die andere Seite übergesetzt hatten, suchten sie Schutz im Schilf und in den Binsen, wo sie die Nacht in beträchtlicher Angst und großem Elend verbrachten. Ihre Frauen und Kinder flehten weinend darum, sie hier sterben zu lassen, da sie keine weiteren Qualen erdulden könnten.« (Durán)

Der Gott Huitzilopochtli aber veranlaßte seine Priester, sein geplagtes Volk zu trösten: Die Priester sprachen mit dem Volk und trösteten es, so gut sie konnten, und so verbrachte man den ganzen Tag, um Bekleidung, Schilde und Waffen zu trocknen; man baute sich auch ein Bad, wo man sich in gewohnter Weise reinigen konnte. Die Mexica nannten es *temazcalli*. Diesem Ort gaben sie später den Namen Mexicatzinco.
Schließlich erreichten sie eine Stelle, die nur etwas mehr als einen Kilometer in südöstlicher Richtung von dem Punkt entfernt war, wo später der große Platz von Tenochtitlan entstehen sollte. Der Ort, zu jener Zeit eines von vielen schilfbewachsenen Inselchen, wurde San Pablo genannt; noch heute gibt es dort eine Kirche und einen Platz gleichen Namens.[30]

Tenochtitlan – Stadt in den Binsen

In San Pablo erschien Huitzilopochtli einem seiner Priester und berichtete ihm, daß das Herz seines Neffen Copil, der seinerzeit von den Mexica getötet worden war, in der Nähe fortgeworfen sei: »Wisset wohl, daß dies Herz auf einen Stein fiel, auf dem seither ein Feigenkaktus wächst, so groß und schön, daß ein Adler darin horsten kann, der die schönsten und buntesten Vögel verspeist; hier in der wärmenden Sonne und der Frische des Morgens entfaltet er seine weiten, wunderschönen Schwingen.« Sie sollten sich am nächsten Tag zu dieser Stelle begeben, dort würden sie den Kaktus finden und ringsum die farbenprächtigen Federn der Vögel, die der Adler verschlungen hatte. »Diesem Ort, an dem Du den Adler auf dem Kaktus sitzend finden wirst, gebe ich den Namen Tenochtitlan.« Der Name bedeutet ›Ort des Kaktus‹ *(tenochtli)* oder genauer ›Ort der Kaktusfrucht‹.

Am folgenden Morgen sahen die Mexica die Pflanze und auf ihr den großen Adler, der bei ihrer Annäherung seinen edlen Kopf neigte. Sie warfen sich zu Boden wie vor einem göttlichen Wesen, überwältigt vor Freude, denn nun wußten sie, daß sie ihr endgültiges Ziel erreicht hatten und die jahrhundertelangen Wanderungen zu Ende waren. Von Staunen erfüllt gingen sie daran, ihre Stadt zu gründen; ihr erster Gedanke galt dabei ihrem Leitbild Huitzilopochtli, dem sie einen Schrein errichteten. Sie schnitten Rasenstücke aus dem schilfbedeckten Boden und bauten einen kleinen Sockel, auf dem sie ein bescheidenes, strohbedecktes Gebetshaus errichteten.

Das Datum dieser Gründung ist einer der Schlüssel für die mexikanische Geschichte. Überlieferungen bestimmen dafür das Jahr ›Zwei Haus‹, was ungefähr dem Jahre 1325 n. Chr. entspricht. Vermutlich ist es aber richtiger, das Ereignis in das Jahr 1345 n. Chr. zu verlegen.[31]

Die Legende von der Gründung erzählt wenig vom Gang der Ereignisse, ist aber gleichwohl von Bedeutung. Der Adler ist natürlich das Symbol für die Sonne und darum unmittelbar auf Huitzilopochtli zu beziehen; die Herzen seiner ihm dargebrachten Opfer befinden sich – wie wir sehen werden – im Adlerhorst *(cuauhxicalli)*. Die Kaktusfrucht *(tenochtli)* verkörpert sowohl in ihrer roten Farbe als auch in ihrer Form die menschlichen Herzen, die von der Sonne, oder von dem Adler, verschlungen werden. Der Feigenkaktus deutet außerdem an, daß diese unwirtliche kleine Insel zumindest bewohnbar war. Sie war klein und sumpfig und hatte zu dieser Zeit nur einen Umfang von wenigen Kilometern. Aber im mexikanischen Denken ist Symbolismus immer augenscheinlich. Dementsprechend ist nicht nur der Adler von Bedeutung, sondern sogar das Schilfrohr, das diesen Ort umgab. Tollan (heute Tula genannt) war die Hauptstadt des Toltekenreiches gewesen; nun bedeutet Tollan wörtlich ›in den Binsen‹, bekam aber für die Tolteken einfach die Bedeutung ›die große Stadt‹. So war Tenochtitlan in Wirklichkeit ebenso die Stadt in den Binsen wie Tollan, die neue ›Große Stadt‹, die ebenfalls eines Tages die Welt beherrschen sollte. Wie der Gott ihnen gesagt hatte: »Hier werden wir uns zu Herren über alle Völker machen, über ihren Besitz, ihre Söhne und Töchter. Hier werden sie uns dienen und Tribut zahlen; an diesem Ort wird die berühmte Stadt aufgebaut, die bestimmt ist, Königin und Herrin über alle anderen zu werden – wo wir eines Tages alle Könige und Fürsten empfangen werden, die kommen müssen, um der mächtigsten Stadt zu huldigen.«

Chinampas – die schwimmenden Gärten

Aber in diesem scheinbaren Wahnsinn ihrer Gottheit war Methode; zweifellos gab es für die Wahl dieses Ortes auch praktische Gründe. In dem den Mexikanern versprochenen Land floß weder Milch noch Honig, aber die Aussichten waren weniger trübe, als die Chronisten anzunehmen geneigt sind. In erster Linie waren diese Insel und die in ihrer Nachbarschaft liegenden wahrscheinlich kein unberührtes Land; auf ihnen könnte es wohl schon kleinere Niederlassungen von Tolteken gegeben haben – denn diese hatten sicherlich bereits viele Orte im umliegenden Festland bewohnt.[32] Vielleicht unbewußt hatten Huitzilopochtlis Priester eine ideale Wahl getroffen. Zunächst einmal waren die materiellen Vorteile beachtlich: Vögel und Fische waren im Überfluß vorhanden, und die Bedingungen für Pflanzenanbau erwiesen sich als ausgezeichnet. Da der Raum begrenzt war, wurde für den Anbau jeder Quadratzentimeter durch das *chinampa*-System ausgenützt. Diese Methode besteht aus Terrassen, die aus Schichten von Schlamm und Wasserpflanzen gebildet und von Wänden aus Korbgeflecht gehalten wurden. So entstanden kleine, von Kanälen durchzogene Landflächen. Diese ›Schwimmenden Gärten‹ kann man heute noch in der Gegend von Xochimilco sehen; es sind Pflanzgärten, von denen die Stadt Mexiko versorgt wird.

Das neue Gelände bot auch die Vorteile der Wasserverbindungen mit den Städten entlang der Lagunenküste, die in einem Land ohne Lasttiere oder Wagen mit Rädern von unvergleichlichem Wert waren. Überlandverkehr war im alten Mexiko von jeher ein Hauptproblem, insbesondere wenn Städte über ihre normale Größe hinauswuchsen. Wenn alle anderen Lasten auf dem menschlichen Rücken getragen werden mußten, war das Kanu das leistungsfähigste Transportmittel.

Der größte Vorzug aber, den die Lage der Stadt bot, war der strategisch wichtige Schutz, den die Lagune gewährte. Es war die erste Ansiedlung, die die Mexica niemals aufgeben mußten. Ihre schlammigen kleinen Inseln boten viele der Segnungen, die auch einem anderen Lagunenvolk, den Venezianern, den Weg zur Größe geebnet hatten. Außerdem kehrten die Mexica in ihrem neuen insularen Dasein zu der traditionellen Lebensweise zurück, die sie in ihrer ursprünglichen Heimat, in Aztlan, entwickelt hatten. Andererseits litten sie jedoch auch unter gewissen Mangelerscheinungen. Nahrung, sowohl tierische als auch pflanzliche, gab es im Überfluß, aber Rohstoffe waren knapp. Dadurch bekamen sie die bedrohliche Gegenwart ihrer größeren Nachbarn, von denen sie hinsichtlich Holz und Stein ganz und gar abhängig waren, ständig zu spüren. Die Entfernungen zur Nachbarschaft sind auf der Karte (S. 54) zu sehen; zu dieser Zeit war das Hochtal von Mexiko eine Welt en miniature, und zwischen dem neuen Tenochtitlan und verschiedenen größeren Städten lagen nur einige Kilometer.

Nach der Gründung wurde Tenochtitlan nach einer seit ältester Zeit beachteten symbolischen Form in vier Bezirke gegliedert.[33] Diese wiederum bestanden aus kleinen Unterbezirken, jeder mit eigenem Gott und eigenem Tempel, entsprechend der Anzahl der Sippenverbände oder *calpulli*. Die Zahl der Clans war inzwischen von den ursprünglichen sieben auf fünfzehn oder möglicherweise zwanzig gestiegen, die zusammen in den vier Bezirken lebten.[34] Zu dieser Zeit war das zur Verfügung stehende Land wahrscheinlich in der Hauptsache in Händen der kommunalen *calpulli*-Verbände, was später erheblich geändert werden sollte.

Das bemerkenswerteste Ereignis der frühen Zeit war die Gründung der Schwesterstadt Tlatelolco, wahrscheinlich im Jahre 1358, oder dreizehn Jahre nach der von Tenochtitlan. Der Name Tlatelolco wird zurückgeführt auf das Wort *tlatelli*, worunter ein ›Erdhügel‹ zu verstehen ist. Die Insel, auf der die Stadt gegründet wurde, hatte wahrscheinlich die gleiche Größe wie die von Tenochtitlan. Jede war von kleineren Schlamminselchen umgeben, die sich alle zusammen nach und nach zur großen Metropole Tenochtitlan – Tlatelolco entwickelten und durch Dämme mit dem umliegenden Festland verbunden waren.

Der Auszug nach Tlatelolco wurde anscheinend durch Unstimmigkeiten in der Landverteilung verursacht. Zweifellos fühlten sich die Mexica auf einer winzigen Insel beengt, und die Besiedlung einer anderen benachbarten Insel war darum ein natürlicher Vorgang. Die beiden Städte, sowohl eng verbundene Partner als auch scharfe Rivalen, entwickelten sich in etwas verschiedene Richtungen; Tenochtitlan übernahm die Befehlsgewalt in kriegerischen Auseinandersetzungen, während Tlatelolco im Handel führend war.[35] Nichtsdestoweniger ergänzten sie sich trotz gewisser Gegensätze. Was die Handelsleute von Tlatelolco zu den späteren Triumphen der Mexica beitrugen, kann nicht überschätzt werden. Tlatelolco übernahm von Anfang an eine bedeutende Rolle und mag in der frühen Geschichte der beiden Städte wohl die wichtigere von ihnen gewesen sein. Archäologische Zeugnisse – in der Hauptsache aufgefundene Töpferwaren – lassen vermuten, daß Tlatelolco schon einige Zeit vor seiner offiziellen Gründung bestanden haben mag.[36] Desgleichen zeigt der noch bestehende Hauptteil der Großen Pyramide von Tlatelolco (Fragmente von nicht weniger als elf nacheinander aufgesetzten Aufbauten sind heute noch zu sehen) eine eindrucksvolle Ähnlichkeit mit dem entsprechenden Bau der Pyramide von Tenayuca, die wohl eher um 1250 als um 1350 entstanden sein mag. Es ist denkbar, daß die frühen Ansiedler von diesem Ort kamen.

Zwischen der wahrscheinlich 1345 und 1358 erfolgten offiziellen Gründung der beiden Städte und der Machtübernahme durch die regierenden Dynastien liegt eine beachtliche Zeitspanne, von der wir nur wenig wissen. Im allgemeinen hätten solche Hergelaufene die Oberhoheit mächtigerer Nachbarn anerkannt und wären tributpflichtig geworden. Ihr Territorium war jedoch ein Grenzgebiet, das an drei Seiten neben mächtigen Nachbarn lag: »Ihr Gebietsraum war noch klein, als sie ihn errichteten, denn sie befanden sich auf ausländischem Boden, als sie sich zwischen Schilf und Binsen niederließen. Woher hätten sie Gestein oder Holz nehmen sollen? Denn sie befanden sich im Gebiet der Tepaneken von Azcapotzalco, der Acolhua und an der Grenze von Culhuacan – da mußten sie eben vieles ertragen« (Crónica Mexicayotl).
Einige Anführer der Mexica waren geneigt, sich für die Belieferung von Holz und Stein, das sie so dringend benötigten, den Tepaneken unterzuordnen. Schließlich wurde jedoch entschieden, keinerlei Lehnspflicht zu irgendeiner Regierung einzugehen, sondern mit ihren reichlich vorhandenen Produkten der Lagune auf den nahegelegenen Märkten zu handeln.
Zu dieser Zeit stand Tenochtitlan noch unter der Führung von Tenoch, der bereits während der Gefangenschaft in Culhuacan eine bedeutende Rolle gespielt hatte. Sein Ansehen erreichte sogar das der künftigen Herrscherdynastie. Tatsächlich wird er im Codex Mendoza mit einer seinem Mund entweichenden Sprechglyphe, einer kleinen blauen Zunge, dargestellt, immer ein Symbol für den späteren Herrscher oder *tlatoani* (wörtlich: ›der, der spricht‹). Im Codex ist er umgeben von zehn anderen Anführern dargestellt; andere Berichte hingegen sprechen von vier oder dreizehn solcher Würdenträger zu jener Zeit.
Während dieser frühen Jahre waren die Mexica im wesentlichen von den Aufgaben des Aufbaues und der wenn auch zunächst in bescheidenem Umfang durchgeführten Befestigung in Anspruch genommen. Die Mühseligkeiten zu Beginn der Ansiedlung kann man nicht unterschätzen. Neben dem Aufbau der Stadt war die Konstruktion des kunstvollen und höchst ertragreichen Systems der *chinampas*

eine schier übermenschliche Kraftanstrengung. Tenochtitlan wurde für die Mexica gleichzeitig ein Zufluchtsort und eine Herausforderung. Die Umstände, unbekannt in den Einzelheiten, sind dem Wesen nach dramatisch; die Mexica, noch arm und verachtet, ohne Rohstoffe und anfänglich mit wenig Kultur, hatten nach endlosem Suchen nach dem verheißenen Land schließlich eine Heimat gefunden. Diese bescheidenen, von Fischern erbauten Ansiedlungen waren die Keimzelle der kaiserlichen Stadt, die nicht ganz zwei Jahrhunderte später Cortés und seine Männer in Erstaunen versetzte, da sie alles übertraf, was sie aus Europa kannten.

›Eine Handvoll Rohr‹ und ›Spitzes Horn‹

Tenoch war etwa fünfundzwanzig Jahre nach der Gründung der Stadt gestorben. Danach wurde wahrscheinlich, im Jahr 1372,[37] entschieden, nicht wieder einen Oberpriester rein mexikanischer Abkunft zu wählen, sondern das höhere Ansehen eines königlichen Herrscherhauses mit langer Ahnenreihe und umfassenden Beziehungen zu nutzen.

Es ist in mancher Hinsicht verständlich, daß die Mexica bei diesem Vorsatz an Culhuacan dachten. Die Stadt wurde als Erbin der Toltekenzivilisation verehrt, und außerdem waren die Mexikaner seit ihrer Knechtschaft immer in enger Beziehung zu Culhuacan geblieben. Darum wandten sie sich an den dortigen Herrscher:

»Großer Fürst, wir, die Mexikaner, Eure Diener und Vasallen, die wir, umgeben von Rohr und Schilf, allein und von keiner Nation beschützt, durch unseren Gott an den Ort geführt wurden, wo wir uns in der Zuständigkeit von Azcapotzalco, Eurem Reich, und Texcoco, befinden. Ihr habt uns erlaubt, hier zu leben, und da wäre es nicht gerecht, blieben wir ohne Oberhaupt oder Herrn, der den Befehl und die Führung übernehmen könnte und uns offenbaren würde, wie wir leben sollen, der uns befreien und gegen unsere Feinde verteidigen und vor ihnen beschützen würde. Aus diesem Grunde kommen wir zu Euch, wohl wissend, daß es unter Eurem Volk Söhne unserer Abstammung gibt, die mit Euch verwandt sind. Und wir haben gehört, daß es unter denen von Eurem und unserem Blut einen Sohn des Opichiztahuatzin gibt mit dem Namen Acamapichtli. Er ist auch der Sohn Eurer Tochter, genannt Atotoztli. Wir bitten Euch, macht ihn zu unserem Herrn. Wir wollen ihn achten, wie es sich gehört, denn er ist vom Geschlecht der Mexikaner und von dem der Könige und Fürsten von Culhuacan.« (Durán)[38]

So wurde Acamapichtli (›eine Handvoll Rohr‹) gewählt. Die meisten anderen Berichte über dieses Ereignis sagen auch, daß er der Sohn aus der Ehe eines mexikanischen Edlen mit einer Culhuacan-Prinzessin war. Tatsächlich gab es in dieser Stadt vier regierende Dynastien. Diejenige, aus der die Mexica ihren neuen Herrscher wählten, hatte auch enge Bindungen mit Coatlichan, dem Hauptort der Acolhua, die in der Rangordnung der Völker des Hochtals gleich an zweiter Stelle nach den Tepaneken kamen. Somit kann man seine Wahl als ideal bezeichnen. Während, wie wir später sehen werden, Tlatelolco durch einen Sohn des Tepanekenherrschers regiert werden sollte, wählte Tenochtitlan einen Prinzen, der zum Teil dem Toltekensitz in Culhuacan entstammte, aber auch mit den mächtigen Acolhua verbunden war. Auf diese Art war es den Mexica gelungen, sich mit allen großen Namen des Bereiches zu vereinigen. Dieses ganze verschlungene System dynastischer Bande erinnert vielleicht an Europa im neunzehnten Jahrhundert, wo neugeschaffene Nationen, wie die befreiten Balkanstaaten, Monarchen aus den regierenden Häusern suchten, von denen sie Förderung und Schutz erwarten konnten.
Bis jetzt wurde nur Acamapichtli erwähnt, aber Ilancueitl, seine Frau, ist nahezu von gleicher Bedeutung. Ihre Stellung ihrem Mann gegenüber ist verwirrend; auch sie war aus Culhuacan und von fürstlicher Abkunft. Im allgemeinen wird sie nur als Acamapichtlis Frau erwähnt, obwohl sie älter war als er und ihm keine Söhne gebar. Manchen Darstellungen entsprechend war sie jedoch in Wirklichkeit seine Mutter oder gar seine Mutter und seine Frau zur gleichen Zeit. Eine andere Geschichte berichtet, daß sie über ihre Unfähigkeit, Kinder zu gebären, so beschämt war, daß sie sich, um diese Schmach zu verbergen, eine sonderbare List ausdachte: »Der König sah ihre Trauer. Und da er sie schätzte und herzlich liebte, tröstete er sie, so gut er konnte. Und als sie merkte, daß der König

sie gern hatte, bat sie ihn um eine Gunst. Da der Herr der Schöpfung ihr die Gnade der Nachkommenschaft vorenthielte und damit das Volk den schlechten Eindruck von ihr als einer unfruchtbaren Frau verlöre, möge er zustimmen, daß sie Söhne, die ihm von seinen anderen Frauen geboren würden, in ihre Arme und in ein scheinbares Kindsbett nehmen dürfe. Dann könnten Besucher sie zu einem neugeborenen Sohn beglückwünschen.« Einer der Berichte sagt, daß anfangs eigentlich Ilancueitl regiert und Acamapichtli nur die Rolle eines Prinzgemahls und Mitregenten gespielt habe. Vielleicht aber fand er Gefallen an einem Zustand, ähnlich dem Wilhelms III. von England, der nach dem Tod seiner Gemahlin aus eigenem Recht regierte.

Die Ursprünge der Tlatelolco-Dynastie sind klar und eindeutig. Der Begründer, der den Thron zur selben Zeit wie Acamapichtli bestieg, trägt den ziemlich erschreckenden Namen Cuacuapitzahuac, ›Spitzes Horn‹. Er war der Sohn Tezozómocs, des großen Tepanekenfürsten. Er gelangte zur Macht, nachdem eine Abordnung aus Tlatelolco in aller Bescheidenheit zu seinem Vater kam, um einen Herrscher zu begehren. Ein Jahr lang durfte er nicht in Tlatelolco leben, bis man für ihn eine würdige Residenz erbaut hatte. Die Tribute, die er von seinen neuen Untertanen einkassierte, übergab er seinem Vater Tezozómoc.

Acamapichtlis Ehe und Nachkommenschaft sind staatlich wie gesellschaftlich wichtig. Sowohl er als auch seine Nachfolger hatten neben ihren ersten und legitimen Gemahlinnen auch eine stattliche Zahl von Nebenfrauen, deren Kinder Thronerben werden konnten, wenn die erste Frau ohne Nachkommen blieb.

Acamapichtli heiratete bis zu zwanzig andere Frauen, wahrscheinlich Töchter von Sippenhäuptlingen. Allgemein wird behauptet, daß alle Noblen von der zahlreichen Nachkommenschaft des Herrschers abstammten. Anscheinend jedoch wuchs damit eine neue Aristokratie heran, da es einen älteren regierenden Stand gegeben haben muß. Wie wir schon gesehen haben, waren die Mexikaner keineswegs primitiv. Als sie das Hochtal von Mexiko erreichten, hatte ihre Gesellschaftsordnung bereits die eines reinen Sippenverbandes überholt.[39]

Es ist schwierig, zuverlässig zu beurteilen, wie die ersten Herrscher regiert haben, denn Berichte darüber sind dürftig. Was vom Amt eines *tlatoani* bekannt ist, weiß man meist von den Regierungen vor der Eroberung. Der Rat der vier ›Senatoren‹ sowie die größere, beratende Versammlung, das ›Tlatocan‹, wurden wahrscheinlich erst sechzig Jahre später, nach der Machtübernahme durch die Azteken, eingesetzt. Indessen hat die Regierungsform in dieser frühen Periode sicher in einer weniger klar umrissenen Form bereits bestanden, begründet auf einem erwählten Herrscher, der von seinen, aus einer kleinen Oberschicht ausgesuchten Ratgebern umgeben war.
Abgesehen von anderen Beschränkungen der Machtbefugnisse der frühen Herrscher sollte man die Bedeutung der *calpulli*, der alten Sippenverbände, nicht unterbewerten. Ursprünglich wahrscheinlich totemistisch, wurden die Clans mit der Gründung von Tenochtitlan effektiv die Gebietseinheiten, die in Gruppen vereinigt vier größere Stadtbezirke bildeten. So behielten sie nicht nur ihr Land, sondern lieferten auch die Grundlage für die Aufstellung von Militäreinheiten; der Anführer eines Sippenverbandes war zugleich Militäroberhaupt. Außerdem besaßen sie eine bestimmte religiöse Bedeutung, und jeder Verband hatte seinen eigenen Gott und Tempel.
Von den inneren Angelegenheiten unter Acamapichtli ist wenig bekannt; man weiß nur, daß er friedlich regierte, die Stadt gestaltete und Häuser, *chinampas* und Kanäle bauen ließ. Das Leben zu seiner Zeit kann von dem jener anspruchslosen Fischerleute, die 200 Jahre zuvor von Aztlan aufgebrochen waren, nicht sehr verschieden gewesen sein. Ihre ruhmreichen Großtaten lagen noch in der Zukunft. Eintönige Pflichten, wie die Bearbeitung des Bodens und der Aufbau der Stadt, werden in den erhaltenen Berichten nur knapp erwähnt. Etwas mehr wird von Diplomatie und Krieg in dieser kleinen Welt erzählt. Zur Zeit der Gründung Tenochtitlans teilten sich hauptsächlich drei an den Seeufern gelegene Städte die Macht über die umliegende Region: die Hauptstadt der Tepaneken Azcapotzalco im Nordwesten der Lagune, Coatlichan, die Metropole der Acolhua, im Osten und Culhuacan im Süden. Als Acamapichtli den Thron bestieg, waren die Tepaneken gerade im Begriff, sich zu einer

Art Supermacht zu entwickeln, begierig darauf, ihre Nachbarn, einen nach dem anderen, zu schlucken.

Der Lehrmeister der Mexikaner

Das Reich der Tepaneken war die Schöpfung eines einzigen Mannes, Tezozómocs von Azcapotzalco; es entstand sowohl durch diplomatisches Geschick als auch durch militärische Tüchtigkeit. Tezozómocs außerordentlich langes Leben – er regierte über ein halbes Jahrhundert – gab ihm genügend Gelegenheit, seine Begabungen zu zeigen und sein Reich zu vergrößern. Er entwickelte eine macchiavellistische Gewandtheit, seine Feinde zu entzweien und andere für seine Zwecke auszunutzen. Zwangsläufig spielen in derartigen Plänen zukünftige Opfer eine auffallende, wenn auch unbeabsichtigte Rolle bei der Überwindung des gegenwärtigen Feindes. Tezozómoc war der eigentliche Lehrmeister der Mexikaner auf ihrem Vormarsch zur Macht. Ungewöhnliche Fähigkeiten und Rücksichtslosigkeit halfen Tezozómoc, das Reich zu formen, das später seine mexikanischen Vasallen von seinem Nachfolger zu erobern und zu vergrößern verstanden. Tezozómoc hatte bereits mit Hilfe seiner mexikanischen Untertanen Tenayuca und Culhuacan besiegt. Texcoco, das nun als beherrschende Stadt der Acolhua in Erscheinung trat, war die einzige verbliebene Macht in unmittelbarer Nähe, die hoffen konnte, ihm zu widerstehen.

In ihrem Bestreben, eine Großmacht zu werden, fühlten sich die Tepaneken allen anderen Völkern seit den Tolteken überlegen.[40] Vor Tezozómocs Tod umfaßte das Gebiet der Tepaneken, das die Azteken zu einem größeren Reich erweitern sollten, fast das ganze Hochland von Mexiko. Darüber hinaus beherrschten sie weite Gebiete des Toluca-Tales im Nordwesten, des Morelos-Tales in südlicher und auch eine ausgedehnte Region in nordöstlicher Richtung. Bei der Vergrößerung seines Reiches setzte Tezozómoc alles daran, die Interessen seiner eigenen Dynastie zu fördern. Ganz abgesehen von der Errichtung des Thrones von Tlatelolco für einen seiner Söhne, ersetzte er gerne besiegte Herrscher von eroberten Gebieten durch seine Verwandten. Wie das spätere Aztekenimperium war auch das Reich der Tepaneken grundsätzlich als Tributstaat organisiert, und es sind Abgabelisten der Mexica und anderer Völker vorhanden. Beide mexikanischen Herrscher waren daher zu dieser Zeit den Tepaneken tributpflichtig wie viele ihrer Nachbarn.

Darüber hinaus hatten die Mexikaner unter der Regierung von Acamapichtli wegen der drückenden Abgaben ein hartes Los. Um seine Vasallen zu demütigen, begann Tezozómoc absurde Forderungen zu stellen. Erst verlangte er von ihnen neben den üblichen Abgaben von Fischen, Fröschen und Pflanzen nicht nur ausgewachsene Weiden und andere Bäume, sondern auch ein mit allen Arten von Gemüsen bepflanztes Floß. Sie begannen unter dieser Steuerlast zu jammern und zu weinen. Huitzilopochtli tröstete sie jedoch und ließ ihnen durch einen seiner Priester sagen, er würde ihnen alles erleichtern. Und so geschah es: »Ohne Mühe fanden sie die Weiden und brachten sie nach Azcapotzalco, um sie dort einzupflanzen, wo der Herrscher es befohlen hatte; ein Floß wurde gewassert und mit reifem Mais, Paprika, Tomaten, Amarant, Bohnen, Kürbis und Rosen bepflanzt (Durán).«

Tezozómoc unterzog seine Tributpflichtigen einer weiteren Prüfung und verlangte bei Todesstrafe noch ein solches Floß, diesmal zusätzlich mit einer Ente und einem Reiher beim Brüten. Wieder kam ihnen der Gott zu Hilfe und sorgte für das Verlangte. »Und als das Floß fertig und mit Gemüsen aller Art bepflanzt war, zeigten sich mitten darin eine brütende Ente und desgleichen ein Reiher; sie brachten das Floß nach Azcopotzalco zu Tezozómoc und fügten auf Geheiß ihres Gottes einige große, aus farbigen Würmern der Lagune gefertigte Fladen, genannt *ezcahuitli*, als Geschenk bei« (Durán).[41]

Verschiedene Quellen berichten von ›Eroberungen‹, die von den Mexica unter ihren ersten Herrschern gemacht wurden. Da sie aber zu diesem Zeitpunkt selbst den Tepaneken tributpflichtig waren, liegt die Annahme nahe, daß Orte, die erobert wurden, Vasallen der Tepaneken und kaum solche ihrer Untertanen wurden. Diese frühen mexikanischen Eroberungen, wenn man sie so nennen will, könnte man unterteilen in solche, die angeblich unter der direkten Führung der Tepaneken gemacht wurden, und in andere, die als selbständige mexikanische Expeditionen beschrieben werden. Daß diese mehr oder weniger unabhängig geführten Feldzüge von den Tepaneken erlaubt worden waren, ist nicht überraschend. In der Blütezeit des

Aztekenimperiums werden durch Tributpflichtige angezettelte Kriege erwähnt, die ohne sichtbares Eingreifen der Zentralmacht ausgefochten wurden. Darum ist es auch verständlich, daß es den Mexica im Rahmen der tepanekischen ›Weltpolitik‹ erlaubt war, gelegentlich ihre eigenen Kämpfe auszufechten – da ja die Früchte des Sieges zum Teil ihren Gebietern zufielen.
Außer Acamapichtlis Eroberungen von Siedlungsgebiet in der Xochimilco-Region, etwas südöstlich von Tenochtitlan, wird ein Feldzug gegen das wesentlich weiter entfernt im Süden gelegene Cuernavaca erwähnt, der für die Mexica zu diesem frühen Zeitpunkt ihrer Eroberungen ein ziemlich ehrgeiziges Unternehmen war.[42] Im Xochimilco-Gebiet operierten die Mexica unter artverwandten Leuten; möglicherweise hielten die Tepaneken sie deshalb für besonders geeignet, sich mit jenen auseinanderzusetzen, da sie mit ihnen so vieles gemein hatten. Außer diesen, den Mexica durch eigenes Quellenmaterial zugeschriebenen Siegen wird in Acamapichtlis späterer Regierungszeit von weiteren Erfolgen, hauptsächlich im Tal von Toluca, einem ziemlich großen Gebiet im Nordwesten, berichtet. Dies war nun das Ursprungsland der Tepaneken, und es kann darum angenommen werden, daß diese Eroberung in erster Linie ein Anliegen der Tepaneken war, in der die mexikanischen Vasallen nur als Hilfstruppen tätig waren.[43]

Langer Krieg gegen die Chalca

Ein weiterer Krieg unter Acamapichtli – der zwar zu keiner Eroberung führte – sollte erwähnt werden. Der scharfe Konflikt mit den Chalca im Südosten der Lagune begann wahrscheinlich 1375, drei Jahre nach Acamapichtlis Machtübernahme. Erst nach zwei Generationen wurde diese Auseinandersetzung mit einem endgültigen Sieg beendet. Der Staatenbund von Chalco-Amacameca war aus einem verwirrenden Gemisch von Stämmen und Herrschern hervorgegangen.[44] Chimalpain, der hervorragende Chronist dieser Region, meint, daß Chalco die lange Tradition eines mächtigen, sehr geachteten und wohlgeordneten Staates gehabt haben muß. Beim Beginn der Auseinandersetzung scheint Chalco noch ein selbständiges »Imperium« gewesen zu sein. In den ersten zehn Jahren bis un-

gefähr 1385 wurde der Krieg noch von den Tepaneken selbst geführt. Im ersten Stadium war es eine redliche, ritterlich geführte Auseinandersetzung, bei der Gefangene zurückgegeben wurden, anstatt sie, wie es gebräuchlich war, zu opfern. Nach 1385 jedoch wurde der Kampf immer grausamer. Die Mexica spielten nun in den Feindseligkeiten eine ständig wichtiger werdende Rolle, obwohl diese erst unter Acamapichtlis Nachfolger zu einer überwiegend mexikanischen Angelegenheit geworden waren.
Acamapichtli starb wahrscheinlich 1391 nach einer Regierungszeit von etwa neunzehn Jahren. Er hatte den jungen mexikanischen Staat gefestigt und nicht nur beim Aufbau der Stadt und ihrer Institutionen eine wichtige Rolle gespielt. Als Vasall der Tepaneken hat er außerdem in maßvoller Form die Eroberungspolitik begonnen, die später in Maßlosigkeit ausarten sollte.

Die Wahlmonarchie

Der im Sterben liegende Herrscher hat sich den Edlen gegenüber besonders ausführlich über die Zukunft geäußert:
»Als seine letzte Stunde geschlagen hatte, rief er alle Würdenträger zusammen und sprach lange und ausführlich zu ihnen, wobei er ihnen die Staatsgeschäfte und seine Frauen und Kinder übergab. Er bestimmte jedoch keinen von ihnen zum Nachfolger, sondern äußerte den Wunsch, das Volk selbst möge jemanden aus der Oberschicht oder einen anderen, ihren Wünschen entsprechenden zu ihrem Herrscher erwählen. Es war sein Wunsch, daß seine Untertanen in dieser Angelegenheit unabhängig handeln sollten, und er schloß mit dem Ausdruck des Bedauerns darüber, daß er nicht imstande gewesen sei, die Stadt von Zwangsarbeit und Tributen für Azcapotzalco zu befreien.« (Durán)

Aus der Ansprache Acamapichtlis folgerte, daß eine beratende Wahlversammlung abgehalten und der Herrscher gewählt wurde. Wie später noch andere fand diese Wahl hinter verschlossenen Türen statt, und das Recht des Volkes im ganzen, die Wahl zu bestätigen, wurde zu einer bloßen Formalität. Das Bemerkenswerte an diesem Wahlvorgang war die Einführung des Prinzips, daß der fähigste der fürstlichen Prinzen gewählt werden sollte. In dieser wie in anderer Hinsicht wurde der mexikanische Staat zu einer ›Wahlmonarchie‹. Das Amt des Herrschers oder *tlatoani* unterschied sich damit grundsätzlich von zeitgenössischen europäischen Monarchien, deren Thronfolgen auf dem Erstgeburtsrecht beruhten.

Bei dieser Gelegenheit scheinen die Oberhäupter der vier Stadtviertel die Wahl des Herrschers entscheidend mitbestimmt zu haben. Der erwählte Prinz war Acamapichtlis Sohn Huitzilíhuitl (›Kolibrifeder‹). In den langen Ansprachen, die immer an einen neuen Herrscher gerichtet wurden, erinnerte man ihn an seine Pflichten dem Volk gegenüber, wie auch an seine religiöse Rolle als Huitzilopochtlis Ebenbild auf Erden: »Tapferer junger Mann, unser König und Herr, laßt Euch nicht beirren oder mutlos machen durch die Euch auferlegte neue Pflicht, Land und Gewässer Eures Königreichs zu beschützen, das von hartem Riedgras, Binsen und Schilf umgeben ist, wo wir unter der Obhut unseres Gottes Huitzilopochtli leben, dessen Ebenbild Ihr verkörpert . . . Ihr sollt nicht glauben, Ihr seid erwählt worden, um zu ruhen, sondern Eure Aufgabe ist es, an die Arbeit zu gehen, denn Ihr kennt wohl die herrschende Armut und Not, die Eures Vaters Regierung begleitet hat und die er mit großer Geduld und Tapferkeit getragen hat« (Durán).

Huitzilíhuitl verbesserte ohne Zweifel das Los seines Volkes, was er wenigstens zum Teil seinen erfolgreichen Heiraten verdankte. Nach dem Tod seiner ersten Frau, einer Prinzessin aus Tacuba, wurde beschlossen, sich um eine Braut aus der königlichen Familie des Tezozómoc zu bemühen. Die Mexikaner, mit Fischen und Fröschen als Geschenken für den Herrscher beladen, trugen ihr Ansuchen sehr ergeben ihrem Oberherrn vor. Ihrer Bitte wurde stattgegeben, und Huitzilíhuitl durfte eine Enkelin des Tepanekenherrschers heiraten. Diese Verbindung sollte Auswirkungen von größter Bedeutung haben. Der Herrscher von Tlatelolco selbst war ein Sohn Tezozómocs; nun zählte auch noch die Dynastie von Tenochtitlan zu seiner engen Verwandtschaft. Von da an begannen die Mexikaner unter den vielen Vasallen einen besonderen Rang einzunehmen.

Es gelang Huitzilíhuitl, die Innenpolitik mit mehr Weitblick zu betreiben als sein Vorgänger. Er vergrößerte die Stadt und baute die Tempel aus. Der Form der religiösen Zeremonien galt seine größte Aufmerksamkeit: »Er regierte friedlich und voller Selbstvertrauen und wurde von seinen Würdenträgern und dem ganzen Volk sehr geliebt. Bald erließ er Gesetze und Verordnungen für den Staat und insbesondere für den Götterkult. Darüber zeigten alle Würdenträger und Fürsten große Begeisterung, da sie sich als weltliche Stellvertreter der Götter betrachteten und der Meinung waren, daß die diesen zugedachten Ehren auch ihnen selbst zuteil würden« (Durán).

Huitzilíhuitl war ein Monarch, der die Bedeutung seines Reiches entscheidend zu mehren trachtete. Wohl war es noch klein, und er mußte behutsam vorgehen: »Und mit dieser scheinbaren Bescheidenheit seinen Nachbarn gegenüber regelte er seine Angelegenheiten so gut, daß sich seine Stadt mit Leuten aus den angrenzenden Gemeinden bevölkerte und vergrößerte . . .« (Durán).

Mancherlei Änderungen des Status sind erkennbar. Wirtschaftliche Fortschritte wurden sicher auch durch Huitzilíhuitls Einheirat in die königliche Familie der Tepaneken und damit durch ein verbessertes Ansehen der Mexikaner bei ihren Oberherren erreicht. Nach der Geburt eines Sohnes und Erben, der ja halber Tepaneke war, erschienen tatsächlich, so wird berichtet, Adel und Hof von Azcapotzalco, von ihrem Monarchen verschwenderisch mit Geschenken ausgestattet, in Tenochtitlan: »Es kamen alle Würdenträger von Azcapotzalco, Tacuba und Coyoacan und brachten die schönsten Geschenke, wie es der Brauch war . . .« (Durán). Später kamen außerdem Abgesandte von Tezozómoc mit der Botschaft nach Tenochtitlan, daß seine mexikanischen Vasallen mit Ausnahme der Naturprodukte aus der Lagune, wie Fische und Frösche, keine anderen Abgaben mehr zu zahlen hätten, da ihm in seiner Großmut daran gelegen sei, daß sie zu Wohlstand kämen. Derartige Zugeständnisse lassen annehmen, daß die Mexica nun nicht mehr unterdrückte Vasallen waren, sondern als Verbündete umworben wurden. Die Bedeutung dieser Zugeständnisse reichte aus, in Tezozómos eigenem Regierungsrat scharfe Opposition zu wecken.

Huitzilíhuitls tepanekanische Frau starb, als ihr einziges Kind Chimalpopoca neun Jahre alt war. Da Huitzilíhuitl seinen guten Ruf bei seinen Oberherren bewahrt hatte, gelang ihm eine zweite wichtige Heirat von nahezu gleicher Bedeutung. Sie förderte die mexikanische Ausbreitung in die wärmeren und tiefer gelegenen Regionen im Süden und brachte damit zusätzlichen wirtschaftlichen Fortschritt. Unter Huitzilíhuitls Regierung ausgeführte militärische Feldzüge ins Cuernavaca-Gebiet, wo es Baumwolle und andere subtropische Kostbarkeiten im Überfluß gab, verschafften den Mexica, die an die grobe Faser der Maguey-Agave gewöhnt waren, die ersten Baumwollkleidungen. Die romantischen Umstände, die des Herrschers zweite Heirat mit einer Cuernavaca-Prinzessin umgaben, sollten die Tatsache nicht verdunkeln, daß solche Vorteile nur mit Hilfe der Waffen errungen werden konnten.[45]

Der Herrscher von Cuernavaca war berühmt als Zauberer. Von diesem Talent machte er Gebrauch, um seine reizende Tochter vor den Umarmungen abenteuernder Freier zu behüten. Es erging eine Aufforderung an alle Spinnen und Tausendfüßler, wie auch an ein Heer von Fledermäusen und Skorpionen, seine Tochter zu beschützen. Um sicher zu gehen, wenn diese Streitmacht nicht ausreichen sollte, hielt man die Prinzessin innerhalb des Palastes, dessen Tore von riesigen wilden Tieren bewacht wurden. Zahlreiche Nachbarprinzen hielten um ihre Hand an und wurden kurzerhand zurückgewiesen. Huitzilíhuitl wurde von einem Traum veranlaßt, auch um die Prinzessin zu werben. Er schickte Gesandte zu ihrem Vater, der den Heiratsantrag mit der Begründung zurückwies, daß seine Tochter in der armseligen Lagunenstadt delikates Essen und die Menge der Baumwollkleider vermissen müßte, an die sie gewöhnt sei – etwas, was wahrscheinlich zu dieser Zeit nur zu richtig war. Ein zweiter Traum veranlaßte Huitzilíhuitl, einen Pfeil zu machen, der wunderschön bemalt war und im Innern einen herrlichen Stein trug. Damit bewaffnet, begab er sich an die Staatsgrenze von Cuernavaca und zielte auf den Hofraum, wo die Prinzessin von der Welt abgeschieden lebte:

»Der Pfeil landete inmitten des Innenhofes, wo Miahuaxihuitl eingeschlossen war. Als der Pfeil im Hof lag und Miahuaxihuitl ihn vom Himmel hatte fallen sehen, nahm sie ihn sogleich in die Hand und staunte über die vielen Farben, die kein anderer Pfeil besaß. Sie brach ihn entzwei und fand den herrlichen Stein, der wundervoll leuchtete.« (Crónica Mexicayotl)

Sie nahm den Edelstein heraus und biß mit den Zähnen darauf, um seine Beschaffenheit zu prüfen. Dabei verschluckte sie ihn versehentlich. Die Legende erzählt, daß sie sich daraufhin schwanger fühlte. Dieses Kind war der spätere Moctezuma I., der bedeutendste der Aztekenkaiser.

Wenn Huitzilíhuitl auch manche Siege für sich allein buchen konnte, war er natürlich doch verpflichtet, an den Feldzügen der Tepaneken teilzunehmen. Mit seinen Eroberungen im Hochtal von Mexiko und der Unterwerfung des Tolucatales im Nordwesten hatte Tezozómoc sich bereits viele der umliegenden Nationen einverleibt. Zwei mächtige Rivalen blieben: Xaltocan und Texcoco. Der Krieg gegen Texcoco begann zwar, streng genommen, in Huitzilíhuitls Regierungszeit, war aber erst nach seinem Tod beendet, und darum erzählt sich diese Geschichte leichter im Zusammenhang mit seinem Nachfolger. Es lag auf der Hand, daß als Tezozómocs nächstes Opfer Xaltocan ausgewählt wurde. Seine Macht war sichtlich im Sinken, wohingegen Texcoco im Aufsteigen begriffen war. Früher war Xaltocan ein mächtiger Staat: Don Pablo Nazareo de Xaltocan, der legitime Nachkomme der Herrscher dieses Gebietes, beansprucht in seinem berühmten und recht ergreifenden Brief im Jahr 1566 an Philipp II. ein unkündbares Besitzrecht über das schon von seinen Vorfahren beherrschte riesige Territorium im Norden und Nordosten von Xaltocan.

Berichte vom eigentlichen Krieg sind kurz und erzählen nur von der Zerstörung Xaltocans im Jahr 1395 und von der Flucht des Herrschers und seiner Anhänger nach Norden oder nach Tlaxcala.[46] Der Krieg war hauptsächlich eine Angelegenheit der Tepaneken, hatte aber auch für die Mexica große Bedeutung. Als Belohnung für ihre Verdienste erhielten sie früher zu Xaltocan gehörendes Land. Das war ein neuer wichtiger Schritt vorwärts; damit wurde ihr aufsteigender Rang bestätigt, und sie bekamen, was ihnen am meisten fehlte – zusätzlich Grund und Boden zur landwirtschaftlichen Nutzung.

In dieser Zeit unternahmen die Mexikaner und Tepaneken auch einen ehrgeizigen Vorstoß in Richtung auf die mexikanische Golfküste. Von diesem warmen Küstenland, der Tierra Caliente, verschafften sie sich schließlich die kostbaren Steine und farbenprächtigen Federn, mit denen sich Adel und Krieger gern schmückten.
Ein im Jahre 1398 unternommener Feldzug endete mit der Eroberung von Cuauhtinchan im Südosten, jenseits der heutigen Stadt Puebla de los Angeles. Auf den ersten Blick mag ein solches Unternehmen allzu geltungssüchtig erscheinen. Man hat auch behauptet, es habe viel später stattgefunden. Aber einerseits ist Cuauhtinchan nicht so viel weiter entfernt als Cuernavaca, und andererseits liegt es in der Nähe von Cholula, damals noch ein großes Handelszentrum und eine heilige Stadt. Die Kaufleute von Tlatelolco hatten sicher zu dieser Zeit Handelsbeziehungen zu ihren Partnern in Cholula aufgenommen, um ihre eigenen Produkte gegen die der Golfküste auszutauschen. Es ist deshalb natürlich, daß vor allem Tlatelolco in diesen Feldzug verwickelt war.[47]
Ein anderer Konflikt bedarf der Erwähnung: der endlose Kampf gegen die unerschrockenen Leute von Chalco. Unter Huitzilíhuitl scheinen die Mexica die Hauptlast getragen zu haben; von einer Einmischung durch die Tepaneken hört man wenig, ausgenommen, merkwürdigerweise, von seiten der Chalca. Unter Huitzilíhuitls Regierungszeit hört man anfangs kaum von diesem Krieg, der aber später mit großer Heftigkeit wiederaufgenommen wurde. Im Jahr 1406 erlitt Chalco einen bösen Rückschlag. Der Kampf aber war wechselhaft, und zwei Jahre später scheint sich Chalco wieder bemerkenswert erholt zu haben.
1411 jedoch wurde Chalco von den Mexica erobert, das Oberhaupt seiner vielen Herrscher mußte fliehen, und die Sieger setzten nun Nachfolger ein, die ihnen wohlgesonnen waren. Dieser Triumph war aber nur von kurzer Dauer. Erschreckt von dem Ausmaß dieses Sieges, aber von der Widerstandskraft der Mexikaner noch nicht ganz überzeugt, taten sich verschiedene Nachbarn zusammen und zwangen die Mexica zur Aufgabe. Das Bemerkenswerteste an dieser Koalition war die Beteiligung der Tepaneken von Azcapotzalco. Huitzilíhuitl starb 1415 oder 1416. Sein Sohn Chimalpopoca, ›Rauchender Schild‹, wurde sein Nachfolger.[48]

»Chimalpopoca, Enkel von Tezozómoc, ein junger Mann von achtzehn Jahren, wurde einstimmig vom ganzen mexikanischen Volk gewählt, und in der Stadt herrschte allgemeiner Jubel. Man setzte den Jüngling auf den Thron, gab ihm die fürstlichen Insignien und setzte ihm das Diadem auf den Kopf. Er wurde mit dem heiligen Öl, wie sie es nennen, gesalbt, in seine linke Hand bekam er einen Schild und in die andere eine Keule mit den gebräuchlichen Obsidianschneiden besetzt. Er wurde in Übereinstimmung mit dem Gott bewaffnet, dessen Abbild er verkörpern sollte, und als Symbol für das Versprechen, seine Stadt zu verteidigen und für sie zu sterben.« (Durán)

Aus Siedlungen werden Städte

Berichte über die inneren Angelegenheiten von Tenochtitlan während Chimalpopocas Regierung sind kaum ergiebiger als die aus der Zeit seiner beiden Vorgänger. Der wirtschaftliche Fortschritt war gesichert; der alternde Tezozómoc hatte eine große Vorliebe für seinen Enkel, was zu einer weiteren Erleichterung in den Tributforderungen der Tepaneken führte. Die Lebensbedingungen wurden allmählich besser, und die Menschen lebten nicht länger mehr in Hütten, sondern bauten sich Häuser aus Stein.

Aber dieser Aufschwung hatte auch die üblichen Unannehmlichkeiten im Gefolge. Probleme der Verunreinigung, insbesondere des Wassers der Lagune, entstanden schon frühzeitig in der mexikanischen Geschichte; daher wurde es nötig, nach einer anderen Versorgung zu suchen. Führende Mexikaner wandten sich an den Herrscher: »Teurer Sohn und Enkel, da unser Gewässer immer unreiner wird, halten es Eure Väter und Großväter für zweckmäßig, das Wasser aus dem Quellengebiet von Chapultepec zu bekommen, das von allen Seiten in den See fließt« (Tezozómoc).

Chimalpopoca stellte ein entsprechendes Ersuchen an Tezozómoc, dem bereitwillig stattgegeben wurde. Später allerdings, als die Mexica zusätzlich um das dringend nötige Material für den Bau eines Aquädukts baten, brach im Rat der Tepaneken ein Sturm der Entrüstung aus. Das Problem verursachte einen Tumult, und einige Tepaneken, die den Mexica gegenüber bereits übelgesonnen waren, putschten die Bevölkerung der Hauptstadt auf. Tezozómoc war über diese Wendung so unglücklich, daß dies, wie man in einem Bericht lesen kann, tatsächlich im Jahr 1426 seinen Tod zur Folge hatte. Die Verbesserung der Lebensbedingungen beschränkte sich nicht auf Tenochtitlan. Am wachsenden mexikanischen Wohlstand waren zum großen Teil Handelsleute von Tlatelolco beteiligt. Sie begannen, mit Federn und Edelsteinen, dem Standessymbol der Adligen, zu handeln.

Zu dieser Zeit war das Bild von Tenochtitlan und Tlatelolco bereits weitgehend verschieden von dem der frühen anspruchslosen Siedlungen, die auf zwei schlammigen kleinen Inseln erbaut waren. Die beiden Städte hatten nun Gestalt angenommen und konnten eindrucksvolle religiöse Kultstätten und Häuser aus Stein vorweisen. Darin wohnten die Würdenträger, die sich dank des lebhaften Außenhandels in schöne, mit farbenprächtigen Federn verzierte Baumwollgewänder kleiden konnten. Der Boden war durch reichen Anbau der mit zahlreichen Kanälen durchzogenen *chinampas* voll und ganz nutzbar gemacht worden.

Gegen Ende ihrer ersten zwanzig Jahre in Tenochtitlan hatten mexikanische Heere unter der Schutzherrschaft der Tepaneken schon Feldzüge unternommen, die sie, fern ihrer Heimat, bis nach Cuernavaca, ja sogar in die Region der heutigen Stadt Puebla führten.

Während Chimalpopocas Regierung war die bedeutendste militärische Operation der noch unter Huitzilíhuitls Regierung im Jahr 1414 begonnene und unter dessen Sohn fortgesetzte Krieg gegen Texcoco.[49]

Von diesem Augenblick an ist Texcoco, anfangs als Gegner und später als führender Partner, in der Geschichte der Mexica von entscheidendem Einfluß. Texcoco war bis etwa 1400 nicht die Hauptstadt der von den Acolhua bewohnten Region.[50] Gegründet in der Zeit der Tolteken, bestand es allerdings schon seit einigen Jahrhunderten. Durch die Nachkommen der Chichimekennomaden, die nach dem Niedergang des Toltekenreiches ins Hochtal von Mexiko eingefallen waren, wurde Texcoco wieder aufgebaut. Ihr dritter Herrscher, Quinatzin, verlegte seine Hauptstadt nach Texcoco und wurde so der erste ›Kaiser‹ der Chichimeken, der von diesem Ort aus regierte. Eigentlich hatte das ›Reich‹ der Chichimeken zu dieser Zeit bereits nicht mehr bestanden, und Quinatzins Gebiet erstreckte sich kaum bis jenseits der Grenzen Texcocos, das sich seine führende Rolle unter den umliegenden Nachbarn noch nicht angeeignet hatte.

Unter Quinatzin und seinen Nachfolgern fanden jedoch große kulturelle Veränderungen statt. Zunächst wurde Nahuatl, dieses Symbol der Zivilisation, als offizielle Sprache eingeführt. Darüber hinaus wurde diese Entwicklung durch die Ankunft wichtiger Einwanderergruppen noch gefördert. Bereits unter der Regierung von Quinatzin waren Leute, die als Nachkommen von Tolteken beschrieben werden, aus dem Süden von Oaxaca eingewandert.[51] Vermutlich hatten die Texcocaner von diesen die Goldschmiedekunst wie auch das Bebildern von Handschriften gelernt. Beide Künste florierten in Oaxaca. Unter den von außen kommenden kulturellen Anregungen wurde Texcoco, die einstige Nomadenhauptstadt, bald als das ›Athen von Amerika‹ angesehen.

Diesen ersten Einwanderern folgten weitere, die im allgemeinen auch als zur Toltekenfamilie gehörend beschrieben werden – das heißt, sie sprachen Nahuatl. Eigentlich waren sie wohl eher mit den Mexica als mit irgendeiner anderen Gruppe verwandt.[52] So lassen sich die vertrauten religiösen Bindungen erklären, die in der Folge zur Vereinigung von Tenochtitlan und Texcoco führten. Im besonderen sprechen dafür der gemeinsame Huitzilopochtli-Kult und die in beiden Hauptstädten vorhandenen großen Tempel, die sowohl seiner Verehrung als auch der des Regengottes gewidmet waren.

In den Jahrzehnten, in denen Texcoco eine einflußreiche Stellung gewann, errang der gerissene Tezozómoc für die Tepaneken nicht nur im Hochtal von Mexiko beherrschende Positionen, sondern auch in bestimmten Gebieten weit darüber hinaus. Ganz eindeutig ärgerte ihn, daß sich ein Volk seinem Zugriff entziehen sollte, und so saßen sich zwei Mächte, wenn auch von ziemlich ungleicher Stärke – die Tepaneken und die Acolhua – an der Lagune gegenüber.

Quinatzins Nachfolger als Herrscher von Texcoco versuchte nicht, die wachsende Macht der Tepaneken herauszufordern. Er schien es vorzuziehen, einen ›Modus vivendi‹ mit Tezozómoc zu erreichen; weder beanspruchte er den umstrittenen Titel ›Herr der Chichimeken‹ noch forderte er Tezozómoc durch einen Krieg heraus.[53] Durch den im Jahr 1409 folgenden Sohn Ixtlilxóchitl änderte sich die Lage. Dieser war unerschrocken und geradlinig und außerdem wenig geneigt, nach Tezozómoc die zweite Geige zu spielen. Er übernahm nicht nur mit fester Hand die Führung der Acolhua, sondern forderte tatsächlich Tezozómoc heraus, indem er darauf bestand, ›Herr der Chichimeken‹ oder ›Fürst‹ genannt zu werden. Diese freche Anmaßung wurde natürlich von Tezozómoc zurückgewiesen. Durch Ixtlilxóchitls Ablehnung, eine von Tezozómocs Töchtern als legitime Frau zu heiraten, wurde die Sache noch schlimmer; statt dessen heiratete er Chimalpopocas Schwester von Tenochtitlan, eine Vereinigung, die weitreichende Folgen haben sollte.

Tezozómoc zögerte nicht, auf diese Herausforderung unverzüglich zu antworten. Er beschloß, den Emporkömmling zu unterwerfen und die Provinz Acolhua zu seiner eigenen zu machen. Er ließ seine loyal gesinnten Lehensherren, die zwei mexikanischen Fürsten, zu einer Audienz kommen. Ihnen gegenüber bestand er darauf, unter keinen Umständen den von Ixtlilxóchitl angemaßten Titel anzuerkennen, und wetterte gegen dessen Arroganz und Vermessenheit. Im Gegenteil: er selbst würde ›Fürst‹, und die beiden mexikanischen Herrscher würden als seine Enkel die Stützen des Thrones. Die drei zusammen würden die Welt regieren. Obendrein erinnerte er seine Besucher daran, daß er mit den Herrschern verschiedener Städte der Acolhua in verwandtschaftlicher oder geschäftlicher Beziehung stehe und auf deren Unterstützung gegen ihren rechtmäßigen Oberherrn Ixtlilxóchitl von Texcoco zählen könne.

Tezozómocs Wortschwall ist ungemein bemerkenswert. Einmal unterstreicht er den gehobenen Rang der Mexica, die nun zweifellos im Begriff waren, Verbündete der Tepaneken zu werden, und nicht mehr wie bisher ihre Vasallen. Zum anderen wird die tiefe Spaltung zwischen den Acolhua beleuchtet, deren Loyalität gegenüber Ixtlilxóchitl recht ungewiß war. Tezozómoc war unerreicht in der Kunst der Entzweiung und Verdächtigung seiner Gegner. Triumphe verdankte er ebenso seiner verschlagenen Diplomatie wie der Stärke seiner Heere. Als vorbereitende Maßnahme für seine Absichten gegen Texcoco machte Tezozómoc im Jahr 1410 einen charakteristischen Schachzug.

Tezozómocs Herausforderung

»Einige Tage nach der Zusammenkunft und Beratung bei Tezozómoc sandte dieser Boten zu Ixtlilxóchitl und ließ, als wäre es eine freundliche Geste, eine große Menge Baumwolle mit dem Bescheid abliefern, diese, da es ihm gutes Material zu sein schien, zu schönen Umhängen zu verarbeiten. Er benötige diese Umhänge, und seine Vasallen in dieser Stadt wüßten, wie das zu machen sei . . . Als Tezozómoc sah, daß Ixtlilxóchitl seine Untertanen angewiesen hatte, diese Umhänge herzustellen, und sie ihm auch sofort lieferte, wußte er, daß es nicht schwer sein würde, Ixtlilxóchitl zu zwingen, sich seiner Herrschaft zu beugen.« (Ixtlilxóchitl)

Der Wunsch war in der damals üblichen Diplomatensprache formuliert und so abgefaßt, als wäre lediglich eine Gefälligkeit erbeten worden. In Wirklichkeit war der Schritt als Zeichen der Unterwerfung beabsichtigt und verstanden worden. Tezozómoc ging noch weiter:

»Er schickte ein zweites Mal Baumwolle, diesmal mehr als zuvor. Gleichzeitig ließ er wissen, er habe die Umhänge erhalten, und es sei bemerkenswert, wie die Vasallen gearbeitet hätten, und sie möchten doch so freundlich sein, weitere Umhänge aus der Baumwolle, die er nun sende, herzustellen. Ixtlilxóchitl erhielt die Nachricht, und da er sah, daß er diese Menge Baumwolle in seiner Stadt allein nicht verarbeiten konnte, bestellte er einige ihm unterstellte Herrscher zu sich und gab Anordnung, die Baumwolle unter ihre Untertanen zu verteilen und für Tezozómoc, wie dieser befohlen hatte, besonders schöne Umhänge machen zu lassen« (Ixtlilxóchitl).

Tezozómoc fuhr fort, noch größere Mengen von Baumwolle zu schicken. Aber alles hat seine Grenzen, Ixtlilxóchitl war nicht bereit, diese wenig einträgliche Baumwollindustrie weiter auszubauen, und weigerte sich schließlich. Diesmal, ließ er ausrichten, würde er die Baumwolle behalten und Rüstungen daraus machen lassen. An seine Untertanen richtete er folgende Ansprache:

»Tezozómoc muß der Meinung sein, wir seien nichts als Weiber, oder unsere Untertanen würden die Umhänge aus Angst machen. So ist es nicht, denn Ihr wißt sehr wohl, ich bin der rechtmäßige Herrscher der Erde. Nehmt die Baumwolle und macht Rüstungen daraus, Ihr werdet sie benötigen. Und da sie mich nicht anerkennen wollen, werdet Ihr mir als Eurem König und allerobersten Herrn den Treueeid schwören, und danach werden wir mit Waffengewalt herrschen.« (Ixtlilxóchitl)

Der ›Herr der Erde‹

Dann ließ er seine Streitkräfte mobilisieren und seine Verbündeten herbeiholen, einige wenige Acolhua-Städte, die den Schmeicheleien Tezozómocs Widerstand geleistet hatten und Ixtlilxóchitl treu geblieben waren.[54] 1414 unternahm er schließlich den verhängnisvollen Schritt, sich als ›Herrscher des Universums‹ vereidigen zu lassen. Bei der Zeremonie waren nur die Herrscher seiner beiden treuesten Verbündeten anwesend. Als einen äußersten Schritt von Mißachtung schickte er zu Tezozómoc und ließ verkünden, er wolle ihm seine früheren Vergehen verzeihen, wenn er dem jüngst ernannten ›Herrn der Erde‹ huldigen würde.
Die Geschichte dieses Krieges kann ganz knapp geschildert werden. Zuerst ließ Tezozómoc ein mächtiges Heer zusammenziehen, verstärkt durch Kontingente der Mexica und anderer Verbündeter und Untergebener. 1415 befahl er dann einen Frontalangriff, der nach anfänglichen Erfolgen zurückgeschlagen wurde. Dann führte Ixtlilxóchitl einen großangelegten Gegenangriff. Zuerst marschierte er in nordöstlicher Richtung und eroberte Otumba, das sich kürzlich für Tezozómoc entschieden hatte. Dann zog er nach Nordwesten und führte einen großen Kampf in der Nähe von Tula. Anschließend

schwenkte er nach Süden und erschien nach einer Reihe von erfolgreichen Gefechten vor den Toren von Azcapotzalco, der Hauptstadt der Tepaneken, die er einige Monate lang belagerte.[55]
Tezozómoc entschied in seiner schweren Bedrängnis nach dem bewährten Prinzip, daß Angriff die beste Methode der Verteidigung ist. Nach einer wirksamen diplomatischen Offensive, um Chalco und Otumba von ihrem Bündnis mit seinen Feinden zurückzugewinnen, machte er Anfang 1418 einen Gegenstoß in Form einer Zangenbewegung. Schlau täuschte er eine Zusammenballung seiner Streitkräfte nördlich von Texcoco vor, was nur eine Finte war, denn sein Hauptziel lag im Süden bei Huexotla.
Texcocanische Chroniken berichten, dieser Angriff sei zurückgeschlagen worden. Diese Behauptung erscheint jedoch zweifelhaft, da kurz darauf Texcoco von seinem Herrscher aufgegeben wurde. Vor diesem Ereignis trieb Tezozómoc, wie verlautet, sein Täuschungsmanöver so weit, daß er vorgab, er werde Ixtlilxóchitl als ›Kaiser‹ anerkennen, wenn dieser persönlich zu einer festgesetzten Verabredung erschiene. Ixtlilxóchitl vermutete mit Recht eine Falle und sandte einen seiner Söhne, der natürlich an Stelle des Herrschers gefangen und enthäutet wurde. Seine Haut wurde auf einem Felsen in der Nähe aufgespannt.

Der Tod eines Heroen

Auf jeden Fall war Ixtlilxóchitl gezwungen, aus Texcoco zu fliehen; als er schon in verzweifelter Not war, fielen laut Ixtlilxóchitl »Obras Históricas«, seine ehemaligen Freunde, die Leute von Chalco und Otumba, über ihn her und töteten ihn nach einem heldenhaften Kampf:

»Dann bewaffnete sich König Ixtlilxóchitl und ging nach Topanohuayan, einem Ort, der an einem aus den Bergen kommenden Strom lag. Er war in Begleitung von einigen wenigen Untertanen, treuen Freunden und seinem Sohn, Prinz Nezahualcóyotl. Dieser mußte sich auf Geheiß seines Vaters verstecken, damit nicht mit ihm die königliche Linie ausstürbe. Der Prinz kletterte seinem Vater zuliebe auf einen dichtbelaubten Kirschbaum bei einem Hügel ganz in

der Nähe. Von dort mußte er mit ansehen, was mit seinem unglücklichen Vater geschah, obwohl er gern für ihn gestorben wäre.
Als Ixtlilxóchitl sich dem Fluß näherte, der sich hier durch Felsen zwängte, erschienen die von Otumba auf der einen Seite und die von Chalco auf der anderen, und mit scheinbar tiefem Respekt erkundigten sie sich, ob sie ihm irgendeinen Dienst erweisen könnten – denn sie gaben vor, ihm helfen und mit ihm feiern zu wollen. Ixtlilxóchitl antwortete, daß er nichts verlange und daß sie mit ihm machen könnten, was sie wollten – da er zu gut wußte, daß sie Verräter und Tezozómocs Handlanger waren.«

Ixtlilxóchitl wurde getötet, und seine Mörder nahmen seine Waffen und Wahrzeichen an sich und brachten sie Tezozómoc. Ein treuer Anhänger barg seinen Körper, stattete ihn mit neuen Insignien aus und verbrannte ihn, wie es der Brauch war.
Die harten Bedingungen, die man den besiegten Texcocanern auferlegte, sollten böse Folgen haben. Sie wurden die Saat für spätere Rachefeldzüge. Tezozómoc heimste viel von der Beute für sich ein, übergab aber die eigentliche Stadt Texcoco den Mexica. Diese mußten teilweise ihre Tributzahlungen an den tepanekischen Monarchen abgeben, der so den Löwenanteil erhielt.[56]
Gegen die ihnen auferlegten harten Reparationen wandten sich die unglücklichen Texcocaner mit einem erschütternden Protest: eine zu Tezozómoc gesandte Abordnung klagte, daß sie wegen der Kriegsverwüstungen seine Forderungen nicht erfüllen könnten. Zuerst sprach ein Texcocaner toltekischer Abkunft und erklärte, sie besäßen einfach keine Edelsteine, kein Gold und Silber, die man von ihnen erwarte, und durch den Krieg hätten sie nicht einmal ihre Felder bestellen können. Ein Chichimeke, der den anderen Volksteil der Texcocaner vertrat, erklärte, derartige Luxusdinge seien seinem Volk ganz einfach unbekannt. Seine Vorfahren hätten sich mit Fellen bedeckt, da sie nicht einmal Bekleidung besessen hätten. Wenn ihre Herrscher Kronen getragen hätten, wären sie aus Blättern gewesen.

Das den Mexica als tributpflichtig übereignete Texcoco war, zusammen mit vorhergegangenen Landzuweisungen, ein wesentlicher Fortschritt für sie. Nun waren sie sowohl Tributeinnehmer als auch

Tributpflichtige und befanden sich damit in der örtlichen Hierarchie zwischen den Lagern. Wenn sie auch den Tepaneken noch untergeordnet waren, nahmen sie nun im Gegensatz zu ihrer früheren Stellung als einfache Untergebene, die gezwungen gewesen waren, ihre mächtigen Oberherren um kleine Gefälligkeiten zu bitten, einen weit höheren Rang ein.

Von vielleicht noch größerer Bedeutung sind die in einigen historischen Quellen geäußerten Vermutungen über offene Meinungsverschiedenheiten zwischen den beiden Mächten schon vor dem großen Zusammenprall im Jahre 1428. Man hat vielfach angenommen, daß die Mexica bis zu diesem Zeitpunkt ergebene Trabanten der Tepaneken waren, es erscheint jedoch glaubhafter, daß sie schon vor dem entscheidenden Krieg nicht mehr zu gängeln waren.[57] Tepanekische Unterstützung für Chalco gegen die Mexica wurde schon erwähnt. Chalco, der erbitterte Widersacher Tenochtitlans, war weiterhin bei den Tepaneken beliebt und wurde für seine Hilfe beim siegreichen Krieg gegen Ixtlilxóchitl belohnt. Das konnte die Mexica nicht davon abhalten, ihre Feindseligkeiten gegen Chalco unter Chimalpopocas Regierung fortzusetzen. So hielt sich ein merkwürdiger Zustand: Chalco wurde von den Tepaneken begünstigt, und die ihnen tributpflichtigen Mexica führten Krieg gegen jene.

Im Jahre 1426 starb Tezozómoc; sein Leichenbegräbnis wurde mit sorgfältig ausgearbeitetem Zeremoniell begangen, so wie es später beim Ableben aztekischer Herrscher veranstaltet wurde, deren echtes Gegenstück er für seine Zeit war. Ixtlilxóchitl berichtet darüber in seinen ›Obras Históricas‹:

»Zuvor (vor der Ankunft der Gäste) wuschen sie den Körper sehr gründlich, und damit dieser die Wohlgerüche aufnähme, trockneten sie ihn aus mit Kleewasser und anderen wohlduftenden Sachen. Dann bekleideten sie ihn mit den königlichen Gewändern und den Kleinodien aus Gold und Edelsteinen, so wie Tezozómoc sich an Festtagen und bei staatlichen Veranstaltungen anzuziehen pflegte. Zur Erinnerung an den Herrscher schnitten sie ihm einige Haarlokken ab, und in seinen Mund legten sie Smaragde. Dann wurde der Körper in siebzehn sehr schöne, kostbare, perlenbestickte königliche Umhänge gehüllt. Der letzte wunderschöne Staatsrock zeigte ein naturalistisches Abbild des Gottes Texcatlipoca. Dann wurde Tezozómoc in hockender Stellung mit einer lebenswahren Gesichtsmaske aus Türkis auf eine Matte gesetzt. Ein verstorbener Monarch bekam nur dann eine Türkismaske, wenn er ›Herr der ganzen Erde‹ war; andere wurden mit einer Goldmaske ausgestattet.«

Der Leichenzug war sehr eindrucksvoll:

»An der Seite (des Dahingeschiedenen) ging Maxtla (der nächste Herrscher) mit offenen Haaren und einem Herrscherstab in der Hand; er trug die bei diesen Gelegenheiten üblichen Kleider und Hoheitsabzeichen; in der gleichen Art folgten die anderen, Moctezuma, der erste dieses Namens, gleich nach Maxtla, als dritter Tayauh und als letzter Teyolcocoyhua, der Herrscher von Acolman . . .«

Hinter diesen kamen zahlreiche andere Würdenträger und dann: »viele Adelige und Gesandte von verschiedenen Orten und viele Krieger, ehemalige Vasallen, und alle trugen außer ihren Schilden und Schwertern, Pfeilen und Bogen, Keulen und Wurfspießen auch die Gehänge, Federn und Kleinodien, die einmal dem König gehört hatten. Im Gehen sangen alle eine Ballade von seinem Tod, seinen Taten und Triumphen, und die Könige, Herren und Gesandten mit ihren Herrscherstäben und Hoheitsabzeichen – alle weinten um den Verstorbenen. Es folgten auch festlich gekleidete Sklaven und Diener des Königs, die geopfert werden sollten, um mit ihrem Herrn zu sterben, wenn diese auch noch nicht so zahlreich waren wie bei späteren ähnlichen Gelegenheiten.«

Als sich Tezozómocs langes Leben seinem Ende näherte, traten unter seinen Untergebenen bereits tiefschürfende Zwistigkeiten auf. Ein Grund für die Mißstimmigkeiten war die Behandlung der Mexica. Es wird sogar behauptet, diese brennende Frage habe praktisch zum Bürgerkrieg geführt. Tatsächlich könnte es sein, daß das kurzlebige Reich der Tepaneken bereits in der Auflösung begriffen war, als sich Tezozómocs Ende näherte. Es war das Werk eines Mannes, das seinen Tod kaum überleben konnte.

Der betagte Monarch hatte seinen Sohn Tayauh zum Nachfolger bestimmt, aber in der bereits herrschenden Uneinigkeit hatte sich Maxtla, ein anderer Sohn, des Thrones bemächtigt. Er hatte schon früher seine Abneigung gegen die Mexica erklärt, und eine seiner ersten Maßnahmen war es, den Mexikanern wiederum schwere Tributzahlungen aufzuerlegen.
Chimalpopoca von Tenochtitlan und Tlacateotl von Tlatelolco, in treuer Pflichterfüllung dem sterbenden Tezozómoc gegenüber, begingen den verhängnisvollen Fehler, sich auf die Seite des Verlierers, des legitimen Erben Tayauh, zu schlagen. Chimalpopoca konferierte mit Tayauh und gab ihm den Rat, seinen eigenmächtigen Bruder zu töten. Er schlug eine einfache Methode vor: Er sollte einen Palast bauen lassen und zur Einweihung seinen Bruder zu einem Fest einladen; beim Bankett würde man Maxtla mit einem als Blumengirlande getarnten Seil erdrosseln. Unseligerweise hatte sie ein in Maxtlas Dienst stehender Zwerg belauscht, der zu seinem Herrn lief, um ihm von der Unterredung zu berichten. Tayauh war dann einfältig genug, sich durch den gleichen Trick, mit dem er seinen Bruder umbringen wollte, beseitigen zu lassen.
Auch Chimalpopoca wurde wegen dieser unklugen Einmischung bestraft. Maxtla ließ ihn in einen Käfig stecken und hinterher töten. Dasselbe geschah mit Tlacateotl von Tlatelolco, dem es gelungen war, mit all seinen Reichtümern zu entkommen. Aber Maxtlas Helfershelfer holten ihn ein, und er wurde mit seinem überladenen Kanu inmitten des Texcoco-Sees versenkt.
Nach einer anderen Auslegung dieser Geschichte entschied Chimalpopoca, als er von seinem drohenden Schicksal hörte, sich selbst zu opfern. Er legte den vollen Ornat zu Huitzilopochtlis Ehren an, führte einen rituellen Tanz auf und bot sich den Priestern als Opfer dar. In diesem Augenblick erschien Maxtlas Schar von Tepaneken auf dem Schauplatz, steckte ihn in den Käfig und trug ihn fort. Da er immer noch mit den Gottesinsignien bekleidet war, muß dies unter den beengten Bedingungen recht unpraktisch gewesen sein.
Nach einer ganz anderen Darstellung der Ereignisse waren es Chimalpopocas Nachfolger Itzcóatl und seine Anhänger, die als Gegner einer Besänftigungspolitik der Tepaneken die Maxtla feindlich gesinnten Leute von Tacuba aufhetzten, Chimalpopoca zu töten.[58] An

dieser Geschichte ist sicher etwas Wahres, denn es ist schwer einzusehen, warum Maxtla die radikale Maßnahme ergreifen sollte, Chimalpopoca zu töten, um dann müßig zuzusehen, wie ein wesentlich weniger harmloser Nachfolger an dessen Stelle gewählt wurde. Spätere Ereignisse zeigen deutlich, daß die Erklärung, Chimalpopoca sei wegen seiner Unterwürfigkeit Maxtla gegenüber beseitigt worden – und dies auf Geheiß derjenigen, die einen härteren Kurs wünschten –, eher richtig zu sein scheint.

3. Kapitel
Die Obsidianschlange

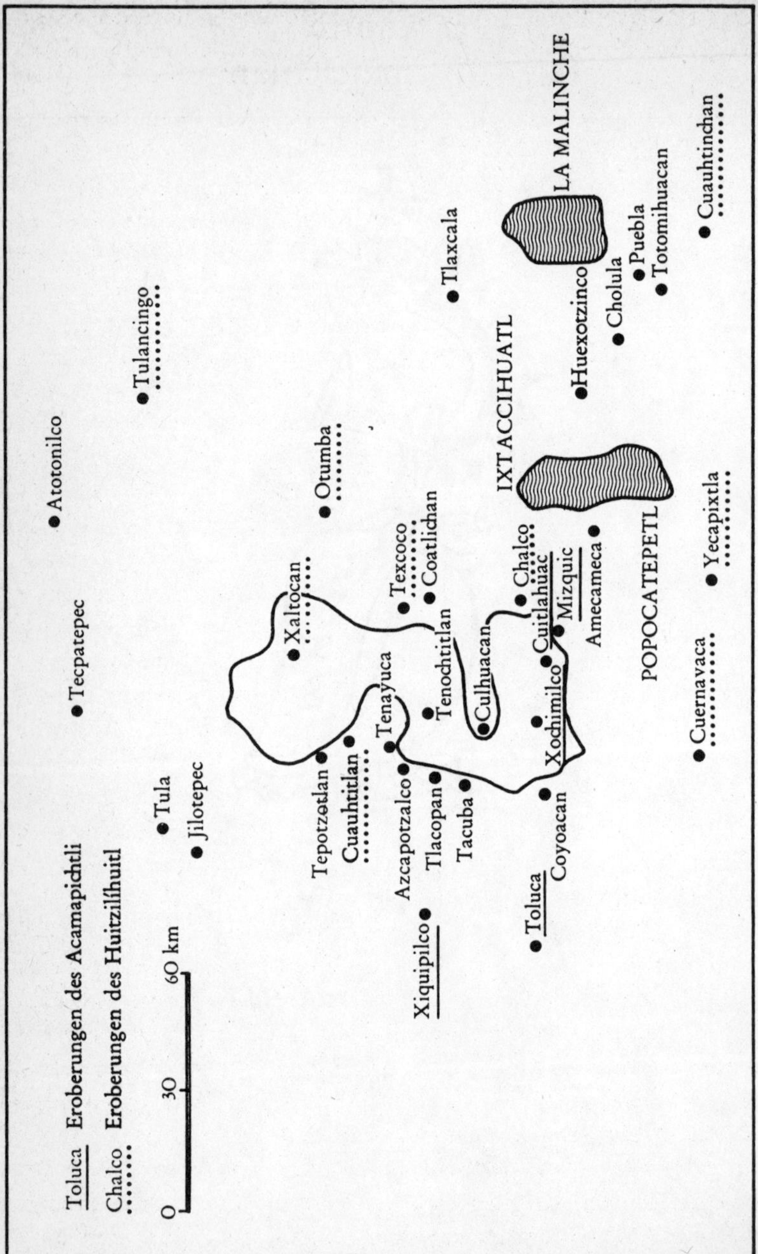

Wichtige Eroberungen der frühen Herrscher

Itzcóatl bestieg im Jahre 1426 als Nachfolger des unglücklichen Chimalpopoca den Thron. Die Machtübernahme kann wohl kaum als Modell einer üblichen Thronfolge gelten. Zwar war sie keine echte Revolution, aber im inneren wie im äußeren Geschehen gab es dramatische Veränderungen.
Der Name Itzcóatl bedeutet ›Schlange aus Obsidian‹: er sollte diesem Namen gerecht werden. Für die Mexikaner hatte das schwarze glasartige Vulkangestein die gleiche Bedeutung wie das Eisen für das zeitgenössische Europa. Neben einer vielseitigen Verwendung für häusliche Zwecke verarbeitete man Obsidian zu Klingen für die Keulen der Krieger und zu scharfen Pfeilspitzen für die Bogenschützen.[59] Für die kommenden Kraftproben aber war ein scharfer Verstand ebenso erforderlich wie geschliffene Klingen. So war ›Obsidianschlange‹ ein sinnvoller Name.

Das Triumvirat

Als Herrscher wurde Itzcóatl so gewandt und weitgehend von zwei ungewöhnlichen Mitregenten unterstützt, daß man bisweilen seine Regierung als ein Triumvirat bezeichnet. Der eine war Moctezuma Ilhuicamina, der sein Nachfolger werden sollte, der zweite war dessen jüngerer Bruder, Tlacaélel. Er bekam den Titel »Weibliche Schlange« oder *Cihuacóatl* (Stellvertreter des Königs); dieses Amt sollte künftig unter Tlacaélel und seinen Nachkomen das zweitwichtigste nach dem *tlatoani* (Sprecher oder König) werden.[60]
Unter der neuen Regierung wurde die seit einiger Zeit den Tepaneken gegenüber so unterwürfige politische Einstellung völlig geändert. Diese erkannten sehr bald den Kurswechsel und die unbeugsame Haltung des neuen Herrschers, der nicht bereit war, sein Reich als bloßer Untertan zu regieren und damit den Launen des tepanekischen Tyrannen, Maxtla, ausgesetzt zu sein. Die Tepaneken blokkierten daraufhin Tenochtitlan und stellten an den Zugängen zur Stadt Wachen auf. Zugleich wurde eine Mobilmachung angeordnet, da man offene Feindseligkeiten erwartete.[61]
Die Ereignisse sollten der Beurteilung dieser Lage recht geben. Bei Itzcóatls Thronbesteigung hielt ein Sprecher die übliche Predigt über die Pflichten des *tlatoani* den Göttern gegenüber und über seine Aufgabe, die Wehrlosen und Alten zu beschützen:

»Wirst Du etwa den Zusammenbruch und die Zerstörung des Reiches zulassen? Wirst Du die Bürde, die Dir auferlegt ist, abschütteln? Wirst Du erlauben, daß alte Leute, Waisen und Witwen zugrunde gehen?
... Tenochtitlan ist voller Freude und Jubel unter Deinem Schutz; es war der Stadt zumute wie einer Witwe, aber nun ist ihr Gemahl und Begleiter zurückgekehrt, um ihr Rückhalt und Hilfe zu geben. Mein Sohn, fürchte Dich nicht vor der Last der Mühen und sei nicht betrübt, sondern denke daran, daß Gott, dessen Wesen und Ebenbild Du verkörperst, Dich begünstigen und Dir beistehen wird.« (Durán)

Die Redner begnügten sich bei dieser Gelegenheit nicht mit den üblichen Phrasen, sondern vertraten eine allgemeine kriegerische Politik. Solche Ansprachen hatten jedoch eine bumerangähnliche Wirkung, denn sie versetzten das einfache Volk in Aufregung und verursachten Mutlosigkeit unter einigen ihrer Oberhäupter: »Da sie den Mut und die Macht der Tepaneken erlebt hatten, fürchteten sie sich und hielten einen Sieg für unerreichbar. Sie ließen Gefühlen von Feigheit und Schwäche freien Lauf und versuchten tränenreich und aufgeregt, den Herrscher und die Oberhäupter umzustimmen, und verursachten damit bei ihnen große Bestürzung« (Durán).
Es wurde sogar vorgeschlagen, als Zeichen der Unterwerfung dem Herrscher der Tepaneken das Huitzilopochtli-Idol in die Obhut zu übergeben. Das hatte eine hitzige Auseinandersetzung zur Folge, und Tlacaélel, die neue ›Weibliche Schlange‹, von dieser erniedrigenden Beschwichtigungspolitik aufgebracht, herrschte sie an: »Was soll dieser Vorschlag, o Mexikaner? Was fällt Euch ein? Ihr müßt verrückt sein! Seid geduldig und haltet Ruhe und laßt uns weiter beratschlagen. Seid Ihr so feige, daß Ihr Euch mit denen von Azcapotzalco zusammentun wollt?« (Durán)
Dann sprach der Herrscher selbst; er entschied, daß es ein Verrat wäre, sich den Tepaneken zu unterwerfen. Statt dessen werde er eine Abordnung nach Azcapotzalco schicken. Da keiner den Mut hatte, sich freiwillig zu melden, erbot sich schließlich Tlacaélel selbst, den gefährlichen Auftrag zu übernehmen – im alten Mexiko war der Begriff diplomatischer Immunität unbekannt, und die Rolle eines Ge-

sandten war lebensgefährlich. Itzcóatl jedenfalls versprach, für Tlacaélels Familie zu sorgen, wenn er nicht zurückkehren sollte.

Kriegserklärung an die Tepaneken

Tlacaélel machte sich so auf den Weg nach Azcapotzalco, nachdem er die tepanekischen Wachen überredet hatte, ihn durchzulassen. Maxtla, der Herrscher, war sehr erstaunt, ihn unverletzt zu sehen. Tlacaélel bat den Tyrannen im Ton scheinheiliger Bescheidenheit, er möge doch Mitleid mit den alten Leuten und den Kindern haben und ihnen die Schrecken eines Krieges ersparen. Dieser meinte, er selbst sei ihnen wohlgesonnen, aber seine Leute hegten solche Gefühle von Feindseligkeit gegen die Mexica, daß er sich erst beraten müsse. Tlacaélel möge sich die Antwort am anderen Tag holen.
Beim zweiten Besuch in der Hauptstadt der Tepaneken erklärte der Herrscher: »Mein Sohn Tlacaélel, was soll ich Dir antworten? Ich bin zwar König, aber die in meinem Reich haben den Wunsch und das Verlangen, mit Euch Krieg zu führen. Was kann ich dagegen tun? Würde ich ihnen widersprechen, brächte ich mein eigenes Land und das aller meiner Kinder in Gefahr. Mein Volk ist böse und wütend auf Euch und verlangt Eure Vernichtung« (Durán).
Tlacaélel salbte daraufhin den Körper des Herrschers, als wäre er tot, befestigte Federn auf seinem Kopf, gab ihm einen Schild in die eine und eine Keule in die andere Hand, womit er formell eine Kriegserklärung abgegeben hatte. Dieses altehrwürdige Ritual wurde normalerweise angewandt, wann immer die Mexica Feindlichkeiten einleiten wollten. Obwohl es bei dieser Gelegenheit nicht besonders erwähnt ist, ließ man im allgemeinen bis zum tatsächlichen Beginn eines Krieges eine Frist von dreimal zwanzig Tagen verstreichen, die durch eine weitere Serie von Besuchen und Zeremonien genutzt wurde. Letzten Endes lag die Entscheidung bei den Göttern, und der Erfolg hing von ihrer Gunst ab und war nur durch genaue Übereinstimmung der vorgeschriebenen Riten zu erreichen und nicht durch Überraschungsangriffe oder ungewohnte Taktik.
Nach der förmlichen Kriegserklärung wurde Tlacaélels Heimreise natürlich noch gefährlicher. Der Tepanekenherrscher riet ihm recht rücksichtsvoll, er solle den Palast durch ein Loch in der Mauer ver-

lassen, um seinen wütenden Untertanen zu entkommen. Schließlich kehrte Tlacaélel, nachdem er einer Bande wütender Tepaneken entwischen konnte, glücklich nach Hause zurück.
Der drohende Krieg steigerte die Furcht der Leute von Tenochtitlan, viele wollten sogar aus der Stadt fliehen. Erneut brach unter den Oberhäuptern eine erregte Debatte aus; die Zaghaften erhoben den gewohnten Einspruch, man müsse doch an die Frauen und Kinder denken und mit den Alten und Hilflosen Mitleid haben – ein Argument, mit dem die Jungen und Abenteuerlustigen gegen die Alten und Ängstlichen ausgespielt wurden. Die Gebieter, das heißt der Adel, unterstützt von den Kriegern, wollten den Krieg, die Bürger den Frieden.
Tlacaélel appellierte wie üblich an den Mut, und schließlich wurde ein ganz ungewöhnliches Abkommen ausgehandelt. Die Oberschicht vereinbarte: »Wenn wir mit unserem Unternehmen keinen Erfolg haben, geben wir uns in Eure Hände. So könnt ihr dann an uns Vergeltung üben und uns in schmutzigen und verfallenen Gefäßen verkommen lassen.« Das Volk antwortete darauf: »Und wir geloben, Euch zu dienen und Tribut zu zahlen, für Euch zu arbeiten und Eure Häuser zu bauen und Euch als unsere wahren Herren anzuerkennen, solltet Ihr mit Eurem Unternehmen Erfolg haben.«

Die ›Weibliche Schlange‹

Vor allem in der Staatskunst und Kriegführung sollen die beiden Brüder Moctezuma und Tlacaélel zusammen eine führende Rolle in den kommenden Ereignissen gespielt haben. Konventionelle Berichte übermitteln bisweilen den überraschenden Eindruck, Itzcóatl sei wenig mehr als ein Schwächling gewesen und nur durch den unbezähmbaren Tlacaélel veranlaßt worden, etwas zu wagen und zu kämpfen. Auch Moctezuma, der nächste Herrscher, wird manchmal als eine Schachfigur in den Händen seines Bruders geschildert. Tlacaélel, der allmächtige Palastregent, wird in der Tat dargestellt, als habe er, angefangen mit Itzcóatl, eine Reihe von fünf Herrschern über eine Zeit von rund sechzig Jahren wie Marionetten in der Hand gehabt, ähnlich den fränkischen Königen der Merowinger. Andere Chronisten, zum Beispiel Torquemada, verfallen dem anderen Ex-

trem und bestreiten einfach, daß es Tlacaélel je gegeben habe, und behaupten, Moctezuma und er seien ein und dieselbe Person gewesen. Andere Berichte erwähnen ihn kurz oder gar nicht.
Einige Kommentatoren der Neuzeit folgen der ersten dieser widersprüchlichen Fassungen und vermuten in Tlacaélels Amt des *cihuacóatl,* oder ›Weibliche Schlange‹, eine Ergänzung zum Amt des Herrschers. Damit wird eine Art Doppelregentschaft angedeutet, wie sie in einigen anderen Städten existierte. Manche behaupten sogar, Tlacaélel sei in Wirklichkeit der Gründer des aztekischen Kaiserreiches gewesen. Das ist wahrscheinlich eine Übertreibung. Itzcóatl war sechsundvierzig, als er den Thron bestieg, und zweifellos der oberste Befehlshaber und ein mutiger Mann. Desgleichen war sein Nachfolger, Moctezuma, ein hervorragender Herrscher. Anspielungen auf Tlacaélels ungewöhnliche Macht über Menschen könnten auf Berichte von dessen eigenen Nachkommen zurückzuführen sein; insbesondere, da es für spätere Chronisten nicht ungewöhnlich war, die Überlegenheit ihrer eigenen Ahnen zu rühmen. Wenn man andererseits alle verfügbaren Einzelheiten des Lebens und den Stammbaum der großen ›Weiblichen Schlange‹ zur Hand nimmt, erscheint es genauso falsch, das Gegenteil anzunehmen und seine Existenz einfach zu bestreiten. Man kann sicher sein, daß Tlacaélel als historische Persönlichkeit eine Tatsache war. Als solche spielte er in den kommenden Ereignissen eine hervorragende Rolle und wurde dafür auch für alle Zeiten geehrt. Die Regierung seines Bruders Moctezuma bot für Staatskunst und militärisches Talent ein reiches Betätigungsfeld. Tlacaélel spielte weiterhin eine ausgezeichnete, wenn auch nicht ausschließliche Rolle in der Lenkung der Geschicke des neuen Kaiserreiches. Wie wir später sehen werden, lebte er noch unter Moctezumas Nachfolger.

Ein Prinz im Exil

Wir müssen nun etwa neun Jahre zurückgehen, noch eine Weile vor Tezozómocs Tod. Aus dieser Zeit sind zwei sehr verschiedene Berichte wichtig: einer betrifft die Mexica und der andere die Leute von Texcoco. Ihre Wege mögen parallel verlaufen, aber der Verlauf ihrer Geschichte ist zunächst noch unterschiedlich und vereinigt sich erst später, wenn sie gemeinsam die Tepaneken bekämpfen. Bis zum tatsächlichen Zusammenschluß ihrer Kräfte ist es unvermeidlich, daß man sich mit den Taten der Texcocaner und ihres jungen Herrschers Nezahualcóyotl einerseits und denen der Mexica andererseits beschäftigen muß.

Nezahualcóyotl war der Knabe, der 1418 auf einem Baum saß und hilflos zusehen mußte, wie sein Vater von den tepanekischen Handlangern ermordet wurde. Nach dem texcocanischen Krieg wurde sein Königreich unter die Tepaneken und die Mexica aufgeteilt. Darum hatte er wenig Veranlassung, die Mexica zu lieben.

Nezahualcóyotl war eine außergewöhnliche historische Figur. Darum ist es nicht überraschend, daß in den Berichten sein frühes Leben als Flüchtling wie eine Sage erzählt wird, die in den Annalen des alten Mexiko einmalig ist und durch mündliche Überlieferung und in den Bilderhandschriften von einer Generation zur anderen weitergegeben wurde.[62]

Nach dem Tod seines Vaters machte der junge Prinz in Begleitung seines Bruders und seines treuen Anhängers Coyohua große Umwege auf der Flucht vor den Tepaneken. Dabei erreichten sie schließlich das Land ihrer Freunde, das jenseits der großen Vulkane lag, der Tlaxcalas und Huexotzincos.

Etwa vier Jahre später, 1422, wurde ihm durch die Vermittlung seiner Tante (seine Mutter war eine mexikanische Prinzessin) erlaubt, in Tenochtitlan zu leben, er durfte aber unter Androhung der Todesstrafe die Stadtgrenzen nicht verlassen.

In diesen entscheidenden Jahren seiner Entwicklung war er mit Itzcóatl eng verbunden, der noch nicht Herrscher, aber schon eine führende Persönlichkeit war. Trotz der bitteren Erinnerungen an früheres Unrecht prägten Nezahualcóyotl in dieser Zeit in Tenochtitlan wahrscheinlich ebenso viele mexikanische wie texcocanische Ansichten. Es war ein Maßstab seiner Größe als Mensch, daß es ihm gelang, die vergangenen Differenzen zu begraben und mit seinen ehemaligen Verfolgern einig zu werden, um sein verlorenes Königreich wiederzugewinnen.

Unter Coyohuas Anleitung machte Nezahualcóyotl seine ersten Gefangenen – im Leben eines jungen Kriegers ein sehr wichtiger Schritt:

»Dann wagte er es, nach Tenochtitlan zu gehen; er besuchte Tezozómoc und übergab ihm seine Häftlinge: ›O Xollotl, mein Herr, o Tezozómoc, ein vaterloses Waisenkind kommt vor Euer Angesicht, um seine Opfer darzubringen.‹«[63] So sehr es ihn auch nach Rache verlangte, mußte er sich doch des guten Willens des Tepanekenherrschers versichern. Sein Werben um die Gunst Tezozómocs war so erfolgreich, daß ihm schließlich 1424 erlaubt wurde, nach Texcoco zurückzukehren. Es wurden ihm jedoch nur kleinere Paläste zurückgegeben, und er besaß keine unumschränkte Macht. Außerdem wurde er nicht lange in Frieden gelassen. Tezozómoc war in seinem hohen Alter sehr launisch geworden. Ixtlilxóchitl schreibt darüber:

»Der Tyrann Tezozómoc war der grausamste Mensch, der je gelebt hat, stolz, kriegerisch und despotisch. Wie man den Erzählungen entnehmen kann und von älteren Prinzen hört, war er so alt, daß man ihn wie ein Kind in Federn und weiche Felle gehüllt herumtragen mußte. Immer brachten sie ihn in die Sonne zum Aufwärmen, und nachts schlief er zwischen zwei großen Wärmepfannen, von denen er sich nie entfernte, denn er hatte keine eigene Körperwärme mehr. Im Essen und Trinken war er sehr maßvoll, und aus diesem Grunde lebte er so lange.«

Schon bald hatte der betagte Monarch wegen Nezahualcóyotl Überlegungen angestellt. Er ließ Coyohua kommen und erzählte ihm, wie die ›Anales de Cuauhtitlan‹ berichten, von einem unheimlichen Traum:

»Höre, Coyohua, ich habe Dich holen lassen, denn ich träumte etwas wirklich Schlimmes: ein Adler und ein Wolf überfielen mich, dazu eine Schlange, riesig und grellfarbig und sehr giftig. Coyohua, könnte es nicht sein, daß Nezahualcóyotl mich vernichten will und daß er seinen Vater Ixtlilxóchitl und seinen Onkel Cihuacuecuénotl rächen möchte; könnte es nicht sein, daß er selbst wieder einen Krieg gegen meine Söhne, Fürsten und Prinzen anfangen will?«

Um dieser Gefahr zu begegnen, versuchte Tezozómoc, Coyohua zu

überreden, seinen Herrn zu töten. Zweifellos wollte er nicht öffentlich als für diesen Tod verantwortlich erscheinen und gab darum den zarten Wink, daß der Prinz vielleicht das Opfer eines Unfalles werden könnte: »Coyohua, laß seine Gefährten mit ihm spielen, vielleicht kommen sie irgendwo an einen Fluß; sie könnten ihm einen Stoß geben, und er könnte zufällig ins Wasser fallen. Oder sie könnten zusammen auf einem Dach spielen!« (Anales de Cuauhtitlan)
Coyohua ging zu Nezahualcóyotl zurück und erzählte ihm, was vorgefallen war. Tezozómoc ließ Coyohua noch einmal zur Audienz kommen und machte ihm, falls er seinen Herrn töten würde, ein verschwenderisches Angebot auf Grund und Boden. Aber Coyohua erwiderte, niemals werde er das tun; Tezozómoc müsse schon Nezahualcóyotl rufen lassen und die Tat selbst begehen. Kurz danach ging der Prinz tatsächlich nach Azcapotzalco, aber Tezozómoc war inzwischen gestorben, und Nezahuacóyotl war gekommen, um an den Trauerfeierlichkeiten teilzunehmen. Es gelang ihm, dem Tod bei dieser Gelegenheit zu entkommen, da der neue Herrscher, Maxtla, die Bestattungsriten nicht durch einen Mord entweihen wollte.
Nach Tezozómocs Begräbnis beeilte sich Maxtla, seines Vaters letzten Befehl hinsichtlich Nezahualcóyotl auszuführen. Zunächst ernannte er seinen Bruder aus nichtehelicher Verbindung von Nezahualcóyotls Vater zum Herrscher von Texcoco. Er bediente sich dann eines erprobten Tricks: er ließ Nezahualcóyotl von seinem Halbbruder zu einem Bankett einladen, um ihn dabei töten zu können. Es dürfte nicht überraschen, daß das vorgesehene Opfer vorher gewarnt wurde. Der Prinz ließ einen jungen Mann aus niederem Stand, der sorgfältig im Benehmen eines Adligen unterwiesen und dementsprechend eingekleidet worden war, an seiner Stelle zum Bankett gehen, wo er dann auch tatsächlich ermordet wurde. Die Boten, die den Auftrag hatten, Maxtla den Kopf des Prinzen zu bringen, sollten eine böse Überraschung erleben:

»Nezahualcóyotl wartete unterdessen, und sobald er vom Tod seines Ersatzmannes wußte, fuhr er mit dem Schiff in die Stadt Mexiko, um seinem Onkel Itzcóatl zu seiner soeben erfolgten Wahl zum Herrscher zu gratulieren. Bei Tagesanbruch kam er an und betrat den Palast, kurz nachdem die Boten mit dem Kopf des Knaben den Tod von Nezahualcóyotl verkündet hatten. Die Abgesandten, die diesen dann gesund und wohlbehalten mit seinem Onkel antrafen, waren starr vor Schrecken. Er empfahl ihnen, sich nicht mit Versuchen, ihn zu töten, zu ermüden, denn eine allmächtige und gewaltige Gottheit habe ihn unsterblich gemacht.« (Ixtlilxóchitl, »Obras Históricas«)

Wirklich war es Nezahualcóyotl in dieser unruhigen Periode seines Lebens so oft gelungen, den Klauen des Todes zu entrinnen, daß die Geschichten über all die Wunder zu Legenden wurden: »Und daher sagten viele alte Eingeborene, daß Nezahualcóyotl ein Nachkomme der höchsten Gottheiten auf der ganzen Erde sei, und hielten ihn darum für unsterblich und sagten, er sei von den Göttern gezeugt worden, denn Tezcatlipoca und Huitzilopochtli, von allen die größten, waren seine Ahnen . . .«

Von Tenochtitlan ging er nach Texcoco zurück, und wieder ließ Maxtla ihn verfolgen, um ihn zu töten. Nezahualcóyotl begrüßte dessen Schergen mit Blumengirlanden. Sie seien gekommen, erklärten sie, um mit ihm das rituelle Ballspiel zu veranstalten. Da lud er sie erst zu einem üppigen Mahl ein. Um sie während des Banketts in Sicherheit zu wiegen, setzte er sich zu Anfang auf den Thron, wo ihn alle sehen konnten. In einem gut gewählten Augenblick entwich er jedoch durch einen von Coyohua vorbereiteten Durchschlupf in der Mauer und flüchtete wieder einmal aus seiner Heimatstadt.

Maxtla, wütend über diese neuerliche Täuschung, war nun entschlossen, sein Opfer tot oder lebendig zur Strecke zu bringen, und dafür war ihm keine Belohnung zu hoch: Sollte Nezahualcóyotl von einem Unverheirateten gefangen werden, so versprach er diesem, ohne Ansehen seines Standes, eine schöne Frau von Adel und dazu Land. Ein bereits Verheirateter sollte zahlreiche Sklaven bekommen.

Nach weiteren Abenteuern nahm Nezahualcóyotl wieder Zuflucht im Land östlich der Vulkane. Er wäre gern in Texcoco geblieben, aber seine treuen Ratgeber waren dagegen, da seine Streitkräfte, wie sie warnend sagten, noch nicht ausreichten, um dem Tyrannen Widerstand leisten zu können.

Während seiner Flucht wollte er seine Anhänger überreden, nach Hause zurückzukehren:

»Aber Quauhtlehuantzin und Tzontecochatzin und all die anderen wollten mit ihm gehen und da sterben, wo er sterben würde. Als er das hörte, war Nezahuacoyotl sehr bewegt und begann zu weinen, und alle, die ihn begleiteten, weinten mit ihm.« (Ixtlilxóchitl)

Bei Sonnenuntergang überquerten sie schließlich die Berge, und das fruchtbare Tal von Puebla kam in Sicht. Es lag schon im Schatten der hohen Gipfel, die nun hinter ihnen lagen. Nezahualcóyotls erster Gedanke war, den zu seiner Begrüßung erschienenen Abgesandten des Herrschers nahezulegen, ihn zu töten, dann könnten sie die ausgesetzte Belohnung verlangen. Aber sie beteuerten, daß er nun auf freundschaftlichem Boden sei, und sie wollten alles in ihrer Macht Liegende tun, um seine Sache zu unterstützen.

Die Doppelallianz

Im Jahre 1428 wurde Nezahualcóyotl erneut das Opfer einer Verfolgung durch die Tepaneken und damit wieder ein Flüchtling, der über die Berge mußte. Auch Itzcóatl von Tenochtitlan, sein Onkel, hatte einen Streit mit dem neuen Herrscher der Tepaneken und war im Grunde genommen bereits in seiner eigenen Hauptstadt belagert. Die unausbleibliche Folge war ein Bündnis der beiden Hauptopfer der Tepaneken, der Mexica und der Texcocaner.

Beide Parteien waren von nun an in ihrem gemeinsamen Haß gegen ihren Unterdrücker Maxtla vereint. Die Mexica hatten eine dynamische Regierung, die nur den einen Wunsch hatte, das Joch der Sklaverei abzuwerfen. Nezahualcóyotl, obwohl militärisch schwach, war fast entschlossen, sein angestammtes Eigentum den Händen seines Feindes zu entwinden.

Vielleicht war es mehr die Schwäche der Tepaneken als die Stärke ihrer Gegner, wodurch der Krieg verursacht wurde. Der offene Ausbruch eines Konfliktes noch vor dem Tod des alternden Tezozómoc war nur durch Meinungsverschiedenheiten innerhalb der Regierung aufgehalten worden. Scharfe Auseinandersetzungen über

die Behandlung der Mexica hatte es schon früher gegeben. Jetzt aber war die Spaltung offenbar so tief, daß sie in eine Art Bürgerkrieg ausartete.
Durch Maxtlas widerrechtliche Aneignung wurden die Differenzen offenbar. Er war ein Mann von ungestümer Veranlagung mit einem Talent, sich Feinde zu machen und Freunde zu verlieren. Er war wahrscheinlich schon vor dem Ausbruch der Feindseligkeiten nicht mehr Herr der Lage. Seine Anstrengungen, die Mexica herauszufordern, waren groß. Vor allem ärgerte er sich, daß sie früher von Tributzahlungen befreit worden waren, und nötigte ihnen darum neue Zahlungsforderungen auf. Er verübelte ihnen deutlich den gehobenen Rang der letzten Jahre und trachtete danach, sie wieder in ihre frühere Abhängigkeit zu zwingen.
Sein Verhalten war grundverschieden von dem seines Vaters Tezozómoc, der es meisterlich verstanden hatte, einen Gegner gegen den anderen auszuspielen. Er hätte sich niemals die Mexica und die Texcocaner zur selben Zeit zu Feinden gemacht. Wäre ein Sohn von seinem Format sein Nachfolger geworden, dann hätte sich das Reich der Tepaneken möglicherweise weiter ausgedehnt, und vielleicht wäre für spätere Historiker wenig über die Mexica zu berichten gewesen.
Um Maxtlas Herausforderungen zu begegnen, machten Mexica und Texcocaner zwangsläufig gemeinsame Sache. Das erste Stadium wurde mit der Gründung des Dreierbundes von Tenochtitlan, Texcoco und Tacuba vollendet. Genaugenommen war es zu dieser Zeit mehr eine Doppelallianz, da die Rolle der abtrünnigen Tepaneken von Tacuba unklar blieb.
Es war unwahrscheinlich, daß die Mexica, nur unterstützt durch Nezahualcóyotls bescheidene Streitmacht, den Tepaneken gewachsen wären. Darum war es lebenswichtig, sich der Gefolgschaft der Leute des im Osten gelegenen Puebla-Tlaxcala-Tales zu versichern. Da Tezozómoc alle Gegner im Hochtal von Mexiko ausgeschaltet hatte, gab es in erwähnenswerter Entfernung keine andere Großmacht mehr. Infolgedessen war es wahrscheinlich entscheidend, die Haltung von Tlaxcala und Huexotzinco zu prüfen. Jedes Bündnis mit dem Ziel, die Tepaneken zu besiegen, hätte wahrcheinlich jene einbeziehen müssen.

Süddeutscher
Rundfunk
Bibliothek

Von beiden ist uns Tlaxcala durch die Rolle, die es während der spanischen Eroberung spielte, besser bekannt. Doch ungefähr fünfzig Jahre vor diesem Ereignis war das südlich von Tlaxcala gelegene Huexotzinco die Hauptmacht des Gebietes. 1428 war diese aber noch dabei, ein kleines unabhängiges Reich auszubauen, nachdem es einer Reihe von starken Herrschern gelungen war, eine Anzahl benachbarter Städte zu unterwerfen.
Nach seiner kürzlichen Flucht aus Texcoco war Nezahualcóyotl gerade zu dieser Zeit in Huexotzinco. Er befand sich darum in der glücklichen Lage, sich die Gefolgschaft dieser Stadt zu sichern. Außerdem scheint zwischen seiner eigenen Dynastie und der von Huexotzinco eine traditionelle Freundschaft bestanden zu haben. Das hielt den Tepanekenherrscher nicht davon ab, eine Delegation mit kostbaren Geschenken von Kleinodien, Waffen und Insignien zu schicken, um Huexotzinco zu umwerben. (Nicht erwähnt wird Tlaxcala, obwohl sie auch nach Chalco gingen.)
Ihnen folgte eine Abordnung aus Tenochtitlan, die sich bitter über die Niederträchtigkeit der Tepaneken beschwerte. Es kamen auch Abgesandte aus Cuauhtitlan, das kürzlich von Maxtla besiegt und grausam behandelt worden war. Er war nicht davor zurückgeschreckt, den städtischen Marktplatz mit Agaven zu bepflanzen und das wichtige Zentrum für Sklavenhandel nach Azcapotzalco zu verlegen, wo es bis zur Eroberung durch die Spanier blieb. Die Leute von Cuauhtitlan brachten bescheidene Geschenke, da sie sich mehr nicht leisten konnten. Der Erfolg war, daß sie als unbedeutend angesehen und ins Gefängnis geworfen wurden – mit der Aussicht, getötet zu werden. Das darf als Beweis dafür gelten, daß das Wohlwollen Huexotzincos nicht nur für gute Worte zu haben war. Sogar Tlatelolco wie auch Tenochtitlan sandten eigene Delegierte, die sich darüber beschwerten, daß die Tepaneken sich der Zahl jener Herrscher rühmten, die sie getötet hatten.
Die Abgeordneten von Tenochtitlan wurden von Moctezuma, des Herrschers Neffen, angeführt. Wie die tepanekische Delegation ging er in Begleitung eines Bruders von Nezahualcóyotl erst nach Chalco. Aber diese Leute haßten die Mexica so sehr, daß sie von einem Bündnis nichts hören wollten und Moctezuma gefangennahmen. Sein Leben schien jedoch wie das des Nezahualcóyotl unter einem

besonderen Schutz zu stehen, denn es gelang ihm, zu entkommen und Huexotzinco zu erreichen. So entging der bedeutendste aller Aztekenherrscher einem schmählichen und vorzeitigen Ende in einem Holzkäfig. Später wurde er der unversöhnlichste Feind Chalcos.
Der Erfolg der in Huexotzinco um dessen Gunst rivalisierenden Bewerber blieb strittig. Die Delegierten machten ihre jeweiligen Gründe geltend. Schließlich wurden die Leute von Cuauhtitlan, denen man ihre dürftigen Geschenke offensichtlich verziehen hatte, aus der Gefangenschaft und von dem drohenden Verhängnis befreit, um Zeugnis abzulegen. Ihre Berichte über die Ausschreitungen der Tepaneken waren so schrecklich, daß deren Abgesandte öffentlich vor der Statue des örtlichen Schutzgottes getötet und mit Obsidianmessern in Stücke zerschnitten wurden. Sie waren damit die ersten Kriegsopfer.

Die große Offensive

Als Ergebnis der von Nezahualcóyotl an Huexotzinco und Tlaxcala gerichteten dringenden Bitte halfen sie ihm zuerst, seinen eigenen Bereich zurückzugewinnen, bevor sie sich sammelten, um den belagerten Mexica zu Hilfe zu kommen. Das war nur der erste Schritt in einem langsamen Ablauf der Wiedereroberung. Erst drei Jahre später, 1431, sollte Nezahualcóyotl wieder uneingeschränkt über seine Besitzungen herrschen.
1428 kehrte Nezahualcóyotl, unterstützt durch die vereinten Streitkräfte, in seine heimatliche Provinz zurück. Mit einem blitzschnellen Vorstoß drang er in Texcoco ein, während seine Freunde die benachbarten Orte besetzten. Maxtla war durch diesen Erfolg so beunruhigt, daß er sich sogar bemühte, Nezahualcóyotls Untertanen zu beschwichtigen.[64]
Von den folgenden entscheidenden Ereignissen sind viele Berichte erhalten geblieben. In diesem Fall scheinen die texcocanischen Darstellungen den Tatsachen mehr zu entsprechen. Die offiziellen Quellen der Mexica geben an, daß dieser Krieg von ihnen allein ausgefochten wurde; weder Nezahualcóyotl noch die Huexotzinco sind auch nur erwähnt, und jeder Bericht, der diese wichtigen Faktoren völlig übergeht, ist mit Vorsicht zu behandeln.[65]

Nachdem Texcoco erobert war, schickten sich die vereinten Streitkräfte von Nezahualcóyotl und seinen Freunden an, den von Maxtla in Tenochtitlan belagerten Mexica zu Hilfe zu kommen. Sie stiegen in ihre Kanus, um Azcapotzalco, die genau gegenüber von Texcoco an der Lagune gelegene Hauptstadt der Tepaneken, anzugreifen. Als sie das Ufer vor der Stadt erreichten, fanden sie es befestigt vor. Maxtla war zu dieser Zeit schon so in Sorge, daß er die Belagerung von Tenochtitlan aufgegeben hatte. Der erste Einsatz der von Nezahualcóyotl und Huexotzinco gemeinsam kommandierten Streitkräfte richtete sich gegen Azcapotzalco. Sie rückten aus nördlicher Richtung vor.[66] Nezahualcóyotl hatte seinen Männern den Befehl gegeben, nur in weißen Baumwollumhängen, ohne ihre Federn und kostbaren Steine, in den Kampf zu gehen. Das war sehr ungewöhnlich und verursachte Bestürzung unter den Truppen. Es ärgerte sie besonders, daß sie von den Mexica in den Schatten gestellt wurden, die nicht bereit waren, auf die gewohnte Vorführung ihrer Kostümierung zu verzichten.
Nezahualcóyotl jedoch, immer Diplomat wie auch Krieger, hielt folgende Ansprache:

»Ich bin glücklich und erfreut, Euch in einer in allen Farben leuchtenden Menge zu sehen; es ist, als wäre ich in einem Garten mit einer Vielfalt von Blumen, unter denen Ihr die duftenden Blüten des Jasmins, mit keinem anderen Schmuck als einem einfachen Weiß, die göttlichen unter allen Blüten seid. Äußerliche Dekorationen vermehren nicht den Wert jener, die damit protzen, sondern nur die Habgier des Feindes, die ihn zum Sieg treibt, um die Beute zu erringen.« (Mariano Veytia, Historia Antigua de México)

Diese Einstellung zu Putz und Prunk war im alten Mexiko ganz ungewohnt. Es könnte wohl eher ein Maßstab der Notlage gewesen sein, die Texcoco zwang, seine Truppen so armselig auszustatten. Während Nezahualcóyotl nach Süden rückte, machten die Mexica nach einem vorher verabredeten Zeichen einen Frontalangriff gegen die östliche Verteidigungslinie der feindlichen Hauptstadt. Dieser Angriff stieß indessen auf stärksten Widerstand:

»Hier entstand ein erbitterter Kampf, die Mexica warfen den ersten Angriff des Feindes zurück, verursachten seinen Rückzug auf beträchtliche Entfernung und eroberten einen breiten und tiefen Graben nahe Petlacalco . . . Aber die Tepaneken wendeten sich wütend gegen die Mexica und trieben sie über den eroberten Einschnitt bis ans Ufer der Lagune zurück.« (Veytia)

Unterdessen näherte sich Moctezuma am linken Flügel der Streitmächte von Süden und eroberte die tepanekische Stadt Tacuba, trotz guter Befestigung, ohne auf ernsthaften Widerstand zu stoßen, da deren Herrscher die Alliierten begünstigte.
Die Hauptstreitkräfte der Mexica erneuerten ihren Angriff auf die östliche Abwehr von Azcapotzalco. Sie stürmten die äußere Verteidigungslinie, von der sie kürzlich vertrieben worden waren, und die Tepaneken mußten sich hinter ihre Hauptbefestigung zurückziehen, die aus einem der Stadt umgebenden Erdwall bestand. Die Nacht brach herein, und die alliierten Generale entschieden, da die Verteidigung so mächtig war, die Stadt lieber zu belagern, als sich durch direkten Angriff der Gefahr weiterer Verluste auszusetzen. Zu diesem Zweck teilten sie ihre Streitkräfte in vier Gruppen: Nezahualcóyotl besetzte mit seinen Mannen den westlichen Abschnitt – das war der gefährlichste –, denn hinter ihm lag das Kernland des Tepanekengebietes, von wo aus er im Rücken angegriffen werden konnte, während die mexikanischen Truppen unter Tlacaélel, Itzcóatl und Moctezuma die Stadt Azcapotzalco von Norden, Osten und Süden belagerten.
Die Blockade dauerte einige Monate; die Truppen machten viele Ausfälle, während die Belagerer ihrerseits versuchten, den inneren Wall der Befestigung zu nehmen. Der Kampf verlief, mit beträchtlichen Verlusten auf beiden Seiten, ergebnislos. Die Opfer der Verteidiger waren schwerer, da sie nicht durch Verstärkungen ersetzt werden konnten.

Das Ende der Tepanekenherrschaft

Nach einer Belagerung von 114 Tagen wurde die Lage der Tepaneken allmählich hoffnungslos, die Stadt hungerte, und die Truppen

waren arg erschöpft. Nach einem dringenden Hilferuf näherte sich eine entlastende Truppe aus anderen tepanekischen Orten der Stadt Azcapotzalco von Nordwesten, während die Belagerten einen Ausfall in dieselbe Richtung machten. Nach einem heftigen Kampf fiel der tepanekische General Mazatl durch einen Keulenschlag auf den Kopf. Wie in den meisten mexikanischen Kämpfen bestimmte dies das Ende, der Rest der Armee drehte um und floh.
Schließlich mußte nur noch der Tyrann Maxtla aus seinem Versteck in einem Dampfbad herausgeholt und vor Gericht gebracht werden. Ixtlilxóchitl schildert das so:

»Als Nezahualcóyotl in die Stadt einrückte, suchten die Oberen von Azcapotzalco, da sie sich verloren sahen, nach ihrem König, der sich in einem hinter einem Garten gelegenen *temazcal*, einem Bad, versteckt hatte. Mit vielen Beschimpfungen schleppten sie ihn vor Nezahualcóyotl, damit der Prinz mit ihm machen könne, was er wolle. Sie fügten hinzu, wären nicht Maxtla und seine Vorfahren gewesen, die immer schon einen Hang zur Tyrannei gehabt hätten, dann wären dem Staat diese Kriege und Verluste erspart geblieben. Dies sagten sie zu Nezahualcóyotl und noch mehr. Dieser hatte inzwischen auf dem öffentlichen Platz ein großes Schafott errichten lassen, auf dem er den Angeklagten verurteilte und mit eigener Hand tötete; er schnitt sein Herz heraus und verspritzte sein Blut in alle vier Himmelsrichtungen. Dann befahl er, dem Toten alle Ehrenbezeugungen zuteil werden zu lassen und ihn mit der Feierlichkeit, die einem großen Herrscher zukomme, zu Grabe zu tragen.«

Eine solche völlige Vernichtung der tepanekischen Herrschaft war eine bemerkenswerte, ja wirklich erstaunliche Heldentat der Mexica und ihrer Verbündeten. Natürlich hatten die Tepaneken teilweise selbst an ihrer Niederlage schuld. Später sollten die Mexica und Texcocaner zusammen ebendasselbe Reich vergrößern und mit zuverlässigen Grenzen befestigen. Fast ausnahmslos wurden die von den Tepaneken besiegten örtlichen Herrscher wieder eingesetzt und beschützt. Um ihren dynastischen Ehrgeiz zu befriedigen, hatten die Tepaneken andererseits Prinzen gestürzt und deren Untertanen versklavt.

Nutznießer des Sieges

Im alten Mexiko war es einer Stadt nicht lange möglich, eine Politik der Vorherrschaft zu betreiben, es sei denn, sie konnte ihre Kraftquellen durch zuverlässige Verbündete und Vasallen vermehren. Der Sieg über Azcapotzalco war ein gemeinsamer Triumph, wobei sich aber besonders Nezahualcóyotl auszeichnete. Sein Meisterstück war es gewesen, den Beistand Huexotzincos und seiner Nachbarn zu gewinnen; ohne sie wären die mächtigen Tepaneken niemals zu bezwingen gewesen. Somit war vor allem Nezahualcóyotl der Baumeister des Sieges – eine bemerkenswerte Tat für einen König ohne Reich und einen General ohne große eigene Streitmacht.
Die Leute von Huexotzinco und ihre Freunde waren zweifellos der Meinung, lediglich das Gleichgewicht der Kräfte, das sich zu sehr zugunsten der Tepaneken verlagert hatte, wiederhergestellt zu haben. Später sollten sie das als großen Fehler erkennen. Wie es sich zeigen wird, sollten die Mexica später eine viel grausamere Peitsche auf ihrem eigenen Rücken werden.
Diese waren nämlich die wirklichen Nutznießer des Sieges, die ihren vollen Anteil beanspruchten. War Nezahualcóyotl der Baumeister des Sieges, dann war das militärische Genie der Mexica das ausführende Instrument. Dieser Erfolg war natürlich nicht über Nacht zu erreichen. Die Armee der Mexica war über ein halbes Jahrhundert mit wachsendem Erfolg zu einer schlagkräftigen Angriffswaffe geschmiedet worden anerkanntermaßen unter Tepanekenherrschaft. Die ehemaligen Vasallen aber wurden zunehmend mächtiger und immer unabhängiger.
Große Erfolge entstehen gewöhnlich durch volle Nutzung der Möglichkeiten, und darin waren die Mexica sehr talentiert. In dem sich unaufhörlich drehenden Kaleidoskop mittelamerikanischer Politik mit ihren wechselnden Allianzen und ständigen Verrätereien waren es die Mexica, die als Huitzilopochtlis Auserwählte hartnäckig eine einheitliche Richtung verfolgten. Sie wußten immer irgendwelche verfügbaren Freunde für ihre Zwecke zu nutzen, und letzten Endes waren es immer sie, die ganz groß herauskamen. Es war eine ungewöhnliche Tat, ihre Herren besiegt zu haben. Durch die endgültige Vernichtung der Tepaneken lag ihnen die Welt des alten Mexiko zu Füßen.

Wir haben schon den ungewöhnlichen Handel beschrieben, wonach die Privilegien des Adels, je nach dem Ausgang des Krieges, vergrößert oder umgekehrt beseitigt werden sollten. Vor dem Sieg über die Tepaneken hatten die Mexica als deren wichtigste Untertanen die Nutzung von etwas zusätzlichem Boden erhalten. Jedoch war diese Fläche begrenzt, verglichen mit den riesigen Gebieten, die sie nun so plötzlich dazugewonnen hatten. Welcher Stand oder welche Gruppe auch immer diese unter Kontrolle hätte – er würde auch den mexikanischen Staat beherrschen.

Privateigentum und Lehensbesitz

Aus der Sicht der sich schindenden breiten Masse hätte die tatsächliche Verteilung kaum ungerechter sein können. Wirklich könnte die ziemlich zweifelhafte Geschichte des ›Handels‹, von dem wir schon berichtet haben, in das offizielle Dokument eingeschoben worden sein, um eine gewisse Rechtfertigung für diese völlig unterschiedliche Belohnung der wenigen und der vielen zu haben. Allen Berichten zufolge erhielten der Adel und die Krieger den Löwenanteil, und sehr wenig ging an die Clanverbände. Tlacaélel und Moctezuma verteilten unter sich genau so viel Land, wie sie allen Clans zukommen ließen, von denen jeder gerade so viel Anbaufläche erhielt, wie er für die Instandhaltung seines Tempels brauchte.[67] Privateigentum von Grund und Boden gab es, neben dem des Herrschers selbst, wahrscheinlich schon früher – wenn auch in einem vergleichsweise bescheidenen Maße. Die Eroberung der tepanekischen und sonstigen Gebiete jedoch brachte eine drastische Änderung des Gleichgewichts. Die Regionen, die einzelne in Besitz genommen hatten, standen in keinem Verhältnis mehr zum Ganzen.

Dieser Privatbesitz war von zweierlei Art: einmal bestand er aus Land im ausschließlichen Besitz einer kleinen, bevorzugten Adelsschicht – den *pilli* oder Fürstensöhnen, die zum größten Teil der herrschenden Dynastie entstammten. Dieses Land wurde von Leibeigenen im Frondienst bewirtschaftet.[68]

Abgesehen von diesem Privateigentum war – zumindest theoretisch und dem Herrscher zur Verfügung – ein weiterer großer Teil des Ganzen Lehensbesitz, der von bewährten Kriegern auf Lebenszeit gehalten wurde. Dies war ein anerkanntes Verfahren, hervorragenden Kriegsdienst zu belohnen. Dieser Lehensbesitz konnte vererbt werden, wenn ein geeigneter Nachkomme Fähigkeiten zeigte, sich auf dem Feld der Ehre Verdienste zu erwerben.

Außer diesen Besitzungen privater Natur gab es verschiedene Staatsländereien, deren Erträge zum Unterhalt des Palastes und seiner Beamten (einer modernen Regierung entsprechend), zur Instandhaltung der Tempel und für Kriegskosten verwendet wurden. Weitere ausgedehnte Gebiete gehörten natürlich dem Herrscher selbst.

Schließlich ist noch das Land im Gemeindebesitz *(calpulli)* zu erwähnen. Wenn dieser auch gekürzt worden war, so hatte er doch immer noch ein beträchtliches Ausmaß. Die Gemeinfreien *(macehualli)*, die ihn bewirtschafteten, bildeten das Rückgrat der Nation und stellten Unteroffiziere und Mannschaften für die Armeen. Das sippeneigene Land war unveräußerlich, eine Familie besaß eine erbliche Nutznießung vom zugeteilten Land, das nur neu verteilt wurde, wenn der Besitzer ohne Erben starb. Die Pacht für diese Ländereien wurde dem Herrscher entrichtet.

Diese Landordnung war die Grundlage des mexikanischen Staates und nicht bloß eine Quelle des Reichtums wie in den klassischen Königreichen der Alten Welt. Es gab tatsächlich keine andere Form dauerhaften Eigentums. Die Hauptwährungen – Kakaobohnen und kleine Umhänge – waren kein dauerhafter Ersatz für Zahlungsmittel aus Metall. Zugegeben, in einigen mexikanischen Gegenden wurden als Währung auch kleines, beilförmiges Kupferblech und mit Goldkörnern gefüllte Gänsefederkiele gebraucht; diese scheinen aber nicht in größeren Mengen angesammelt worden zu sein.

Die Gesellschaftsordnung der Mexica

In der Gesellschaftsordnung ist deshalb Landbesitz ausschlaggebend: Der Herrscher und der Adel sicherten sich, unabhängig von den kommunalen Verbänden, mit dem Löwenanteil der kürzlich eroberten riesigen Gebiete eine starke Grundlage wirtschaftlicher Macht. So waren sie frei und ungehindert durch Ängste und Proteste der breiten Masse, ihre Träume von weiteren Eroberungen zu verfolgen. Ungeachtet seiner ursprünglichen Struktur war der mexikanische Staat nun im wesentlichen eine straff organisierte Oligarchie. An der Spitze der sozialen Pyramide stand der Herrscher *(tlatoani)*. Er wurde immer aus der gleichen Familie gewählt und war im allgemeinen ein Sohn oder Bruder seines Vorgängers. Er wurde an erster Stelle vom ›Rat der Vier‹ beraten, dessen Mitglieder immer dem Geburtsadel entstammten und damit dem Herrscher gleichrangig waren. Dieser ›Kronrat‹ spielte bei der Wahl des neuen Herrschers eine Hauptrolle, obwohl die Älteren und die Krieger wie auch die verbündeten Herrscher von Texcoco und Tacuba ihm ebenfalls angehörten, wohl vor allem, um die Feierlichkeit der Angelegenheit zu erhöhen. Das ›Kabinett der Vier‹ wurde wahrscheinlich unter Itzcóatl formal gegründet. Die oberste Macht lag damit völlig in der Hand der königlichen Familie, zu der natürlich die vier Berater gehörten, da auch sie als Thronfolger wählbar waren. Es gab noch eine größere beratende Versammlung, den *tlatocan* (Staatsrat), der unterschiedlich mit zwölf bis zwanzig Mitgliedern beschrieben wird, und dazu kam noch ein Kriegsrat für militärische Angelegenheiten.

Als Wahlmonarch, unterstützt von verschiedenen Regierungsbehörden, regierte der *tlatoani* nicht unumschränkt. Eine allmähliche Zentralisierung führte jedoch zu einer Erweiterung seiner persönlichen Macht, die mit der letzten Regierung Moctezumas I. vor der Eroberung durch die Spanier ihren Höhepunkt erreichte. Die Macht des Herrschers vergrößerte sich automatisch auf Kosten seiner Untertanen, da er in einem auf Eroberung ausgerichteten Staat riesige Tributzahlungen fordern mußte.

In der Gesellschaftsordnung stand eine Stufe unter dem *tlatoani* der Geburtsadel, an Zahl begrenzt und wahrscheinlich meist von königlicher Abkunft. Die Adligen waren mit Land reich versehen, aber nicht in dem riesigen Ausmaß wie ihre europäischen Ebenbilder. Um die Wahrung ihrer bevorzugten Stellung zu rechtfertigen, war Dienst am Staat Pflicht, und eine aktive Beteiligung am Krieg wurde erwartet.

Neben diesen wenigen Auserwählten gab es eine an Zahl wesentlich größere Oberschicht – den Verdienstadel –, die bewährten Krieger; grundsätzlich gehörten ihnen Rang und Boden auf Lebenszeit. Oftmals wurden diese Privilegien aber vom Vater auf den Sohn übertragen.

Von Bedeutung war auch ein zahlreicher Stab von Priestern – eine intellektuelle Elite, die zur Oberschicht zählte. Da der Herrscher selbst einen Priesterrang besaß, zählten sie in gewisser Hinsicht zum Adel. Sie beteiligten sich auch am Krieg und machten Gefangene. Es gibt an sich zwischen Kriegern und Priestern keinen Unterschied. Letztere hatten nur zusätzlich noch die wichtige Aufgabe, die Söhne der Oberschicht in den bevorzugten Schulen *(calmecac)* zu erziehen. Der Rest der männlichen Bevölkerung erhielt eine im eigentlichen Sinn militärische Ausbildung im Kriegerhaus *(tepochcalli)*, das es in jedem Stadtviertel gab.

Eine kleinere, aber wichtige Gruppe waren die Beamten und Richter. Den Chroniken von Sahagún und anderen Quellen kann man entnehmen, daß das Recht in Tenochtitlan mit strenger Unparteilichkeit Reichen und Armen gleichermaßen zuteil wurde. Neben anderen besonderen Klassen gab es die Kaufleute, deren Stellung im einzelnen später besprochen werden soll. Sie waren eine Gruppe für sich und genossen viele Vorteile, wie zum Beispiel auch ihren eigenen Gerichtshof.

Das einfache Volk bildete den sozialen Unterbau mit dessen wichtigster Gruppe, den Gemeinfreien *(macehualli)*, dem Fundament der Clanverbände. Ihre verhältnismäßig niedere Stellung wurde durch strenge Gesetze gegen Aufwand und Prunksucht bestimmt; nur den oberen Schichten war es erlaubt, Baumwollkleider zu tragen und Kakao zu trinken. Reicher Putz, schöne Juwelen und das üppige Essen der Noblen waren dem Volk verboten. Wenn sie es wagten, derartigem Luxus zu frönen, wurden sie ohne Umschweife getötet.

Neben diesen Gemeinfreien gab es die Bevölkerungsklasse der Leibeigenen, die an das ererbte Land des Adels gebunden waren. Auf der untersten Sprosse standen die Sklaven, eine vergleichsweise weniger hoch entwickelte Einrichtung als die der Alten Welt, zum Teil aus dem Grunde, weil Kriegsgefangene gewöhnlich geopfert wurden. Man verlor seine Freiheit hauptsächlich als Folge bestimmter Vergehen oder wegen unbezahlter Schulden. Man konnte sich auch freiwillig als Sklave verkaufen und desgleichen durch eine vereinbarte Summe wieder frei werden. Man verwendete die Sklaven als Lastträger anstelle von Tragtieren oder im häuslichen Dienst. Nicht wie in der Alten Welt wurden ihre Kinder automatisch in denselben Stand hineingeboren.

So sind im mexikanischen Staat unter der Regierung von Itzcóatl hochentwickelte Institutionen entstanden, die in ihrer kultiviert-intellektuellen Art denen der Monarchien in der Alten Welt durchaus ebenbürtig sind. Im Grunde war das mexikanische politische Schema das eines Beamtenstaates, in dem der Herrscher vom Erbadel und einem Stab von Amtspersonen unterstützt wurde. Es war jedoch ein im Werden begriffener Staat; wie viele andere in der Alten Welt und anderswo unterlag er in wachsendem Maße einem Prozeß der Zentralisation, der seinen Höhepunkt in den Jahren vor der spanischen Eroberung erreichte.

Zu der Zeit, als das Regierungssystem sich in Richtung auf Absolutismus und Privilegien bewegte, war es noch weit davon entfernt, den Grad gesellschaftlicher Schichtung zu erreichen, der im zeitgenössischen Europa vorherrschte. Im Besitz des Adels war nur ein Teil des Landes, und Bürger konnten noch hohe Stellungen erreichen. Sogar Heiraten zwischen beiden Klassen waren erlaubt. Genauso konnten Mitglieder der Oberschicht ihren Rang verlieren, wenn sich ihre Söhne dessen unwürdig erwiesen. Für einen Mexikaner von Rang war das Dasein eher hart und unerbittlich als entspannt und geruhsam. Das Beharren auf Selbstverleugnung und Dienstwilligkeit erklärt weitgehend ihre Triumphe. Die mexikanische Oberschicht scheint von dem Ideal der Hingabe an den Staat erfüllt gewesen zu sein, das an die alten Römer erinnert und von einer bemerkenswerten Zielstrebigkeit spricht. Die besiegten Tepaneken waren an der Klippe der Zwietracht gescheitert, während die Mexica ausnahmslos Einigkeit zeigten. Alles in allem funktionierte ihre oligarchische Verfassung bewundernswert.

Der Dreibund wird konstituiert

Der Dreibund, der gemeinsam das aztekische Reich beherrschte, wurde erst nach dem Sieg formell konstituiert. Die aztekischen Regionen waren, zumindest anfangs, weder allein von Tenochtitlan erobert noch beherrscht worden. Als Zeichen für die endgültige Errichtung der Allianz nahm Itzcóatl den Titel ›Herrscher der Culhua‹ an (von denen die Mexica natürlich ihre Abkunft herleiteten); Nezahualcóyotl wurde ›Herrscher der Acolhua‹, und der Herr von Tacuba nannte sich ›Herrscher der Tepaneken‹. Letzteres spielte ein wenig die zweite Rolle in den Beratungen der Allianz, aber trotzdem war es bemerkenswert, eine Hauptstadt des besiegten Widersachers aufgenommen zu haben. Von nun an ist es angemessen, öfter den Begriff ›Azteken‹ zu verwenden, um einen Modus zu finden, die Bedeutung eines Reiches, das weder ganz mexikanisch noch ganz texcocanisch war, zu schildern.

Nach dem Triumph von 1428 regierte Itzcóatl noch weitere zwölf Jahre. Nezahualcóyotl, obgleich führendes Mitglied der siegreichen Mannschaft, war noch nicht Herr im eigenen Hause. Sogar texcocanische Quellen berichten, daß er nach dem Sieg noch drei Jahre in Tenochtitlan bleiben mußte, bevor er sein eigenes Fürstentum zurückerobern konnte. Ungeachtet seiner Rolle in einem überwältigend erfolgreichen Krieg hatte er mit seinen eigenen Untertanen viele Schwierigkeiten, da viele von ihnen lange Zeit eine protepanekische Haltung gezeigt hatten. Mit Hilfe seines Partners Itzcóatl erreichte er nun endlich eine Einigung mit den verschiedenen Oberhäuptern seiner Region und war auch bereit, sie wieder in ihre Rechte einzusetzen. Sofort begann er mit dem Wiederaufbau Texcocos, und Itzcóatl half ihm, die dazu benötigten Handwerker zu bekommen.

Das Hochtal wird aztekisch

Die letzten Jahre von Itzcóatls Regierungszeit brachten die Eroberung der noch übriggebliebenen Fürstentümer des Hochtals; darunter befanden sich einige tepanekisch regierte Sitze, die, sobald ihre Oberhäupter abgesetzt waren, zwangsläufig den Mexikanern als Beute zufielen. Alle machten den verhängnisvollen Fehler, sich einer nach dem anderen schlucken zu lassen.

Die Tepanekenstadt Coyoacan war die erste, die angegriffen wurde. Der Krieg begann unter dem Vorwand, mexikanische Frauen seien belästigt und ausgeraubt worden. Bei dieser Gelegenheit machten die potentiellen Opfer der Azteken einen letzten, aber vergeblichen Versuch, sich zu vereinigen und eine gemeinsame Verteidigung zu planen. In Chalco fand eine Konferenz statt, aber sehr bald war es klar, daß eine Einigung, um Coyoacan zu Hilfe zu kommen, nicht erzielt werden konnte.[69] Vielleicht erinnerten sich die Anwesenden der weisen Worte Nezahualcóyotls, der erklärt hatte, die Mexica seien unüberwindbar, da Huitzilopochtli ihnen immer beistehen würde. Jedenfalls war weiterhin das kluge ›teile und herrsche‹ maßgebend.

Im Krieg gegen Coyoacan ereignete sich ein seltsamer Zwischenfall. Die Oberhäupter der Stadt luden die Mexica zu einem Bankett ein. Itzcóatl selbst war nicht dabei, aber andere, darunter auch sein Neffe Tlacaélel, folgten der Einladung. Zu ihrem äußersten Erstaunen mußten sie Frauenkleider anziehen und vor den versammelten Tepaneken tanzen. Derart herausgeputzt, kehrten sie zurück und meldeten sich bei Itzcóatl, um ihm zu erzählen, wie lächerlich sie gemacht worden waren.

Eine ebenso seltsame Form der Vergeltung wurde nun von ihnen ersonnen, die ebenfalls geeignet war, die Gegner zu demütigen, ohne sie allerdings zu beleidigen:

»Sie nahmen eine große Menge Kuchen aus *izcahuite* – das sind rote Würmer, die im Lagunenschlamm leben und als besondere Leckerbissen von den Mexikanern geschätzt wurden. Diese legten sie auf ein Feuer, zusammen mit Enten, Fischen, Fröschen und anderem. Aus dem Feuer stiegen bald verlockende Düfte, die durch die Straßen von Coyoacan zogen und die Frauen versessen darauf machten, von dem zu essen, was die Mexikaner kochten, während die Kinder nach diesen Leckerbissen jammerten und schrien.« (Durán)

Daraufhin begann ein Krieg, der erst ein ausgeglichener Kampf war, bis sich durch einen Flankenangriff der Mexikaner das Blatt wendete. So gewannen sie, aber die Gemüter hatten sich erhitzt; um dem aztekischen Joch zu entgehen, flohen einige der Einwohner in andere Städte. Coyoacan aber blieb auch in Zukunft ein wichtiger Ort und diente Cortés während des Wiederaufbaues von Mexiko als provisorische Hauptstadt.

Wie zuvor in Azcapotzalco wurde das eroberte Land sehr ungleichmäßig verteilt. Die kleinen Leute erhielten wieder nicht mehr als ein mageres Stück. Sogar Gemeindeland von Coyoacan wurde enteignet. Vielleicht war es ein Akt der Klugheit, die Armen zu schröpfen, dem Adel aber die Besitzungen zu lassen, um sich seiner zukünftigen Loyalität dem Reich gegenüber zu versichern.

Nach Coyoacan war Xochimilco an der Reihe, dessen Leute, wie wir schon wissen, zu einem gewissen Grade mit den Mexica verwandt waren. Wie es aber in solchen Fällen oft ist, bestand seit langem eine Rivalität, die aus den Tagen herrührte, als die Mexica während ihrer Gefangenschaft die Ohren der Leute von Xochimilco abgeschnitten und in Körben gesammelt ihren Herren als Opfer dargebracht hatten.

Diesmal erfanden sie etwas anderes, um einen Streit vom Zaun zu brechen. Für den Bau eines Tempels verlangten die Mexica Holz und Steine von Xochimilco. Dies war die herkömmliche Art, ein Zeichen der Unterwerfung zu verlangen. Die Aufforderung wurde zurückgewiesen. Die Leute von Xochimilco herrschten noch über ein wichtiges und reiches Territorium und hatten ein großes Heer. Doch ihre Strategie war die Verteidigung, und sie verschanzten sich hinter ihren Barrikaden. Kaum waren diese gestürzt, ergaben sie sich. Zweifellos waren die Mexikaner diesmal entschlossen, mit den Besiegten gute Beziehungen zu unterhalten. Den Truppen wurde nicht erlaubt, zu plündern oder die Stadt auch nur zu betreten. Itzcóatl zeigte sich dem Herrscher von Xochimilco gegenüber besonders freundlich und erlaubte ihm, in seiner Gegenwart zu essen. Die Untertanen jedoch mußten für den Krieg bezahlen, und die Sieger enteigneten einen Teil des Landes. Zu dieser Zeit wurde der große Damm begonnen, der Coyoacan quer über die Lagune mit Tenochtitlan verbinden sollte. Dafür stellte man Arbeitskräfte aus Xochimilco in Dienst. Dieser Dammweg wurde eine der drei großen Verkehrsadern, über die die Spanier später die Stadt erstürmen konnten.

Auf ähnliche Weise wurde nun auch Cuitláhuac angegriffen.[70] Ein *casus belli* war bald gefunden. Die Mexica stellten das ungewöhnliche Ansinnen, daß Töchter aus den Adelsfamilien am Festtag für Huitzilopochtli in Tenochtitlan tanzen sollten. Diese Forderung wurde vom Herrscher natürlich entrüstet zurückgewiesen: »Mexikaner, wißt Ihr überhaupt, von was Ihr redet? Sind meine Töcher, Schwestern und Verwandten und auch die der Herren von Cuitlá-

huac bloßes Spielzeug oder Possenreißer für Euren Gott, daß sie vor ihm singen und tanzen sollen? Sagt Eurem Herrn Itzcóatl, daß ich die Mädchen meiner Stadt, nicht einmal die allerbescheidensten, so gering nicht achte, daß ich sie auf sein Geheiß zur Belustigung seines Gottes auftreten ließe!« (Durán)
Cuitláhuac lag in der Mitte der Lagune; so mußte eine kombinierte Land- und Seeoperation unternommen werden, die ganze Flotten von Kanus einschloß. Das Aufgebot der Truppen der Mexica muß ein eindrucksvoller Anblick gewesen sein, als sie übers Wasser setzten.

»Als die mexikanischen Streitkräfte Cuitláhuac erreichten und an Land sprangen, warfen sich ihnen die Einwohner entgegen, alle in stattlicher Aufmachung mit reichen und farbigen Insignien, die Kanus und Ruderer geschmückt mit Schilden und schön gefärbten Federn. Die Kämpfer, alle von Kopf bis Fuß bewaffnet und mit Federn geschmückt, weiß, rot, gelb, blau, grün, schwarz und allen anderen Farben. Um Hals, Hand- und Fingergelenke trugen sie mit vielen Steinen besetzte goldene Reifen.« (Durán)

Im Jahre 1440, kurz nach der erfolgreichen Beendigung dieses Kampfes, starb Itzcóatl, nachdem noch Cuernavaca und benachbarte Städte erobert worden waren.[71] Zusätzlich habe er, so wird berichtet, Tula genommen wie auch andere Orte im nördlichen Teil des heutigen Staates Guerrero. Allerdings brachte ihn der Feldzug in dieser Richtung nicht bis zur pazifischen Küste.[72]
Itzcóatl legte während seiner Regierung besonderen Wert auf Zusammenschluß und Festigung der Gebiete des Hochtales von Mexiko und der angrenzenden Regionen – Erwerbungen, die seinem Nachfolger die Wege zu weiterreichenden Eroberungen ebneten. Ohne Zweifel hat er den Beweis erbracht, daß er ein bemerkenswerter Herrscher war. Sein Meisterstück war die Unterwerfung der Tepaneken und die Bildung der Tripelallianz. Von Bedeutung unter seiner Regierung war auch die Konsolidierung des mexikanischen Staates und der Regierungsmaschinerie als wichtige vorbereitende Maßnahme für weiteren Fortschritt.

Viele Mexikaner träumen noch heute davon...

...daß der sagenhafte Goldschatz der Azteken gefunden wird und dann helfen könnte, das Land von seiner drückenden Schuldenlast zu befreien.

Aber dieser Schatz ist unauffindbar geblieben, seit der letzte Aztekenhäuptling Cuauhtemoc auch unter der Folter nicht bereit war, dem spanischen Eroberer Hernán Cortés das Versteck zu verraten.

Von Schätzen zu träumen mag schön sein; Realisten ersparen sie sich.

Pfandbrief und Kommunalobligation

Meistgekaufte deutsche Wertpapiere - hoher Zinsertrag - bei allen Banken und Sparkassen

Verbriefte Sicherheit

4. Kapitel
Moctezuma I. –
Das Reich nimmt Gestalt an

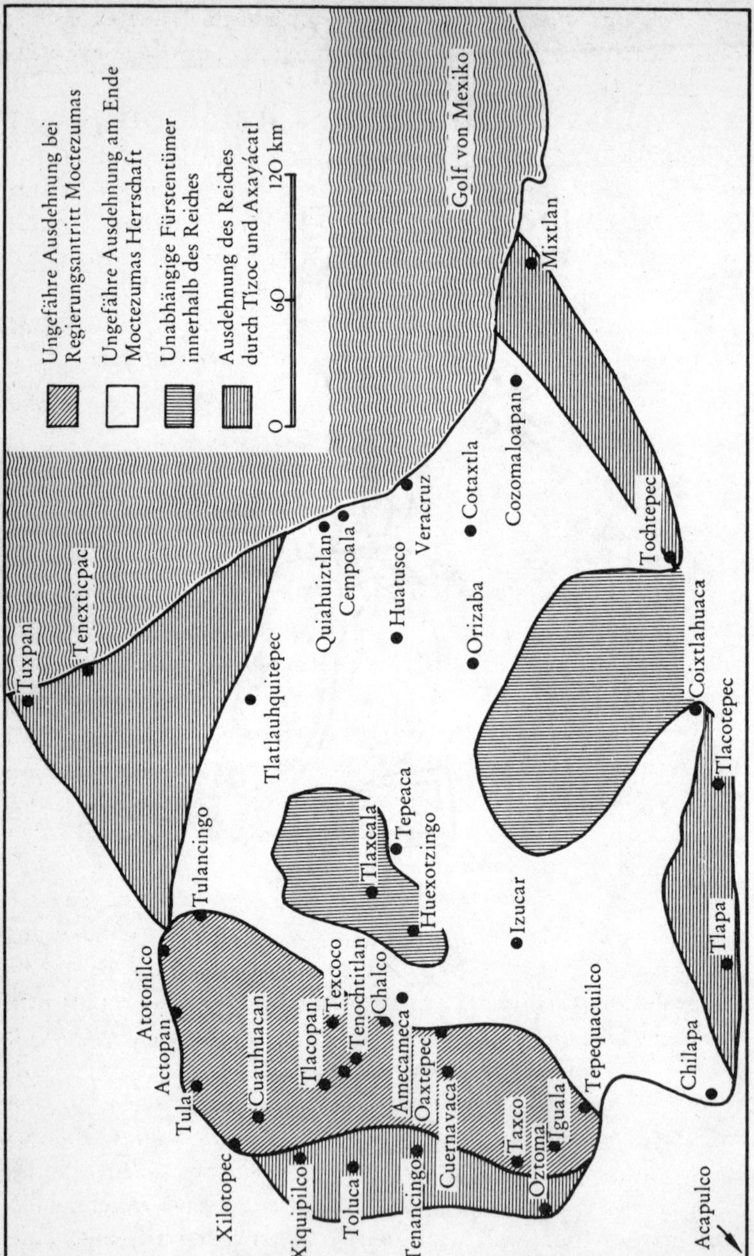

Das Reich Moctezumas I., des Axayácatl und des Tízoc

Nach dem Tod von Itzcóatl im Jahre 1440 hielt Tlacaélel, immer noch in seiner Eigenschaft als Premierminister, eine ungewöhnlich bewegende Ansprache:

»Nun ist das Licht, das Euch erleuchtete, erloschen. Die Stimme, auf deren Ton das Reich hörte, ist verstummt, und der Spiegel, in dem sich alle Menschen erkannten, ist trübe. Erhabene Krieger, es ist nicht ratsam, daß dieses Reich in Dunkelheit verharre. Möge eine andere Sonne aufgehen, um ihm Licht zu bringen ... Wer scheint Euch am besten geeignet zu sein, dem Beispiel unseres toten Königs zu folgen? Wer wird uns das erhalten, was er erreicht hat?«
(Codex Ramírez)

Nach dieser Ansprache und reiflicher Überlegung wurde Moctezuma zum Herrscher gewählt. Im allgemeinen ist er, um ihn von dem bei Erscheinen der Spanier regierenden Moctezuma II. zu unterscheiden, als Moctezuma I. oder Moctezuma der Ältere bekannt. Er trug den Beinamen Ilhuicamina, ›Himmelsschütze‹.[73] Der Name Moctezuma bedeutet ›Der zürnende Fürst‹. Er war bereits einer der vier ranghöchsten Berater gewesen, aus deren Kreis der Herrscher nun gewählt werden mußte. Als Neffe des verstorbenen Monarchen und Sohn eines vorhergehenden Herrschers gehörte er in der Nachfolge zur direkten Linie.[74] Wie man aus der genealogischen Tabelle (siehe Anhang) ersehen kann, war es eine gewohnte Praxis, als Thronfolger einen Bruder des Herrschers und erst in zweiter Linie einen Sohn des älteren Bruders zu wählen.
Man wird sich erinnern, daß die Mutter Moctezumas eine Tochter des Herrschers von Cuernavaca war, um die Moctezumas Vater auf so romantische Weise geworben hatte – er schoß einen Pfeil mit einem eingelegten kostbaren Stein in den Hof der Prinzessin, wo sie von ihrem eifersüchtigen Vater vor allen Heiratslustigen behütet wurde. Die Prinzessin schluckte den Stein und empfing so das Kind, das Moctezuma I. werden sollte. Man kann sich leicht vorstellen, wie innig seine Bindung zu Cuernavaca, dem Geburtsort seiner Mutter, gewesen sein muß. Dort in der Nähe, in Oaxtepec, sollte er eines Tages seine berühmten Gärten anlegen lassen, von denen jetzt noch Überreste zu sehen sind. Sogar heutzutage strömen diejenigen, die

in der kühleren und dünneren Luft der Stadt Mexiko leben, an Wochenenden in Scharen in die milderen Regionen jenseits der Berge, wo weiter unten, in einer Höhenlage zwischen der Hochebene und dem heißen, tropischen Küstengebiet, ein milderes Klima eine üppige Vegetation hervorbringt. Cuernavaca ist heute nur wenig mehr als eine Autostunde von der Stadt Mexico entfernt. In den Zeiten der Azteken aber konnte man das von einer Ebene umgebene Cuernavaca nur auf einem langen, holperigen Weg über eine Höhe von 3000 Metern erreichen.

Moctezuma war der Herrscher, der aus der begrenzten Welt des Hochtals von Mexiko ausbrechen und das aztekische Eroberungswerk beginnen sollte, das seine Armeen zu den Küsten der beiden Ozeane und schließlich bis zur jetzigen Grenze von Guatemala führte. Während der prächtigen Krönungsfeierlichkeiten träumte dieser wahrhaft große Herrscher vielleicht schon von Eroberungen in der ›Tierra Caliente‹, dem heißen Gebiet jenseits seines Mutterlandes Cuernavaca, das von seinem Vorgänger schon erobert worden war. Für solche Aufgaben war Moctezuma besonders befähigt, da er bereits als Befehlshaber zusammen mit seinem Bruder Tlacaélel den Sturz der tepanekischen Oberherren herbeigeführt hatte. Tlacaélel sollte auch in dieser Regierung dem Herrscher als Premierminister zur Seite stehen. Als Moctezuma den Thron bestieg, war er ein lebenserfahrener Mann von gut über vierzig Jahren, der als Krieger wie als Staatsmann einen hervorragenden Ruf genoß.

Wenn auch erhalten gebliebene Schilderungen weniger vollständig sind als die über spätere Ereignisse, so ist es doch klar, daß die Zeremonien, die Moctezumas Wahl folgten, durch den vermehrten Reichtum und die größere Macht der Mexica viel prächtiger ausfielen als die früherer Thronbesteigungen. Der neue Herrscher wurde unverzüglich zum Tempel Huitzilopochtlis geführt, wo man ihn mit den königlichen Gewändern einkleidete. Dann unterzog er sich harter Bußübungen, wobei er seine Ohren und Oberschenkel mit zugespitzten Ozelot- und Widderknochen durchstach.

Viele Tage und Nächte vergingen mit Festlichkeiten und Tanz. Zahlreiche Herrscher aus der Nachbarschaft waren anwesend, die nicht nur dem neuen Monarchen Geschenke brachten, sondern auch eine Fülle von Bekleidung für die Armen der Stadt. Der bemerkenswerteste unter allen Herrschern, die Geschenke übergaben und Ansprachen hielten, war Nezahualcóyotl von Texcoco; nach den meisten überkommenen Berichten hatten die Herrscher der Tripelallianz das Recht, sich gegenseitig nach der Wahl feierlich zu bestätigen.

Für einen neuen Herrscher war es Sitte, kurz nach der Wahl einen Feldzug zu unternehmen und damit seine Eignung für die Hauptaufgabe, für die er gewählt worden war – für das Kriegshandwerk –, zu beweisen.

Das Ende des Chalca-Krieges

Diesem besonderen Anlaß fielen die Chalca zum Opfer.[75] Sie waren von den Azteken noch nicht erobert worden, obwohl ihr Gebiet nur einige Kilometer südöstlich von Tenochtitlan, zwischen dem Ufer der großen Lagune und den schneebedeckten Vulkanen lag (siehe Karte S. 88). Seit den frühen Tagen, wo Chalca maßgebend daran beteiligt waren, die Mexica aus Chapultepec zu vertreiben, hatte sich eine traditionelle Feindschaft zwischen den beiden Völkern gehalten. Schon 1376, in den ersten Jahren der mexikanischen Monarchie, hatte ein langer und verzweifelter Kampf gegen Chalco begonnen, der im Grunde genommen bei der Thronbesteigung Moctezumas immer noch nicht entschieden war. Die Chalca hatten sich 1428 törichterweise nicht an der Unterwerfung der Tepaneken durch die Mexica und deren Verbündete beteiligt. Es war jedoch vorauszusehen, daß, nachdem die verschiedenen Völker rundherum im Hochtal von Mexiko von dem neugeschaffenen Reich geschluckt worden waren, dieser alte und mächtige Staat, der den Mexica so viel Schaden zugefügt und sich ihnen so lange widersetzt hatte, ganz oben auf der Liste der vorgesehenen Opfer stehen würde.

Es ist nicht überraschend, daß Chalco zu den letzten der unmittelbaren Nachbarn gehörte, die unterworfen wurden. Heutzutage nur ein von fruchtbarem Land umgebenes Dorf mit einem besonderen Ruf für seine Erzeugnisse von Käse und Rahm, war es in jenen weit zurückliegenden Tagen nicht irgendein anderer Stadtstaat, sondern die führende Macht eines starken Staatenbundes. Der bedeutendste Partner war Amecameca – eine Stadt, deren malerischer Markt noch heute eine Sehenswürdigkeit ist, mit einer einzigartigen Lage am Fuß von zwei hochragenden Vulkanen.[76]

Alles in allem setzte sich der Staatenbund aus nicht weniger als dreizehn Herrschern zusammen.[77] Auf Grund seiner verhältnismäßig großen Ausdehnung und Kriegsstärke konnte Chalco größere Heere in den Kampf schicken und den Azteken härteren Widerstand leisten als irgendein anderer in der Nähe gelegener Staat. Moctezuma selbst kannte Chalco und die Chalca sehr gut und hat wohl kaum ihre Stärke unterschätzt. Er war nicht nur kurz vor dem Tepanekenkrieg dort gefangen gewesen und hatte das Glück, entfliehen zu können, sondern er hatte auch Chalco 1439, ein Jahr vor seiner Thronbesteigung, besucht, angeblich um die Freundschaft zu fördern.

Der Krieg selbst begann in nicht ungewöhnlicher Weise. Eine der ersten Obliegenheiten Moctezumas nach seiner Machtergreifung war es, anstelle des alten und bescheidenen Tempels einen weit großartigeren Bau für Huitzilopochtli zu errichten. Es fing damit an, daß er alle seine Vasallen durch Boten anweisen ließ, ihn mit Steinen und Holz zu versorgen. Gleichzeitig schickte er nach Chalco mit der scheinbar harmlosen Bitte, ihm sehr große Steinblöcke zu liefern, aus denen er Statuen für die Ausschmückung des Tempels machen lassen könnte. Er würde es als Gefallen zu schätzen wissen, wenn die Chalca ihm behilflich wären. Wie es üblich war, wurden vier Boten ausgesandt. Zwei Herrscher der Chalca empfingen sie. Diese gaben ihnen die doppelsinnige Antwort, sie könnten ihre Bürger nicht veranlassen, die damit verbundene Arbeit zu tun, und auf jeden Fall müßten sie sich mit ihren Mitregenten beraten. Als die Boten zurückkamen, um die endgültige Antwort zu holen, wurde ihnen mitgeteilt, bevor die Chalca dieser Bitte entsprächen, würden sie einen Krieg vorziehen. Moctezuma und Tlacaélel entschieden daraufhin, eine Truppe gut bewaffneter Kundschafter an die Grenzen des Gebietes von Chalco zu schicken. Zwei mutige Hauptleute wurden ausgewählt und angewiesen, genaue Beobachtungen über irgendwelche Grenzposten oder -befestigungen zu machen. Diese Kundschafter sahen tatsächlich Truppenaufmärsche und Kriegsvorbereitungen der Chalca. Die Truppen waren so zahlreich, daß sie die ganze Ebene von Chalco bedeckten. Die Ereignisse waren unterdessen auch zwischen Chalco und Moctezumas texcocanischen Verbündeten auf die Spitze getrieben worden. Die Chalca hatten nämlich zwei Söhne Nezahualcóyotls gefangengenommen, sie getötet und ihre getrockneten Körper als Kandelaber im Palast verwendet.

Diese vorbereitenden Maßnahmen geschahen wahrscheinlich im Jahr 1444. Die Mexica trafen ihre gewohnten Kriegsvorbereitungen, diesmal aber mit besonderer Intensität. Jeder Mann und jeder Knabe, die fähig waren, Waffen zu tragen, wurden aufgeboten. Die außergewöhnlichen Anstrengungen waren wahrscheinlich durch das Fehlen von Streitkräften einiger Vasallenstaaten nötig geworden. Die Mexica hatten nämlich Anzeichen von Untreue in Xochimilco und anderen unterworfenen Städten beobachten müssen, aus denen möglicherweise geschlossen werden konnte, daß diese in dem Kampf gegen die Chalca, zu denen sie viele Bindungen hatten, nicht verläßlich gewesen wären. Selbstverständlich aber wurde der Chalca-Krieg gemeinsam von der Tripelallianz geführt, wobei Texcoco im Einsatz eine vorherrschende Rolle spielte.
Als die Armee der Azteken schließlich aufmarschiert und kampfbereit war, hielt Tlacaélel eine seiner wohlbekannten aufmunternden Ansprachen: »Bedenkt, daß die, die Euch gegenüberstehen, keine Löwen sind, die Euch in Stücke reißen, oder Dämonen, die Euch verschlingen wollen. Denkt daran, daß es Menschen sind wie Ihr, mit genau denselben Waffen in Händen, wie Ihr sie habt.«
Ein heftiger Kampf entbrannte mit schweren Verlusten auf beiden Seiten; er dauerte den ganzen Tag, aber die Chalca gaben sich nicht geschlagen. Nach gegenseitigem Übereinkommen wurde am nächsten Tag weitergekämpft, wieder ohne entscheidendes Ergebnis. Die Azteken entschlossen sich dann zu einer anderen Taktik. Um die Chalca zu zermürben, beschränkten sie sich fünf Tage lang auf leichte Scharmützel, um dann am sechsten Tag einen Hauptangriff zu unternehmen. Das erwies sich als höchst erfolgreich und wurde zu einem Sieg auf der ganzen Linie.
Dann gab es einen merkwürdigen Vorfall, der typisch für das immer gegenwärtige rituelle Element in diesen Kriegen war. Als die Chalca sich in unheilvoller Zwangslage sahen, baten sie um einen Waffenstillstand, da sie in fünf Tagen das große Fest ihres Gottes Ca-

maxtli[78] feiern wollten. Sie würden es vorziehen, daß der entscheidende Kampf an diesem Tage stattfände, damit sie Gefangene frisch vom Schlachtfeld hätten, um sie bei dieser Gelegenheit ihrem Gott opfern zu können. Erstaunlicherweise willigten die Mexica ein, und Moctezuma gelobte, auch sein Tempel, wenn er einmal fertig sei, werde mit Chalca-Blut geweiht werden. Für diesen Kampf mobilisierten und bewaffneten die Mexica sogar Knaben von zwölf Jahren und stellten sie im Rücken der Armeen auf, um die Chalca glauben zu machen, sie stünden nun einer noch größeren Streitmacht gegenüber. Als der Kampf begann, riefen die Chalca, ihre Frauen warteten nur darauf, die Mexica mit scharfen Pfefferschoten kochen zu können. Die Azteken jedoch ließen sich durch diese Verhöhnungen nicht schrecken und blieben wieder Sieger. Die Chalca zogen sich zurück und hatten weiteren Boden verloren. Die Mexica machten fünfhundert Gefangene, die man nach Tenochtitlan brachte und opferte.

In dem langen, alles in allem zwanzig Jahre dauernden Krieg gegen die Chalca war nun ein Zeitpunkt erreicht worden, bei dem die Azteken schon viel Land erobert hatten, aber noch nicht die Hauptstützpunkte des Chalca-Bündnisses. Zu einer Zeit, als diese zwar geschwächt, aber noch keineswegs unterworfen waren, wurde durch die große Hungersnot von 1451 bis 1454, auf die wir noch zu sprechen kommen werden, eine Art von Waffenstillstand erzwungen, da sie beide Gegner gleichermaßen traf. Wie wir später sehen werden, wurde der Krieg anschließend wieder aufgenommen. Aber mittlerweile waren die aztekischen Heere zum Teil mit Eroberungen in entfernten Gegenden beschäftigt, was vermutlich die endgültige Niederlage Chalcos verzögerte.

Der große Hunger

Die ersten zehn Jahre von Moctezumas Herrschaft waren nun vergangen, zu Hause gekennzeichnet durch den Beginn des großen Tempelbaues, auswärts durch den Krieg mit Chalco, der noch nicht zu Ende war, obwohl sicher auch andere militärische Expeditionen unternommen worden waren. Nun aber begann 1450 eine vierjährige Hungerperiode, und das entstehende Aztekenreich geriet dadurch in seine größte Krise bis zum Erscheinen der Spanier. Als Vorläufer des Elends gab es 1446 eine Heuschreckenplage. Die Insekten fraßen die ganze Ernte auf und verursachten eine erste Lebensmittelknappheit. 1449 folgte eine große Überschwemmung; der Wasserspiegel der Lagune stieg, bis schließlich die ganze Stadt überflutet war. Moctezuma war ratlos und rief seinen klugen Freund Nezahualcóyotl von Texcoco, der einen guten Ruf als Baumeister hatte. Auf dessen Anregung und mit Hilfe von Herrschern aus der Nachbarschaft wurde zum Schutz gegen die Fluten ein großer, etwa 14 Kilometer langer Deich aus riesigen Steinplatten gebaut, die man aus einer Entfernung von zwanzig Kilometern herbeischaffen mußte. Moctezuma und Nezahualcóyotl begannen die Arbeit mit eigenen Händen und gaben damit den anderen Herrschern und Untertanen ein Beispiel. Von 1450 an folgten dann eine ganze Reihe sehr schlechter Ernten. Der Bau des großen Tempels wurde zwar fortgesetzt, aber die Lebensmittel waren so knapp, daß Moctezuma den zwangsweise verpflichteten Arbeitern aus den umliegenden Städten nur noch eine Mahlzeit am Tag geben konnte.[78a] Zu Beginn der Schwierigkeiten gab es obendrein scharfe Fröste, und nicht nur auf den Bergen, sondern auch in der Stadt gingen ungewöhnlich starke Schneefälle nieder.[79] Da diese so selten auftraten, hatten sie unverhältnismäßig große Wirkungen; Pflanzen und sogar Bäume gingen ein, und Häuser fielen zusammen.

Dies alles war nur der Anfang einer langen Reihe von Katastrophen. Was sich tatsächlich ereignete, wird von Pater Juan de Torquemada erzählt. Der Frost des ersten Hungerjahres kam frühzeitig, wie es manchmal vorkommt, und verbrannte die noch zarten grünen Maiskolben; nicht ein Körnchen wurde geerntet. Das Unheil traf auch das umliegende Land, das auf gleicher Höhe lag wie Tenochtitlan. In diesem Jahr jedoch war es noch nicht so schlimm, da man noch von der vorhergehenden Ernte Vorräte besaß. Auch im nächsten Jahr vernichtete wieder ein frühzeitiger Frost den Mais, der damals wie heute die Hauptnahrung der mexikanischen Bauern war und nach wie vor hauptsächlich in Form flacher, runder Fladen *(tortillas)* gegessen wird. Im darauffolgenden Jahr gab es eine Mißernte durch Trockenheit, ein anderer Umstand, der auch heute die Ernteerträge in Mexiko ungünstig beeinflussen kann, insbesondere, wenn der

Sommerregen ungewöhnlich spät beginnt. Als Folge dieses weiteren Unheils war im vierten Hungerjahr kein Saatgut mehr vorhanden. Und so kam es zu der großen Katastrophe. Die Wirkungen waren nicht nur auf die unmittelbare Nachbarschaft von Tenochtitlan beschränkt, sondern auch in Texcoco, Chalco und weiter entfernten Orten spürbar. Viele, insbesondere der Älteren, starben an Hunger. Sogar die jungen Leute sahen wie alte aus, so ausgezehrt und runzlig waren sie. Geier, die man in diesen Höhen selten findet, konnte man nun überall auf der Suche nach Leichen sehen.

Da das Land am Golf von Mexiko, damals unter dem Namen Totonacapan bekannt, regelmäßig Regen und keine Fröste hat, war es nicht vom Hunger betroffen. Allmählich waren die Leute auf der Hochebene so verzweifelt, daß sie sich für Mais den Leuten von der Küste als Sklaven verkauften. Es war ein herzzerreißendes Bild, als sie mit hölzernen Halsjochen ihre Heimatstädte verließen. Wer von ihnen zu fliehen versuchte, brach unter seiner Last tot zusammen. Noch lange danach war eine Nahuatl sprechende Bevölkerung in einigen Orten der Küstenregion zu finden. Sogar heute noch wird in einigen Teilen von Veracruz Nahuatl gesprochen, was vielleicht noch aus der Zeit dieser Wanderungen stammt.

Eine der größten Tragödien in jenen Notjahren war der Verkauf von Kindern im Austausch für Mais mit der etwas seltsamen Vereinbarung, daß sie nach der Hungerperiode für denselben Preis zurückgekauft werden konnten. Der Kaufwert war 400 Maisbüschel für ein Mädchen und 500 für einen Knaben.

In Wirklichkeit war das Aztekenreich einfach noch nicht genügend organisiert, um einer Katastrophe dieser Größenordnung zu begegnen. Wie wir später sehen werden, war es in dieser Phase eher eine Allianz, die Tribute einsammelte, als ein Imperium, denn es hatte nicht die gründliche, umfassende Organisation und Vorratshaltung, wie sie von dem zeitgenössischen Inkareich in Peru entwickelt worden war.

Moctezuma in Tenochtitlan und Nezahualcóyotl in Texcoco taten alles Erdenkliche, um das Elend zu lindern und ihre Städte vor einer Entvölkerung zu bewahren. In den ersten Jahren der Hungersnot brachten ganze Flotten von Kanus Mais in die Stadt, den der Herrscher in Form von großen Maiskuchen, rationiert auf einen für jede

Person, unter die Armen verteilen ließ. Durch die weitverbreitete Not wurde die Vorratshaltung aber immer schwieriger, außerdem hatte das Aztekenreich noch keine Kontrolle über die nicht von der Hungersnot betroffenen Küstenländer. Selbstverständlich wurde alles genutzt, was die Lagune an Fischen, Fröschen und sonstigen Erträgnissen bot; aber das war nicht genug, um die Menschen zu ernähren.

Im letzten Jahr der Krise, 1454, waren Moctezumas Vorräte völlig erschöpft, und das war der Zeitpunkt, zu dem sich die oben beschriebenen schrecklichen Vorfälle ereigneten. Der Herrscher war gezwungen, seinem Volk zu sagen, daß es für sich selber sorgen müsse und daß er mehr nicht tun könne: »Bis heute, meine Söhne, habe ich alles getan, wie Ihr gesehen habt, um Euch zu versorgen. Nun sind alle Vorräte erschöpft. Es bleibt mir jetzt nur noch zu sagen, daß es der Wille des Herrn des Himmels ist, jeder von Euch möge für sich selbst sorgen« (Durán). Danach entließ der König sein Volk und weinte bitterlich.

Mit anderen Worten, das imperialistische System, wie es damals bestand, war buchstäblich zusammengebrochen, und Moctezuma war gezwungen, das zuzugeben – ein Unheil, das, wie sich zeigen wird, weitgehende Folgen haben sollte.

Das ›Neue Feuer‹

Endlich regnete es ausgiebig im Jahr 1455, und der Wohlstand kehrte zurück. Es gab Rekordernten, und der Mais reifte wie nie zuvor.

In diesem Jahr wurde das Knüpfen der Jahre, die ›Neufeuerzeremonie‹, gefeiert, was sich alle zweiundfünfzig Jahre ereignete und den Beginn eines geheiligten Kalenderzyklus kennzeichnete.

Die vergangenen zweiundfünfzig Jahre hatten von gewaltigen Errungenschaften Zeugnis abgelegt. Der alte Zyklus hatte 1403 begonnen, als die Azteken, Mexica wie Texcocaner, noch Vasallen fremder Oberherren waren. Am Ende dieses Zyklus beherrschten sie zusammen ein großes und wachsendes Imperium, wie man es seit den Zeiten ihrer Toltekenvorfahren nicht mehr erlebt hatte.

Diese Periode jedoch mit all ihrem Glanz hatte mit einer zeitweili-

gen Katastrophe geendet. Daher begrüßten die Bürger von Tenochtitlan, blaß und entkräftet vom Hunger, das neue Jahr ›Zwei Rohr‹, das dem unglücklichen Jahr ›Eins Kaninchen‹ folgte, mit Erleichterung, aber auch mit Scheu und unruhiger Spannung. Nachdem sie von Aztlan aufgebrochen waren, hatten die Mexica auf ihren Wanderungen das ›Neue Feuer‹ viermal an verschiedenen Orten gefeiert. Seit der Gründung Tenochtitlans waren, immer auf einem Hügel bei Culhuacan, heute als Cerro de la Estrella oder ›Hügel der Sterne‹ bekannt, zwei weitere Neufeuer-Zeremonien begangen worden. Einige archäologische Überreste kann man heute noch dort finden. Die Feierlichkeit im Jahr 1455 war übrigens die letzte ›Knüpfung der Jahre‹ vor der Ankunft der Spanier in der Neuen Welt. Beim nächsten und letzten ›Neuen Feuer‹, 1507, lebten die Azteken und Spanier schon nebeneinander an den Küsten der Karibischen See, allerdings noch ohne sich zu kennen.
Wie Pater Sahagún berichtet, hatte nach dem abgelaufenen Jahr ›Eins Kaninchen‹ jedes der vier Jahreszeichen ›Kaninchen‹, ›Rohr‹, ›Haus‹ und ›Feuerstein‹ dreizehn Jahre regiert, und damit war ein voller Umlauf von zweiundfünfzig Jahren vergangen. Wenn ›Eins Kaninchen‹, das Zeichen des Südens, seine Aufgabe erfüllt hatte, gab es sie weiter an ›Zwei Rohr‹, das Zeichen des Ostens.[80] Eine Stunde vor dem Ende des jeweiligen Zyklus wurden überall die Feuer gelöscht und die Hausstatuen der Götter, Mörserstößel und Herdplatten ins Wasser gesteckt. Das ›Neue Feuer‹ wurde mit Angst und Schrecken erwartet, denn entzündete es sich nicht, würde die Sonne aufhören zu scheinen, und die Welt würde untergehen – dieses fünfte Weltalter, bekannt unter dem Namen ›Bewegung‹, würde eines Tages, wie alle wußten, untergehen. Schwangere Frauen mit Kindern wurden mit besonderer Vorsicht behandelt; sie wurden in den Häusern unter Schutz gehalten und mußten ebenso wie kleine Kinder ihre Gesichter hinter Masken aus Agavenblättern verbergen. Denn wenn sich das Feuer nicht entzündete, so glaubte man, würden Kinder in Mäuse und Frauen in wilde, menschenfressende Tiere verwandelt. (Ein Volk mit mehr Logik hätte diese Vorsichtsmaßnahmen für überflüssig gehalten, da die Welt, sollte sich das Feuer nicht wieder entzünden, ja sowieso untergehen würde!)
Wenn eine Stunde vor Zyklusende der entscheidende Augenblick

nahte, wurde auf dem Sternenhügel von einem Priester in der Brust eines Opfergefangenen von hoher Herkunft das Feuer mit einem Drillbohrer entzündet. Sobald es aufleuchtete, schlitzte der Priester die Brust des Geopferten auf und warf dessen Herz in die Flamme. In Sahagúns Worten: »Jedermann starrte mit ausgestrecktem Hals auf den Gipfel des Uixachtecatl (der Nahuatl-Name für Sternhügel ist ›Hügel des stacheligen Busches‹). Jedermann war in Angst und Sorge, bis die Flamme des ›Neuen Feuers‹ zu sehen war. Dann stachen sie sich schnell in die Ohren und verspritzten das Blut wieder und wieder in Richtung des Feuers. Dasselbe taten sie bei kleinen Kindern, selbst wenn sie noch in der Krippe lagen.« Dann eilten die Feuerpriester in Kostümen der verschiedenen Götter herab. Erst entzündeten sie die Flamme im Tempel Huitzilopochtlis, dann die Herdfeuer der Priester, und von da wurde es in alle Häuser des Volkes gebracht. Es schlossen sich große Freudenfeste an, man köpfte Wachteln und aß Kuchen aus Amarantsamen mit Honig.

Die ›Blumenkriege‹

Besonders bei einem Volk, das derartig vom Aberglauben beherrscht wurde, war es unausbleiblich, daß eine unheilvolle Serie von Ereignissen wie die große Hungersnot dem Zorn der Götter zugeschrieben wurde. Und für die Azteken, die schon seit vielen Jahrhunderten in zunehmendem Maße Menschen geopfert hatten, konnte nichts nächstliegender erscheinen, als das Opfer zu erhöhen und den Göttern eine immer größere Anzahl von menschlichen Herzen als Nahrung darzubringen, damit jene ihrerseits ihre sterblichen Untertanen ernährten. Um diesen Bedarf zu decken, entschieden sich Moctezuma und Tlacaélel, so wird berichtet, für regelmäßig wiederkehrende Waffengänge mit Städten im Tal von Puebla-Tlaxcala, jenseits der großen Vulkane, und insbesondere mit Tlaxcala und Huexotzinco, um sich einen Dauervorrat von Kriegsgefangenen für die Menschenopfer zu sichern.[81]

Es war nicht beabsichtigt, diese Völker zu unterwerfen, denn weitere Kriege wären bedenklich gewesen und einer Selbstvernichtung gleichgekommen. In gegenseitigem Übereinkommen sollte von Zeit zu Zeit ein Kampf auf einem genau bestimmten Platz stattfinden.

Die beiden Widersacher wollten nur Gefangene machen, um sie auf ihren Altären zu opfern und damit ihre Götter zu beschwichtigen. Außerdem wären diese Gefechte eine ausgezeichnete Schulung für die Krieger. Diese rituellen Kämpfe wurden unter dem Namen ›Blumenkriege‹ bekannt. Sie hatten nicht nur den Vorteil, daß man über eine ständige Quelle für Opfer verfügte, ohne Kriege in fernen Gegenden führen zu müssen. Eine weitere wichtige Überlegung war die, daß Gefangene aus benachbarten Städten, mit derselben Sprache und meistens mit den gleichen Göttern den eigenen Gottheiten angenehmer sein würden als barbarische Gefangene von weither.
Um diese Entscheidung zu untermauern, befahl Moctezuma, daß der Krieg von nun an zum Hauptgewerbe der Mexica erhoben werden sollte. Jemand, der sich nicht am Krieg beteiligte, und sei es der Sohn eines Herrschers, hätte keinen Anspruch auf die Privilegien, die den Adligen und Kriegern zugestanden wurden: »Es würde ihm nicht erlaubt, Baumwollkleidung und Federn zu tragen, er könnte keine Rosen haben wie andere Herren und kein Parfüm, daran zu riechen. Weder dürfe er Kakao trinken, noch gutes Essen bekommen, er würde als Mann von niedrigem Rang betrachtet und müßte die gleiche Arbeit verrichten wie ein solcher, auch wenn er von königlichem Blut sein sollte« (Durán).
Das gesamte vielschichtige Problem des Menschenopfers wird im Zusammenhang mit der Regierung von Ahuítzotl, dem Herrscher, unter dem die meisten Opferungen vollzogen wurden, besprochen werden.
In der Tat ist mit der Behauptung des Chronisten, Moctezuma habe den ›Blumenkrieg‹ eingeführt, kaum die ganze Wahrheit berichtet. Der lange Kampf gegen die Chalca enthielt, wenn er auch im Laufe der Zeit einen gewissen Grad von Grausamkeit zeigte, deutliche Merkmale eines rituellen Krieges und wurde auch ziemlich häufig als ›Blumenkrieg‹ bezeichnet.[82] Kämpfe unter diesem Namen fanden auch an anderen Orten im alten Mexiko statt. Ebenso wäre es nicht gänzlich zutreffend anzunehmen, die Kämpfe zwischen dem aztekischen Reich einerseits und Huexotzinco und Tlaxcala andererseits wären nichts anderes als unbeschwerte, rituelle Handlungen gewesen. Es ist gut möglich, daß gelegentlich mit diesen Völkern, vorwiegend zu dem rituellen Zweck, Opfer für die Götter zu be-

kommen, Kämpfe ausgefochten wurden, die somit wirklich Blumenkriege waren. Andererseits haben auch alle anderen mexikanischen Konflikte ein stark rituelles Element enthalten – was zu einer der Schwierigkeiten führte, als die Azteken von seiten der Spanier dem totalen Krieg ausgesetzt wurden. Andererseits, wie später ersichtlich wird, waren die Kriege gegen Tlaxcala nicht nur ›Blumenkriege‹, sie wurden in den Jahren vor der Ankunft der Spanier zunehmend grausamer. Vom letzten Kaiser, Moctezuma II., wird einige Male berichtet, er sei über die von Tlaxcala seinen Armeen zugefügten Verluste bis zu Tränen bewegt gewesen.
In zweierlei Hinsicht jedoch leiteten die Kriege, die in dieser Zeit begannen, in der Tat eine neue Entwicklung ein. Erstens waren sie ein Zeichen für den Beginn einer Periode fortgesetzter Feindseligkeiten und Kämpfe mit den Leuten des Puebla-Tlaxcala-Tales, anfangs hauptsächlich mit Huexotzinco und später mit Tlaxcala. Zum Teil waren sie veranlaßt durch den aztekischen *Drang nach Osten*, der die Eroberung der Küstenregion zur Folge hatte, und der anschließenden Einkreisung von Tlaxcala und seiner Nachbarn. Zum andern begann mit den von Moctezuma unternommenen Schritten zu dieser Zeit eine Epoche der Opferungen in einem Ausmaß, das in Menschenschlächterei ausartete, im Gegensatz zu den Einzelopferungen, die es bereits in ziemlich weit zurückliegender Zeit in Mittelamerika wie auch in anderen Teilen der Welt gab. Die Massenopferungen waren ein Anlaß für weitere Eroberungskriege, da man bei der Beschaffung all dieser Opfer nicht allein von Tlaxcala und seinen Nachbarn abhängig sein konnte.

Moctezumas Expansionspolitik

Obwohl die erste Dekade von Moctezumas Regierung hauptsächlich eine Periode der Konsolidierung war, hatte sein Reich bereits in begrenztem Ausmaß seine Grenzen vor der großen Expansion von 1458 zu erweitern begonnen.
Auf der Karte (S. 116) kann man sehen, daß das Reich neben größerem Zuwachs im Osten und Südosten unter Moctezumas Regierung um Orte wie Atotonilco im Norden und Chilapa im Süden erweitert wurde. Es ist auch gut möglich, daß schon vor dem Großangriff auf

die Küstengebiete Städte, die in dieser Richtung lagen, geschluckt worden waren. Diese lagen in einem Gebiet, für das Nezahualcóyotl und seine Texcocaner zumindest teilweise verantwortlich waren.[83]
Solche Taten hatten kaum spektakuläre Bedeutung. Es könnte jedoch sein, daß Moctezuma, unähnlich dem anderen großen aztekischen Eroberer Ahuítzotl, von Natur aus mehr Organisator als Soldat war und daß der Eroberungsdrang durch bestimmte Ereignisse ausgelöst wurde, zu einer Zeit, als er selbst schon zu alt war, um seine Truppen zu führen – mag er auch in seiner Jugend von persönlichem Ruhm in weiträumig geführten Kriegen geträumt haben. Wie dem auch sei, die großen Schlachten fanden erst in seinen späteren Jahren statt – ein Sachverhalt, der unter der kleinen Gruppe von Herrschern, die Gründer ausgedehnter Reiche waren, wenig Parallelen hat. Daß Moctezumas Laufbahn als Eroberer verhältnismäßig spät begann, mag teilweise durch seine Inanspruchnahme im Chalca-Krieg verursacht worden sein, kann aber kaum allein damit erklärt werden. Jedenfalls ging der Chalca-Krieg während der anderen Eroberungen noch weiter.
1450 war das Aztekenreich für damalige Begriffe bereits sehr ausgedehnt; es beherrschte die meisten seiner Nachbarn, wie auch wichtige Gebiete jenseits davon. Wahrscheinlich war es bereits größer als das Reich der Tepaneken, das größte, an das sich Menschen noch erinnern konnten. Bei einem normalen Verlauf der Ereignisse ist es nicht undenkbar, daß sich die Azteken auf Eroberungen begrenzteren Ausmaßes beschränkt hätten. Eine entscheidende Begebenheit, die große Hungersnot, änderte dies. 1454 war das Reich in die Knie gezwungen worden – und ein Geschlecht von Eroberern in die Demütigung, ihre Landeskinder gegen Mais von nicht unterworfenen Völkern der Küste einzutauschen. Es ist darum kaum verwunderlich, daß Moctezumas größte Feldzüge in die Ebenen der Golfküste führten und nicht in die viel regenärmeren Länder am Pazifik, die erst eine Generation später erobert wurden. Nach ihren Erfahrungen mit der Hungersnot mußten die Azteken Verlangen nach dem gut bewässerten Land im Osten gehabt haben.
Mexiko ist ein Land mit großen klimatischen Unterschieden. Aber nirgends ist der Kontrast so auffallend, wie man ihm auf der Straße nach Veracruz begegnet. Von einer dürren unfruchtbaren Ebene

fährt der Reisende steil hinunter nach Orizaba, einer der ersten Städte in dem Gebiet, das von Moctezuma erobert wurde. Nahezu in wenigen Minuten ist die Vegetation verändert, und selbst der Geruch der Luft und der Gesang der Vögel sind anders. Aus einer steinigen Öde wird grünes Land, das an Gegenden in England erinnert, wäre nicht der tropische Pflanzenwuchs mit vielen Mangohainen (im alten Mexiko unbekannt). Für die Mexica war dieses Land, von dem ihre Kaufleute sagenhafte Geschichten erzählt haben müssen, sicherlich ein Preis, um den zu kämpfen sich lohnen würde. Für einen von Huitzilopochtli auserwählten und dazu so gottesfürchtigen Volksstamm entwickeln sich Unternehmungen nicht allein aus Gewinnsucht. Solche Überlegungen aber spielen eine Rolle in ihrem Eroberungsdrang. Sie sahen sich einem zweifachen Bedürfnis gegenüber: erstens der auf einer unfruchtbaren Hochebene immer möglichen Notlage, ein Volk nicht ernähren zu können; zweitens dem Verlangen nach den farbenprächtigen Federn, kostbaren Juwelen und der schönen Bekleidung, die als Vorrechte des Adels galten. Diese waren zwar nicht lebensnotwendig, aber Statussymbole, da sie Abzeichen des Ranges oder einer im Kriege bewiesenen Tapferkeit darstellten. In prosaischeren Zeiten mag das unverständlich sein, aber das damalige gesellschaftliche System war von einem Nachschub solchen äußeren Prunkes buchstäblich abhängig.

Coixtlahuaca – ein wichtiges Handelszentrum

1458 wurde der erste einer Serie von Feldzügen unternommen, der von weit größerem Ausmaß war als je zuvor.[84] Moctezuma unternahm nicht, wie man logischerweise erwarten könnte, seinen ersten großen Vorstoß gegen die Küste, sondern in südöstlicher Richtung gegen die jetzige Hauptstadt von Oaxaca. Der vorgegebene Grund war, wie bei so vielen aztekischen Übergriffen, die Ermordung mexikanischer Handelsleute, als diese aus dem Marktplatz von Coixtlahuaca herauskamen. Dies war eine der wichtigsten Städte der Mixteken, eines wegen seiner Töpferwaren und sehr schönen Goldarbeiten bemerkenswerten Volkes. Von ihnen stammen auch die frühest bekannten Kodizes Mittelamerikas, deren schönste Beispiele man heute noch im Museum von Oaxaca sehen kann. Coixtlahuaca war ein wichtiges Handelszentrum an der Straße nach Oaxaca und dem Südosten. Es spricht für die Bedeutung, welche die Azteken ihrem Handel mit dem Mixtekengebiet und den jenseits liegenden Regionen beimaßen, daß der Feldzug zuerst dorthin unternommen wurde, bevor sie zur Golfküste vorstießen. Nach einigen Berichten war für die Kaufleute die Durchreise weiter südlich tatsächlich gesperrt. Das wollten die Mexica rächen, ungeachtet der Wagnisse, mit einem weit entfernten und mächtigen Gegner kämpfen zu müssen. Außerdem lagen die Vorteile einer Beherrschung von Coixtlahuaca auf der Hand, da dies ein Sprungbrett für den Handel und möglicherweise für die Eroberung der ganzen Mixteken-Region und des Landes jenseits davon ergeben hätte. Coixtlahuaca war nämlich nicht irgendeiner von den kleinen Stadtstaaten, wie sie von den Azteken schon erobert worden waren. Tatsächlich war es ein Minikaiserreich, regiert von einem bemerkenswerten Herrscher namens Atonal, der, wie die Azteken, Tribute aus einer weiten Umgebung einzog.[85]

Zu Beginn des Feldzuges erfolgte die übliche Musterung der mexikanischen Verbündeten. Im Hinblick auf die Entfernungen wurde auf das Nachschub- und Transportwesen besonderer Wert gelegt. Die Anhäufung von Zelten, Ausrüstung und Verpflegung machte den Eindruck, als wollten die Mexica eine Stadt gründen. Der Fußmarsch zu ihrem Ziel mit Trägern, in Ermangelung jeglicher Art von Lasttieren, war lang und mühsam. Endlich angekommen, griffen sie sogleich mit einer Heftigkeit an, daß ihr mächtiger Feind bald unterlegen war. Der Haupttempel wurde erobert und niedergebrannt, denn die Zerstörung des gegnerischen Tempels war das formelle Siegeszeichen in allen Feldzügen. Müde vom langen Marsch und erpicht darauf, Vergeltung zu üben, mordeten die Azteken ohne Mitleid. Als die Dinge so standen, erschienen die Herrscher des geschlagenen Volkes, wie in zahllosen späteren Feldzügen auch, ungebeugt durch ihre Niederlage, und bald war ein Abkommen getroffen. Dieses bewahrte ihnen die Herrschaft über ihr Volk, allerdings als Tributpflichtige der Azteken. Jede Woche mußten sie genau festgelegte, den Produkten ihrer Region entsprechende Tribute abliefern. In diesem Fall war Atonal nicht unter den Herrschern, die über den Vertrag verhandelten, denn der Kodex Mendoza zeigt ein Bild von ihm mit einem Strick um den Hals neben seinem brennenden Tempel. Hier wie in anderen Orten wurde für den Bezirk ein aztekischer Tributeinnehmer ernannt. Die Ankunft der Abgaben wurde durch einen entsprechenden Beamten in Tenochtitlan überwacht. Die Aufgabe dieses Steuereintreibers war es nicht etwa, als Gouverneur der Provinz zu fungieren, sondern er war mehr ein kaiserlicher Beauftragter mit der Weisung, die Bezahlung der festgesetzten Beträge zu gewährleisten.

Als der Vertrag abgeschlossen war, wurden die aztekischen Anführer und der Adel verschwenderisch bewirtet und zusätzlich zu den geforderten Tributen reichlich mit Geschenken bedacht. Die Coixtlahuaca aufgebürdeten Abgaben sahen große Umhänge vor, Ladungen von Pfefferschoten, Baumwolle, Salz und verschiedene Arten von Färbstoffen. Nach den Festlichkeiten begab sich das siegreiche Heer, begleitet von langen, traurigen Gefangenenkolonnen, auf den Rückmarsch. Sie waren die zur Opferung bestimmten ›Kinder der Sonne‹. Am Ende ihres Marsches aber sahen sie nicht mehr so niedergedrückt aus, wie man es hätte erwarten können. Tatsächlich sangen und tanzten sie bei der Ankunft in Tenochtitlan, denn sie hatten zum Trost für ihr Unheil den geheiligten *pulque* zu trinken bekommen.[86] Sie wurden als Gottgeweihte von den Älteren der Stadt mit besonderen Zeremonien empfangen. Danach stellten sie sich hintereinander vor dem Götterbild Huitzilopochtlis auf, berührten die Erde und nahmen etwas davon als rituelle Geste der Unterwerfung in den Mund. Schließlich wurden sie zum Herrscher gebracht, um ihm als dem Vertreter Gottes auf Erden zu huldigen.

Man sollte vielleicht ergänzen, daß die Chronisten außer diesem Feldzug aus der Zeit Moctezumas I. einen weiteren erwähnen, der mit der Eroberung des noch weiter in südöstlicher Richtung gelegenen Oaxaca, der heutigen Hauptstadt der Region, geendet haben soll. Es wird berichtet, dieser Krieg habe zu einem derartigen Gemetzel unter den Einwohnern geführt, daß sich die Mexica gezwungen sahen, die ausgerottete Bevölkerung durch Kolonisten zu ersetzen. Es kann angenommen werden, daß ein solcher Feldzug tatsächlich unternommen wurde, aber nicht zu einer völligen Unterwerfung unter Moctezumas Regierung geführt hat.[87]

Nachdem schließlich das mächtige Königreich Atonals beseitigt worden war, schien die Zeit für den Vorstoß an die Küste des Golfs von Mexiko endlich gekommen – in jenes fruchtbare totonakische Land, wohin während der Hungersnot einige Mexica als Sklaven gegangen waren. Damit sich so etwas nicht noch einmal ereignete, waren die Azteken entschlossen, die Herren dieser Region zu werden. Zunächst schickte Moctezuma Abgesandte in das nördlich des heutigen Veracruz gelegene Cempoala. Dort sollte sich etwa sechzig Jahre später Cortés in Gesellschaft von ›el cacique gordo‹ (der fette Fürst) vorübergehend aufhalten. Heute sind dort beachtliche archäologische Reste zu finden, darunter eine von zwei Tempeln gekrönte Pyramide typisch aztekischer Bauart. Wie gewöhnlich waren die Forderungen scheinbar bescheiden: einige große Seeschnecken und andere Muscheln, die man für religiöse Handlungen benötigte und die außerdem Moctezumas Neugierde nach ihrer Beschaffenheit befriedigen sollten. Wieder wurde der Angriff nicht nur auf eine einzige Stadt gerichtet, sondern gegen eine Art Bündnis. Cempoala gehörte zur Provinz von Cotaxtla, von wo es, wie man auf der Karte (S. 116) sehen kann, viele Kilometer entfernt war. Abgesandte gingen auch nach Orizaba, das zum gleichen Städteverband gehörte. Einige führende Leute von Tlaxcala besuchten die Provinz zur gleichen Zeit. Ihre Hilfsbereitschaft wurde Moctezumas Abgesandten damit entgolten, daß sie in Orizaba getötet wurden, bevor sie jemals die Küste erreichten. Einige wenige entkamen und erzählten, was geschehen war.

Nach der üblichen Mobilmachung, die natürlich auch die anderen Partner der Tripelallianz betraf, brachen die Heere auf.[88] Hinsichtlich des Proviants verließen sie sich hauptsächlich auf Gemeinden entlang ihrer Marschroute, denen mit Zerstörung gedroht wurde, sollten die Einwohner ihnen diese Versorgung verweigern. Das hatte zur Folge, daß die Dörfer, durch die sie zogen, wie ausgestorben waren. Die Leute fürchteten sich so sehr, daß sie sich in ihre Häuser einschlossen und ihren Mais, die Pfefferschoten, Hunde und Truthähne versteckten, die einzigen zu dieser Zeit vorkommenden Haustiere.[89] Die erste Schlacht lieferten die Mexica gegen das Volk von Orizaba, und dann besiegten sie die vereinten Streitkräfte der anderen Städte. Die Leute von Tlaxcala sandten den Totonaken als Antwort auf ein Gesuch um Hilfe lediglich gute Wünsche – sie hatten sich offenbar vorgenommen, bis zum letzten Totonaken zu kämpfen, um sich an den Mexica zu rächen.[90] Für Tlaxcala wäre es wahrscheinlich besser gewesen, wenn sie sich mit den Totonaken vereinigt hätten, denn durch die Besetzung der Küste von den Azteken wurde Tlaxcala ganz und gar eingekreist. Als unmittelbare Folge fanden die Spanier bei ihrer Ankunft Tlaxcala bar aller jener Erzeugnisse, die für ihre Wirtschaft lebensnotwendig gewesen wären. Die Totonaken selbst hatten einen harten Widerstand geleistet, und einmal dachten die Azteken sogar an Rückzug.

Cotaxtla erprobt den Widerstand

Es war damals der Herrscher von Tlatelolco, dessen Kaufleute im Handel mit dieser Region einen sehr bedeutenden Anteil hatten, der die vereinigten Streitkräfte wieder sammelte und ihnen bedeutete, er würde allein bleiben und kämpfen, sollte der Rest den Rückzug antreten. Als Ergebnis dieses Sieges wurde dem Azteken-Territorium ein großes Gebiet mit einer Anzahl wohlhabender Städte an oder nahe der Küste einverleibt. Die Würdenträger wurden nach Cotaxtla, der Hauptstadt des Staatenbundes, gebracht und königlich bewirtet. Dabei wurden die gebräuchlichen Zahlungsvereinbarungen getroffen, und ein aztekischer Beamter blieb an Ort und Stelle, um die Einhaltung zu beaufsichtigen. Ungeachtet der Anwesenheit von Moctezumas Steuereinnehmer in ihrer Mitte besannen sich jedoch die Leute von Cotaxtla in Anbetracht der Belastung ihrer Wirtschaft bald eines Besseren. Dazu wurden sie von den Leuten von Tlaxcala aufgestachelt, die ihnen vorwarfen, daß sie so bereitwillig zahlten. Die Häuptlinge, die von den Azteken als Aufsicht eingesetzt waren, erwiesen sich bei dieser Art von Beratung als willige Zuhörer und töteten Moctezumas Bevollmächtigten. Anstelle von Tributen an die Mexica gaben sie Geschenke an Tlaxcala.
Die Azteken sandten Sonderbeauftragte, doch diesen wurde ein ungewöhnlicher Tod zuteil. Man sperrte sie in einen Raum, stapelte vor dessen Tür eine Ladung Pfefferschoten und zündete sie an.

Durch die Dämpfe erstickten die Gesandten. Um diesen Hohn zu vervollständigen, stopften sie die Leichen mit Stroh aus, steckten sie in kostbare Kleider und setzten ihnen viele Speisen vor. Die Totonaken warfen sich vor diesen Gestalten auf den Boden, sprachen sie als Herren an und erkundigten sich unterwürfig, warum sie denn nicht äßen. Als Moctezuma das erfuhr, kannte seine Wut keine Grenzen: »Es ist mein Entschluß, die Leute von Cotaxtla völlig zu vernichten, und nichts mehr soll an sie erinnern« (Durán). Seinen Zornausbruch sollte man jedoch nicht zu wörtlich nehmen, denn er fügte einige aufschlußreiche Bemerkungen hinzu, die seine innersten Gedanken ausdrückten, und die waren offensichtlich mehr auf das Einziehen von Tributen als auf Rache gerichtet. Cotaxtla, so meinte er, müßte nun Umhänge in doppelter Länge liefern; wenn zuvor gefleckte Tierhäute genügt hätten, so müßten diese jetzt von reinem Weiß sein; sie mußten sogar lebende Schlangen als Tribut besorgen – alles Leistungen, die von den Totonaken nicht hätten erbracht werden können, wenn man sie vernichtet hätte. Moctezuma schloß mit einer Anweisung an seine Hauptleute, sie sollten aufhören zu töten und die Unterwerfung entgegennehmen, wenn ihre Feinde die Waffen niedergelegt hätten.

Die aztekischen Truppen waren wiederum siegreich und hatten viele Feinde getötet. Dann gab es ein seltsames, fast einmaliges Ereignis in den Annalen ihrer Eroberungen. Es wird berichtet, daß sich das einfache Volk der Totonaken einstellte, seine Herrscher öffentlich verurteilte und beteuerte, daß es den Mexikanern kein Unrecht getan hätte. Dann holten sie zwei der Herrscher, die sich in einer Höhle verborgen hatten, und lieferten sie aus. Die Mexica veranlaßten die Wahl von zwei neuen Herrschern und zogen ab, nachdem sie die doppelte Menge von Tributen verlangt hatten.

Die Abgaben mußten reich gearbeitete Umhänge als Bekleidung für Fürsten und Herrscher enthalten, außerdem mit Federn garnierte Kriegsbekleidung und in Gold gefaßte, mit Kobaltblau eingelegte Lippenflöcke.[91]

Einmal gab es in Tenochtitlan einige Erörterungen wegen der Behandlung der entthronten Herrscher. Moctezuma zögerte, sie zu verurteilen, »denn sie sind Herren und Ebenbilder der Götter« (Durán). Tötete man sie, dann hätte dies eine Verletzung und Entweihung der Götter bedeuten können. Nur auf das Betreiben des unbarmherzigen Tlacaélel ließ man die Herrscher über die Klinge springen und dann schinden. Das geschah jedoch nicht in Übereinstimmung mit dem gewöhnlichen aztekischen Brauch. Im allgemeinen verließen sie sich auf monarchistische Grundsätze und die Verkettung zwischen Königswürde und Gottheit, um ihre Macht über die besiegten Völker zu erhalten. Es war überhaupt nicht gebräuchlich, irgendeine Form von Volksaufstand gegen örtliche Anführer zu schüren, wenn das möglicherweise Rückwirkungen in nächster Nähe hätte haben können. Außerdem scheinen die Mexica-Herrscher die regierenden Häupter anderer Völker als gleichrangig betrachtet zu haben, und sie zu töten kam einem Königsmord, wenn nicht einem Sakrileg gleich.

Ein anderes ungewöhnliches Merkmal dieses Feldzuges war, daß die Gefangenen nicht geopfert wurden. Ob diese Entscheidung eine Geste dem Volk gegenüber war, das sich gegen seine Herren gewandt hatte, oder ob sie als nicht opferungswürdig betrachtet wurden, wird nicht berichtet. Statt dessen wurden die Gefangenen unter dem Adel verteilt, und Tlacaélel nahm ein großzügiges Kontingent für sich selbst.

Feldzug gegen die Huaxteken

Der nächste große Feldzug führte die mexikanischen Truppen sogar noch weiter in die Ferne. Jenseits der eroberten Gebiete an der Golfküste und etwas weiter im Norden lag das Territorium der Huaxteken. Dieses Volk war mit den Mayas verwandt und hatte seine eigene alte Tradition und Kultur. Es kleidete sich auf besondere Art und wird in den Bilderhandschriften immer mit konischen Hüten abgebildet. Dies war auch ein besonderes Merkmal des ›Geschundenen Gottes‹ *Xipe Totec,* der wahrscheinlich seinen Ursprung bei den Huaxteken hatte und von ihnen besonders verehrt wurde. Wie bei vielen anderen Gegebenheiten hatte der Feldzug teilweise handelspolitische Gründe. Die Hauptstädte der Region Xiuhcoac und Tuxpan waren wichtige Marktplätze, an denen sich die Leute alle zwanzig Tage versammelten. Möglicherweise weil sie sich über die Konkurrenz der Eindringlinge ärgerten, töteten sie die zu Besuch

anwesenden mexikanischen Kaufleute und warfen sie von einem hohen Fels hinunter.
Die aztekischen Heere, die für diese Expedition ausgehoben worden waren, zogen erst nach Tulancingo, einem zuverlässigen Bollwerk, das einst von den Texcocanern erobert worden war. Hier bekamen die Azteken reichlich Proviant und wurden festlich mit Delikatessen bewirtet, beispielsweise mit Maisfladen, die mit Wachteln gefüllt waren.
Der Sieg in diesem Krieg wurde durch einen einfachen Hinterhalt errungen, einen der ersten Fälle einer kriegerischen Tarnung. Zweitausend mit Stroh verkleidete Krieger wurden an der Flanke der feindlichen Angriffslinie postiert. Die Huaxteken, mit bemalten Gesichtern, farbenprächtig mit Federn aufgeputzt und mit Kleinodien geschmückt, griffen an; hierauf stürmten die mit Stroh getarnten Krieger von der Seite und richteten ein Gemetzel an. Nach dem üblichen Festessen und Feilschen marschierten die Azteken mit ihrer Kolonne von Gefangenen wieder ab. Die Hände der Häftlinge waren hinter dem Rücken zusammengebunden, um ihre Hälse trugen sie festsitzende hölzerne Kragen. Obwohl dies ein Sieg war, konnte zu diesem Zeitpunkt wahrscheinlich noch von keiner Eroberung im eigentlichen Sinne gesprochen werden, denn diese Gebiete waren vermutlich zu entfernt gelegen, als daß sie schon jetzt mit dem aztekischen Dominium hätten vereinigt werden können, das sich vor kurzem mit erstaunlicher Schnelligkeit ausgebreitet hatte. Weitere Schlachten sollten folgen, bevor diese Gebiete schließlich von Moctezumas Nachfolger unterworfen wurden.[92]
Nach Beendigung dieser Expedition, die nur eine Einleitung zu weiteren Feldzügen in diese Gegend war, versicherte Moctezuma feierlich den Eroberungswillen der Azteken und befahl ihnen, ihre Waffen für künftige, weit entfernte Kriege zu schärfen: »Mexica und tapfere Krieger aus allen meinen Provinzen! Ich möchte, daß Ihr Euch nicht der Täuschung hingebt, unsere Kriege seien zu Ende. Wir müssen weitermarschieren« (Durán).
Die unglücklichen Gefangenen kamen zu einem Zeitpunkt nach Tenochtitlan, der für ihr Wohlergehen schwerlich günstig sein konnte. Der Festtag für den Gott des Menschenschindens kam näher. Da so viele Gefangene verfügbar waren, sollte er in diesem Jahr ein beson-

deres Ereignis werden. Die Herrscher der Nachbarstaaten wurden eingeladen und erhielten schöne Geschenke. Das Fest wurde zu Ehren des Gottes *Xipe Totec*, ›Unser Herr der Geschundene‹, veranstaltet, einem der obersten Götter der Huaxteken. Die Kampfopfer ihrem persönlichen Gott darzubringen, bedeutete in der Tat für die Mexica, den Huaxteken mit deren eigener Münze heimzuzahlen. Die damit verbundenen Opferungen waren von besonderer Art. Die Gefangenen wurden zunächst in die für solche Gelegenheiten vorgesehene Kleidung gesteckt, mit Federn auf den Köpfen, die Gesichter mit Kreide gepudert, die Lippen dunkel umrändert. Jeder Häftling wurde vom ersten Priester an eine durchlochte, runde Steinscheibe gebunden. Als Waffen bekam er ein Schild und eine mit Federn statt mit Klingen besetzte Holzkeule. Als Wurfgeschosse dienten ihm vier aus leichtem Holz gefertigte Bälle. Schließlich durfte er zur Aufmunterung den heiligen *pulque* aus einem Kürbis trinken, den er zur Huldigung der Götter viermal erheben mußte. Die als ihre Gegner auserkorenen vier Krieger kamen einer nach dem anderen heraus. Sie waren Mitglieder des Adler- oder Jaguar-Kriegerordens und dementsprechend gekleidet. Auch sie waren mit Keulen ausgestattet, die jedoch Klingen aus hartem Obsidian hatten. Alle mußten der Reihe nach die Häftlinge angreifen. Normalerweise unterlagen diese schon dem ersten Gegner. Sie wurden dann sofort geopfert und ihre Herzen dem Gott geweiht. Sollte ein Gefangener, was außerordentlich selten vorkam, siegreich gegen alle vier Krieger gewesen sein, dann mußte ein fünfter gegen ihn kämpfen. Dieser war linkshändig und konnte ihn darum an dem Arm verletzen, mit dem er die Keule schwang. Nach der Opferung wurden die Toten von den Priestern gehäutet. Eine Bestimmung des Xipe-Rituals schrieb vor, daß die Priester die Häute der toten Gefangenen während der folgenden zwanzig Tage zu tragen hatten.

In dieser eigenartigen Form der Opferung spielte der Krieger, der einen Gegner zu seinem Gefangenen gemacht hatte, eine besondere Rolle. Nach der Opferung füllte der Eroberer eine grüne Schale, die einen gefederten Rand hatte, mit dem Blut des Gefangenen. Mit dieser ging er zu allen Altären. Mit einem hohlen Röhrchen benetzte er die Lippen der steinernen Idole, als wolle er sie nähren. Er selbst beteiligte sich nicht an dem rituellen Kannibalismus seines Gefangenen, denn die Beziehung zu diesem war von so besonderer Art, daß es dem Verzehr seines eigenen Fleisches gleichgekommen wäre. Bei der Gefangennahme hatte der Krieger gesagt: »Er ist mein geliebter Sohn«, und die Antwort des Gefangenen lautete: »Er ist mein geliebter Vater.« Diese Auffassungen, die dem Denken anderer Völker, sogar denen der Alten Welt fremd waren, sind ein gutes Beispiel für die verwickelte Frage des Menschenopfers, die wir später noch behandeln werden.

Strafexpedition gegen Tepeaca

Moctezumas letzter großer Feldzug im Jahre 1466 war gegen Tepeaca und deren Nachbarstädte gerichtet. Diese lagen wesentlich näher bei Tenochtitlan als die kurz vorher eroberten Orte an der südlichen Grenze von Tlaxcala. Wie jedoch ein Blick auf die Karte (S. 116) zeigt, beherrschte Tepeaca die strategisch wichtige Militär- und Handelsroute nach Süden und Südosten.[93] Wahrscheinlich sind darum die weiter entfernten Orte vorher erobert worden, und dieser Feldzug nach Tepeaca war mehr eine Strafexpedition nach einem Aufstand, wie es in dem ziemlich lose gefügten Aztekenreich des öfteren geschah.

Die Feindseligkeiten begannen auf besonders brutale Art. Mexikanische Kaufleute waren nicht nur getötet, sondern buchstäblich wilden Tieren vorgeworfen worden. Wie üblich wurde daraufhin eine Vierergesandtschaft geschickt, aber diesmal gab es keine Verhandlungen. Moctezuma übersandte einfach Schild, Waffe und Federn als feierliche Kriegserklärung ohne weitere Umstände. Die Tatsache, daß kein Widerstand angeboten wurde, bestärkt den Eindruck, daß der Feldzug als Strafexpedition gedacht war. Das Volk von Tepeaca und der drei benachbarten Städte Cuauhtinchan, Tecalco und Acatzinco dachte wohl, Klugheit sei der bessere Teil der Tapferkeit, und willigte ein, Tribute zu zahlen und Huizilopochtli in ihren Ehrentempel aufzunehmen. Die Herrscher begaben sich zur Huldigung nach Tenochtitlan. Die Extraforderung, die Tlacaélel ihnen auferlegte, unterstreicht die Bedeutung des Handels mit dem Süden: »Da Eure Stadt an einem so wichtigen Handelsweg gelegen ist, befehle ich Euch, der Sicherung aller, die hier durchkommen, besondere Beachtung zu schenken, seien es Fremde oder Einheimische. Niemand darf schlecht behandelt oder gar beraubt oder auf irgendeine andere Art belästigt werden. Vielmehr sollt Ihr in Eurem ganzen Gebiet alle Kaufleute gewissenhaft beschützen, die Handel in Xoconochco, Guatemala und in allen anderen Ländern betreiben, denn diese sind es, die die Welt bereichern und verschönern und den Armen und allem Volk zu essen geben« (Durán).

Zusammenfassend ist zu sagen, daß wohl selten vor der Ankunft der Briten in Indien die Ausdehnung eines Reiches so sehr mit Handel und Gewerbe verknüpft war. Wie Tlacaélel hervorhebt, hatten diese Großkaufleute bereits einen Handelsweg über eintausendfünfhundert Kilometer bis nach Guatemala erschlossen. Für die Mexica war der Handel weniger eine Angelegenheit, die den politischen Ereignissen folgte, als genau das Gegenteil. Wie wir später sehen werden, sollten sie die entfernte Provinz Xoconochco an der Grenze Guatemalas erobern, aber nicht Guatemala selbst.

Moctezumas Klassenstaat

Am Ende von Moctezumas Regierung hatte das Reich schon deutlich Gestalt angenommen, wenn auch viele entfernte Provinzen noch erobert werden mußten. Darum ist es nun an der Zeit zu fragen: Welche Beschaffenheit hatte das Reich, und wie wurde es regiert?

Die Regierung Tenochtitlans und Tlatelolcos, bei der die grundsätzliche Form schon von früheren Herrschern gegeben worden war, wurde bereits besprochen. Als sich aber allmählich die Last des größer gewordenen Reiches bemerkbar machte, wurden Änderungen in der Regierungsform unvermeidlich. Das führte zu einer weiteren Stärkung der Macht des Monarchen und der herrschenden Klassen – eine Richtung, die schon unter Moctezumas unmittelbarem Vorläufer erkennbar war. In der Neuen wie in der Alten Welt führte die Ausdehnung eines Imperiums zu einer größeren Konzentration von Macht und Privilegien. Sowohl militärische Ehren als auch Kriegsgewinne waren Vorrechte einiger weniger und nicht der Allgemeinheit. Der Unterschied zwischen Herrscher, Adel und gemeinem Volk wurde immer krasser. Moctezuma, der große *tlatoani,* nahm die erhabene Würde eines östlichen Potentaten an. Er pflegte vor der

Menge nur bei sehr seltenen Gelegenheiten zu erscheinen. Die Unwürdigen sollten seine geheiligte Erscheinung nicht bestaunen können. Nur der Herrscher und sein *alter ego*, Tlacaélel, trugen im Palast Schuhe, andere mußten barfuß erscheinen. Einige wenige Auserwählte mit besonderen Kriegsauszeichnungen durften in der Gegenwart des Monarchen einfache Sandalen ohne Goldverzierungen tragen. Moctezuma selbst wechselte die Juwelen jeden Tag, ebenso wie die farbenprächtigen Federn und schönen Kleider. Er muß einen strahlenden Anblick geboten haben, wenn er im Kronrat auf seinem Thron saß. Dessen Unterbau war mit einem Jaguarfell verkleidet. Spiegel, die in Augen und Zähnen des Tieres eingesetzt waren, vermittelten den Eindruck, es sei lebendig. Strenge Luxusgesetze wurden erlassen, die denen eines orientalischen Hofes gleichkamen. Die Verwendung von Juwelen, Federn und sogar Baumwollkleidung regelten peinlich genaue Verordnungen; sie war abhängig von Geburt und Kriegsauszeichnungen. Unterschiedliche Macharten in der Bekleidung für die Berater des Herrschers, für den Adel, die verschiedenen militärischen Ränge und für das Volk waren vorgeschrieben. Die Todesstrafe traf jeden aus der Bevölkerung, der Baumwollkleidung ohne Erlaubnis trug oder dessen Umhang bis zu den Knöcheln reichte. Sollte einer die Kühnheit haben, in solch einem langen Umhang zu erscheinen, so wurden seine Beine untersucht, und konnte er bei der Kontrolle keine Kriegsverwundungen aufweisen, die allein ein Kleidungsstück dieser Länge rechtfertigten, tötete man ihn sofort. »Wurde andererseits an ihm eine Wunde entdeckt, so erlaubte man ihm einen längeren Umhang, damit er seine Verletzungen, die er als tapferer Krieger erhalten hatte, verbergen konnte« (Durán).

Vorrechte waren zum Teil vererbbar und zum anderen Teil Kriegsauszeichnungen. Geburt und Tapferkeit waren die beiden Unterscheidungsmerkmale, bei denen wiederum beachtliche Unterschiede vorherrschten. Auffallende Aufmachung mit goldenen Armreifen, goldenem, mit Federn geschmücktem Kopfputz und dem kostbaren grünen Stein – der von tiefer religiöser Bedeutung war und ein Abzeichen der Götter – war dem Adel vorbehalten.[94] Krieger mit Ehrenzeichen konnten einfacheren Tand anlegen, wie Halsbänder aus Knochen oder kleinen Muscheln, auch war ihnen erlaubt, Adlerfedern auf dem Kopf zu tragen. Das einfache Volk mußte sich mit schlichten Obsidian-Ohrpflöcken und Kaninchenfellen begnügen.[95]

Moctezuma I. als Gesetzgeber

Es muß betont werden, daß Moctezumas Leistungen als Gesetzgeber keineswegs auf Hofetikette und Luxusverordnungen beschränkt waren. Zusätzlich erließ er Gesetze, die so allgemeine Probleme wie Erziehung, religiösen Brauch und Festlichkeiten betrafen. Er vergaß auch nicht, so ins einzelne gehende Fragen wie die Ahndung von Ehebrechern zu regeln. Diese wurden gesteinigt und in einen Fluß geworfen. Trunkenheit war ein anderes Kapitalverbrechen. Solche Maßnahmen wurden beim Adel sogar strenger als bei Bürgerlichen angewandt. Adlige wurden für ein erstes Vergehen getötet, während die Bürger, bevor sie dem Henker ausgeliefert wurden, eine zweite Chance erhielten.[96] Die Härte der Gesetze in diesen Angelegenheiten setzte die spanischen Eroberer in Erstaunen. Sogar bestimmte Diebereien wurden mit dem Tode bestraft, obwohl die Ahndung dieses Verbrechens sich im allgemeinen auf die Rückerstattung beschränkte. Hatte zum Beispiel jemand aus einem Tempel oder Privathaus gestohlen, dann wurde er zum Sklaven an diesem Ort gemacht, bis er den Verlust doppelt zurückgezahlt hatte, teils zum Ausgleich und teils zur Strafe.

Große Beachtung wurde dem einwandfreien Benehmen seitens der Richter gewidmet:

»Ebenso wählte und setzte der Herrscher Richter ein, die nicht aus dem Adelsstand waren. . . . Er nannte solche, die erfahren, fähig und klug waren, die zuhören und sprechen konnten, die ein gutes Gedächtnis hatten, die weder eitel noch leichtfertig handelten, die sich nicht ohne Überlegung befreundeten und keine Trunkenbolde waren, die auf die Ehre ihrer Familie achteten, die keine Langschläfer waren, sondern früh aufstanden, die sich unabhängig von Freundschaft, Verwandtschaft oder Feindschaft verhielten. Der Herrscher konnte sie zum Tode verurteilen. Darum versahen sie ihr Amt als Richter, wie es dem Recht entsprach.« (Sahagún, Historia General)

Moctezumas Bestimmungen für die Regierung von Tenochtitlan und die Nezahualcóyotls für Texcoco bestätigen früher bereits erkennbare Strömungen. Neuerungen ergaben sich zwangsweise als Maßnahmen, die für die Verwaltung des vergrößerten Reiches notwendig wurden.

Zunächst muß betont werden, daß es sich streng genommen in keiner Weise um ein »Reich« handelte. Dieser Begriff enthält die Vorstellung eines zur Beaufsichtigung der Untertanen eingerichteten Systems von Provinzgouverneuren und stehenden Armeen. In Wirklichkeit war das aztekische Reich mehr ein Bündnis zwischen drei Mächten mit dem Zweck, nach Beutefeldzügen Tribute einziehen zu können. Die Fortsetzung der Zahlungen beaufsichtigten beamtete Steuereinnehmer an den maßgebenden Orten. Wurden die Forderungen nicht erfüllt, kam es zu einer weiteren Expedition, es wurden grausame Strafen verhängt und erhöhte Forderungen erpreßt. Es war mehr eine durch Androhung harter Vergeltungsmaßnahmen ferngelenkte Beaufsichtigung als eine unmittelbare Regierung durch Statthalter. In der Nähe von Tenochtitlan und Texcoco war diese Methode im großen und ganzen wirksam. Hier war es möglich, ein ziemlich straffes Regiment zu führen. Dagegen lassen periodisch wiederkehrende Aufstände in weit entfernten Gegenden vermuten, daß Furcht vor Strafe den Versuch, sich aufzulehnen, nicht immer verhindern konnte.

Im allgemeinen behielten die Oberhäupter der eroberten Städte ziemlich unbestritten ihre Herrschaft und waren nur zur Zahlung der Abgaben verpflichtet. Eine Reihe von ihnen hatte eigene Tributpflichtige, Herrschaftsgebiete, die für aztekische Kontrolle zu entlegen waren. Man könnte natürlich dagegenhalten, daß andere Reiche, vornehmlich das britische, örtliche Potentaten und sogar untergeordnete Regenten in ähnlicher Weise verwendet haben. Die Azteken jedoch neigten dazu, diese Herrscher am ziemlich lockeren Zügel zu halten, und so erfreuten sich diese ohne Zweifel eines großen Maßes an Selbständigkeit. Es stand ihnen sogar unter gewissen Umständen frei, ihre eigenen Feldzüge gegen andere Völker zu unternehmen, sowohl innerhalb als auch außerhalb des Reiches.[97] Jeder behielt seine heimischen, voll ausgebauten Institutionen, und nur in Ausnahmefällen bekamen sie von den Azteken eine unmittelbare Regierung oder ein Militärregime auferlegt. Aber das war meistens nur ein vorübergehender Notbefehl.[98] Zur Zeit der spanischen Eroberung gab es sicherlich überall örtliche Regenten. Die Spanier begegneten einigen von ihnen bereits auf ihrem Vormarsch. Wir haben aus dieser Zeit sogar Verzeichnisse von Herrschern im größten Teil des Imperiums. Sie waren in einem gewissen Sinn unantastbar. Wie die mexikanischen Herrscher selbst, waren sie die Stellvertreter ihrer eigenen Götter auf Erden.[99] Im Reich gab es nur Steuereinnehmer, aber keine örtlichen Gouverneure. Desgleichen gibt es keine Unterlagen, die für die Anwesenheit aztekischer Garnisonen in den Provinzen sprechen, was bei einem Imperium der Alten Welt eine gewohnte Begleiterscheinung war.[100]

Wie später erkennbar werden wird, gab es im eigentlichen Sinn, abgesehen vielleicht von der Leibwache des Herrschers, keine stehende Armee der Mexica. An deren Stelle bestand eine kleinere Klasse von Kriegern, deren Hauptaufgabe der Soldatenberuf war, die aber kaum Provinzgarnisonen hätten stellen können. Auf ihrem langen Marsch von der Küste begegneten die Spanier keinen aztekischen Streitkräften, die in fernen Provinzen einquartiert gewesen wären. Erst nach ihrem Rückzug aus Tenochtitlan trafen sie aztekische Heere auf dem Schlachtfeld, die aber eindeutig aus der Hauptstadt ausgeschickt worden und nicht örtlich stationiert gewesen waren.[101]

Die Tribute als Klammer des Reiches

Was die Spanier hingegen vorfanden, waren die Steuereinnehmer. Fünf von ihnen erschienen ordnungsgemäß in Quiahuiztlan, trugen ihre gebogenen Amtsstäbe, waren sonst mit keiner furchterregenderen Waffe als einem kunstvollen Fliegenwedel ausgestattet. Bernal Díaz beschreibt den Ort als eine Art Festung auf einem Felsen. Die Azteken mögen bisweilen eigene Streitkräfte geschickt haben, gewöhnlich bestand die Bewachung aber aus örtlichen Truppen, die dem Reich tributpflichtig waren.

Dennoch war die diesen Völkern auferlegte Finanzkontrolle streng und die Anwesenheit der Steuereinnehmer gefürchtet. Dies wird dadurch sehr deutlich, daß die Eintreiber es wagten, praktisch unbewaffnet zu erscheinen. Dabei war der Umfang der Tribute, deren Ablieferung sie überwachten, wirklich riesig.

Zur Zeit der spanischen Eroberung schleppten endlose Kolonnen von Trägern aus nah und fern jährlich Abgaben von nicht weniger als 52000 Tonnen von Lebensmitteln auf ihren gebeugten Rücken in die Hauptstadt. Dazu wurden eine jährliche Gesamtmenge von 123000 Baumwollkleidungen geliefert und, weniger aus Nützlichkeitsgründen, 33680 Bündel Federn. Am Ende der Mengentabelle standen jährlich zehn Türkismasken und zwei lebende Adler. Alles das wurde bei der Ankunft sorgfältig kontrolliert, was in der Tat notwendig gewesen sein muß, um sicher zu gehen, daß zum Beispiel die zehn Türkismasken nicht einfach unter Bergen von Waren mehr allgemeiner Art verschwanden.[102]

Außerdem darf man nicht vergessen, daß diese Art von Abgaben nur ein Teil von dem war, was die Provinzen dem Reich beisteuerten. Zusätzlich wurden in vielen Fällen menschliche Dienstleistungen verlangt, zum Beispiel, um Moctezumas Pyramide und andere Gebäude zu errichten. Sklaven wurden ausgehoben und entweder für Arbeiten oder für Opferungen verwendet. Im besonderen mußten in den Grenzgebieten Vorräte geliefert und Hilfstruppen für Kriege aufgestellt werden – diese Orte waren dann oft von Tributen anderer Art befreit.

Man ist natürlich versucht zu fragen, welchem Zweck diese riesigen Mengen von Abgaben dienten (zur Zeit Moctezumas I. müssen sie bereits beträchtlich gewesen sein), insbesondere, da solche Dinge wie Baumwollumhänge für das gemeine Volk gar nicht erlaubt waren, ganz zu schweigen von den Federn. Man darf jedoch nicht vergessen, daß die umfangreichen Einrichtungen des Herrschers und die öffentliche Verwaltung versorgt werden mußten, und dann waren da die ständigen Kriegskosten. Außerdem hatte der Staat regelmäßig riesige Ausgaben für Zeremonien, sei es für die prunkvollen religiösen Feiern oder einfach für verschwenderische Geschenke, die ständig zu Besuch kommenden Herrschern gemacht wurden. Reichtum und Macht der Azteken sollten sie verblüffen.

Ungeachtet des Fehlens solcher staatlicher Einrichtungen wie Provinzgouverneure und Garnisonen könnte man mit Recht geltend machen, daß die Azteken, etwa gleich den Römern, fortgesetzt gewissen Gefahren, sowohl von innen als auch von außen, ausgesetzt waren, was eine größere Machtentfaltung erforderte, als von einer Stadt aufgeboten werden konnte. Für die Azteken kommt hinzu, daß die Gefahr von innen sich nicht nur in Form örtlicher Revolten äußerte, sondern auch durch die innerhalb der Reichsgrenzen liegenden, unabhängigen Gebiete entstehen konnte, die niemals erobert worden waren, wie zum Beispiel Tlaxcala. Gleichermaßen, wie wir sehen werden, – gab es auch außerhalb mächtige Feinde. Für die Mexica allein, ja sogar für die Stadtstaaten der Tripelallianz zusammen wäre es unmöglich gewesen, ein derartiges Territorium ohne ein gewisses System ergänzender Bündnisse zu beherrschen. Für diesen Bedarf an zusätzlichem Menschenpotential verließen sich die Azteken – das heißt die Mitglieder der Tripelallianz – auf Truppenaushebungen bei nahegelegenen besiegten Völkern. Berichte über Feldzüge in fernen Regionen sprechen häufig von der Verwendung der Chinampa – das ist das Gebiet um Xochimilco – wie auch der Chalca. Es wird sogar von Hilfstruppen aus dem Tal von Toluca im Nordwesten und von Cuernavaca im Süden berichtet. Natürlich ist es richtig, daß diese Leute, die Tribute zahlten, im Vergleich zu den Einwohnern der drei Hauptstädte des Reiches als zweitrangige Bürger galten. Aber man hat schon gesehen, daß die Azteken gegenüber den einmal eroberten Völkern aus der Nachbarschaft im Gegensatz zu den mehr entfernten Untertanen zu einer versöhnlichen Einstellung neigten. Bis zum Zusammenbruch des Reiches unter dem spanischen Angriff scheinen diese Untertanen loyal geblieben zu sein. Und obwohl sie Abgaben zu entrichten hatten, wurden sie für ihren militärischen Beistand entlohnt, denn sie hatten bei vielen Gelegenheiten Anteil an der Kriegsbeute.

Ein System von Verbündeten und Unterworfenen

Die Stärke des Reiches beruhte somit auf einer breiteren Grundlage als der bloßen Vereinigung dreier Städte. In Wirklichkeit konnte es zur Zeit der Eroberung einem fernen Feind gegenüber die überle-

gene Macht eines Gebietes mit wahrscheinlich mehreren Millionen Einwohnern geltend machen. Es war nicht nur die Wirkung rücksichtsloser Entschlossenheit, mit der die Azteken ihre Feinde überwältigten, sondern auch der Gebrauch überragender Kraft.
Zusätzlich zu dem Vorteil der Verwendbarkeit von den in der Nähe gelegenen unterworfenen Völkern scheinen gewisse, mehr entfernt gelegene Tributpflichtige besonders bevorzugt gewesen zu sein, da sie die aztekischen Armeen mit Vorräten und Hilfstruppen gegen ihre Nachbarn unterstützt haben. »El cacique gordo« gab sich große Mühe, bei Cortés bewegte Klage zu führen über die Geschicklichkeit der Azteken, besondere Freunde und Bevorzugte unter den Eroberten zu finden, die bei der Beaufsichtigung der übrigen mithalfen. Unter diese wenigen Bevorzugten muß man solche Orte wie Oaxaca zählen, eine der wenigen Niederlassungen, die von den Mexica tatsächlich kolonisiert worden waren. Zwei andere Beispiele aztekischer Kolonisation sind Teloloapan und Oztoma. Oaxaca wurde ohne Zweifel ein Bollwerk des Reiches, wie auch weiter in Richtung Südosten Tehuantepec an der Landenge, die immer noch diesen Namen trägt. Dem Herrscher dieses Ortes wurde sogar eine Tochter von Moctezuma II. zur Ehe gegeben. Zu dieser Gruppe muß man auch eine Anzahl Grenzposten zählen, Städte, die durch natürliche oder gebaute Befestigungen geschützt waren und normalerweise durch örtliche Truppen bewacht wurden.
Bedenkt man die verfügbaren Transportmittel, dann wird ersichtlich, daß die Azteken, um ein so riesiges Gebiet unter Kontrolle zu halten, sich auf ein nach allen Richtungen wirkendes System von Verbündeten und Anhängern verlassen mußten. Im Zentrum stand natürlich die Tripelallianz, ein enges Bündnis dreier Städte. Dann kam der Kreis der angeschlossenen Untertanen im Hochtal von Mexiko und in den nahegelegenen Gebieten. In einigem Abstand folgten Stützpunkte überall im Reich, die vielleicht nur aufgrund bloßer Feindschaft mit ihren Nachbarn im allgemeinen zu Freunden des Reiches gerechnet werden konnten. Der äußerste Kreis setzte sich aus tatsächlichen Grenzposten zusammen, Gemeinden, die nicht tributpflichtig waren, dafür aber die Verpflichtung übernommen hatten, die Grenzen zu verteidigen. Die »Relaciones Geográficas«, Berichte für Philipp II. über das Neue Spanien, bringen davon eine

Fülle von Beispielen. In den von diesen kontrollierten Gebieten müssen viele abgelegene Bergtäler gewesen sein, in die aztekische Truppen kaum jemals vorgedrungen waren und wo, wenn ihre behördlichen Erlasse überhaupt funktionierten, dies nur auf Umwegen geschah. Solche Gemeinden hätten natürlich üblicherweise den örtlichen Oberhäuptern Abgaben entrichtet. Schon die Beschaffenheit des Geländes wirkte einer vollständigen Kontrolle durch die Zentralmacht entgegen.

Das aztekische Imperium war darum in vieler Hinsicht ganz anders als einige der Alten Welt, deren peinlich genaue Bürokratien das Tun selbst der entlegensten königlichen Untertanen genau beobachten konnten. Es ist jedoch erwähnenswert, daß diese mehr lose geknüpfte Art einer Herrschaft ihr Gegenstück in der Alten Welt hatte. Während die frühen Herrscher von Mesopotamien ihre Imperien im vollen Sinn des Begriffs aufgebaut hatten, mit einem ganzen System von Provinzgouverneuren und Garnisonen, beschränkten sich die Assyrer im neunten Jahrhundert v. Chr. darauf, entlegene Gebiete zu überfallen und Tribute einzustreichen. Solche Expeditionen wurden jährlich unternommen. Erst im siebenten Jahrhundert vereinigten die Assyrer diese derart beherrschten Gebiete zu einem wirklichen, von einer Zentralregierung gelenkten Imperium. Im großen und ganzen scheinen die Azteken mehr Macht gehabt zu haben als die frühen Assyrer, da sie regelmäßigere Zahlungen erreichten. Ihnen war jedoch keine entsprechende Zeitspanne gegeben, um ihren Zugriff durch neue Methoden zu festigen.

Die Partnerschaft in der Tripelallianz

Es wurde bereits ausgeführt, daß der innere Kreis des Aztekenreiches aus den drei Städten der Tripelallianz bestand, unter denen Tacuba das jüngste Mitglied war. Eine wichtige Frage bleibt darum noch offen: Welche Rolle spielten die jeweiligen Seniorpartner im Ordnungssystem des Imperiums?

Vermutlich war es eine Besonderheit der mittelamerikanischen Reiche und Zivilisationen, daß sie ihre Stärke nicht von einem Mittelpunkt bezogen, sondern sehr häufig von der Vereinigung zweier oder mehrerer, nicht immer gleich starker oder gleich bedeutender Völker. Die jeweilige Rolle der Partner ist oft nicht ganz durchsichtig.

Darin macht das aztekische Reich keine Ausnahme. Soweit es Texcoco betrifft, wird nicht nur von seinem größten Historiker, Ixtlilxóchitl, selbst ein Sproß aus königlichem Hause, sondern auch von späteren Chronisten behauptet, daß diese Stadt nicht nur in jeder Beziehung Tenochtitlan gleich zu werten sei, sondern daß Texcoco sogar in den frühen Eroberungen die Hauptrolle gespielt habe.

In gewissen Dingen war eine Gleichstellung sicherlich vorhanden. Insbesondere waren beide Städte, wie aus alten Berichten hervorgeht, bei der Verteilung der Tribute gleichberechtigt; jede bekam zwei Fünftel vom Ganzen, während dem Juniorpartner Tacuba ein Fünftel zugeteilt wurde.

Trotzdem ist es nicht leicht für eine Regierung, zwei Herren zu dienen. Man sollte nicht übersehen, daß außer den zugegebenermaßen parteilichen Chroniken weniger voreingenommene Berichte beteuern, Tenochtitlan habe den Vorrang in militärischen Angelegenheiten behalten, und Texcoco habe sich in den Beratungen dem Diktat des mexikanischen Herrschers gebeugt. Und um bei der Wahrheit zu bleiben, muß daran erinnert werden, daß es die Mexica waren, die nach ihrem gemeinsamen Sieg über die Tepaneken Nezahualcóyotl sein texcocanisches Reich zurückgaben. Sogar der Historiker von Texcoco, Ixtlilxóchitl, gibt zu, daß dies nur vier Jahre nach dem Krieg geschah und daß sich Nezahualcóyotl in der Zwischenzeit in Tenochtitlan aufgehalten hat. Nur mit Hilfe der mexikanischen Truppen konnte er schließlich seine abtrünnigen Untertanen unterwerfen. Sogar in wirtschaftlichen Angelegenheiten spricht derselbe objektive Bericht von einem gewissen Vorrecht der Mexica, belegt durch die Tatsache, daß Tribute meist erst nach Tenochtitlan und nicht nach Texcoco geschickt und von da aus neu verteilt wurden.

Andererseits beherrschte Texcoco zweifellos gewisse Gebiete einschließlich der Region rings um die Stadt und einer weiteren in nordöstlicher Richtung bei Tulancingo. Ebenso erhielten die Texcocaner Tribute von einem weit größeren Gebiet, einschließlich einiger Teile der mexikanischen Golfküste.[103] Es muß andererseits vermerkt werden, daß sich Texcocos Einfluß und Macht mit der Zeit verringerten.[104]

Ungeachtet der Gebiete, die Texcoco für die Allianz verwaltete, und seiner Berechtigung, selbst gewisse kriegerische Unternehmungen durchzuführen, hatten die Mexica das letzte Wort in kriegerischen Angelegenheiten. In einem Staat, dessen Bestand sich gerade auf der Schaustellung von Heldentum und dem Kult der Eroberung gründete, war dies letztlich entscheidend, wie die Ereignisse auch tatsächlich zeigen sollten.

Ein Renaissance-Fürst auf dem Texcoco-Thron

Diese Überlegungen schmälern in keiner Weise die politische Bedeutung von Texcoco noch seinen kulturellen Ruhm. Den genialen Persönlichkeiten Nezahualcóyotl und dessen Sohn und Nachfolger Nezahualpilli verdankte es in nicht geringem Maß seinen Ruhm als Zentrum der Gelehrsamkeit. Als Stadt, regiert von einer Art Universalgenie, war Texcoco, zieht man einen Vergleich mit der italienischen Renaissance, eher das Florenz als das Athen seiner Zeit.

In vielen Dingen einem Renaissancefürsten ähnlich, lassen Nezahualcóyotls staatliche Erfolge seine privaten Fehler vergessen. Zum Beispiel mußte sich einer seiner Söhne vor Gericht verantworten, da er die Frau eines anderen Sohnes begehrt hatte. Als der Sünder schließlich Freispruch erzielte und Nezahualcóyotl sich noch betrübt über diese unglückliche Begebenheit zeigte, fiel sein Blick auf die zukünftige Braut einer seiner untergebenen Herrscher, als diese ihn bei Tisch bediente. Sofort schwand seine Melancholie dahin – und kein Gefühl für Anstand und Gerechtigkeit ließ ihn davor zurückschrecken, den zukünftigen Ehemann in einem rituellen Kampf mit Leuten von Tlaxcala töten zu lassen. Ungeachtet vieler anderer Ehefrauen heiratete er dann die Prinzessin mit erlesenem Zeremoniell, dem unter anderen auch Moctezuma beiwohnte.

Trotz derartiger Verirrungen war Nezahualcóyotl ein bemerkenswerter Herrscher. Seine Bedeutung beruhte nicht nur auf seinem Ruf als Feldherr und Dichter, sondern gleichermaßen auf seinem überragenden Können als Baumeister und Gesetzgeber. Es ist für uns heute schwer, von der Pracht Texcocos eine Vorstellung zu bekommen, denn die moderne Stadt gleichen Namens steht auf den

Ruinen der alten. Ixtlilxóchitl beschrieb nahezu einhundert Jahre nach der spanischen Eroberung den zerstörten Palast. Nezahualcóyotl selbst, nicht nur ein großer Dichter, sondern auch ein Baumeister, wußte, daß alles, was er mit liebevoller Sorgfalt errichtet hatte, eines Tages in Ruinen liegen würde. Er schrieb in einem Gedicht:

»Ich, Nezahualcóyotl, frage mich,
Ob wir etwa in der Erde wurzeln:
Hier sind wir nicht für immer,
Wir bleiben nur für eine kurze Weile.
Selbst Jade wird springen
Und Gold wird brechen
Auch Quetzalfedern werden auseinanderfallen.
Nichts ist von Dauer auf dieser Erde,
Sondern bleibt hier nur für kurze Zeit.«
(Cantares Mexicanos)

Der Palast war damals mit seinen 300 Räumen von fast byzantinischer Pracht. Zu den Besonderheiten gehörte der große Sitzungssaal mit dem türkisgeschmückten Thron aus Gold. Hier hielt der Fürst Hof inmitten seiner vertrauten Berater und Statthalter – die Regierung von Texcoco war der von Tenochtitlan nicht unähnlich, auch waren die Gesetze von gleicher Strenge. Es gab die sehr wichtigen Gerichtssäle und außerdem die Quartiere für die fürstliche Leibwache, nicht zu vergessen die Lagerräume für die riesigen Mengen der Tribute, die Texcoco zufielen. Die Gebäude, deren zweckdienliche und verwaltungsmäßige Anlage an die Paläste von Kreta und Mykenä erinnern, waren sehr weitläufig. Dazwischen lagen Höfe und Gärten, die wohl das Wunderbarste vom Ganzen waren. Ein abseits gelegener Innenhof diente als eine Art von Universität, wo Dichter, Philosophen und Historiker lehrten. Nahebei lagen die fürstlichen Archive. In den Gärten gab es ein Labyrinth, Springbrunnen und Wasserbecken, ja sogar eine Menagerie mit vielen exotischen Tieren. Von Arten, die lebend nicht zu haben waren, stellte man schön bemalte Steinplastiken auf.

Nezahualcóyotl war besonders berühmt für seine Lustgärten. Wir haben noch eine Beschreibung der auf einem Hügel außerhalb von Texcoco gelegenen großen, von ihm selbst konstruierten Bäder und kunstvollen Zierbrunnen, deren Überreste heute noch als ›Nezahualcóyotls Bäder‹ bekannt sind. Man kann sie von der heutigen Stadt Texcoco aus nach kurzer Fahrt und mäßigem Aufstieg erreichen.[105]

Huitzilopochtlis Tempel

Es wurde schon berichtet, daß Nezahualcóyotl Moctezuma beim Bau eines Dammes half. Als Baumeister stand dieser seinem Kollegen aus Texcoco nicht nach. Für das große Reich, das er schuf, war Monumentalarchitektur eine notwendige Demonstration der Macht des Imperiums. Moctezumas erste Bemühungen galten einem größeren Unternehmen, Huitzilopochtlis Tempel. Zu diesem Zweck wurden Unmengen von Material angefordert und Horden von Arbeitern aus der Nachbarschaft verpflichtet. Man kann sich die Ketten von Kanus auf der Lagune und die Trägerkolonnen auf den Dammwegen vorstellen, die alle Arten von Gestein aus weit entfernten Steinbrüchen herbeischleppten, um das Werk, das sogar während der großen Hungerperiode fortgesetzt wurde, zu vollenden. Vielleicht, um seine Bedeutung hervorzuheben, berichten unsere Quellen hauptsächlich von diesem einen Gebäude, dem Tempel Huitzilopochtlis. Man kann aber nicht annehmen, daß er in großartiger Einsamkeit dastand wie ein einzelner Berggipfel. Zusammen mit einer Reihe anderer Bauten muß er einen prunkvollen heiligen Bezirk gebildet haben – wie er in der einen oder anderen Form seit undenklichen Zeiten bestand, wo auch immer im alten Mexiko eine Zivilisation entstanden war. Bis zu Moctezuma muß man sich ein Tenochtitlan von ziemlich bescheidenen Ausmaßen vorstellen. Mit der Ausdehnung des Reiches jedoch kam unausbleiblich die Umgestaltung der Hauptstadt. Das führte nach einem Generalplan zum Bau einer ganzen Tempelanlage, wie sie später die Spanier vorfanden. Seit Moctezuma hatten sich allerdings Zahl und Größe der Bauten vermehrt.[106]

Die meisten Berichte sagen, daß dieser Herrscher seinen Tempel niemals vollendet habe – er wurde erst 1487 offiziell eingeweiht. Die erforderliche Vergrößerung und Beendigung diente seinen Nachfolgern als Vorwand für noch weiter entfernte Feldzüge und für Opferungen noch größeren Ausmaßes. Andererseits wird von demselben Tempel als einem zu Moctezumas Lebenszeit vollendeten Bauwerk berichtet, ganz in leuchtenden Farben bemalt, mit 360 Stufen zum Gipfel, wo das Gottesidol stand. Zur Vollendung des Bauwerks scheint also nicht mehr viel gefehlt zu haben. Trotzdem konnte im Grunde genommen kein Herrscher einen Tempel dieser Art in seiner endgültigen Form jemals vollenden. Archäologische Untersuchungen offenbaren unterschiedslos, wenn Schicht nach Schicht freigelegt ist, nicht ein harmonisches Ganzes, sondern einen Wirrwarr von Änderungen, Neukonstruktionen und Anbauten.[107] Man braucht nur über die Ruinen des Großen Tempels von Tlatelolco zu gehen – das ist die Pyramide, die Cortés tatsächlich bestieg –, um zu sehen, daß er mindestens elfmal mit Aufbauten vergrößert und erweitert wurde. Die endgültige Pyramide beanspruchte eine riesige Fläche und war bedeutend größer als die vorhergehende. Derartige größere Neukonstruktionen müssen öfter als zu jedem zweiundfünfzigjährigen Kalenderzyklus gemacht worden sein.

Während von Moctezumas anderen Bauwerken nichts berichtet wird, haben wir wohl Kenntnis von einzelnen Teilen seines Großen Tempels, zum Beispiel über den Stein für gladiatorische Opferungen, der von ihm eingeweiht worden war. Dazu ließ er eine Art großen Steinzylinder aufstellen, ähnlich dem ›Stein des Tízoc‹, der noch im Nationalmuseum der Stadt Mexiko zu sehen ist. An den Seiten sind Begebenheiten aus seinen Eroberungen in vorzüglich gemeißelten Reliefs zu sehen. Ein Bericht darüber vermerkt, daß diese schwierige Arbeit mit Steinwerkzeugen ausgeführt wurde.

Die Gärten von Oaxtepec

Aber genau wie Nezahualcóyotl hat sich Moctezuma vor allem als Gartenarchitekt ausgezeichnet, was dazu beitrug, seinen Namen zu verewigen. So wie wir außerhalb von Texcoco noch Nezahualcóyotls Bäder besuchen können, so halten die Gärten in Oaxtepec, nicht weit von seinem heimatlichen Cuernavaca, die Erinnerung an Moctezuma wach. (Noch heute ist es ein Ort der Ruhe und beherbergt ein ausgedehntes Erholungszentrum der mexikanischen Sozialfürsorge, die einen ideenreichen Gebrauch von diesem exotischen Gelände macht.)

Die großen, knorrigen Sumpfzypressen stehen noch am Ufer des munter fließenden Stromes.[108] Aber mit Ausnahme einer geringelten Steinschlange am Fluß und einer Kröte im Kirchhof ist sonst wenig geblieben. Die Kirche wurde eindeutig auf einer ehemaligen Pyramidenterrasse erbaut. Genau unter dieser Kirche haben die spanischen Priester beiläufig die zerschlagene Statue des Gottes begraben, der ›Zwei Kaninchen‹ genannt wurde, eine von vielen besonders in dieser Gegend verehrten Gottheiten des geheiligten Getränks *pulque*. Die spanischen Eroberer bewunderten die Gärten sehr, wenn sie auch dem pulque-Gott zugetan waren, der auch bei den unterworfenen Azteken weiterhin seine Anhänger hatte. Bernal Díaz beschreibt die Gärten als die schönsten, die er je gesehen habe. Berichte aus der Zeit nach der Eroberung sprechen vom Anbau von medizinischen Kräutern, die in einem nahegelegenen Hospital verwendet wurden.

Moctezuma plante seine Gärten am Ende seiner langen Regierungszeit. Um ihre Pracht und üppige Schönheit zu vermehren, wurde mit sorgfältig konstruierten Anlagen Flußwasser aus der Umgebung über Wasserfälle in Springbrunnen und Staubecken geleitet. Allenthalben hatte man vielerlei Arten von tropischen Bäumen und Blumen aus der heißen Küstengegend gepflanzt. Die Gärten mußten natürlich mit umständlichen religiösen Feierlichkeiten eingeweiht werden. Die eigentlichen Gärtner, die die Pflanzen von der Küste gebracht hatten, fasteten eine Woche lang. In einem Akt von Selbstopfer durchstachen sie ihre Ohren und bespritzten die Pflanzen mit ihrem Blut. Damit alles gut wachse und Früchte bringe, huldigten sie dem Gott der Blumen mit Unmengen von Opferpapier und Räucherwerk. Der Chronist Pater Durán vermerkt mit einigem Mißfallen, daß diese Götzenanbetungen ihre volle Wirkung hatten: »Um die Leute zu täuschen und in ihrem Zustand von Blindheit zu erhalten, in dem sich noch heute manche befinden, geschah es, daß unser Gott in seiner Güte um deren Sünden willen keine Pflanzen sterben, sondern sie im dritten Jahr voll erblühen ließ.« Der Bericht fügt noch hinzu, daß sie sich sogar üppiger als in ihrer eigentlichen Heimat, der Küstenregion, entfalteten.

Bevor Moctezuma am Ende seiner Regierungszeit das geordnete Reich dem Fürsten, der zu seinem Nachfolger gewählt werden würde, im Jahr 1465 überließ, wurde Chalco endgültig unterworfen.

Nach dem Ende der großen Hungerzeit, im Jahre 1455, war der Krieg, wenn auch ziemlich sporadisch, fortgesetzt worden. Jedenfalls war zu dieser Zeit Chalco wahrscheinlich so weit geschwächt, daß es für die Azteken keine Bedrohung bedeutete, wenn ihre Truppen auf weit entfernten Kriegsschauplätzen beschäftigt waren. Sie hatten schon früher viel Territorium des Volkes der Chalca besetzt, nicht aber ihre größeren Städte. Sogar der bedeutende Chronist von Chalco, Chimalpain, berichtet von diesem letzten Teil des Krieges, daß die Stärke Chalcos nachgelassen habe. Er benutzte Wendungen wie »Chalco kämpfte noch weiter«, wenn er vom Jahr 1458 spricht, und für 1463: »Der Krieg dauerte noch immer.«

Nun aber war die Zeit reif für die endgültige Abrechnung, und nach einem zwanzigjährigen Kampf hatte Moctezuma besondere Gründe, das Ende miterleben zu wollen. In einem der Kämpfe gegen Chalco waren drei seiner Brüder getötet worden. Einer seiner Vettern wurde gefangengenommen. Anstatt ihn zu opfern, wollten die Chalca ihn zu ihrem Herrscher machen. Voller Verachtung für solche bevorzugte Behandlung bot er statt dessen ein schönes Beispiel aztekischer Tapferkeit, indem er seinen Mitgefangenen folgende Ansprache hielt: »Wisset wohl, meine Brüder, die Chalca wünschen mich zu ihrem Herrn und Fürsten. Ich wäre dazu bereit, wenn sie Euch allen die Freiheit geben würden. Da sie das nicht tun, muß ich sterben wie Ihr, denn ich bin nicht hierhergekommen, um zu regieren, sondern um zu kämpfen und zu sterben wie ein Mann.«[109]

Schließlich wurde er beim großen Fest für den Feuergott geopfert. Dieser mexikanische Brauch war, wenn auch mit ziemlich bedrohlicher Bedeutung, der europäischen Maibaumfeier ähnlich. Ein sehr hoher Mastbaum wurde aufgestellt, und die Jugend tanzte darum herum. Der aztekische Prinz war mehr vom Glück begünstigt als andere Opfer bei dieser Gelegenheit. Anstatt zu Ehren des Feuergottes verbrannt zu werden, durfte er auf den Mastbaum klettern, um ganz oben auf einer schmalen Plattform zu tanzen und zu singen. Von da aus ließ er sich hinunterfallen, wo dann sein Körper zerschmettert liegen blieb.

Im Jahre 1464 wurde es offensichtlich, daß sich der Krieg mit Chalco seinem Ende näherte. In diesem Jahr gelang es den Mexica, einen Hügel zu stürmen, von dem aus Amecameca, die zweitwichtigste Stadt des Staatenbundes, zu überschauen ist (heute bekannt als Sacromonte, da dort ein bedeutendes Heiligtum steht). Zwei Herrscher von Chalco wurden im Gefecht getötet. Dann gab es eine Kampfpause bis zum folgenden Jahr. Unterdessen waren die Mexica entschlossen, zu siegen oder zu sterben und nicht nach Hause zurückzukehren, ohne die Chalca besiegt zu haben. Sie bauten sogar Hütten auf der Ebene gegenüber Chalco, gewillt, bis zum endgültigen Sieg dort zu bleiben. Nun endlich waren die Omen für sie günstig, und sogar die Eulen schrien von blutenden Herzen und blutbefleckten Kehlen, was sich selbstverständlich auf die Leute von Chalco bezog. Entmutigt durch diese Prophezeiungen und sicher, daß das Ende nahe sei, zogen es drei Söhne eines Herrschers von Chalco vor, auf die gewinnende Seite überzutreten, und entschieden sich so rechtzeitig, ihre eigene Sache zu verraten.
Von den fürstlichen Überläufern angeführt, durchbrachen die Mexica die Verteidigungslinien der Chalca, deren Armee vernichtend geschlagen wurde. Viele Versprengte wurden sogar auf den Paß zwischen den beiden Vulkanen hinaufgetrieben, der seit dem Durchzug der Konquistadoren als ›Paso de Cortés‹ bekannt ist. Einige Chalca flohen zusammen mit vielen Frauen auf diesem Weg über die Berge. Die Mexica, nun versöhnt gestimmt und nicht darauf aus zu töten, veranlaßten sie zur Rückkehr. Das Volk von Chalco erklärte, sie hätten nach besten Kräften bis zuletzt gekämpft. Nun würden sie sich einer gänzlichen Unterwerfung fügen; sie boten ihr Land und Tribute an. Die Mexica, von Tränen und dringenden Bitten gerührt, behandelten sie rücksichtsvoll. Tlacaélel hielt an sie folgende Ansprache: »Brüder, nie zuvor sind wir einem Volk begegnet, das uns so mutig gegenübertrat wie Ihr. Ihr seid gleichberechtigt, da ist es gerecht, daß Ihr gleiche Ehren empfangt« (Durán). Es wurden ihnen Kriegsauszeichnungen und Symbole für mutige Kämpfer ver-

liehen. Die Herrscher wurden, wie es scheint, nicht gleichermaßen geehrt, denn Chalco erhielt für einige Zeit eine Militärregierung. Diese Geschichte kennzeichnet ein Hauptmerkmal der von Moctezuma gewissenhaft eingehaltenen aztekischen Politik Besiegten gegenüber. Wenn nahe Nachbarn einmal erobert worden waren, wurden sie verhältnismäßig versöhnlich behandelt. Damit erhoffte man sich loyale Untertanen und brauchbare Hilfstruppen.

Nachdem die Schlacht vorüber war, kehrten die Mexica nach Hause zurück und huldigten den Toten. Dabei wurden für solche Gelegenheiten vorgeschriebene, eigentümliche Riten befolgt. Ohne eine gewisse Verkörperung der Abgeschiedenen vor Augen fanden es die Mexica schwierig zu trauern. Darum fertigten sie Leichenbündel aus Holz an, ergänzt durch Köpfe mit Augen, Nase und Mund. Die Gesichter wurden mit Kreide gepudert, dem Symbol des Opfertodes. Man befestigte Abzeichen aus Federn auf ihrem Rücken, umhüllte sie mit farbenfrohen Umhängen und legte Schilde und Keulen an ihre Seiten.
Die Verwandten tanzten zum Klang von Trommeln und Knochenrasseln um diese seltsamen Figuren herum. Nach viertägigen Festlichkeiten wurden die Holzbündel, bekannt als ›Herren des Kiefernwaldes‹, verbrannt. Dann fastete die Familie des gefallenen Kriegers eine Woche lang und nahm nur eine Mahlzeit täglich ein. Während dieser acht Tage wuschen sie ihre Gesichter nicht, die allmählich, da sich der Staub mit den Tränen vermischte, ganz schmutzig geworden waren, was den Leuten das Aussehen von Dämonen gab.

Das Ende einer Epoche

Moctezuma wußte, daß seine Tage gezählt waren und sein Werk getan war. Mit dem Gedanken an sein Ende sandte er Boten bis in die entlegensten Herrschaftsgebiete, um die besten Schnitzer und Bildhauer aufzuspüren, die zu finden waren. Diese bekamen den Auftrag, aus dem gewachsenen Felsen auf dem Hügel von Chapultepec, wo sich die Mexica nach ihrer Ankunft im Hochtal von Mexiko zuerst angesiedelt hatten, zwei Standbilder zu meißeln, eines von

Moctezuma und eines von Tlacaélel. Die Kunstfertigkeit und die Schnelligkeit, mit der die Statuen der beiden Brüder fertiggestellt wurden, erstaunten selbst Moctezuma. Nachdem dieses Werk getan war, verbrachte er seine letzten Tage mit der Anlage seiner Gärten in Oaxtepec.

Auf jeden Fall war es eine außergewöhnliche Regierung gewesen, und Moctezuma gehört zu den großen Reichsgründern der Geschichte – auch wenn diese Schöpfung ein schnelles und tragisches Ende fand. Er hatte sowohl Unglück, insbesondere die große Hungersnot, als auch Triumphe erfahren. Er hatte sie alle überwunden, aber der Preis waren das zunehmende Tempo der Eroberungen und die steigende Zahl der Kultopfer. Auch Siege verursachen Probleme, und Huitzilopochtlis auserwähltes Volk war nun in seinen eigenen Erfolgen gefangen. Die Götter forderten immer mehr Opfer, der Staat höhere Einkünfte und eindrucksvollere Feierlichkeiten, und so wurde das Eroberungshandwerk zu einem Zwang.

Es ist denkbar, daß diese Umstände Moctezumas Charakter und seinen Plänen nicht ganz entsprachen. Aber sogar die größten Herrscher sind nicht immer Herren der Ereignisse, die sie veranlassen.

5. Kapitel
Eine neue Epoche

Im Jahre 1468 starb Moctezuma.[110] Seine sterblichen Überreste wurden mit umfänglichen Begräbnisfeierlichkeiten in seinem Palast beigesetzt. Genau dort, in der neuen Hauptstadt Mexikos, errichtete später Hernán Cortés seine Residenz. Mit Moctezumas Tod ging eine Epoche zu Ende. Für den inneren Kreis des Staatsrates von Tenochtitlan wurde die Nachfolgefrage ein schweres Problem. Trotz zahlreicher außerehelicher Nachkommen hatte Moctezuma keine legitimen Söhne.[111] Die Mitglieder des Staatsrates versammelten sich und alle Augen richteten sich auf Tlacaélel. Er begann mit Lobeshymnen auf den Verstorbenen:

»Ihr wißt vom Tode meines Bruders. Er hat wie einer, der für eine bestimmte Zeit eine Bürde auf sich genommen hat, die Last der Herrschaft über Mexiko bis zum Ende seiner Tage getragen. Wie ein Sklave, gehorsam den Befehlen seines Herrn, hat er seine Pflicht getan und das Reich beschützt und verteidigt. Eines Tages erwartet mich und alle, die hier stehen, dasselbe Schicksal, denn des Lebens Glück, Freuden und Befriedigung sind uns geliehen und bestehen nur für kurze Zeit. Schon haben alle meine Brüder ihre Tage beendet, und ich allein bin noch verblieben.« (Durán)

Nachdem er geendet hatte, weinte er bitterlich.
Wie zu erwarten war, wurde Tlacaélel einstimmig gebeten, seines Bruders Thron zu übernehmen. Er antwortete jedoch: »Welch größere Aufgabe könnte ich bekommen, als ich schon habe und immer gehabt habe?« Er wäre zu alt für diesen neuen Anfang. Wenn sie selbst keinen passenden Nachfolger finden könnten, sollten sie sich, wie es üblicherweise geschähe, mit den Herrschern von Texcoco und Tacuba besprechen. Diese wurden hinzugezogen, und es folgte eine lange Beratung hinter verschlossenen Türen. Schließlich deutete Nezahualcóyotl auf einen jungen Fürsten namens Axayácatl (›Wassergesicht‹), und dieser wurde daraufhin auf den Thron gesetzt und mit den strahlenden Insignien des *tlatoani* ausgestattet. Wie es der Brauch war, mußte er erst einer Reihe von langen Ansprachen zuhören – dann bekam er von allen Anwesenden prächtige Geschenke.

Axayácatl war ungefähr 19 Jahre alt. Er war der Sohn des Fürsten Tezomoctzin und damit ein Enkel von Moctezumas Vorgänger.[112] Der neue Herrscher war jung und noch unerfahren, er sollte sich später bewähren, aber anfangs zweifelten einige an seinen Fähigkeiten. Insbesondere sprachen seine älteren Brüder aus Eifersucht geringschätzig über ihn und behaupteten, Gefangene könne er nur durch den Ankauf von Sklaven vorweisen.[113] Das Wahlkomitee, eine kleine, aber erfahrene Gruppe, wußte es besser. Tlacaélel selbst hatte zahlreiche Nachkommen und hätte ohne Zweifel die Thronfolge für einen seiner eigenen Söhne erlangen können. Die Wahl Axayácatls, dessen Vater zu einer anderen Linie der fürstlichen Familie gehörte, betonte an sich das Charakteristische einer Wahlmonarchie. Es ist nicht undenkbar, daß Tlacaélel und Nezahualcóyotl die Wahl eines unerfahrenen und leicht zu lenkenden Jugendlichen förderten. Anscheinend aber starb Tlacaélel bald nach der Wahl und konnte sich darum nur kurz am legendären Ansehen des einzigen Überlebenden von Moctezumas I. Generation erfreuen.[114]

Hier müssen wir nun von diesem ehrfurchtgebietenden Krieger und Staatsmann Abschied nehmen. Er soll noch weiter am Leben geblieben sein, was aber unwahrscheinlich erscheint, auch wenn gewisse Chroniken behaupten, er habe noch ein Vierteljahrhundert überlebt und Axayácatl und dessen beide Nachfolger wie ungehorsame Marionetten behandelt. Er wäre dann 120 Jahre alt geworden. Für Tlacaélel war es wahrscheinlich besser, daß ihm die letzten Jahre der Regierungszeit von Axayácatl und seiner Nachfolger erspart geblieben sind, als die Mexica die in seinen Tagen unbekannten schmählichen Niederlagen erleiden mußten.

Im Jahre 1472 tat auch Nezahualcóyotl, der nunmehr letzte der großen Drei, die das Reich begründet hatten, seinen letzten Atemzug. Hier der Wortlaut eines Gedichts, das ihm zugeschrieben wird:

Wie bei einem Gemälde
Werden unsere Umrisse verblassen
Wie eine Blume
Werden wir verblühen . . .

Denkt darüber nach,
Adler- und Jaguarkrieger,
Selbst wenn Ihr aus Jade geschnitzt
Oder aus Gold gemacht seid,
Auch Ihr werdet dorthin gehen,
Wo die Verblichenen wohnen.
Wir müssen alle vergehen,
Keiner kann bleiben.
(León Portilla, »Trece Poetas«)

Dem verstorbenen Herrscher mangelte es wenigstens nicht an Nachkommenschaft. Von seinen vierzig Frauen hinterließ er sechzig Söhne und siebenundfünfzig Töchter. Aber wie Moctezuma hatte er wenig legitime Erben, und darum fiel der Thron an seinen erst siebenjährigen Sohn Nezahualpilli. In Texcoco war in der Nachfolge das Erstgeburtsrecht entscheidend, und die Herrschaft wurde von einem Sohn und nicht von einem Bruder oder Vetter übernommen. Bevor Nezahualcóyotl starb, beauftragte er seine drei ältesten Söhne, das Kind Nezahualpilli zu beschützen und ihm zu gehorchen, und machte den ältesten zum Regenten und Pflegevater des Knaben.

Kaum waren jedoch die Beisetzungsfeierlichkeiten vorbei, da begannen die drei sich gegen den legitimen Erben zu verschwören mit der Absicht, ihn abzusetzen. Axayácatl und der Herrscher von Tacuba kamen auf schnellstem Weg Nezahualpilli zu Hilfe und brachten ihn nach Tenochtitlan in Sicherheit (sie waren natürlich an seiner Wahl beteiligt gewesen, wie es unter den Herrschern der Tripelallianz üblich war). Dieses Eingreifen Tenochtitlans zum Schutz des kindlichen Erben von Texcoco deutet einen wachsenden Einfluß der Mexica auf texcocanische Angelegenheiten an, auch wenn Nezahualpilli in der Allianz später als ein genialer Staatsmann den Rang einer Autorität gewann.

Der junge Nezahualpilli wurde auf einen prächtigen Thron gesetzt und als Herrscher von Texcoco gekrönt. Anscheinend fanden die Feierlichkeiten in Tenochtitlan statt – auch dies ist ein Sachverhalt von einiger Bedeutung. Die drei ungetreuen Brüder waren ›betrübt‹, blieben aber unbestraft. Sie wurden sogar für ihren Fehltritt mit Pa-

lästen und Provinzen belohnt. Axayácatl verbrachte noch einige Zeit in Texcoco, da er sich genötigt sah, persönlich über das Königreich und die habgierigen Verwandten des Herrschers zu wachen.
Axayácatl muß von Schrecken erfaßt worden sein, als Nezahualcóyotls knochiger Finger auf ihn deutete und ihn damit auf den Herrschersitz Huitzilopochtlis und der Welt beförderte. Er wurde der Nachfolger auf einem Thron, den seit zweiundvierzig Jahren, das heißt seit Menschengedenken, zwei erhabene Herrscher innegehabt hatten. Beide waren für ihre Tapferkeit bekannt und schon berühmt, bevor sie zur Herrschaft kamen. Gemeinsam hatten sie ein bescheidenes Erbe in ein mächtiges Reich verwandelt. Axayácatl selbst war sich des Vermächtnisses der beiden dahingeschiedenen Großen voll bewußt – wie die Verse, die dem jungen Herrscher zugeschrieben werden, deutlich machen:

Menschen hören niemals auf, Abschied zu nehmen,
Sie sterben alle,
Die Fürsten, die Herren und die Edlen
Werden uns als Waisen zurücklassen.
Freut Euch nicht, meine Herren,
Kann etwa einer von Ihnen zurückkehren?
Kann jemand wiederkommen
Vom Wohnort der Schatten?
Werden sie zurückkommen, um uns etwas zu sagen:
Moctezuma, Nezahualcóyotl, Totoquihuatzin?
Nein, sie lassen uns als Weisen zurück,
Trauert, o meine Herren.
(Cantares Mexicanos; León Porilla, Trece Poetas)

Und nun hatte ein völliger Neuling die für ihn beängstigende Berufung erhalten, das höchste Amt im Reich zu übernehmen und würdig den Gründervätern in ihren Fußstapfen zu folgen, denn vom *tlatoani* von Tenochtitlan, wenn er auch kein absoluter Monarch war, wurde gefordert, daß er herrsche und befehle.
Wie mächtig auch seine Generale, wie klug auch seine Berater sein mochten: er saß nun weit über ihnen. Er, nicht sie, trug das königliche Diadem und das blaue Gewand Huitzilopochtlis. Er allein war

der Nachfolger des Königs von Tula, der Grünfederschlange, die bald zurückkehren sollte – in der Kleidung eines spanischen Ritters.

Krieg gegen Tlatelolco

Es war Brauch, daß ein neuer Herrscher in den ersten Tagen nach seiner Thronbesteigung einen Feldzug durchführen mußte, um seine Tapferkeit zu beweisen. Axayácatl unternahm anscheinend sein erstes großes Unternehmen dieser Art im Jahre 1470, um einen Aufstand in der Cotaxtla-Region im Südosten zu unterdrücken. Dieses Gebiet war bereits einmal von seinem großen Vorgänger erobert und wiedererobert worden. Die Provinz war immer widerspenstig und rebellierte erneut während der folgenden Regierungen. Der Aufbau des Reiches und das Fehlen wirksamer Bezirksorganisationen, die eine zentrale Kontrolle gewährleistet hätten, veranlaßten den Herrscher wiederholt, sich seiner Macht über kürzlich eroberte Gebiete zu versichern, bevor er nach neuen Triumphen trachten konnte.[115]

Aber Axayácatls größte Prüfung seiner Stärke – oder Schwäche – kam erst 1473 auf ihn zu, als ein Streit zwischen Tenochtitlan und der Schwesterstadt Tlatelolco ausbrach.[116] Tlatelolco war nicht nur eine Zwillings-Stadtgemeinde, sondern ein unentbehrlicher Partner, von dessen Tapferkeit Tenochtitlan, wenn nicht das ganze aztekische Reich abhing. Tlatelolco, wahrscheinlich vor Tenochtitlan gegründet, hatte viele Schlachten durchgestanden. Vor allem aber war es die Handelskapitale des Reiches und der Sitz des großen Marktes.

Der Handel, an und für sich in jedem Gemeinwesen wichtig, war in der aztekischen Politik unlösbar mit Kriegführen verbunden. Die Großkaufleute von Tlatelolco hatten einen Handelspfad bis in Länder weit jenseits der Reichsgrenzen gebahnt. Es waren folglich, abgesehen vom Reichtum, den sie einbrachten, ihre Raubzüge, die zur Basis zukünftiger Eroberungen wurden. Ganz allgemein und unter Außerachtlassung der Rolle Texcocos war das Reich auf der gemeinsamen Unternehmung der Krieger von Tenochtitlan und der Kaufleute von Tlatelolco gegründet worden. (Man sollte natürlich nicht übersehen, daß es auch in Tlatelolco Krieger und in Tenochtitlan Kaufleute gab.) Trotz dieser gegenseitigen Abhängigkeit wurde jede Stadt von ihrer eigenen Dynastie beherrscht, die nach der Begründung der beiden Städte durch die Stämme der Mexica etwa ein Jahrhundert vorher eingesetzt worden waren.

Da die angeblichen Gründe für diesen Streit zwischen den beiden Städten oberflächlicher Natur sind, sollte man die tieferliegende Ursache dieser Unstimmigkeiten ergründen. Von den beiden offiziell angegebenen Anlässen mag der banale zuerst erwähnt werden: einige Mädchen aus Tlatelolco hatten den Schmeicheleien einiger junger Männer aus Tenochtitlan nachgegeben. Nachdem sie sich ohne größeren Widerstand hatten vergewaltigen lassen, liefen sie zu ihren Vätern und beklagten sich. Nach diesem Zwischenfall, der einen Waffengang kaum rechtfertigte, rüstete Tlatelolco zum Krieg. Moquihuix, der Herrscher von Tlatelolco, hatte einige Jahre vor Axayácatl den Thron bestiegen. Als der Streit hitziger wurde, gaben Moquihuix' Berater ihm sogleich zu bedenken, daß er ohne Hilfe von Verbündeten nicht hoffen könne, seine Mexica-Gefährten von Tenochtitlan zu besiegen. Seiner Suche nach Unterstützung im Hochtal von Mexiko war wenig Erfolg beschieden. Weiter entfernt wurden seine Siegesaussichten mit Skepsis beurteilt und daher seine Bitten nicht beachtet.[117] Inzwischen bereitete sich auch Axayácatl auf den Krieg vor und rief seine Untertanen und Verbündeten zusammen. Im allgemeinen zeigten sie sich bündnistreu, insbesondere Texcoco, dessen Zuverlässigkeit den Ausgang entscheidend beeinflußte.

Ein anderer Grund für die Entzweiung der beiden Städte, der persönliche Streit zwischen den beiden Herrschern, klingt überzeugender. Moquihuix von Tlatelolco hatte Axayácatls Schwester geheiratet, aber schon seit langem war er seiner inzwischen häßlich, mager, ungepflegt und knochig gewordenen Frau überdrüssig geworden. Er hatte gegen seine ihm angetraute Gemahlin eine solche Abneigung entwickelt, daß er ihr die Baumwollkleider, die sie von ihrem Bruder Axayácatl bekommen hatte, wegnahm und sie an seine Konkubinen verteilte; ihr blieb nur ein zerfetztes Gewand. Sie war gezwungen, in einer Ecke an der Wand zu schlafen, böswillig verlassen von ihrem Mann, der die Gesellschaft anderer Bettgenossinnen vorzog, unter denen sich einige große Schönheiten befanden. Von Axayácatl, der über die Behandlung seiner Schwester wütend war, hörte man die Bemerkung, daß Moquihuix' Konkubinen die Vernichtung von Tlatelolco herbeiführen würden. Außerdem nörgelte Moquihuix' Gattin eine Weile an ihm herum und beschwor ihn, sich nicht mit ihrem Bruder einzulassen, da dieses Unternehmen mit dem Untergang enden würde. Darin zumindest zeigte sie Voraussicht. Moquihuix schenkte solchen Warnungen kein Gehör, sondern betrieb weiter seine Pläne. Er ließ sich auch nicht durch böse Omen schrecken: Wie Durán berichtet, betrat er eines Tages die Küche seines Palastes und war von Entsetzen gepackt, als er in einem Topf, in dem Vögel gekocht wurden, diese flattern sah, als wären sie lebendig.

Nachdem Axayácatls Vorbereitungen beendet waren, hielt er folgende Ansprache an seine Armeeführer: »Laßt es nicht zu, daß Ruhm und Glanz solch tapferer Männer, wie ihr es seid, verdunkelt wird, sondern schützt und verteidigt das Reich und die Nation der Mexikaner. Seht, wo ihr kämpfen müßt: Es ist nicht so weit entfernt, und ihr müßt nicht durch Furten und Flüsse waten, noch Brücken und tiefe Gräben, Berge und Befestigungen bewältigen, Tlatelolco ist nahe, und der Weg dorthin ist flach.« Dies muß in der Tat für seine Männer ein recht trostreicher Gedanke gewesen sein, die an mühselige Anmärsche gewöhnt waren, bevor sie sonst das Kampfgebiet erreichten. In diesem Fall lag ihr Angriffsziel, der Markt von Tlatelolco, keine zwei Kilometer entfernt.

Axayácatl ließ Moquihuix von seinem bevorstehenden Angriff wissen und sandte ihm die rituellen Federn, Schwert und Schild, da er seinen Feind nicht unangekündigt treffen wollte. Überraschungsangriffe wurden gelegentlich gegen weit entfernte Gegner praktiziert, wären aber in einem Bürgerkrieg unter den Mexica als unfair angesehen worden. Nach einigen Vorgefechten sandte er Moquihuix einen zweiten Boten, den dieser einfach aufhängen ließ. Axayácatl, immer noch ein sehr junger Mann, war vorher bestrebt gewesen, eine mehr bescheidene Seite seines Wesens zu zeigen. Nun aber gab er ein Zeugnis größter Energie und Tapferkeit und führte seine Streitkräfte persönlich zum Sieg über die Leute von Tlatelolco. Diese waren offensichtlich zum Angriff übergegangen und näherten sich Tenochtitlan. Aber Axayácatl machte einen Gegenvorstoß und zwang sie zum Rückzug bis zu einer Stelle, die heute von der schönen Kirche Santo Domingo eingenommen wird. Er verfolgte sie bis Santa Ana, nahe dem Hauptplatz von Tlatelolco. Hier auf ihrem eigenen Marktplatz wurden sie dann belagert.

Die Bewohner von Tlatelolco, nun in einer verzweifelten Zwangslage, verfielen auf einen höchst sonderbaren Trick. Sie schickten den anrückenden feindlichen Streitkräften Scharen von splitternackten Frauen entgegen, die aus ihren entblößten Brüsten Milch auf die gegnerischen Krieger spritzten. Um die Wirkung noch zu erhöhen, wurden die Frauen von einer anderen Streitmacht begleitet, von einem Trupp junger Burschen, die auch nackt waren und nur Federn auf den Köpfen trugen. Axayácatl, der sah, daß seine Soldaten durch diese ausgefallene Taktik schier die Nerven verloren, gab den Befehl, Frauen und Knaben nicht zu verletzen, sondern sie einfach zu Gefangenen zu machen. Nachdem diese Geheimwaffe versagt hatte, sah Moquihuix, daß alles verloren war. Begleitet von seinem Lieblingszwerg, kletterte er mutig kämpfend die Stufen zum Haupttempel von Tlatelolco empor. Axayácatls Streitkräfte aber stürmten die Pyramide und warfen ihn zusammen mit seinem Zwerg und vielen führenden Leuten von Tlatelolco in die Tiefe.

Die Stadtältesten kamen und baten um Frieden. Sie versprachen Axayácatl zu dienen, der daraufhin den Kampf einstellen ließ. Nun erklärten die Bewohner von Tlatelolco, daß sie lediglich Kaufleute seien und als Tribute nur Waren aus fernen Ländern anbieten könnten, einschließlich der Luxusartikel, die von Herrschern und Kriegern als so unbedingt erforderlich angesehen würden. Axayácatl nahm das Angebot an, ohne den Blick für die mehr prosaischen Notwendigkeiten zu verlieren. Er bestand darauf, daß Tlatelolco auch Backwerk und Bohnen als Kriegsrationen zu liefern habe einschließlich der Träger, die diese Waren an den Schauplatz des Kampfes zu bringen hätten. In Zukunft müßten sie auch Opfersklaven stellen und einen großen Teil ihres Landes abgeben. Als Strafe wurden ihnen niedrige Arbeiten wie das Fegen der Paläste von Tenochtitlan auferlegt. Auch sollten sie keinen eigenen Tempel für Huitzilopochtli mehr haben, was eine zusätzliche Demütigung bedeutete.

Derartige Maßnahmen pflegen ihre zornigen Gegenwirkungen zu haben, und darum wurden sie anscheinend nicht lange aufrechterhalten, denn Tlatelolco war ein organischer Teil der Gemeinschaft der Mexica. Ihr Huitzilopochtli-Tempel war wieder instandgesetzt worden und diente immer noch seinem Zweck, als er sechsundvierzig Jahre später von Cortés besucht wurde. Aber es war das Ende von Tlatelolcos Unabhängigkeit. Die Dynastie war verschwunden, und die Stadt wurde hinfort von einem hohen Beamten regiert, der als Militärgouverneur fungierte.

Vorübergehend jedoch wurde Tlatelolco streng behandelt. Axayácatl ließ die Stadt plündern. Die siegreichen Soldaten nahmen sogar die häuslichen Küchengeräte an sich. Einige Frauen von Tlatelolco flüchteten in die Lagune, bis ihnen das Wasser bis zum Hals stand. Bevor sie wieder an Land gehen durften, vergnügten sich Axayácatls Krieger damit, die Frauen zu zwingen, Enten und andere Wasservögel zu imitieren.

Man könnte annehmen, daß eine durch die schmähliche Zurückweisung von Axayácatls Schwester verschärfte dynastische Fehde im Streit zwischen den beiden Städten der Mexica eine Rolle gespielt haben könnte. Es ist auch möglich, daß sich Moquihuix über Tenochtitlan ärgerte, da es auch unter dem scheinbar unbedeutenden Schwager des überragenden Moctezuma immer noch die Vorherrschaft beanspruchte. Solche Überlegungen können jedoch kaum als Erklärung für die plötzliche Entzweiung der voneinander so abhängigen und vertrauten Partner genügen. Die Städte der Mexica hatten immer in ihren Beziehungen untereinander und mit ihren Nachbarn bemerkenswerte politische Klugheit gezeigt. Durch einen Bürgerkrieg innerhalb der mexikanischen Familie konnte, wenn sich erst einmal die Partner der Tripelallianz und deren Untertanen auf verschiedene Seiten geschlagen hätten, leicht das gesamte Gewebe des Reiches zerreißen. Glücklicherweise hielten fast alle zu Tenochtitlan, so daß der Bürgerkrieg nur von kurzer Dauer und die Auswirkung begrenzt war.

Man ist jedoch nach wie vor erstaunt, warum dieser Krieg sein mußte. Eine gewisse Rivalität hatte zwar zwischen den beiden Städten bestanden, aber bis zu diesem verhängnisvollen Zeitpunkt hatten sie zusammengearbeitet und irgendwelche Meinungsverschiedenheiten friedlich gelöst. Tlatelolco, in früheren Zeiten vielleicht einmal die bedeutendere der beiden Städte, war zum führenden Handelszentrum Mittelamerikas geworden, während Tenochtitlan die erste Militärmacht war. Überdies hatten Armeen von Tlatelolco Anteil an vielen Feldzügen und machten auch ihre eigenen Eroberungen.

Tlatelolcos Größe als Haupthandelsplatz kann nicht überbewertet werden. Außerdem waren dessen Bewohner nicht nur als rein private Handelsherren tätig. Sie funktionierten wie wichtige Rädchen in der Staatsmaschinerie und ebneten die Wege für viele Eroberungen. Tatsächlich könnten die militärischen Unternehmungen der Kaufleute indirekt Tlatelolco die Unabhängigkeit gekostet haben. Auch wenn Tenochtitlan und Tlatelolco in politischen Angelegenheiten als ebenbürtige Partner zusammenarbeiteten, war eine Art gemeinsames militärisches Kommando unerläßlich. Als Eroberungen in großer Entfernung von der Hauptstadt gemacht wurden, wurde das Spionieren und Einziehen von Erkundigungen durch die Handelsleute immer wichtiger. Solche Aktionen konnten aber nur von Vorteil sein, wenn die Tätigkeiten der Kaufleute der von Tenochtitlan geleiteten militärischen Politik untergeordnet blieben.

Solange Moctezuma in Tenochtitlan regierte, war es wahrscheinlich für einen Mann seines Formats nicht zu schwierig, den Vorrang in der Partnerschaft zu halten. Die Tlatelolcaner waren vermutlich daran gewöhnt, meistens das zu tun, was er wollte. Jedoch mit dem Erscheinen eines jungen und unerfahrenen Herrschers in Tenochtitlan könnte sich das geändert haben.

Dank der zunehmenden militärischen Bedeutung der Handelsleute von Tlatelolco, die als Vorhut der Armeen einen Pfad in das entfernte Guatemala gebahnt hatten, waren deren Aktionen zu einem Teil gemeinsamer Unternehmen geworden, die teils auf Handel, teils auf Eroberung gerichtet waren. Die Notwendigkeit, die noch von verschiedenen Dynastien beherrschten beiden Städte unter eine Regierung zu bringen, war dringender geworden. Auf die Dauer waren für das Reich ein Herrscher und eine Hauptstadt erforderlich. Der Krieg gegen Tlatelolco und der langsame Rückgang der Bedeutung Texcocos in der Allianz waren Stufen der gleichen Entwicklung.

Die Kaufleute und der Markt von Tlatelolco

Angesichts der Bedeutung des Handels nicht nur bei den Azteken, sondern überall im alten Mexiko sind wahrscheinlich einige allgemeine Bemerkungen über die Kaufleute von Tlatelolco und ihre Nachbarn erforderlich. Vom großen Markt dieses Ortes, den sechsundvierzig Jahre später die Spanier sehen sollten, gibt der Konquistador Bernal Díaz del Castillo eine treffliche Beschreibung:

»Die uns begleitenden Häuptlinge zeigten uns, wie alle Arten Handelswaren getrennt voneinander auf besonders angewiesenen Plätzen angeboten wurden. Fangen wir mit den Gold-, Silber- und Edelsteinverkäufern an, den Markthändlern, die Federn, Textilien und bestickte Tücher, sowie Sklaven und Sklavinnen als Handelsartikel feilboten. Von letzteren wurden ebenso viele angeboten, wie die Neger durch die Portugiesen aus Guinea herüberbrachten. Einige waren mit Halsbändern um die Gurgel an lange Stangen gebunden, um eine Flucht zu verhindern. Andere waren nicht gefesselt. Dann gab es Händler, die verkauften handgewebte Bekleidung, Baumwolle und Garn, andere handelten mit Kakao. Alle Erzeugnisse, die es in Neuspanien gibt, waren zu sehen. Sie sind ausgestellt, wie es auch beim Jahrmarkt meiner Vaterstadt Medina del Campo, woher ich komme, gemacht wird. Da gab es Leute, die Stoffe, Seile und Schuhe aus der Faser der Henequen-Agave verkauften, sowie deren gekochte Wurzeln, die sehr süß sind. Für alles gab es ganz bestimmte Plätze auf dem Markt. Anderswo konnte man teils gegerbte, teils ungegerbte Felle von Jaguaren, Löwen, Wild und anderen Tieren kaufen.« (Díaz, Chronicles)

Bernal Díaz beschreibt ferner alle Arten von Nahrungsmitteln, wie Truthähne, junge Hunde, Wild, Gemüse und Früchte. Genau wie Cortés bemerkte er die vielen Honigarten. Nachdem er noch den Handel mit Tabak, flüssigem Harz und Heilkräutern erwähnt und die zahllosen anderen ausgelegten Waren beschreibt, macht er scharfsinnige Bemerkungen über die von den Kaufleuten benutzte »Währung«:

»Dann gingen wir zum großen Tempel, und in seinen ausgedehnten Höfen fanden wir viele weitere Handelsleute; diese verkauften Goldstaub, wie er aus den Bergwerken kommt. Sie füllten damit Gänsekiele, die transparent waren, so daß man das Gold durchschimmern sah. An der Länge und Dicke dieser Kiele hatten sie einen Wertmesser für Decken und Kürbisflaschen voll Kakao oder für Sklaven und alle anderen Handelswaren.«

Sowohl Bernal Díaz als auch Cortés erwähnen die strenge Regierungskontrolle auf dem Markt. Cortés ist in diesem Punkt etwas ausführlicher:

»Auf dem großen Platz steht ein stattliches Gebäude, einer Empfangshalle ähnlich, wo immer zehn oder zwölf Personen sitzen, die als Richter fungieren und die Rechtsfälle oder Streitfragen, die auf dem Markt entstehen, sofort verhandeln und Gesetzesbrecher augenblicklich bestrafen. Aufsichtsbeamte gehen ständig umher und beobachten Kauf und Verkauf, sie kontrollieren auch die Maßeinheiten. Wir sahen, daß ein gefälschtes Maß sofort vernichtet wurde.« (Cortés, Cartas; zweiter Brief an Karl V.)

Heute ist der Markt in seiner ganzen Ausdehnung nicht mehr zu sehen. Bernal Díaz erwähnt Höfe von großem Ausmaß, die er auf dem Weg zum Haupttempel und den anschließenden Bereichen sah. Dank der Ausgrabungen auf dem Tempelfeld von Tlatelolco kann der Besucher immer noch annähernd ermessen, wie diese Innenhöfe gewesen sein müssen. Außerdem kann er ungefähr die Stelle sehen, von wo aus der Herrscher von Tlatelolco in sein Verderben gestürzt wurde, obwohl die Pyramide, die man heute sieht, vor Moquihuix entstanden ist und inzwischen durch viele Überbauten größer geworden ist.
Aufschlußreich ist, was der aufmerksam beobachtende Konquistador über die Tauschmittel erwähnt. Im alten Mexiko war niemals ein einziges Geldstück entwickelt worden. Waren wurden darum im

Tausch gehandelt. Als Einheit galten Kakaobohnen, Baumwolldekken, *quachtli* genannt, und kleine, flache T-förmige Kupfermesser. Es gab auch die schon erwähnten, mit Goldstaub gefüllten Federkiele. Vermutlich haben aber die Chroniken – die spanische Besessenheit für dieses Metall teilend – seinen Gebrauch als Währung im Vergleich zu anderen Tauschmitteln überbewertet, die demselben Zweck dienten und mit deren Kaufkraft alle Handelswaren, einschließlich der Sklaven, bemessen wurden.

Gleichzeitig darf man nicht vergessen, daß die auf dem Markt in Tlatelolco angebotenen Waren nur ein begrenzter Teil der gesamten Handelsunternehmungen waren, die in der aztekischen Welt eine bedeutende Rolle spielten. Wie so vieles andere war diese Art, Handel zu treiben, keine Erfindung der Mexica. Vermutlich hatte der Handel keineswegs seinen Ursprung auf der Hochebene, sondern in den Küstenregionen, von dessen Fernhandel mit Obsidian wir bereits Zeugnisse aus dem zweiten Jahrtausend vor Christus haben. Zweifellos gab es zwischen dem Hochtal von Mexiko und den fernen Regionen Guatemalas in den ersten Jahrhunderten n. Chr. eine Art Handelsverkehr.[118] Außerdem hat sich Cholula, eine der wenigen Städte mit einer von den frühen Zeiten bis zur spanischen Eroberung nie unterbrochenen Chronik, lange als großer Handelsplatz hervorgetan. Vermutlich waren die Geschäftsmethoden dieser frühen Kaufleute nicht sehr viel anders. Seit alten Zeiten war der Handelsverkehr ein verbindendes Element. Als solches hat wahrscheinlich der Handel die Motive militärischer Eroberungen bestimmt und nicht umgekehrt. Von Zeit zu Zeit haben diese ständig umherziehenden Händler einfach neue Herren, als letzte die Azteken, bekommen.

Möglicherweise war überdies unter ihnen die Handelsorganisation umständlicher geworden. Die Kaufleute von Tlatelolco unterstanden sicherlich einer hierarchischen Ordnung von Körperschaften und Klassen unter dem Vorsitz von zwei Großhandelsherren.[119]

Der Intelligence Service der Azteken

Wie schon erwähnt, war eine Besonderheit dieser Kaufmannschaft die Mischung von Handel und Krieg. Dem Herrscher waren sie als

eine Art von Geheimdienstlern von Nutzen, da sie über noch nicht eroberte ferne Gebiete Informationen lieferten. Wie Spione oder Spähtrupps waren sie gewöhnlich nachts unterwegs. Sie besuchten nicht nur die zum Reich gehörenden Provinzen, sondern auch Regionen im ›Feindesland‹. Dort eigneten sie sich Sprache und Tracht der Einwohner an. Derart getarnt, war es ihnen möglich, ihre Herkunft zu verbergen. Oft erschlug man sie, wenn man sie entdeckte. Sie mußten äußerst karge Bedingungen hinnehmen und lebten von getrockneten Tortillas und klitschigem Mais. Bei solchen Handelsreisen wurden die Kaufleute von Tlatelolco nicht nur von Kollegen aus Tenochtitlan, sondern auch aus Nachbarstädten, zum Beispiel aus Chalco, begleitet.
Abgesehen von ihrer Spionagetätigkeit für den Herrscher und der Nachrichtenübermittlung aus fremden Ländern wurden sie bisweilen auch in größere militärische Operationen verwickelt. Auf einer Handelsreise an die Küste des Pazifik, südöstlich des Hafens von Acapulco, stieß das mexikanische Exportstreben auf wütenden Widerstand:

»Als es in Ayotlan zu einem Krieg kam, wurde die Vorausabteilung der Handelsleute vier Jahre lang belagert. Die Stadt ergab sich, und der Schutzwall der Adler- und Jaguarkrieger wurde gestürmt. Alle Sinnbilder, auch die erwähnten Quetzalfederbüsche, eigneten sich die Kaufleute an. Mit diesen eroberten und bewältigten sie den Feind völlig.
Als der Herrscher Ahuitzotzin erfuhr, daß die ehrenwerten Handelsleute belagert wurden, sandte er Hilfe. Es war Moctezuma, der als General diente, zu dieser Zeit aber noch nicht der Herrscher war.« (Florentine Codex)

Aber die Bemühungen des Oberbefehlshabers der Armee und zukünftigen Souveräns Moctezuma II. waren überflüssig. Als die Entlastungsarmee die Handelsleute erreichte, hatten diese bereits den Krieg gewonnen und richteten folgende Ansprache an Moctezuma: »Oh, unser Herr, Ihr seid erschöpft und habt Mühsal erlitten. Nicht länger müßt Ihr versuchen, den Ort zu erreichen, wohin Ihr strebt, denn dieser ist schon das Land des Herrn, des Wunderbaren, Huitzilopochtli.« Es mag erwähnenswert scheinen, daß die zu Hause einfach gekleideten Handelsleute die gesamten kriegerischen Insignien trugen, wenn sie im Kampf waren. Da es bei ihnen der Brauch war, während einer Handelsreise ihre Haare nicht zu schneiden, hingen ihnen diese, so wird berichtet, bis zu den Hüften, als sie nach Haus kamen.

Trotz dieser Raubzüge wäre es ein Fehlurteil, sich die Handelsleute bloß als verkleidete Krieger vorzustellen. Sie waren für die Wirtschaft lebenswichtig, die wahrscheinlich gleichermaßen auf Handel wie auf Tribute angewiesen war. Ihre Unternehmungen werden von Pater Sahagún ausführlich beschrieben, der aufgrund von Schilderungen seines einheimischen Gewährsmannes ein ganzes Buch über die Kaufleute von Tlatelolco geschrieben hat. Viele seiner Nachforschungen betrieb er in Taltelolco selbst, und vielleicht waren einige, die diese Handelsexpeditionen schilderten, als junge Männer selbst dabei gewesen. Selbst was den Handel anbetraf, standen die Kaufleute strikt unter dem Einfluß des Reiches, das am Gewinn Anteil hatte. Der Herrscher mag sie wohl mit ›Meine geliebten Onkel‹ angeredet haben. Dies konnte ihn, auch nicht nach solchen harten Prüfungen, davon abhalten, sie um ihre Luxuswaren zu erleichtern, wie es ein Mosaikschild aus Türkis war, das er gegen bescheidenere Trophäen wie Umhänge aus Kaninchenfellen tauschte.

Auf größeren Expeditionen gab der Herrscher den Handelsleuten eigene Waren in Kommission mit.[120] Einmal bekamen sie 1600 Baumwollumhänge, die er selbst vermutlich als Tribute erhalten hatte. Sie stellten in sich eine Art Währung dar und sollten von den Händlern gegen Luxuswaren getauscht werden. Diese Waren blieben im ausschließlichen Besitz des Herrschers. Gleichzeitig nahmen die Kaufleute ihr eigenes Handelsgut mit, einschließlich reich verzierter Artikel aus Gold. Nach der Ankunft am Bestimmungsort erledigten sie erst ihre Geschäfte mit dem örtlichen Herrscher, der seinerseits die Spezialprodukte seiner Provinz anbot. Infolge der Entfernungen und des Transportproblems tendierte der Handel zu kleinen kostbaren Gegenständen. Zum Ausgleich für die Handelsgeschäfte im Auftrag des Herrschers genossen die Kaufleute wichtige Sonderrechte. Bestimmte Provinzen durften nur von solchen mit Sonderrechten betreten werden. Damit war ihnen eine Mono-

polstellung verliehen, die oft nur Kaufleute aus Tenochtitlan und Tlatelolco genossen und die aus Nachbarstädten, die an der Expedition teilnahmen, ausschloß.
Neben Unternehmungen jenseits der Reichsgrenzen handelten sie zwischen den verschiedenen Reichsprovinzen und tauschten Statussymbole eines Gebietes gegen die eines anderen aus. So kamen sie in den Südosten bis Tochtepec, einem Haupthandelszentrum, wo die Kaufleute von Tlatelolco für sich und für Händler anderer Städte einen Stützpunkt mit Herbergen unterhielten. Hier teilten sie sich, einige folgten der Küste nach Osten, tauschten ihre Waren gegen die berühmten grünen Steine der Region, während andere sich auf den Weg in Richtung der Grenze Guatemalas machten. Hier beruhte die Handelsbilanz zu einem Teil auf dem Verkauf von Sklaven.[121]

Unlautere Handelsusancen

Eine seltsame Situation entstand dadurch, daß die aztekischen Herrscher, noch nicht zufrieden mit der sich nach Tenochtitlan wälzenden Lawine von Tributen, ihre Handelsleute auch noch benutzten, Abgaben einer unterworfenen Provinz gegen freie Produkte einer anderen zu verkaufen. Und ganz abgesehen vom persönlichen Besitz des Herrschers mußten die Erzeugnisse, mit denen die Kaufleute selbst handelten, zum Teil auch aus dem als Tribut gelieferten Rohmaterial hergestellt worden sein. So vermehrte der Herrscher durch sein Handelsmonopol und unlautere Bedingungen, die den eroberten Gebieten auferlegt wurden, seine Tribute und verkaufte jenen Waren, die sie gar nicht wollten. Lange vor den Europäern in Afrika entdeckten die Azteken die Vorteile, den ›Eingeborenen‹ wertlosen Tand anzudrehen.
Die Städte von Soconusco an der Grenze von Guatemala widersetzten sich den Azteken. Sie waren es müde, jedes Jahr ihre Reichtümer an hochgeschätztem Kakao, an Gold, Schmuckfedern und kostbaren Steinen gegen Naschwerk wie Kuchen aus Würmern und Käse aus Algen der Lagune oder einfachen Tand und wertlose Kinkerlitzchen umzutauschen. So benutzten die aztekischen Herrscher neben den durch ihre Streitkräfte auferlegten riesigen Tributen ihre militärische Überlegenheit obendrein dazu, um besondere Bedingungen für ihre

eigenen Kaufleute herauszuschlagen. Diese handelten so die zwangsweise eingezogenen Abgaben zum eigenen Wohl des Herrschers gegen noch größere Mengen von Waren ein.

Das tägliche Leben der Handelsleute war wie das aller Mexikaner durch die seit langem bestehenden feierlichen Formen bestimmt. Bevor sie sich auf eine Handelsreise begaben, mußten sie auf einen von Glück begünstigten Tag warten, zum Beispiel auf ›Eins Schlange‹ oder ›Eins Affe‹; desgleichen konnten sie auch nur an einem erfolgverheißenden Tag heimkommen. Bei ihrer Rückkehr waren sie zu Ehren der Götter einschließlich ihrer eigenen Idole endlosen Zeremonien und Willkommensreden ihrer Großhandelsleute ausgesetzt.[122] Eine Besonderheit dieser Bräuche waren sagenhaft verschwenderische Bankette, mit denen die erfolgreichen Mitglieder der Zunft den Adel und ihre eigenen Kollegen bewirten mußten.

Sardanapalische Feste

Ihr ganzes Dasein war eine merkwürdige Mischung heuchlerischer Bescheidenheit und verschwenderischen Pomps. Einerseits beschuldigte der Präsident der Handelsleute in symbolischer Demutsgeste die rückkehrenden Händler, sie hätten die mitgebrachten Waren einfach gestohlen. Andererseits durften sie bei ihrer Rückkehr nicht in ihr eigenes Haus, sondern mußten in das eines Freundes gehen und dort bei Nacht ihre Waren abladen, als wären diese nicht ihr Ei gentum. Wenn sie gezwungen waren zu kämpfen, trugen sie den vollen Kriegsschmuck. Zu Hause aber kleideten sie sich bescheiden. Wie reich sie auch sein mochten, im täglichen Leben vermieden sie jegliche Protzerei.
Im Gegensatz zu dieser scheinbaren Bescheidenheit gaben sie jene üppigen sardanapalischen Feste, wo hundert Truthähne und vierzig Hunde vertilgt werden konnten. Es wird berichtet, daß beides zusammen serviert wurde, und zwar Putenbraten unterlegt mit Hundefleisch. Die Kaufleute wurden oft als ›Sklavenwäscher‹ bezeichnet. Im Mittelpunkt der dem Bankett folgenden Zeremonien stand nämlich die Opferung von Sklaven, die man vorher feierlich gebadet hatte. Diese konnte man auf dem örtlichen Markt einkaufen. Es

wurde von ihnen erwartet, daß sie in den Riten zu ihrer eigenen Opferung die gebührende Rolle spielten. Demgemäß war der Preis für Sklaven gestaffelt: vierzig Baumwollumhänge für einen im Tanz bewanderten und nur dreißig für einen untalentierten. Nach den ausgedehnten Festlichkeiten kamen die Priester und führten die Sklaven zum Tempel. Nachdem sie ordnungsgemäß gebadet und mit einem Schluck des geheiligten *pulque* beruhigt worden waren, wurden sie getötet. Bisweilen mußten sie sich sogar einem Gladiatorenopfer unterziehen. In einem geweihten Schilfkorb bewahrte der Gastgeber für den Rest seines Lebens die Bekleidung und das Haar des Opfers auf – ein grausiges Überbleibsel dieses Ereignisses. Es deutet den gehobenen Stand der Kaufleute an, daß ihre Opferungen von Sklaven oft mit denen von Kriegsgefangenen für den Gott Huitzilopochtli zusammenfielen.

Die Handelsleute bildeten ein eigenes Gemeinwesen und besaßen in vieler Hinsicht große Vorrechte. Landbesitz war ihnen erlaubt, und einige konnten sogar ihre Kinder in die der herrschenden Klasse vorbehaltenen Schulen schicken. Der zweite Moctezuma behandelte sie bisweilen wie Adelsleute und bat sie, bei wichtigen Angelegenheiten an seiner Seite zu sitzen. Sie waren überdies die einzige Gemeinschaft im Staat mit eigenen Gerichtshöfen. Sie unterschieden sich von der gängigen Auffassung eines Kaufmanns nicht nur dadurch, daß sie, abgesehen von ihrer militärischen Rolle, am staatlichen Handel beteiligt waren, sondern auch dadurch, daß sie ihren erworbenen Reichtum gleichermaßen für aufwendige Bankette wie zum privaten Gewinnzuwachs verwandten. Die Entschädigung für ihre großen Entbehrungen fanden sie mehr in der öffentlichen Entfaltung ihres Wohlstandes und weniger in der Anhäufung persönlicher Reichtümer. Dieser Hang läßt eine im alten Mexiko besondere Einstellung zu Erfolg und Reichtum erkennen, die, wie wir später sehen werden, auch in anderen Gesellschaftsschichten üblich war.

Die Kaufmannschaft war sicherlich wichtig, und ihr Rang, so scheint es, war im Steigen. Der Verdacht erhebt sich, daß diese Tendenz auf seiten der bestehenden herrschenden Klasse Verstimmung erregen konnte – darum die vorgegebene Bescheidenheit der Handelsleute und der Hang, ihren Reichtum zu verbergen.

Listenreicher Krieg gegen Toluca

Als die Azteken im Jahre 1428 die Tepaneken unterwarfen, nahmen sie natürlich die meisten Tributpflichtigen der Besiegten in ihr neugegründetes Reich auf. Aus nicht ganz ersichtlichen Gründen aber wurde der Bereich des Tales von Toluca, das heißt, der nordwestliche Teil des Tepanekenreiches und wahrscheinlich deren Herkunftsort, wieder unabhängig.

Ein Vorwand für eine Unterwerfung oder eine Zurückeroberung bot sich im Jahr 1474 durch den Familienstreit zweier örtlicher Herrscher.[123] Zwischen Toluca und Tenancinco war über die Frage, wer wem Tribute zu entrichten habe, Krieg ausgebrochen. (Es erübrigt sich zu erwähnen, daß beide schließlich den Azteken tributpflichtig wurden.)

Der Herrscher von Tenancinco bat Axayácatl um Hilfe mit dem Versprechen, sein treuer Vasall zu werden. Axayácatl wollte zu dieser Zeit gerade einen wichtigen Opferstein einweihen, eine Feierlichkeit, die einen guten Vorrat an Gefangenen erforderte, um der Zeremonie Würde zu verleihen. Der Besuch des Herrschers von Tenancingo kam deshalb sehr gelegen. Sofort wurden Boten mit der Aufforderung, Föhren und Sandelholz zu schicken, das man dringend benötige, nach Toluca gesandt. Dieses Verlangen wurde mit der Begründung zurückgewiesen, in den Bergen von Toluca gäbe es solches Holz nicht. Sogar heute noch fährt der Reisende zwischen der Stadt Maxiko und Toluca trotz einer gewissen Abholzung durch dichten Föhrenwald und kann sogleich sehen, daß in Wirklichkeit keiner der Herrscher Holz dieser Art benötigte, sondern nur einen Vorwand für einen Krieg. Auch Sandelholz gibt es noch genug im Tolucagebiet, und auf seinem farbenfrohen Markt werden Stühle und sogar Löffel aus diesem Material in Fülle angeboten.

Als Axayácatl den Feldzug unternahm, war es wahrscheinlich seine Absicht, die Eroberung des früheren Tepanekenreiches zu vollenden und damit ein Gebiet zu beherrschen, das sich gefährlich nahe an Tenochtitlan befand – die Stadt Mexiko ist nicht ganz siebzig Straßenkilometer von Toluca entfernt. Möglicherweise befürchtete er, die Einwohner von Toluca könnten sich mit denen von Tarasca, einer gewaltigen Macht jenseits von Toluca, verbünden und damit für die Azteken zu einer tödlichen Gefahr werden.

Die üblichen Kriegsvorbereitungen schlossen auch die Mobilisierung der benachbarten Untertanen mit ein. Axayácatl und seine Armee setzten sich nach weiteren dringenden Notrufen aus Tenancingo in Marsch. Tenancingos Streitkräfte sollten Toluca von den umliegenden Bergen aus angreifen, während die Azteken sich auf der Straße der Stadt näherten. Eingedenk des Bedarfs an Opfern für seinen neuen Stein hatte der Herrscher strenge Anweisung an seine Truppen gegeben, Gefangene zu machen und nicht zu töten.
Die Mexica selbst befanden sich in der Vorausabteilung und waren damit wie immer in der gefährlichsten Stellung. Axayácatl hielt sich immer noch für zu jung, um an seine altgedienten Männer eine Ansprache zu halten. So richtete ein Sprecher flammende Worte an die Truppen und erinnerte sie daran, daß ihre Gegner keine Jaguare oder Adler seien, sondern auch bloß Menschen.
Trotz seiner Jugend erwies sich der Herrscher seiner Ahnen würdig. Seinem Haupttruppenteil befahl er den Rückzug bis zum Ufer eines bereits überquerten Flusses, um so den Feind anzulocken, während er selbst mit einem Teil seiner mit Erde und Zweigen getarnten Streitkräfte den Gegner in einem Hinterhalt erwartete.
Aber es ergab sich eine unerwartete Schwierigkeit: der Feind bediente sich einer inzwischen in der mexikanischen Kriegführung beliebt gewordenen ähnlichen Taktik. Auch er rückte vor und ließ tausend Mann, verborgen zwischen Büschen und Agavenpflanzen, zurück. Mit beiden Vorausabteilungen, die nur darauf bedacht waren, den anderen Teil der Armee zu verbergen, konnte kein Kampf beginnen. Die Mexica mit ihrer größeren Kriegserfahrung versteckten sich indessen besser, und schließlich saß der Feind, zum Vorrükken verleitet, von drei Seiten her in der Falle.
Axayácatl selbst stürmte aus seinem Hinterhalt und machte einige Gefangene. Die aztekischen Streitkräfte verfolgten dann den Feind bis jenseits des Flusses und fielen nun ihrerseits prompt in die Falle des Gegners. Der Befehlshaber der im Hinterhalt wartenden Toluca-Truppen tauchte hinter einer Agavenpflanze auf, fiel über den unvorsichtigen Axayácatl her und brachte ihm am Oberschenkel eine tiefe Wunde bei, die fast bis auf den Knochen ging.[124] Zwischen den beiden entwickelte sich ein Kampf Mann gegen Mann, bis dem Herrscher seine Hauptleute zu Hilfe kamen. Er befahl, den Feind

gefangenzunehmen, aber dieser entkam. Nur um Haaresbreite war das größte Unheil, daß der *tlatoani* selbst auf dem Opferstein den Tod gefunden hätte, vermieden worden.
Seine List brachte dem Feind nichts ein, vielmehr wurden seine Streitkräfte vernichtend geschlagen. Der Herrscher von Toluca warf sich vor dem verwundeten Axayácatl, der auf einer Bahre getragen wurde, auf den Boden. Der Herr von Tenancingo, die Ursache aller Scherereien, weinte hemmungslos und bat um Vergebung. Die künftigen Tributauflagen mußten noch aufgestellt werden; die Leute von Toluca beteuerten, ihr Land sei arm und biete keine tropischen Produkte, sondern nur Mais, Bohnen, Amarant und für das nächtliche Herdfeuer Föhren- und Sandelholz.

In Tenochtitlan herrschte große Freude über die glückliche Heimkehr des jungen Herrschers und vor allem darüber, daß er den Klauen des Todes entronnen war. Boten wurden ausgeschickt, um die Nachricht von der Rückkehr der Sieger zu überbringen. Triumphbögen aus Zweigen wurden errichtet, und der Weg war von Chapultepec bis zum Eingang in die Stadt mit Blättern bedeckt. Als sich die Armee näherte, schlugen die Priester ihre Trommeln mit solcher Gewalt, daß niemand sein eigenes Wort verstehen konnte. Bernal Díaz hatte sicher Grund, sich über dasselbe betäubende, unaufhörliche Dröhnen der Trommeln während der letzten Etappen der spanischen Eroberung der Stadt zu beklagen.
Daheim und in Sicherheit erwies Axayácatl zuerst Huitzilopochtli seine Ehrerbietung, bedankte sich für seine Errettung und netzte die Statue des Gottes mit dem Blute seines eigenen Schenkels und seiner Ohren. Wieder einmal hatten die unseligen Gefangenen kein Glück, denn ihre Ankunft fiel auf das Fest des ›Geschundenen Gottes‹ mit den Gladiator-Opferungen, die schon beschrieben wurden. Die Gefangenen, wie immer in der Kleidung des Gottes, dem sie geopfert werden sollten, folgten einander zum Opferstein. Einige zogen einen schnellen Tod vor, indem sie gar nicht erst den gegen sie aufgebotenen Adler- und Jaguarrittern widerstanden. Andere versuchten vergeblich, ihr unglückliches Dasein dadurch zu verlängern, daß sie mit Waffen aus Holz und Federn gegen die voll ausgerüsteten Ritter kämpften.[125]

Wie üblich wurden große Anstrengungen gemacht, um die Nachbarvölker mit aztekischer Pracht zu beeindrucken. Bei dieser Gelegenheit waren Einladungen an Völker von der Golfküste ergangen, die zu dieser Zeit noch nicht erobert waren. Sie waren für den Fall, daß sie nicht angenommen werden sollten, mit Kriegsdrohungen verbunden – so sehr bestanden die Azteken darauf, daß ihre grausamen Zeremonien beachtet würden. Solche Gäste hatten unter keinerlei Unbequemlichkeiten zu leiden, ausgenommen vielleicht unter der etwas beunruhigenden Vorstellung, daß sie selbst eines Tages als Opfer dienen könnten. Man hatte ihnen einen besonderen, mit Blumen in allen Farben geschmückten Platz zugewiesen. Sie saßen auf weichen, schimmernden Jaguarfellen. Zum Schutz gegen die Sonne hatte man für Schatten gesorgt und ihnen Fliegenwedel aus prächtigen Federn gegeben.
Man sollte vielleicht anfügen, daß der Kult des Geschundenen Gottes den Leuten vom Tolucatal selbst nicht ganz unbekannt war, zumindest nicht in der Zeit kurz vor der Spanischen Eroberung. Nicht weit entfernt liegt das auch von Axayácatl eroberte Malinalco, dessen Haupttempel den Adler- und Jaguarrittern gewidmet war, welche die Gladiatorenopferungen ausführten. Ein Stück einer Freskomalerei mit Abbildungen von Kriegern wurde entdeckt, von denen einer an ein Seil gebunden ist, wie das für die Betroffenen dieser besonderen Form der Opferungen üblich war.

Der ›Aztekische Kalenderstein‹

Offensichtlich bald nach dieser Feierlichkeit wurde ein anderer Opferplatz eingeweiht, der berühmte Sonnenstein. Er mußte erst auf die Spitze des Huitzilopochtli-Tempels geschafft werden – ein etwas mühsames Unternehmen, denn er wog 24 Tonnen. Die feierliche Einweihung erforderte natürlich noch mehr Gefangene.
Dieser Monolith, im allgemeinen als der ›Aztekische Kalenderstein‹ bekannt, befindet sich an zentraler Stelle im Nationalmuseum für Anthropologie. Für Mexiko ist er nicht nur ein Denkmal, sondern auch ein nationales Symbol. Im Jahre 1790 wurde er zusammen mit bedeutenden Skulpturen im Bezirk der ehemaligen Tempelanlage ausgegraben und stand viele Jahre am Westturm der Kathedrale.

General Porfirio Díaz, damals Präsident von Mexiko, ließ ihn in das ursprüngliche Nationalmuseum in der Calle Moneda bringen, von wo er dann 1964 in das neue Museum für Anthropologie kam.

Der Stein ist nicht nur wegen seines ästhetischen Wertes von Bedeutung, sondern auch gleichzeitig ein Symbol für die aztekische Weltordnung. Er ist dem Sonnengott Tonatiuh geweiht, dessen Antlitz sich in der Mitte des Steins befindet. Auf beiden Seiten befinden sich Klauen, die menschliche Herzen gepackt halten, die Nahrung des Sonnengottes, der identisch mit Huitzilopochtli ist. Antlitz und Klauen sind mit Verzierungen aus Jade, dem kostbaren Stein der Götter, geschmückt.[126] Das Antlitz des Sonnengottes ist von quadratischen Feldern umgeben, die die vier voraufgegangenen Weltschöpfungen darstellen. Um diese schließt sich ein Ring mit den zwanzig Tageszeichen des heiligen Kalenders. Die Schöpfung und Zerstörung von vier aufeinanderfolgenden Welten – was in seltsamer Weise an den griechischen Mythos von den vier Schöpfungen erinnert – basiert auf dem immer gegenwärtigen mexikanischen Prinzip der Dualität. In diesem Fall ist der Ausdruck der Zweiheit die eines ewigen Kampfes zwischen der ›Federschlange‹ (Quetzalcoatl), einem grundsätzlich wohltätigen Gott, wenn auch manchmal zum Bösen geneigt, und dem ›Rauchenden Spiegel‹ (Tezcatlipoca), dem dunklen und allmächtigen Herrn des Nachthimmels. Er ist ein gefürchteter Gott, in gewisser Beziehung jedoch sowohl gut als auch böse – eine Art Schöpfer-Zerstörer, der vielleicht an Vishnu Shiva aus dem Hindu-Pantheon erinnert.[127]

Der immerwährende Kampf zwischen den beiden Göttern verursachte Zerstörung und Schöpfung der vier Welten oder Sonnen. Diese wurden nacheinander durch Jaguare (Symbol der Erde), Wind, Regen (oder in manchen Fassungen durch Feuer) und Wasser zerstört. Die durch ihre entsprechenden Götter symbolisierten Elemente sind in den vier Feldern dargestellt, die das Antlitz des Sonnengottes im Zentrum des Steines umgeben, nämlich: Tezcatlipoca, Ehécatl-Quetzalcoatl, Chalchiuhtlicue und Tlaloc. Nach der Zerstörung der vier Welten wurden die Menschen, die sie bevölkerten, nacheinander in Jaguare, Affen, Vögel und Fische verwandelt. Es mag erwähnenswert sein, daß die vier Elemente – Erde, Luft, Feuer

und Wasser – auch die Grundlage im Glauben der ostasiatischen Menschen bilden.
Der Stein jedoch ist der Fünften Sonne gewidmet, derjenigen, die die aztekische Welt erleuchtete. Die gesamte Anordnung des Mittelteils, einschließlich der bereits erwähnten Elemente, ist so gestaltet, daß sich das Zeichen ›Vier Bewegung‹ ergibt – das bedeutet die Glyphe des Tages, an dem die Fünfte Sonne durch ein Erdbeben enden wird.
Nach der Zerstörung der Vierten Sonne,
»so wird erzählt, als noch alles in Dunkelheit lag, als noch keine Sonne geschienen hatte, noch keine Dämmerung angebrochen war – so wird gesagt –, sammelten sich die Götter und berieten untereinander in Teotihuacan (dem Ort der großen Pyramide, nicht weit von der Stadt Mexiko, jenem Ort, der lange vor den Azteken seine Blütezeit hatte). Sie sprachen und sagten zueinander:
›Kommt hierher, o Götter. Wer will die Last tragen? Wer will es auf sich nehmen, die Sonne zu sein und die Morgendämmerung zu bringen?‹
Und daraufhin meldete sich einer von ihnen, Tecuziztecatl, und bot sich selber an, indem er sagte: ›O Götter, ich werde derjenige sein.‹
Und wieder sprachen die Götter: ›Und wer soll der andere sein?‹
Daraufhin sahen sie einander an. Sie überlegten und sagten einer zum anderen: ›Wer wird es sein? Wie sollen wir entscheiden?‹
Keiner wagte es. Kein anderer bot sich an. Jedermann fürchtete sich, alle hielten sich zurück. Anwesend war indessen auch ein Gott mit dem Namen Nanauatzin, der kleine syphilitische Gott. Während er wartete, riefen die Götter ihm zu: ›Du sollst es sein!‹ Bereitwillig nahm er die Entscheidung entgegen und sagte: ›Es ist gut, o Götter, Ihr seid gut zu mir gewesen.‹«
(Florentine Codex)

Die beidenGötter, die Sonne und Mond werden sollten, taten vier Tage und vier Nächte lang Buße (wie es auch jeder aztekische Herrscher bei seiner Wahl tun mußte). Diese feierliche Handlung verrichteten sie getrennt auf zwei verschiedenen Hügeln. Sie wurden die großen Pyramiden und sind noch heute als Sonnen- und Mondpyramiden bekannt.

Anschließend wurden die beiden Götter feierlich gekleidet, und die anderen ließen sich rings um ein großes Feuer nieder, in dem die beiden geopfert werden sollten. Der kleine syphilitische Gott warf sich unerschrocken in die Flammen, während sein Gefährte zögerte und viermal zurücktrat, bis er schließlich den Sprung wagte. Natürlich war er von den beiden der letzte, der wieder in Erscheinung trat. Der Florentine Codex weiß darüber zu berichten: »Darauf lief einer der Götter heran. Mit einem Kaninchen verwundete er Tecuziztecatl im Gesicht und schwärzte damit sein Antlitz und löschte seinen Glanz. So zeigt er sich noch heute! Auf diese Weise wurde er zum Mond, dessen Oberflächenschatten die alten Mexica an ein Kaninchen erinnerten. Die Götter, die so als Sonne und Mond erschienen waren, blieben noch regungslos, und keine Dämmerung erschien. So wurde es die Aufgabe von Ehécatl, dem Windgott, der sich erhob und sich beim Blasen gewaltig anstrengte. Sogleich konnte er sie (die Sonne) in Bewegung setzen, sie nahm ihren Lauf, und nur der Mond blieb zurück. Als die Sonne die Stelle des Mondes erreichte, bewegte sich auch dieser.«

Diese Legende von den aufeinanderfolgenden Welten und ihrer Zerstörung, wie es im Mittelteil des Sonnensteines symbolisch dargestellt ist, bildet einen Hauptbestandteil aztekischer Gedanken und Taten. In ihrer Philosophie war diese Welt nicht ein unvergängliches Geschenk, sondern von Anfang an dazu verurteilt, von den Göttern selbst zerstört zu werden, denn diese waren eher grausam als wohltätig. Für den einzelnen wie für das gesamte Universum war das Leben ein vergängliches Geschenk:

Wie sie sagen, wohnen wir hier nicht,
Noch sind wir gekommen, um hier zu verweilen.
Oh, ich muß die schönen Blumen lassen,
Ich muß hinunter auf der Suche nach dem Jenseits!
Oh, für einen Augenblick wurde mein Herz müde:
die schönen Lieder
Sind uns nur geliehen.

(Cantares Mexicanos)

Die Fünfte Welt, in der die Azteken lebten, war ein vorübergehendes Zugeständnis, das die Götter selbst zunichte machen würden, wenn sie nicht reichlich mit Opfern ernährt würden. Diese zu beschaffen, war eine Verpflichtung, die nicht nur das Wohlergehen der Menschheit sichern sollte, sondern auch ihr Überleben. Der Stein war gleichermaßen eine Mahnung wie eine Legende, da das zentrale Motiv nicht den Tag der Geburt der Sonne, sondern den ihres zukünftigen Untergangs darstellte. Durch die Mühen der Götter ist diese Welt entstanden, durch Menschenopferungen würde sie – aber nur für kurze Zeit – erhalten werden.

Das Leben auf diesem Planeten war so durchdrungen von der Vorstellung einer Pflicht, die getan werden mußte. Diese erfüllten die Azteken und wußten doch, daß sie die schreckliche letzte Stunde nur hinausschieben konnten. Wie wenig konnten sie ahnen, daß die Tage ihres Reiches bereits gezählt waren.

Vernichtende Schlappe gegen die Tarasken

Vier Jahre nach dem Feldzug gegen Toluca wurde ein anderer unternommen, der auf eine weitere Ausdehnung der Grenzen des Reiches in derselben Richtung zielte. In der Zwischenzeit war noch ein Krieg unternommen worden, durch den Tuxpan nördlich von Veracruz an der Golfküste erobert wurde. Dieses Gebiet, das Kernland der Huaxteken, war schon früher von Moctezuma I. überfallen, aber nicht völlig besiegt worden.[128]

Jenseits des Tales von dem erst kürzlich eingenommenen Toluca lag das Land der Tarasken, zu einem großen Teil im heutigen Michoacan gelegen. Es erstreckte sich aber auch bis Queretaro und Guanajuato. Viele taraskische Ortsnamen haben sich bis in die Gegenwart erhalten, insbesondere solche, die mit -aro enden, wie zum Beispiel Queretaro und Patzcuaro.[129]

Der Ursprung der Tarasken ist nicht bekannt. Einer Legende zufolge kamen sie gleichzeitig mit den Mexica aus dem Nordwesten, die, wie es überliefert wurde, ein verwandter Volksstamm gewesen sein sollen.[130] Jedenfalls erschienen die Tarasken ziemlich spät auf dem Schauplatz. Wie die Azteken hatten sie eine Dreierliga gebildet, der die Städte Patzcuaro, Tzintzuntzan und Ihuatzio angehörten.

Alle drei lagen an dem schönen See von Patzcuaro, der heute mit Recht eine Touristenattraktion ist. Ihre Regierung war der der Azteken nicht unähnlich. Jedes Zentrum hatte einen Herrscher, dessen Aufgabe sowohl politischer als auch religiöser Art war. Er wurde von einem ganzen Apparat von Staatsbeamten und Armeekommandanten unterstützt. Die Hauptgottheit der Tarasken war eine Art Feuergott, ein Kult, der in einer Region mit viel vulkanischer Aktivität naheliegt.[131]

Diese Tarasken waren mutig, wenn auch etwas ungehobelt. Männer wie Frauen rasierten ihre Köpfe und enthaarten ihre Körper mit einer Metallzange. Die der Priester waren aus Gold. Diese Nebensache ist von Bedeutung und läßt erkennen, daß die Tarasken hinsichtlich der praktischen Nutzung dieses Metalls weiter waren als die Azteken, die Gold nur für Schmuck verwendeten. Auf die Dauer muß das auf das Kriegspotential Einfluß genommen haben, da die Geräte der Azteken lediglich aus Stein oder Holz waren. Wären die Spanier ein halbes Jahrhundert später gekommen, dann hätten sie es, so wird behauptet, mit den Tarasken und nicht mit den Azteken zu tun gehabt!

Diese mußten selbst erfahren, daß die Tarasken, was auch immer ihre ästhetischen Schranken gewesen sein mögen, gewaltige Krieger waren. Ihre Tempel bestanden aus einer seltsamen Art von Plattform mit einer Reihe runder Türme obenauf. Diese Konstruktionen sind unter dem Namen *yacata* bekannt. Heute ist noch ein gutes Beispiel davon in Tzintzuntzan, ihrem bedeutendsten Zentrum, zu sehen.

Als einleitende Maßnahme eroberten die Azteken im Jahre 1478 Xiquipilco.[132] Schon das war ein harter Kampf, viele Gefangene wurden gemacht, und der gegnerische Herrscher wurde von Axayácatl getötet. Mit dieser Vergeltungsmaßnahme handelte er gegen die Regel, da örtliche Machthaber, wenn der Sieg gesichert war, versöhnlich behandelt wurden.[133]

Es ist nicht völlig klar, warum sich Axayácatl entschied, sein Glück gegen einen solch furchtbaren Feind zu versuchen. Vielleicht hatte ihn das kürzlich besiegte Toluca aufgestachelt. Die Azteken verließen sich grundsätzlich auf große Kampfeinheiten. Diesmal waren sie aber von Anfang an zahlenmäßig unterlegen. Wie ein Bericht sagt, bestanden ihre Streitkräfte aus 24000 Mann gegenüber 40000 Tarasken. Jene hatten außerdem den Vorteil inländischer Nachschubverbindungen. Axayácatl kämpfte schließlich nicht gegen einen Stadtstaat, sondern gegen ein rivalisierendes Reich, das auf eigenem Grund und Boden sein Leben verteidigte.

Vor Beginn der Feindseligkeiten sandten die Tarasken Boten, wie gewöhnlich vier an der Zahl, die des Nahuatl mächtig waren. Sie versuchten, Axayácatl mit folgenden Worten von einem Angriff abzubringen: »Großer Herr, was hat Euch an diesen Ort gebracht? Aus welchem Grunde kommt Ihr hierher? Seid Ihr nicht glücklich in Eurem eigenen Land? Wer hat Euch verleitet, hierher zu kommen? Wären es vielleicht die Matlatzinken, die Ihr vor kurzer Zeit erobert habt? Achtet auf Euer Tun, Herr, denn ihr seid sehr unbesonnen.« (Durán)[134]

Axayácatl, der Nachricht über das riesige Aufgebot der feindlichen Streitmacht hatte, begann sich offensichtlich über den ganzen Feldzug Gedanken zu machen. Er war sogar bereit, ihn abzublasen, ließ sich aber schließlich von seinen Offizieren überreden, den Angriff doch zu übernehmen.

Nach eintägigem Kampf war die Kraft des Feindes ungebrochen, und die Azteken begannen, sich zurückzuziehen. Ihre Befehlshaber waren bestürzt und hielten einen Kriegsrat ab. Ihre Augen, Nasen und Münder waren von Schmutz und Schweiß so verklebt, daß man sie kaum erkennen konnte. Sie waren in gedrückter Stimmung und versuchten sich mit einem Rauschgetränk, *yolatl* genannt, aufzumuntern.[135]

Am nächsten Tag wurde der Kampf wieder aufgenommen. Die aztekischen Streitkräfte wurden wie üblich je nach Vasallenzugehörigkeit in verschiedene Truppenkontingente aufgeteilt. Eines nach dem anderen wurde den Tarasken entgegengeworfen – ohne Erfolg. Die Gegner machten viele Gefangene, darunter auch einen von Axayácatls nahen Verwandten und einen seiner vier Kronräte.[136]

Es wurde beraten, ob man den Kampf abbrechen solle – etwas, was das bisher unüberwindliche Reich niemals zuvor in Erwägung gezogen hatte. Der Oberbefehlshaber stellte nachdrücklich fest, daß es einfach sinnlos wäre, weitere Truppen wie die Lämmer dem Metzger auszuliefern: »Wenn Ihr immer noch dazu entschlossen seid, daß wir hier alle zugrunde gehen, will ich als der Älteste von Euch als Erster sterben. Habt Ihr aber das Gefühl, es wäre richtiger zurückzukehren, um unsere Streitkräfte in Mexiko-Tenochtitlan neu zu formieren, dann laßt es uns tun.« (Tezozómoc) Schließlich erinnerte er sie an den Krieg mit Chalco, der dreizehn Jahre gedauert hatte. Wenn sie den Kampf später fortsetzen könnten, würden sich neue Möglichkeiten ergeben, auch diesen Feind zu überwinden.

Die Reste der Armee räumten eilig das Feld. Die Tarasken waren ihnen hart auf den Fersen, bis die Azteken in den Toluca umgebenden Bergen in Sicherheit waren. Im ganzen hatten sie 20000 Mann verloren, und nur 200 des mexikanischen Truppenkontingents überlebten, von denen viele verwundet waren.

Endlich erreichte Axayácatl mit seiner traurigen kleinen Schar die Außenbezirke von Tenochtitlan, wo er mit Trauer und Wehklagen empfangen wurde. Anläßlich seiner Rückkehr wurden Zeremonien abgehalten wie für Huitzilopochtli selber, dessen irdisches Abbild der Herrscher personifizierte. Der Hohepriester sprach ihm Trost zu, er habe mutig gekämpft, und mit dem Tode so vieler Krieger habe er den Göttern nur Nahrung gegeben.

Aber alle honigsüßen Worte von den Lippen der Schmeichler konnten die bittere Pille nicht versüßen: die mächtigen Azteken hatten eine vernichtende Niederlage erlitten. Wie tief muß die Seelenqual des Herrschers gewesen sein, da er sich seiner Vorfahren nicht würdig erwiesen hatte. Dazu kam noch die Befürchtung, daß eine derartige Demütigung die Loyalität der Untertanen beeinträchtigen könnte und daß sie die günstige Gelegenheit wahrnehmen würden, gegen eine Herrschaft zu rebellieren, die hauptsächlich mit Vergeltungsdrohungen aus der Ferne ausgeübt wurde.

Außerdem hatte das Reich durch die Niederlage einen mächtigen Feind an seiner Flanke bekommen, und niemals wurde ein größerer Versuch unternommen, diese Tatsache zu ändern. Im Nordwesten gab es nun ein Grenzproblem, wie es die fügsameren Leute im Osten und Süden niemals geboten hatten. Später wurden Feldzüge unternommen, um die Grenze zu verstärken, und die Städte in dieser Gegend wurden zum teilweisen Schutz gegen die drohende Gefahr sogar befestigt.

Von den Ereignissen nach dem taraskischen Krieg wissen wir wenig bis zum Tode von Axayácatl im Jahr 1481, der nach einer Regierungszeit von zwölf Jahren starb. Er war Anfang dreißig, also noch ein junger Mann. Durch die Härte der Feldzüge und die Wunden, die er davongetragen hatte, ging wahrscheinlich sein Leben frühzeitig zu Ende.

Er war kein großer König gewesen, aber zumindest ein tapferer. Wie auf der Karte (S. 116) zu sehen ist, erweiterte er das Reich nach zwei Hauptrichtungen: nach Nordwesten mit der Einnahme des Tales von Toluca und der angrenzenden Gebiete, nach Nordosten, um den Druck auf die reichen Küstenländer des Golfs von Mexiko zu verstärken, die von Moctezuma I. überfallen, aber nicht völlig erobert worden waren. Außer den bereits beschriebenen Feldzügen war er auch durch einige Eroberungen im Süden und Südosten in dem Bemühen um die Erweiterung der Grenzen erfolgreich gewesen. So übten die Azteken bei seinem Tod nach fast allen Himmelsrichtungen hin mehr Macht aus als zu Beginn seiner Regierungszeit.[137]

Seine Feldzüge, gleich denen anderer Herrscher, galten unter anderen Orten dem bereits eroberten Cotaxtla, das sich gegen die schweren Abgaben aufgelehnt hatte. Ganz im Gegensatz zu seinen direkten Vorfahren hatte er jedoch auch hier eine demütigende Niederlage erlitten. Es spricht für die Spannkraft der Mexica, daß sie diese Mißerfolge, wie auch die seines kurzlebigen Nachfolgers, überstehen konnten. Schließlich wurden alle diese Fehlschläge durch die militärische Begabung des nächsten Nachfolgers ausgeglichen.

Zu dieser Zeit war der Stamm der Mexica in einigen Nachbarstädten sehr geschwächt worden, aber die Lage war immer noch so, daß sie ein mächtiger Fürst hätte schnell wiederherstellen können. Wie unzuverlässig die Regierungstreue einiger weit entfernter Provinzen auch sein mochte, so hatten die Azteken doch die Völker des Hochtales und der angrenzenden Gebiete fest im Griff. Sogar in ihrer Stunde der Not zögerten zumindest einige, sich den scheinbar unbesiegbaren Spaniern anzuschließen.

Es oblag der ›Weiblichen Schlange‹ *(Cihuacóatl)*, sogar nach dem Ableben des großen Tlacaélel immer noch der Zweithöchste im Lande, den Tod des jungen Herrschers zu verkünden. Er hielt eine feierliche Rede und entbot den Titelträgern Trost.[138] Ähnliche Ansprachen galten den Kriegern und Priestern. Auch die benachbarten Herrscher wurden offiziell benachrichtigt, und sie waren von der Kunde zu Tränen gerührt.
Dann folgte eine eigenartige Feierlichkeit: Jeder der verschiedenen Herrscher brachte vier Sklaven, zwei männliche und zwei weibliche, in der kostbaren Bekleidung der Traueropfer. Einer nach dem anderen wandten sich die Fürsten an die sterblichen Überreste des *tlatoani*, als wäre er noch am Leben, und erinnerten an seine Tapferkeit und Begeisterung für den Krieg. Alle Anwesenden waren tief berührt. Der Herrscher von Texcoco, wie es ihm zustand, sprach zuerst: »Mein Sohn, tapferer junger Mann und vorzüglicher Herrscher, hoher Herr Axayácatl. Zum letzten Mal kann ich Euer Antlitz sehen. Nun seid Ihr dort angekommen, wo Ihr Euren Ahnen und Verwandten begegnet, wo Ihr die Herrlichkeit des Herrn der Schöpfung, von Tag und Nacht, der Luft und des Feuers, erleben werdet. Ich habe dieses kleine Geschenk gebracht, damit Ihr die Zeit in jener Welt auf angenehme Weise verbringen könnt!« (Durán) Mit diesen Worten stellte er die vier Sklaven und die reichen Geschenke vor den Toten.
Der Fürst des dritten Allianzmitgliedes, Tacuba, gab sich noch redegewandter, und die Mexica waren erstaunt über die Eleganz seiner Rhetorik:

»Mein Sohn, allein, wehrlos und ohne Tröstung habt Ihr das Reich und die Stadt Mexiko verlassen, allein dem Belieben des Herrn der Schöpfung anheimgegeben, an diesem Tag und jedem anderen. Nun habt Ihr die Bürde für immer niedergelegt, und das Volk kann nicht länger mehr, wie es gewohnt war, unter Eurer Obhut und Eurem Schutz leben. Ihr seid schon an der Stätte der Götter, Eurer Anverwandten und Ahnen angekommen. Schon ruht Ihr im Schatten jener dunklen Wiesen der neun Mäuler des Todes und in jenem Haus, wo auch Eure Vorfahren sind, das vom Glanz der Sonne erleuchtet ist. Möge nun Euer Körper ruhen, mein Sohn.«[139]

Süddeutscher
Rundfunk
Bibliothek

Viele andere Herrscher einschließlich jener aus der Cuernavaca-Region brachten ihre vier Sklaven und kostbare Geschenke, darunter natürlich Juwelen, Schmuckfedern, Gold und Kakao. Es folgten die regierenden Herren der unabhängigen Staaten, wie Tlaxcala, des öfteren als ›Feinde‹ bezeichnet, die ebenfalls gekommen waren, um ihre Aufwartung zu machen. Die ›Weibliche Schlange‹ gab den Dienern Anweisung, die ›Feinde‹ mit verschwenderischer Gastfreundschaft zu bewirten. Die Sucht der Azteken, Eindruck zu schinden, schien mit der Ausdehnung des Reiches zu wachsen.
Der Chefkoch bestellte 600 Truthähne und viel Wild. Die Frauen von Xochimilco verbrachten zwei ganze Tage mit der Zubereitung von Delikatessen für die Gäste, die über den zur Schau gestellten Aufwand und die kostbaren Geschenke staunten. Damit sie sich nicht als unwürdige Gegner fühlen sollten, bekamen die *señores* der unbesiegten Städte neben anderen Geschenken auch Waffen.
Nach den Reden auf den toten Herrscher wurde ein eigenes Gebäude vorbereitet. Dahinein legte man ein aus Sandelholzspänen hergestelltes Leichenbündel, eine Art Abbild des Toten. Es war mit einer Reihe phantastischer Gewänder bekleidet, die symbolisch die vier Hauptgötter darstellten. Das erste Kostüm war natürlich das Huitzilopochtlis selbst, das zweite vertrat Tlaloc, den Regengott. Der heilige Schrein dieser beiden Götter befand sich im Haupttempel. In der Kleidung des Regengottes trug das Leichenbündel die für diese Gottheit charakteristischen Reiherfedern auf dem Kopf und in den Händen einen Schild und einen als Blitz geformten Stab. Die dritte Robe stellte jenen Gott dar, der den Namen hatte ›Der den *pulque* trinkt in der Nacht‹ und der identisch ist mit dem ›Geschundenen Gott‹.[140] Quetzalcóatl, die ›Grünfederschlange‹, war der vierte der Götter, dessen Bekleidung symbolisch das Abbild des toten Herrschers umhüllte, jene Gottheit, die einst gen Osten entschwand und für die Cortés zunächst gehalten wurde. Dergestalt herausgeputzt, trug das Leichenbündel eine Tigermaske mit einem Vogelschnabel, ein Sinnbild für den Gott des Windes, der die Wirbelstürme verursacht.
Dann traten berufliche Leichenbitter vor und sangen Klagelieder vor dem kostbar aufgemachten Totenbündel. Anschließend gab es den

Leichenschmaus mit verschiedenen Maiskuchen und Kannen voll Kakao. Die führenden Persönlichkeiten zogen hintereinander in der vorgeschriebenen Ordnung am Abbild des Herrschers vorbei, legten Blumen auf die Figur und besprengten sie mit Duftwasser. Dann folgten die von den regierenden Fürsten gestifteten Sklaven, alle prächtig gekleidet. Die Schmuckkassetten des Verstorbenen wurden gebracht und die Sklaven mit den Juwelen geschmückt, die er getragen hatte. Anschließend kamen ebenfalls reich gekleidet die Zwerge und Buckligen. Dem Abbild wurden Becher mit *pulque* angeboten, die dann für die Sänger übrigblieben.

Schließlich wurde das Bündel herausgenommen und zusammen mit der Leiche des Herrschers vor der Statue Huitzilopochtlis verbrannt. Als angemessene Vorbereitung für den Dienst bei ihrem Herrn in der nächsten Welt wurden die versammelten Buckligen und Zwerge folgendermaßen angesprochen: »Meine Söhne, mögt Ihr glücklich Euren Herrn Axayácatl im anderen Leben antreffen, das Euch mit reichen Gaben und allen Wonnen der Welt erwartet. Achtet darauf, die Dinge, die Eurem Herrn gehörten, nicht zu verlieren, sondern sie sicher zu ihm zu bringen.« (Tezozómoc)

Dann ließen sie Axayácatls große Trommel ertönen, schnitten die Herzen der Zwerge und Buckligen heraus und warfen sie in die Adlerschale. Die führenden Azteken bedankten sich bei den benachbarten Herrschern für die Teilnahme an der Trauerfeierlichkeit. Bevor die Gäste für die Schlußzeremonien wieder nach Tenochtitlan zurückkehrten, fasteten sie achtzig Tage. Niemand unterließ es, wiederzuerscheinen.

Unrühmliches Zwischenspiel

Nach dem Tode Axayácatls wurde sein älterer Bruder Tízoc zum Herrscher gewählt. Wie viele *tlatoanis* war er zuvor einer der beiden Oberbefehlshaber und ein Mitglied des Kronrates der Vier gewesen.

Die von dem kleinen Wahlkomitee gewünschten Eigenschaften waren: »Sie gaben Stimmen ab für alle Söhne der führenden Adelsschicht; Soldaten; mutige Kämpfer; bewährt im Krieg, die den Feind nicht fürchteten; die keine Trunkenbolde waren und vom Wein nicht wußten; die sich nicht verblüffen ließen; die aber umsichtig waren, fähig und klug; mit vernünftiger und untadeliger Erziehung; die gut reden konnten, die gehorsam, gütig, verschwiegen und intelligent waren« (Florentine Codex). Bei anderen Anlässen hatten die erwählten Herrscher diese Eigenschaften in reichem Maße besessen.

Jedoch auch der Weiseste kann sich irren, und diesmal war die Wahl verhängnisvoll. Die Folge war ein unrühmliches Zwischenspiel in der mexikanischen Geschichte. Glücklicherweise dauerte es nicht lange, Tízoc regierte nur von 1481 bis 1486.[141] Ungeachtet seines militärischen Ranges zeigte er als Herrscher für Religion mehr Neigung als für die Kunst des Krieges.

Zu den einleitenden Feierlichkeiten vor Tízocs eigentlicher Krönung gehörten das rituelle Durchstechen der Nase und das Einfügen eines zierlich gearbeiteten Smaragds; er wurde auch mit Ohrpflöcken aus Smaragden und Gold geschmückt. Er bestieg dann seinen Thron, dekoriert mit Adlerfedern und bedeckt mit Jaguarfellen, der unter dem Namen Adler- und Jaguarthron bekannt ist. (Die Bedeutung des Adler- und Jaguarordens der Ritter wird im nächsten Kapitel erklärt.) Als nächstes unterzog er sich der bereits beschriebenen Selbstopferung, der rituellen Blutentziehung aus Ohren und Schenkeln, die er mit einem spitzen Jaguarknochen mit Goldgriff vollzog.

Der Herrscher von Texcoco hielt folgende Ansprache:

»Allmächtiger Herr und tapferer Jüngling. Ihr habt den fürstlichen Thron aus kostbaren und schönen Federn geerbt und den Festsaal mit erlesenen Steinen, den der Gott Quetzalcóatl, der große Topiltzin und der herrliche und glorreiche Huitzilopochtli zurückgelassen haben. Dieser Fürstenthron ist Euch nur geliehen, auch nicht für immer, sondern nur für kurze Zeit. Die tapferen Herrscher vor Euch haben das Reich gefestigt und erweitert, insbesondere Euer Großvater Moctezuma, teuren und verehrten Andenkens, unter dessen langem Leben sich das Reich zu einem Ruhmesgipfel wie nie zuvor aufgeschwungen hat.

Aus diesem Grunde, Herr, denkt daran, nicht kleinmütig zu sein. Achtet sorgfältig darauf, was Ihr tut. Nehmt Rücksicht auf Waisen und Witwen, auf die Alten, die nicht länger mehr arbeiten können, denn sie sind die Federn, die Wimpern und Augenbrauen Huitzilopochtlis. Ihr sollt den Adlern und Jaguaren, diesen mutigen und heldenhaften Männern, besondere Beachtung schenken, denn sie sind ein Schutzwall der Verteidigung für Euch und für das Reich, und sie erweitern dessen Grenzen mit eigenem Blutvergießen. Mit diesen Worten, o Herr, ende ich meine Rede.« (Durán)

Darauf folgten, wie üblich, viele andere Ansprachen.

Die Worte Nezahualpillis von Texcoco mögen uns steif und weitschweifig erscheinen wie die meisten der aztekischen Moralpredigten. Sie sollen aber erwähnt werden, da sie die aztekische Auffassung des gerechten Herrschers veranschaulichen, dessen Regieren eine Pflicht, kein Recht war. Nezahualpilli beruft sich zuerst auf den göttlichen Charakter des Amtes – verschiedene Herrscher, Tízoc eingeschlossen, waren vorher sowohl Priester als auch Krieger gewesen. Der *tlatoani* ist nicht nur der Stellvertreter Huitzilopochtlis, sondern auch anderer Götter und Helden der Toltekenzeit, an die sich die Azteken wie an ein goldenes Zeitalter erinnerten.[142]

Er wird dann an das Vergängliche seiner Regierung erinnert, da er nur auf Lebenszeit erwählt ist, und an den Ruhm seiner Vorfahren, denen er nacheifern soll. Danach wird seine doppelte Berufung als Beschützer der sich plagenden, breiten Masse und als höchster Offizier der mächtigen Krieger seiner Aufmerksamkeit empfohlen. Die erste Aufgabe ist besonders wichtig. Durch die ganze aztekische Geschichte bemerkt man den Bürgersinn des Herrschers und sein Pflichtgefühl dem gewöhnlichen Bürger gegenüber. Trotz des den *tlatoani* umgebenden Nimbus war sein Bereich kein durch geheiligtes Recht erworbener persönlicher Besitz, sondern eine Verantwortung auf Treu und Glauben. Was auch immer die Fehler des Systems gewesen sein mögen, die niederen Klassen betrachteten in der gesamten mexikanischen Geschichte die Herrscher als an die Pflicht gebunden, die Rechte des kleinen Mannes zu schützen und für seine Bedürfnisse zu sorgen – eine Obhut, die völlig wegfiel, als sie den abwesenden spanischen Landbesitzern übergeben wurden.

Ungeachtet der bewegten Reden und schönen Kleider war der Regierung Tízocs kein anfänglicher Ruhmesglanz beschieden.
Die offizielle Krönung wäre ohne zahllose Opfer unvollständig geblieben. Es war für einen neuen Herrscher gebräuchlich und erforderlich, daß er einen größeren Feldzug unternahm. Diesmal war das ausgewählte Opfer Metztitlan.[143] Diese Region lag im äußersten Norden des damaligen Reiches. Später war dieses Land von aztekischem Hoheitsgebiet umgeben, blieb aber, da es niemals ganz erobert wurde, immer unabhängig. Der örtliche Herrscher besaß viele untertänige Städte und Dörfer und beherrschte sogar zur Zeit der spanischen Eroberung, nach vielen aztekischen Angriffen, immer noch einen ausgedehnten Bereich. Seine Untertanen erfreuten sich eines guten Rufes als Krieger. Wenn sie nicht gleich beim ersten Mal Erfolg hatten, kamen sie so lange wieder, bis der Widersacher überwältigt war.
Bei dieser besonderen Gelegenheit gab es keinen Vorwand für einen Krieg. Die aztekischen Streitkräfte wurden mobilisiert und in den nördlichen Grenzgebieten des Reiches zusammengezogen. Tízoc, der seine Armee begleitete, wählte eine merkwürdige Taktik, indem er für den Angriff nur Söldnertruppen aus den nördlichen Provinzen benutzte, während er die aztekische Hauptstreitmacht in Reserve hielt. Die Verteidigung der anderen Seite war durch Huaxteken von der Golfküste verstärkt worden, alles Feinde der Mexica und immer noch nur teilweise erobert. Die örtlichen Truppen, als Speerspitze des Angriffs eingesetzt, waren dieser Aufgabe nicht gewachsen und wurden zum Rückzug gezwungen. Dann wurde die Hauptarmee, das mexikanische Kontingent, in die Schlacht geworfen. Einige der härtesten Kämpfe mußten Achtzehn- bis Zwanzigjährige ausfechten, die zweifellos, wie gewöhnlich, von erfahrenen Kriegern durchsetzt waren. Sie machten vierzig Gefangene und trieben den Feind über den Grenzfluß seines Gebietes zurück. Aber im Verlauf des Kampfes hatten die Azteken 300 Mann verloren, und so endete für sie das Gefecht nicht sehr glorreich. Zu diesem Zeitpunkt bliesen die Offiziere zum Rückzug, und die Armee zog ab. Anscheinend hatte der zaghafte Tízoc schon vorher das Weite gesucht.

Der Empfang der zurückkehrenden Armee mit ihrer kleinen Gefangenenschar war recht traurig. Trotzdem gab es als Teil der Krönungsfeierlichkeiten ein vollständiges Opferritual. Dazu gehörte ein festlicher Tanz, an dem 200 Oberhäupter und Ritter in einem vom Herrscher zur Verfügung gestellten glänzenden Aufputz teilnahmen.

Baumeister auf dem Thron

Zu dieser Zeit wuchs Nezahualpilli von Texcoco heran. Trotz seiner Thronbesteigung im zarten Alter von sieben Jahren gelang es ihm zu überleben und zu einem jungen, begabten Mann in einer Vollkommenheit heranzuwachsen, die seinem Vater ähnelte. Während Nezahualpillis langer Regierungszeit blieb Texcoco zumindest ein Partner von Tenochtitlan, wenn auch nicht ein gleichwertiger, so doch auch nicht ein bloßer Vasall.
Als junger Mann war Nezahualpilli, dem Vernehmen nach, darum bemüht, sich als Krieger auszuzeichnen, und es gelang ihm, seine Feuertaufe in jungen Jahren zu erhalten. Die Chronisten berichten, daß ihm jeder Tag wie tausend Jahre erschienen sei, bis er sich auf dem Schlachtfeld bewähren konnte. Täglich übte er sich im Gebrauch der Waffen und probierte seines Vaters Insignien an, mit denen er sich in der Öffentlichkeit nicht sehen lassen durfte. Selbst Herrscher waren von der Regel nicht ausgenommen, daß gewisse Abzeichen nur von denen getragen werden durften, die Gefangene gemacht hatten. Wenn auch kaum noch im späteren Leben, so übte er sich doch zu dieser Zeit in spartanischer Zucht und schlief in grobe Decken gehüllt auf dem nackten Boden.
Offensichtlich jedoch mag, sogar in diesem frühen Alter, die Zurschaustellung seiner militärischen Begeisterung ein wenig vorgetäuscht gewesen sein, denn seine älteren Brüder warfen ihm vor, daß er nicht in den Krieg ziehe. Sie behaupteten sogar, Texcoco habe als Herrscher nichts anderes als einen weichlichen Knaben, der sich in den Juwelen und dem Staat gefiel, die sie selbst im Krieg errungen hätten. Auf diese Schmähungen antwortete Nezahualpilli, daß er bitter bereue, zu jung zum Kämpfen gewesen zu sein, aber nun werde er sich an einem Feldzug beteiligen. In der Tat begleitete er

seine Armee auf einer Expedition an die Golfküste, wo neben anderen Orten Orizaba eingenommen wurde. Diese Stadt war schon früher erobert worden, hatte aber offensichtlich wieder einmal gegen die Tributzahlungen rebelliert. Unter Tízocs Regierung beteiligte er sich auch an anderen Feldzügen, insbesondere im Bereich zwischen Texcoco und der karibischen Küste, wo es einen starken texcocanischen Einfluß gab.

Schon in seiner Jugend zeigte Nezahualpilli sein Talent als Baumeister; er baute seines Vaters Tempel und Paläste um und vergrößerte die in der vorausgegangenen Regierung begonnenen Gärten und Wasserspiele. Der verschwenderische Luxus des fürstlichen Haushaltes wurde größer: Im Verlauf eines Jahres verbrauchten der Palast und zahllose Beamte 31000 Scheffel Mais, 5000 Scheffel Paprikaschoten, 8000 Truthähne und 574000 Umhänge. Diese Massen von Erzeugnissen entstammten meist den Tributzahlungen, sogar unsere texcocanischen Quellen behaupten, daß diese ursprünglich in Tenochtitlan verteilt wurden, ein weiterer Beweis für dessen Vorrang. Von dem, was er bekam, hielt Nezahualpilli als weiser Herrscher für den Fall von Mißernten ein großes Vorratslager.

Nezahualpilli war auch ein berühmter Liebhaber. Es wird berichtet, er habe 2000 Konkubinen gehabt, aber nur vierzig gebaren ihm Kinder. Von seiner ehelich angetrauten Frau, einer Nichte Tízocs, hatte er elf Sprößlinge. Aber wie so viele Fürsten bevorzugte er die Gesellschaft der Freundinnen. Seine Lieblingsfrau wurde ›Die Dame von Tula‹ genannt – nicht etwa wegen adeliger Herkunft, sie war nur eine Kaufmannstochter, aber sie war so gescheit, daß sie verstandesmäßig dem Herrscher und seinen Weisen ebenbürtig war. Sie war sogar eine feinsinnige Dichterin. Ihr Einfluß war so groß, daß Nezahualpilli ihr alle Wünsche erfüllte.

Der Stein des Tízoc

Von Tízocs Unternehmungen gegen Ende seiner Regierungszeit ist wenig bekannt. Wie verlautet, zog er es vor, sich in seinen Palast zurückzuziehen. Den öffentlichen Angelegenheiten zeigte er wenig Aufmerksamkeit und fast gar keine an Kriegen zur Vergrößerung des Ruhmes der Mexica.

Um gerecht zu sein, muß aber hervorgehoben werden, daß er als Architekt Talent hatte. Unter seiner Regierung wurde ein bedeutender Erweiterungsbau am Großen Tempel begonnen, den dann sein Nachfolger vollendete. Zum Andenken an den Herrscher haben wir außerdem den berühmten Stein des Tízoc. Dieses großartige runde Monument zeigt diesen Herrscher, wie er eine Anzahl von Gefangenen an den Haaren hält, ein Symbol für die eroberten Städte, die durch ihre entsprechenden Glyphen bezeichnet sind. Ein solcher Stein war auch für Moctezuma angefertigt worden, aber nur der für Tízoc ist erhalten geblieben.[144] Wir haben von dem englischen Reisenden William Bullock eine anschauliche Beschreibung, der den Stein im Jahre 1822 im Boden eingegraben auf dem großen Platz vor der Kathedrale entdeckte, ungefähr neunzig Meter von der Stelle entfernt, wo damals der Sonnenstein lagerte. Man konnte nur die obere Fläche des Tízoc-Steines sehen, offensichtlich mit der Absicht, die blutdürstige Natur der betreffenden Riten der Phantasie der Leute zu überlassen.

»Ich habe Indianer gesehen, die im Vorbeigehen Steine auf das Monument warfen, und einmal sah ich einen Knaben hinaufspringen, der die Fäuste ballte, mit dem Fuß aufstampfte und andere Gebärden des größten Abscheus machte. Da mir gesagt wurde, daß die Seiten mit historischen Bildhauerarbeiten bedeckt seien, bemühte ich mich beim Klerus um die Erlaubnis, die Erde ringsum wegräumen zu lassen, was er nicht nur erlaubte, sondern darüber hinaus auf seine eigenen Kosten ausführen ließ. Ich habe vom ganzen Steinmantel Abgüsse gemacht – er hat einen Umfang von ungefähr acht Metern und besteht aus fünfzehn verschiedenen Gruppen von Figuren. Sie stellen die Eroberung der verschiedenen Städte, deren Namen dabeistehen, durch die Krieger der Mexica dar. Durch die Figuren bekommt man hinsichtlich der prunkvollen Kostüme der alten Krieger mehr Hinweise, als anderweitig zu haben sind. Die Arbeit, Abgüsse zu machen, dauerte mehrere Tage, und während der ganzen Zeit war der Platz von Leuten umgeben. Und obgleich sie sich sehr ordentlich und höflich verhielten, äußerten sie des öfteren ihr Erstaunen über die Motive, die mich veranlassen könnten, mir mit dem Kopieren dieses Steines solche Mühe zu machen. Einige wollten

wissen, ob die Engländer, die sie für Nichtchristen hielten, dieselben Götter verehrten wie die Mexikaner vor ihrer Bekehrung.«
(Bullock, Six Months Residence and Travel in Mexico)

Die Einstellungen zur Geschichte ändern sich mit der Zeit, und nun hat das Monument einen Ehrenplatz im Nationalmuseum für Anthropologie.
Der Stein schildert bestimmte Eroberungen, als seien sie von Tízoc gemacht worden, und es scheint, daß er, ungeachtet seiner Ängstlichkeit, den Kampf aufnahm, um eine Rebellion in Toluca, das schon von seinem Bruder erobert worden war, zu unterdrücken. Es ist auch möglich, daß er in den Staaten Guerrero und Oaxaca gewisse Eroberungen machte.[145]
Jedenfalls erreichte seine Leistung nicht den Rang, den man von einem mexikanischen Fürsten erwartete. Sein früher Tod kam darum von Staats wegen sehr gelegen, er mag sogar künstlich beschleunigt worden sein. Torquemada bestärkt Vermutungen, daß er ermordet wurde, verknüpft damit aber ein Element von Magie, indem er einer Neigung folgt, in den Annalen des alten Mexiko Tatsachen mit Phantasie zu verbrämen. Nach seiner Darstellung wollte der Herrscher von Ixtapalapa aus unbekannten Gründen Tízoc töten. Da er keinem seiner Leute diese Aufgabe anvertrauen wollte, überredete er den Herrscher von Taxco, einige Hexen zu schicken. Zwei oder drei wurden abgesandt, die Tízoc behexten, als er aus seinem Palast kam. Er ging zurück, blutete unaufhörlich aus dem Mund und starb.
Die unmittelbaren Gründe seines Todes sind nicht ganz klar. Aber im Hinblick auf die gottähnliche Rolle des *tlatoani* und die Ehrfurcht, die Moctezuma II. sogar als gefangener Herrscher noch einflößte, sollten Erzählungen von Tízocs Ermordung mit Vorsicht aufgenommen werden.

6. Kapitel
Der Löwe von Anahuac[146]

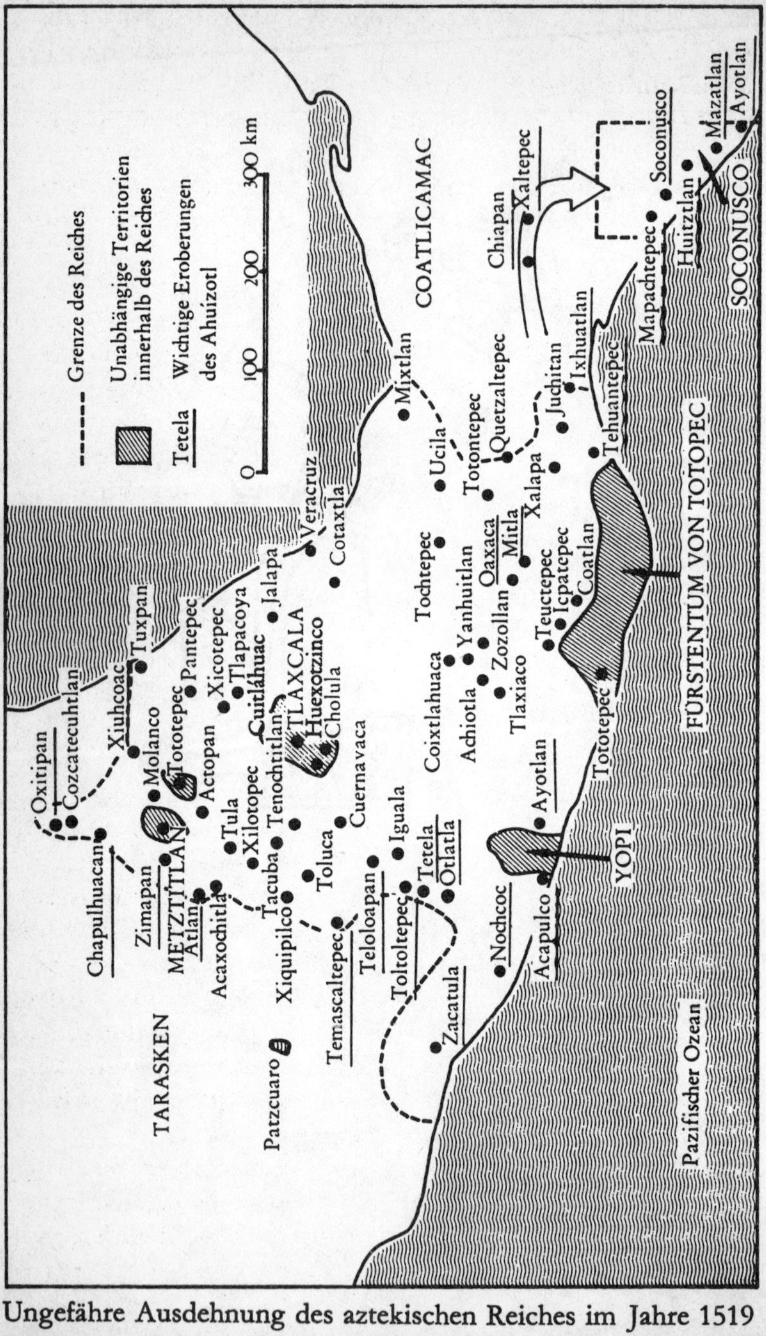

Ungefähre Ausdehnung des aztekischen Reiches im Jahre 1519

Vier Tage nach Tízocs Tod, im Jahre 1486, versammelte sich die mexikanische Oberschicht, um einen neuen Herrn zu wählen.[147] Es war eine ernste Angelegenheit. Nach dem frühen Tod des letzten Herrschers und den Rückschlägen der vergangenen Jahre war das aztekische Reich aus dem Gleichgewicht geraten, und die unterworfenen Völker waren widerspenstig geworden. Eine weitere Fehlwahl hätte nicht wiedergutzumachendes Unheil über das Reich bringen können.

Es war naheliegend, daß der jüngere Bruder der beiden letzten Herrscher der Kandidat sein würde. Man folgte damit dem Brauch, die Nachfolge lieber von einem Bruder auf den anderen zu übertragen als vom Vater auf den Sohn. Einige Berater waren anfänglich gegen diesen Schritt: »Sie wollten das nicht, da Mexikos Größe jemanden erforderte, der reif und verehrungswürdig sei, jemanden, vor dem die Völker Ehrfurcht und Achtung hätten!« (Durán) Diese Einwände hatten glücklicherweise wenig Gewicht, und so wurde Ahuítzotl, der jüngere Bruder Tízocs, gewählt.[148] Er war zu dieser Zeit noch jung, sollte aber bald seinen Mut beweisen. Sofort ergingen Einladungen, um die Wahl zu feiern. Die Nachricht, daß die Sonne, die sich verdunkelt hatte, wieder scheine, verbreitete sich bis in alle Winkel des Reiches.

Die glückliche Wahl

Und wirklich sollte die Sonne den Azteken während dieser Regierungszeit mit einem Glanz scheinen, der niemals übertroffen wurde. Wie ein Stern, dessen Licht sich auf eindrucksvolle Weise verstärkt, bevor es plötzlich und für immer erlischt. Das Wahlkollegium hatte mit seiner ganz selbstverständlichen Entscheidung einen Giganten unter den Menschen gefunden. Tenochtitlan und in der Tat das ganze Reich besaß nun einen Herrscher von heroischer Haltung, der den Völkern selbst in weit entfernten Gebieten seinen Willen aufzwang, wohin bisher nur Händler vorgedrungen und mit phantastischen Erzählungen zurückgekommen waren.

Die beiden großen aztekischen Eroberer unterschieden sich sehr voneinander. Moctezuma I., schon bei seinem Regierungsantritt ein älterer Mann, hatte seine größten Feldzüge nicht persönlich angeführt. Er war jedoch ein fähiger Verwaltungsfachmann und ein Organisationstalent. Ahuítzotl dagegen war untrennbar mit seinen Armeen verbunden, wie entlegen ein Schlachtfeld auch sein mochte, und wurde berühmt als genialer Feldherr. Wollte man Moctezuma mit Julius Caesar vergleichen, dann hatte Ahuízotl Ähnlichkeit mit Alexander.

Wie einige seiner Vorgänger war er bereits einer der beiden Befehlshaber, als er zum Herrscher gewählt wurde. Er war ein Mann von außergewöhnlichem Charakter. Seinen Freunden gegenüber war er großzügig, aber erbarmungslos gegenüber seinen Feinden. Er besaß ungewöhnliche Führungsqualitäten, und immer teilte er die Strapazen mit seinen Soldaten und spornte sie durch sein Beispiel zu übermenschlichen Leistungen an. Bisweilen konnte er nicht nur hart, sondern sogar grausam sein. Er vermehrte die Menschenopfer, bis sie zu wahren Massenvernichtungen wurden. In seinen Unterhandlungen mit unterworfenen Regenten konnte er herrisch, wenn nicht sogar skrupellos sein.

Nezahualpilli von Texcoco fiel die Aufgabe zu, die Ansprache bei der Wahl des neuen *tlatoani* zu halten – wobei er gewohntermaßen dem Gedanken Ausdruck gab, daß der Herrscher zusammen mit Huitzilopochtli die Last der Sorge für den Unterhalt seines Volkes zu tragen habe. Bei solchen Gelegenheiten zeigte sich Nezahualpilli von seiner besten Seite. Diese Staatsfeierlichkeiten waren aber auch, wie wir später sehen werden, mehr nach seinem Geschmack als die von ihm erwartete Teilnahme an den anstrengenden Feldzügen Ahuítzotls. Das bereits beschriebene Ritual, mit dem die feierliche Einführung des Herrschers, aber noch nicht die erst später folgende Krönung eingeleitet wurde, bestand aus dem Durchstechen der Nasenflügel und dem Einsetzen des Edelsteinpflocks, aus der Einkleidung mit dem fürstlichen Staatsgewand und der formellen Huldigung für Huitzilopochtli. Viele Stücke der fürstlichen Insignien, einschließlich eines Mantels aus einem mit Juwelen besetzten Geflecht, waren türkisfarben: die Farbe des Gottes und Herrn des Südlichen Himmels.[149] Auch die Handelsleute machten ihre Aufwartung. Sie genossen, wie schon früher erwähnt, eine besondere Stellung und spezielles Ansehen in der Gemeinschaft.

Ahuítzotl paßte sich schnell den Sitten und Gebräuchen an und begann seinen ersten Feldzug, um Ritualopfer für seine Krönung zu beschaffen. Dieser Herrscher, der spätere Eroberer von riesigen Flächen pazifischen Küstenlandes und von Gebieten an den Grenzen Guatemalas, wählte für den Beginn seiner Operationen ein näherliegendes Angriffsziel – die ziemlich unfruchtbare und bereits einmal eroberte Region nordwestlich seiner Hauptstadt. Es kam durchaus häufiger vor, daß ein neuer Herrscher Gebiete, die zuvor unterworfen waren, erneut unter sein Joch zwingen mußte.[150]
Zunächst überwand er den Widerstand Xiquipilcos und anderer Städte der Umgebung. Durán nennt in diesem Zusammenhang außer Xiquipilco Xocotitlan, Cuauhuacan, Cilan und Maxahuacan. Nach diesen Erfolgen zeigte die Armee, an dynamische Führung nicht mehr gewöhnt, eine gewisse Kampfmüdigkeit. Ahuítzotl untersagte aber jedem Soldaten bei Todesstrafe, sich von der Truppe zu entfernen. Dann eroberte er Chiapa (nicht zu verwechseln mit Chiapas an der Guatemala-Grenze, das später unterworfen wurde). Mit Truppenkontingenten aus verschiedenen Tributbezirken wurde ein Frontalangriff unternommen, während die Mexica selbst auf einem von einem örtlichen Verräter preisgegebenen Pfad vorwärtsdrangen, die Stadt mit einem Überraschungsangriff nahmen und den Tempel stürmten, der neben seiner religiösen Bedeutung auch die eines Stützpunktes im Kriege hatte – später sollten die Spanier häufig den Vorteil spüren, den der Schutz der hohen Pyramiden bot. Die Sieger töteten alle Priester und zündeten deren Wohnsitze an. Die feindlichen Streitkräfte kapitulierten, es wurden viele Gefangene gemacht. Die Stadt wurde geplündert, was eine für die Krieger gebräuchliche Belohnung war.
Der Angriff auf den nächsten Ort in der Marschlinie, Xilotepec, endete in Barbarei. Die Truppen waren ihres Sieges so sicher und so gierig auf Beute, daß sie aus Reih und Glied ausbrachen und wie ein Schwarm Heuschrecken, alles vernichtend, in die Stadt einfielen. Den Feind verließ bald der Mut, und die riesige Armee wälzte sich in die ungeschützte Stadt. Die Bürger flehten Ahuítzotl an, seine Soldaten zurückzuhalten. Er schickte seine Offiziere aus, um die

Plünderung zu bremsen, aber sie mußten die Truppen, bereits mit Kriegsbeute beladen, mit Gewalt aus den Häusern zerren. Pater Durán bemerkt trocken, daß der Vorgang an Plünderungen Roms erinnerte oder an die Verwüstungen, die manchmal von den Spaniern angerichtet wurden.

Die siegreiche Armee kehrte in die Hauptstadt zurück, und nach den wie gewöhnlich endlosen Begrüßungsansprachen begaben sich auch die Herrscher der Tributbezirke auf den Heimweg.

Krönungsfeier mit Pomp und Prunk

Der Tag für die offizielle Krönung des *tlatoani* stand nun fest. Wie bei allen diesen Gelegenheiten wurden keine Mühen gescheut, um die Nachbarvölker auf die Zeremonien aufmerksam zu machen:

»Bei den Vorbereitungen für ein Fest war es die Absicht der Mexikaner, ihren Herrscher bekannt zu machen und dafür zu sorgen, daß ihre Feinde, die von Tlaxcala, Huexotzinco, Cholula und anderen Städten dieser Provinz, wie auch die von Michuacan und Metztitlan sich der Größe Mexikos bewußt würden. Sie sollten eingeschüchtert werden und das Fürchten lernen. Durch die Üppigkeit und den Reichtum an Edelsteinen und anderen bei den Feierlichkeiten zur Verteilung kommenden Aufmerksamkeiten sollten sie das Ausmaß des Wohlstandes von Mexiko kennenlernen, seine Tapferkeit und seine Vortrefflichkeit. Letzten Endes hatte die protzige Schaustellung und Prahlerei das Ziel, als Besitzer aller Reichtümer dieser Erde und ihrer schönsten Provinzen Furcht einzuflößen. Zu diesem Zweck veranstalteten sie diese Feste und Zeremonien mit so viel Glanz und Pracht.« (Durán)

Dieses Zitat läßt sehr genau die Besessenheit erkennen, welche die wirkliche Wurzel des aztekischen Eroberungstriebes war – nicht nur der Drang, Eindruck zu machen, sondern buchstäblich mit Hilfe von Schaustellungen gewaltigen Ausmaßes eine Schreckensherrschaft zu verbreiten.
Der Anlaß brachte große Vorbereitungen in Gang. Damit alle Ge-

bäude in gutem Zustand und frisch gestrichen waren, arbeiteten Tischler und Maurer Tag und Nacht. Stein-, Gold- und Federarbeiter plagten sich pausenlos, um den Schmuck für Tanz und Festlichkeit herzustellen. Sogar an ein Gartenfest war gedacht worden, wofür Blumenschmuck, der auch für die Opferzeremonien unerläßlich war, vorbereitet wurde, einerseits für die Tempel, wo die feierlichen Handlungen stattfanden, andererseits für die Zuschauertribünen. Bei dieser Gelegenheit wurden gezielte Anstrengungen unternommen, um die Aufmerksamkeit der Herrscher der bisher unbesiegten Territorien zu erregen. Der diplomatische Dienst befand sich noch ziemlich in den Anfängen, Gesandte mußten unterwegs immer um ihr Leben fürchten und waren vom Glück begünstigt, wenn sie nicht durch Grenzposten getötet oder verschleppt wurden. Sie gingen sogar des Nachts und benutzten wenig begangene Bergpfade.

Das von dem großen Moctezuma eroberte Reich beherrschte immer noch die unterworfenen Völker, und so konnte mit ihrer Anwesenheit gerechnet werden. Aber unter Tízoc hatte das Reich derart an Ansehen verloren, daß es viele unabhängige Herrscher wagten, die Einladung auszuschlagen – obwohl dies einer Beleidigung gleichkam und oft als Rechtfertigung für eine Strafexpedition herangezogen wurde. Die Herrscher von Tlaxcala meinten, sie könnten selbst jederzeit und nach ihrem eigenen Belieben in ihrer eigenen Stadt Feste veranstalten, und andere Orte gaben ähnliche Antworten.

Unter diesen Umständen war es nicht verwunderlich, daß der Herrscher der siegreichen Tarasken die Einladung kurzerhand ablehnte und an die kürzliche Demütigung der Azteken erinnerte: »Zweifellos seid Ihr übergeschnappt. Erst wollt Ihr Krieg, und dann sucht Ihr Frieden. Wie könnte ich mich sicher fühlen und in Eurer Mitte essen und trinken, nach allem, wie Ihr mich behandelt habt?« Die armen Boten antworteten verwirrt: »Mächtiger Herr, es gibt Zeiten der Feindschaft, und es gibt Zeiten der gutnachbarlichen Höflichkeiten – eines nach dem anderen. So bittet Euch mein Herr und Fürst, Streit und Krieg zu vergessen und als Angehöriger der Sippe und Verwandter mit Euren Edelleuten zu kommen, um ihn damit bei seiner Krönung zu ehren« (Durán). Damit das Volk nicht eine geheime Abmachung auf seine Kosten für möglich hielt, könnten sie im Schutz der Dunkelheit Eingang bekommen. Aber die Botschaft war umsonst. Der taraskische Herrscher meinte, Ahuítzotl möge sich krönen lassen, wo und wann es ihm beliebe, weder er noch irgend jemand seines Volkes würde sich herbeilassen zu kommen. Trotz der schier krampfhaften Anstrengungen, eine große Besucherzahl zu erreichen, war der Herrscher von Cholula einer der wenigen unabhängigen Fürsten, die kamen, nachdem er buchstäblich mit dem Versprechen üppiger Geschenke bestochen worden war. Besondere Anweisungen ergingen an die Haushofmeister von Tributprovinzen, nichts zu unterlassen, um ihre Bequemlichkeit sicherzustellen. Nachdem sich die Gäste versammelt hatten, wurden tausend Gefangene der vergangenen Kriege geopfert. Die endlosen Zeremonien und feierlichen Tänze dauerten vier volle Tage, und vier verschiedene Gesänge wurden angestimmt, die vier verschiedenen Völkern gewidmet waren.

An einem einzigen Tag wurden Geschenke verteilt, die der Masse der Tribute entsprach, die in einem Jahr nach Tenochtitlan flossen. Einen Begriff von den riesigen Mengen, die eingingen, haben wir schon vermittelt: Zum Beispiel wurden jährlich 33 000 Handvoll Federn geliefert. Das entsprach etwa dem, als hätte man bei der Krönung Eduards VII. die gesamten Staatseinkünfte des britischen Imperiums einschließlich aller in Indien gefundenen Edelsteine verschenkt. Nur eine Manie zu einer Schaustellung von grenzenlosen Ausmaßen konnte solche Freigebigkeit erklären. Diese Feier gab den Ton an für Ahuízotls Regierung – einen Mann, der nichts Halbes machte.

Der Soldatenkönig

Bald nach der Feier verbreitete sich die Nachricht, daß die gesamte huaxtekische Provinz in Aufruhr sei. Diese war, wie wir uns erinnern, zum Teil von Axayácatl erobert worden.

Ahuítzotl war nicht der Mann, solch einen Feldzug auf die leichte Schulter zu nehmen, noch die Mühsal ohne Unterstützung zu erdulden. Darum ließ er alle Herrscher kommen und sagte ihnen, es sei sein Wille, daß sich alle am Krieg beteiligten. Diesmal willigten alle ein.

Die Armeen wurden schleunigst mobilisiert. Ahuítzotl befahl einen

Eilmarsch an die feindliche Grenze, um einen Überraschungsangriff in Szene setzen zu können und so dem Feind keine Zeit zu lassen, seine Verteidigung vorzubereiten. Unterworfene Städte entlang der Marschroute wurden abkommandiert, die Armee mit allem notwendigen Nachschub und zusätzlichen Kriegern zu versorgen. Der Herr von Huachinanco selbst gesellte sich zur Armee und lud Ahuítzotl ein, bei ihm im Palast zu wohnen. Dieser aber erwiderte: »Es gehört sich nicht für einen guten Herrscher und mutigen Krieger, sein eigenes Feldlager zu verlassen« (Tezozómoc). Als der Soldaten-König, der er war, zog er es vor, alle Beschwerden seiner Truppen zu teilen. Der untergebene Herrscher mußte sich mit der Übersendung von Körben mit Nahrungsmitteln und Blumen in das Zelt seines Herrn zufriedengeben.
Ahuítzotl hielt die gewohnte Ansprache an seine Armee und fügte diesmal die nützliche Warnung hinzu, daß alle, die nicht mit ganzer Kraft kämpften, Rang und Amt verlieren würden. Als mächtiger Befehlshaber trachtete er danach, bei den Männern, die er anführte, sowohl Furcht als auch Zuneigung zu wecken.
Als einleitende Maßnahme gegen die feindliche Hauptstadt Xiuhcoac ließ er eine Aufklärungstruppe von 1200 Mann auf allen Seiten der Stadt aufmarschieren und die Wachtposten festnehmen.[151] Zweihundert weitere Kundschafter wurden vorgeschickt, und wieder einmal trug der unfehlbare mexikanische Trick, der Hinterhalt, zum Sieg bei. Der ahnungslose Feind ließ sich anlocken, ging in die Falle und wurde von allen Seiten angegriffen. Es gab viele Tote und Gefangene. Die besiegten Herrscher erfreuten Ahuítzotl mit riesigen Geschenken einschließlich vieler Papageien und Aras. (Ganz abgesehen vom Vorrat an Federn, der als Tribut einging, wurden in Tenochtitlan viele Vögel gehalten, deren Federn man regelmäßig zupfte.)
Nach einer Zeit wohlverdienter Ruhe und Feste machte sich die Armee, begleitet von einer endlosen Kolonne von Gefangenen, auf den Rückweg in die Hauptstadt. Es war ein huaxtekischer Brauch, die Nasenflügel zu durchstechen, was sich als sehr praktisch für die Eroberer erwies, die sie einfach an ihren Nasen auffädelten und in langen Reihen laufen ließen. Sie sangen traurige Lieder beim Marschieren und brachen in lautes Wehklagen aus. Die gefangenen Mädchen

und Kinder, deren Nasen noch nicht gelocht waren, wurden mit den gewohnten Holzjochen um ihre Hälse gesichert. Als die siegreiche Armee Tenochtitlan erreichte, herrschte überall große Freude. Die Gefangenen wurden auf die verschiedenen städtischen Distrikte verteilt. Willkommensreden wurden auf sie gehalten, und sie bekamen Verpflegung und Blumen, besondere Kleidung und Kakao, das Getränk, das im allgemeinen der Oberschicht vorbehalten war.

Die Weihe des Großen Tempels

Bald nach diesem Feldzug, im Jahr 1487, das heißt im Jahr nach der Thronbesteigung des Herrschers, wurde endlich der Große Tempel nach der von Tízoc angeregten letzten Umgestaltung vollendet. Das war ein außergewöhnliches Ereignis und eine Gelegenheit für Feierlichkeiten von gewaltigen Ausmaßen. Die üblichen Einladungen wurden verschickt, sowohl an unterworfene Fürsten als auch an unabhängige Herrscher. Die herkömmliche Aufforderung war durch die Anweisung an zweitrangige Fürsten, Opfergefangene mitzubringen, mit einer gewissen Spitzfindigkeit verbunden. Damit sollte die von den Mexica bereits aufgebotene Unzahl von Gefangenen noch vermehrt werden. Diese konnten nicht allein von dem jüngsten, soeben beschriebenen Feldzug stammen. Ahuítzotl hatte bereits in der kurzen Spanne seiner Regierung vorbereitende Feldzüge in andere Himmelsrichtungen unternommen, um die Voraussetzungen für künftige Eroberungen an der pazifischen Küste und gegen die Grenze nach Guatemala zu schaffen.[152] Diese Unternehmungen lieferten eine reiche Beute an Gefangenen.

Diesmal war es Ahuítzotl Ernst; die Ablehnung seiner Einladung wäre als *casus belli* angesehen worden. Dic unglücklichen Gesandten, die diese Sendschreiben zu überbringen hatten, sahen sich den üblichen Gefahren ihres Berufes gegenüber und machten sich mit der Möglichkeit vertraut, anstatt sicher zurückzukehren, eine Beute wilder Tiere zu werden. Aber nach dem ersten Blitzkrieg ihres Herrn war dessen Ruhm als ein Mann, dem man mit Ehrfurcht zu begegnen hatte, bereits weitverbreitet. Diesmal wagte es niemand, seinem Geheiß zu widerstehen, sogar der taraskische Herrscher

sandte eine freundliche Antwort. Die Tlaxcalteken gingen so weit, sich überschwenglich für ihre Ablehnung einer früheren Einladung zu entschuldigen. Die glückliche Rückkehr der Boten mit den Zusagen der Herrscher ließ bei Ahuítzotl eine andere Seite seines Wesens ans Licht kommen: Wißbegierde. Er ließ sich von den Boten genau über die Gebräuche der Völker, die sie besucht hatten, berichten, über ihre Tempel, Häuser, Zeremonien, Götter und sogar über das Essen und Trinken, das diese ihnen vorgesetzt hatten.
Die auswärtigen Machthaber kamen allmählich an, alle im geheimen und nachts. Es wurde stets als unzweckmäßig betrachtet, dem kleinen Mann Gelegenheit zu geben, die Schlichtung der Streitigkeiten ihrer Herrscher zu beobachten. Für die harmlosen Gemüter des Volkes waren Nationen entweder immer Freunde oder immer Feinde. Gegenteilige Feststellungen hätten ihren kriegerischen Eifer vermindern können. Für die Volksmeinung war der Kriegskult mit der Vorstellung eines Waffenstillstandes nicht vereinbar. Nach ihrer heimlichen Ankunft wurden die Herrscher alle von Ahuítzotl begrüßt; sie bekamen einen ersten verschwenderischen Anteil an Geschenken und wurden mit Spezialitäten bewirtet. Durán berichtet darüber:

»Alles wurde mit der Absicht bestellt und angeordnet, die Größe und Überlegenheit Mexikos seinen Feinden, Gästen und ausländischen Besuchern gegenüber zu manifestieren – und sie mit Ehrfurcht und Bestürzung zu erfüllen, wenn sie gewahr wurden, wie Mexiko über das ganze ausgedehnte und fruchtbare Reich mit so vielen unterworfenen Völkern die Herrschaft ausübte. ... Alle diese zur Verteilung bestimmten Reichtümer wurden dem fürstlichen Schatzmeister oder Kämmerer abgeliefert, damit er sie den Anordnungen gemäß verteilen konnte, und insbesondere, um den Bedürfnissen der Priester für den Dienst an den Göttern und für die religiösen Zeremonien zu genügen. Zudem mußte das von den Steinschneidern, den Metall- und Federarbeitern benötigte Material zur Anfertigung von Kleinodien, Federschmuck, Stirnbändern und anderen schönen Gegenständen beschafft werden, mit denen die Fürsten und großen Herren zu beschenken waren. Damit sollte sich nicht nur die Größe und Pracht von Mexiko offenbaren, sondern auch die Umgestaltung und Vollendung des Großen Tempels mit einem Fest feierlich begangen werden.«

Vier Tage Massenopferungen

Für die Zeremonien wurden besonders sorgfältig ausgearbeitete Vorbereitungen getroffen. Die anderen Tempel der Stadt wurden frisch gestrichen. Heute hat man sich an den Anblick des Gesteins gewöhnt, mit dem die äußere Schicht der Pyramide verkleidet ist. Das ist der allgemein anerkannte Brauch für restaurierte mexikanische Monumente geworden, und wir übersehen, daß die Tempel im allgemeinen eine dicke, leuchtend bemalte Stuckschicht an der Außenseite hatten. Ohne den neuzeitlichen Mörtel hatte der Stuck übrigens die Eigenschaft, dem Tempel Halt zu geben.[153]
Der Bevölkerung der benachbarten Städte war bei Todesstrafe befohlen worden, in die Hauptstadt zu kommen. Niemand durfte diese Feier versäumen, und nicht ein Mann, eine Frau oder ein Kind waren in den Straßen ihrer Stadt zu finden.
Die armen Gefangenen, ordnungsgemäß angemalt und mit Federn geschmückt, wurden in endlosen Schlangen auf den drei Hauptdämmen aufgestellt, die vom Norden, Süden und Westen in die Stadt führten, während eine vierte Reihe östlich bis ans Ufer der Lagune reichte. Es sollen 80400 gewesen sein, wie von verschiedenen Quellen wiederholt berichtet wird. Aber eine derartige Unmenge von Menschen in einer etwa 300000 Einwohner zählenden Stadt zu töten, erscheint uns heute als eine glatte Unmöglichkeit – vergleichsweise würde das die Tötung von Millionen Menschen in London oder auch in der Stadt Mexiko in wenigen Tagen bedeuten. Auch bei den von den spanischen Konquistadoren angegebenen Zahlen über die feindlichen Streitkräfte ist Vorsicht geboten, sogar wenn man eine Null streicht. Im vorliegenden Fall scheint selbst eine Zahl von 8400 noch weit übertrieben zu sein![154]
Ahuítzotl begann, unterstützt durch die verbündeten Herrscher von Texcoco und Tacuba, wie auch von der ›Weiblichen Schlange‹ oder Cihuacóatl, dem Nachfolger des großen Tlacaélel, in Begleitung einer Menge Priester, mit dem Menschenopfer. Sie waren gleich den Gefangenen wie die verschiedenen Götter eingekleidet. Ahuítzotl

und seine Mitregenten feierten den Anlaß mit einem sehr guten Lunch und gingen anschließend mit Blumen geschmückt zum Tempel und erstiegen die steilen Stufen. Die Opferung dauerte vier ganze Tage. Als Ahuítzotl und seine fürstlichen Kollegen vom Aufschneiden der Brustkörbe der Opfer müde wurden, übernahmen die Priester an deren Stelle die Opfermesser. Ströme von Blut ergossen sich überall und sammelten sich sogar unter den Stufen des Tempels. Am fünften Tag hatte die Schlächterei ein Ende, und der *tlatoani* verabschiedete seine Gäste. Die ›Feinde‹ der unabhängigen Staaten brachen nachts auf, in Kanus voller Geschenke. Den Ruderern war verboten, das Geheimnis ihres Auftrags zu verraten. Die Strafe für einen Verstoß gegen diesen Befehl bedeutete den Tod für sie selbst und Armut für ihre Frauen. Ahuítzotl belohnte auch die unterworfenen Fürsten reichlich, ebenso wie die verschiedenen Gruppen der Kunsthandwerker, die so viel zu dem weitgerühmten Erfolg des Ereignisses beigetragen hatten.

Menschenopfer als sakrale Riten

Mit unserem heutigen Denken ist es unmöglich, auch nur ungefähr die alte mexikanische Einstellung zum Menschenopfer zu begreifen. Der Schock, den unsere Gefühle erleiden, wenn wir uns einem Blutbad dieses Ausmaßes gegenübersehen, verhindert jede sachliche Beurteilung der mexikanischen Zivilisation als Ganzes. Die spanischen Eroberer waren aufrichtig empört über diese Praktiken, die zwischen ihrer Religion und jener der Indianer eine Schranke errichteten.

In vieler Hinsicht ist es bemerkenswert, daß sich höhere Zivilisationen in tatsächlicher Isolierung von jenen der Alten Welt entwickeln konnten und doch, wenn auch in unterschiedlichen Formen, Institutionen und Gebräuche entstehen ließen, die ganz genau den Fürsten, Adligen, Beratern, Rittern, Kriegern, Richtern, Gerichtshöfen, Marktplätzen – und sogar der Praxis des Menschenopfers entsprachen. Trotz dieser Ähnlichkeiten war aber die Auffassung vom Leben im alten Mexiko in vieler Hinsicht ganz anders. Es ist für einen Europäer schon schwierig genug, den Denkprozeß des heutigen mexikanischen Indianers zu ergründen, der weit entfernt ist von seiner eigenen Geisteshaltung, ohne daß der moderne Mexikaner die Ahnen der Vorzeit überhaupt erwähnt. Das Problem wird weiter erschwert durch die Art unserer Information über die Dinge. Viele unserer Kenntnisse über das Gedankengut und die Religion der höheren Zivilisationen der Alten Welt stammen aus Originaldokumenten in der Form entschlüsselter schriftlicher Texte. Andererseits, ungeachtet der Kodizes, Gedichte und Lieder, erreicht uns die Kunde von der mexikanischen Religion vornehmlich durch spanische Darstellungen.

Die Berichte Sahagúns und anderer Chronisten, die sie bei ihren Gewährsleuten gesammelt hatten, sind wegen ihrer Einzelheiten und ihres Verständnisses bewundernswert. Gleichzeitig jedoch scheint immer etwas von dem zu fehlen, was die Azteken den Mönchen von ihrem früheren Glauben erzählten. Um ein offenkundiges Beispiel zu erwähnen, gibt es eine Überfülle von Tatsachen über die äußeren Manifestationen der mexikanischen Religion, einschließlich hervorragender Beschreibungen der äußeren Zurschaustellung des endlosen Gepränges und der Feierlichkeiten. Insbesondere gibt es eine Menge von Berichten über die verschiedenen Formen der Menschenopfer und der dazugehörigen Riten. Es ist aber nie genau erklärt, *warum* sie diese Dinge taten. Wir mögen jede Einzelheit über den Aufputz, der getragen wurde, und über die ausgeführten Tänze wissen, aber praktisch nichts von dem, was im Innern der Teilnehmer vor sich ging. Was zum Beispiel waren die Wirkungen auf die Frauen und Kinder aus Xochimilco, die Ahuítzotls Massenhinrichtungen ansehen mußten?

Aufgrund bestimmter historischer Quellen neigen zeitgenössische Schriftsteller dazu, das Thema etwas oberflächlich abzutun, indem sie einfach behaupten, die aztekischen Menschenopfer seien fast ganz und gar durch die dringende Notwendigkeit veranlaßt worden, die Sonne auf ihrem täglichen Lauf zu erhalten und damit die Welt vor der Vernichtung zu bewahren. Dies ist zum Teil richtig, doch lassen solche Behauptungen vieles ungeklärt. Bevor man aber die tatsächlichen Beweggründe untersucht, sollten andere Gesichtspunkte nicht vergessen werden, wenn man an dieses letztlich unergründliche Problem herankommen will. Einmal darf man nicht vergessen, daß, für moderne Denkungsart kaum verständlicher, andere

Völker der Vorzeit allgemein auf irgendeiner Stufe ihrer Entwicklung Menschenopfer ausgeübt haben, auch wenn sie es später aufgaben. Das war nicht nur der Fall in Mesopotamien, wo während der frühen Dynastien Sklaven in den Gräbern ihrer fürstlichen Herren geopfert wurden, sondern auch in Ägypten und China – nicht zu reden vom alten Griechenland und dem republikanischen Rom, deren gelegentliche Sklavenopfer so leicht vergessen werden.
Das Opfern menschlichen Lebens selbst – die höchste Hingabe an das Göttliche – ist die Regel in der Entwicklung unserer Arten, und jede Unterscheidung zwischen den Azteken und anderen Völkern ist nur eine Frage der Größenordnung. Die Azteken unterschieden sich vielleicht in ihrem Hang, das Tempo der Menschenopfer mit zunehmender Entwicklung ihrer Zivilisation eher zu beschleunigen als umgekehrt. Und sogar mit dieser Vermutung gerät man in die Gefahr der Verallgemeinerung. Es scheint tatsächlich, daß die Azteken die Ausübung der Massenopfer größten Ausmaßes entwickelten, wir haben aber keine Gewißheit, ob sie es waren, die das wirklich als erste ausführten.[155]

Immer größere Opferungen und immer neue Kriege

Es mag jedoch richtig sein, daß das Menschenopfer bei den Azteken sich aus einer Eingebung zu einer Besessenheit entwickelte. Diese Strömungen brachten in die ganze Lage einen neuen Faktor der Unsicherheit, da immer größere Opfer immer neue Kriege notwendig machten, welche die Kräfte des ganzen Reiches beanspruchten. Was auch immer die Ursprünge gewesen sein mögen, zweifellos gab es Massenopferungen zur Zeit der spanischen Eroberung, und es muß zugegeben werden, daß dieser Brauch im Gegensatz zum Einzelopfer ein ungewöhnliches Phänomen war, selbst wenn sich so etwas auch in anderen Gegenden, wie zum Beispiel in Westafrika, ereignet hat.
Doch auch wenn die Azteken das Tempo beschleunigten, haben sie weder in Mexiko noch anderswo das Menschenopfer eingeführt. Das Vorhandensein von Opfermessern, von Abbildungen menschlicher Herzen, von Blut als dem geheiligten Stoff sind Beweise dafür, daß in Teotihuacan bereits tausend Jahre, bevor die Azteken er-

schienen, Menschenopfer üblich waren. Auch der Kult des Geschundenen Gottes und die Existenz der Adler- und Jaguar-Ritter, die das diesem Kult gewidmete Gladiatorenfechten ausführten, sind schon vor den Azteken nachweisbar. Die Wandmalereien dieser Zivilisation mögen paradiesische Zustände schildern, die in ihrer unschuldigen Schönheit fast hedonistisch anmuten – die Wirklichkeit aber mag grausamer gewesen sein. Ihr Hauptidol, der Regengott Tlaloc, war sicherlich dem Menschenopfer, insbesondere von Kindern, nicht abgeneigt. Die aus zwanzig Tagen bestehenden Monate im rituellen aztekischen Kalender waren durch mehr Opfer für diesen Gott als für ihren eigenen, Huitzilopochtli, bestimmt.[156]

So gibt es sogar im goldenen Zeitalter von Mexiko Hinweise, daß das Leben weder so friedlich noch so idyllisch war, wie es die Darstellungen gepflegter Heiterkeit in ihren Kunstwerken vermuten lassen. Es finden sich Anzeichen von Menschenopfern und kriegerischen Handlungen sowohl auf der Hochebene als auch im Tiefland der Mayas. Das Herausschneiden von Herzen ist in vorzüglichen Reliefs dargestellt, Wandmalereien zeigen Sieger, die Gefangene an den Haaren herbeiziehen, und gelegentlich wird als Trophäe ein Kopf als Schmuck getragen. Die Ansicht, die Azteken seien allein die bösen Teufel, findet bei gleichgültigen Dilettanten mehr Anklang als bei Sachkennern, die verpflichtet sind, gründlichere Untersuchungen anzustellen.

Darüber hinaus muß man um der Gerechtigkeit willen daran erinnern, wie sehr umgekehrt die Azteken entsetzt waren über die Praxis der Spanier, Leute für gewöhnliche Verbrechen wie auch für religiösen Irrglauben bei lebendigem Leibe zu verbrennen, und das nicht als Menschenopfer betrachteten, oder Gefangene als Sklaven mit Brandzeichen zu versehen – ein Verfahren, das im alten Mexiko unbekannt war, wo vielmehr Sklaven festbegründete Rechte als menschliche Wesen besaßen und nicht nur als Eigentum galten. Die Azteken hätten niemals einen ihrer eigenen Herrscher gefoltert, wie die Spanier mit Cuauhtémoc verfuhren, um die Sucht nach Gold zu befriedigen.

Die Gründung von Tenochtitlan. Im Zentrum der Adler, der sich auf einem Kaktus niedergelassen hat; er ist umgeben von den zehn Herrschern der Mexica.

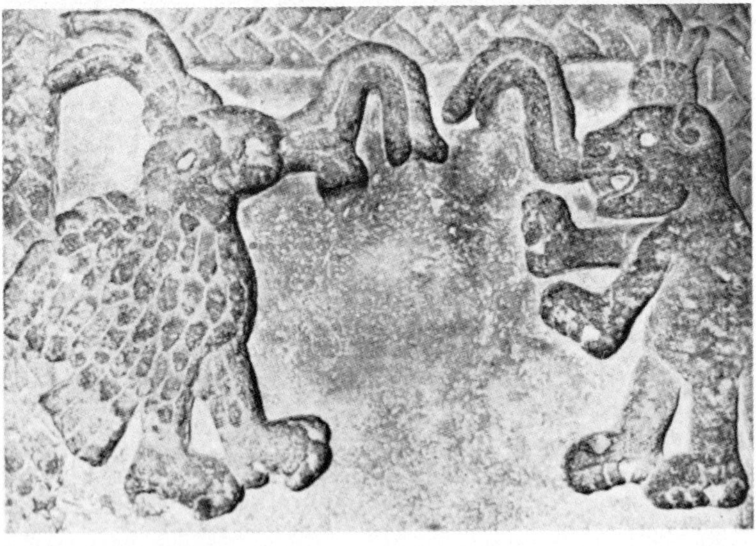

Oben: Eine höchst phantasievolle spanische Darstellung, die eine Reise mexikanischer Eingeborener beschreibt.
Unten: Eine Unterhaltung zwischen einem Adler und einem Jaguar, wie an den Mündern der beiden Tiere deutlich zu erkennen ist.

Die Göttin Coatlicue und Mutter von Huitzilopochtli; sie trägt einen Schlangenrock.

Oben: Ein Jaguar-Kopf aus dem Tempel der Adler- und Jaguar-Ritter in Malinalco.
Unten: Die Pyramide von Tenayuca; das Bild zeigt die Schlangenmauer.

Teil des ‹Tízoc-Stein›, der – von runder Form – aus einer Reihe von Tízoc-Porträts besteht. Dieser Ausschnitt beschreibt eine von Tízocs Eroberungen; er hält gerade einen Gefangenen an den Haaren fest.

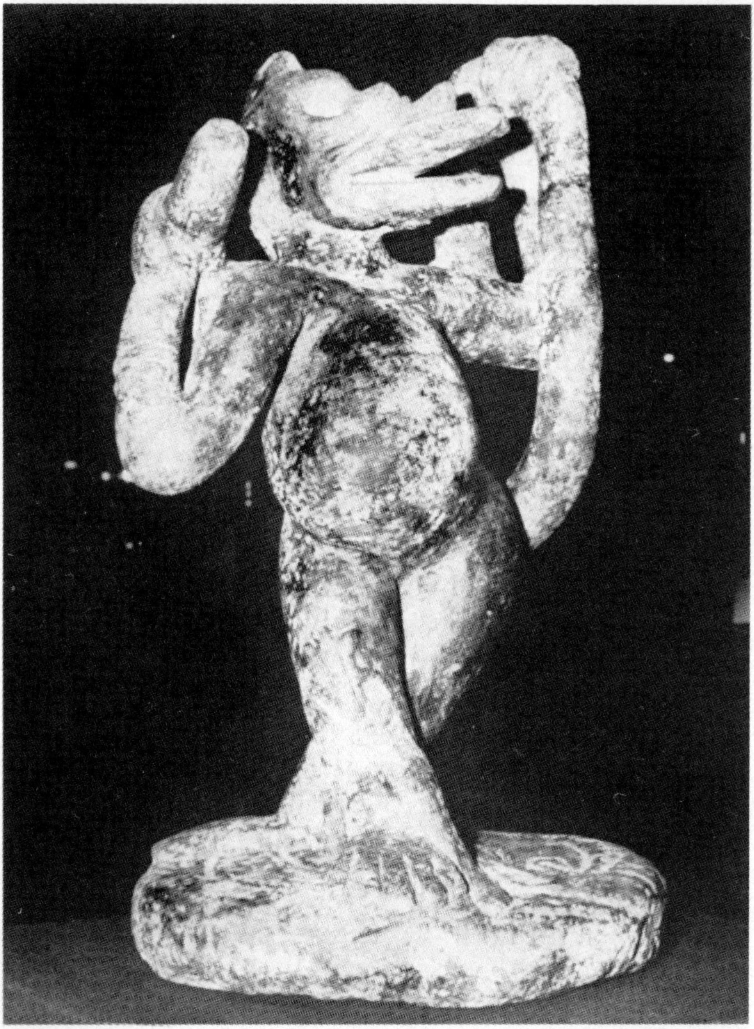

Ehécatl, Gott des Windes, in der Gestalt eines Affen; er trägt die Schnabelmaske Quetzalcoatls. Es handelt sich um die wohl zierlichste Figur, die während der Tunnelarbeiten für die Untergrundbahn von Mexico City gefunden wurde.

Seitenansicht einer Schlangen-Skulptur (Schlagenmauer der Pyramide von Tenayuca).

Oben: Macuilcóchitl, Gott der Musik; er tritt als Schildkröte in Erscheinung.
Unten: Die Quetzalcoatl-Pyramide, die heute in der Metrostation ‹Pino Suarez› in Mexico City besichtigt werden kann.

Tlatelolco mit den Überresten der großen Pyramide, die Cortés bestiegen hat und von der Miquihuix mit seinem Lieblingszwerg hinabgestürzt wurde. Im Mittelpunkt des Bildes steht die Kirche ‹Santiago de Tlatelolco›.

Beide Illustrationen stellen zwei Szenen aus dem Leben der Azteken dar:
Oben: Gefangene zu machen, war ein wichtiges Kriterium für den militärischen Erfolg. Ehrenzeichen – den Rang betreffend – wurden gewährt gemäß der Gefangenenzahl, die der einzelne Krieger erreichte.
Unten: Eine alte Frau trinkt *pulque* aus einer Schale – freier Genuß von Alkohol war nur für die über Fünfzigjährigen oder zu besonderen Gelegenheiten erlaubt.

Oben: Der erste Herrscher von Tenochtitlan, Acampichtli, wie er in der ‹Historia› des Pater Dúran dargestellt wird. Links ist noch einmal seine Hand, die Schilf festhält, abgebildet.
Unten: Moctezuma I. erhält von Nezahualcóyotl die Ehrenkrone.

Sitzender *macehual* oder Bauer, der dem Stand der *macehualli,* d.h. der Gemeinfreien, angehört.

Oben: Ein Modell des Zeremonien-Zentrums von Tenochtitlan. Im Hintergrund ist der ‹Große Tempel›, überragt von den Schreinen des Huitzilopochtli und des Tlaloc. Unmittelbar davor ist der typische runde Tempel des Quetzalcoatl.
Unten: Eine Ansicht von Tenochtitlan, wie es die Spanier gesehen haben mögen.

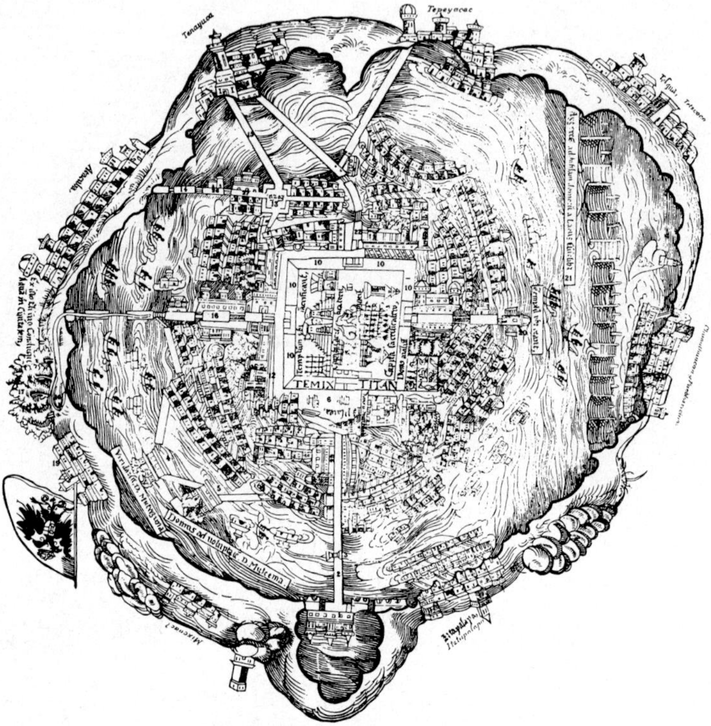

Der Plan von Tenochtitlan, der traditionell Hernán Cortés zugeschrieben wird, aber wahrscheinlich von einem seiner Nachfolger stammt. Die Dämme sind deutlich zu sehen.

Oben: Als die Spanier zum erstenmal die Küste von Mexiko erreichten, glaubten die Beobachter am Strand, im Meer bewegten sich ‹große Berge›.
Unten: Rückzug der Spanier von Tenochtitlan; sie halten Armbrüste und Feuerwaffen in ihren Händen.

Diese Kodex-Illustration zeigt verschiedene Formen von Gewaltanwendungen, wie sie die Spanier gegenüber den Mexikanern durchführten: von Zwangsarbeit bis zu gewalttätigen Ausschreitungen.

Diese Gesichtspunkte beziehen sich jedoch auf *unsere* Einstellung zu dieser Frage. Was noch unbeantwortet ist: Was war *ihre* Einstellung?

Die gebräuchliche Erklärung – die zwingende Notwendigkeit, die Sonne auf ihrem Lauf zu erhalten und damit das Bestehen der Welt zu sichern – ist mindestens zum Teil richtig. Die Legende von der Erschaffung der Fünften Sonne und ihrer schließlichen Zerstörung durch ein Erdbeben wurde bereits erklärt. Der Mensch lebte somit auf geliehene Zeit, vom Zwang besessen, die Götter zu beschwichtigen, deren Zeitspanne zu verlängern und das Jüngste Gericht abzuwenden. Eroberungen waren für das Reich nicht nur ein Trieb, sondern auch eine Notwendigkeit – um genügend Opfer zu beschaffen und damit durch die Zustimmung der Götter den Bestand der Welt zu sichern. Das bedeutete nicht eine Beschwichtigung der Götter, um besser leben zu können, sondern einfach die Voraussetzung, um überhaupt am Leben zu bleiben!

Viele Opfer widmete man der Sonne oder Huitzilopochtli, zum Teil selbst ein Sonnengott. Man muß sich aber immer daran erinnern, daß Menschen nicht nur dieser Gottheit geopfert wurden, sondern auch zahllosen anderen mit jeweils vorgeschriebenen Opferriten. Zum Beispiel wurden Opfer des Feuergottes verbrannt, die des Regengottes oft ertränkt und die des Gottes der Jagd mit Pfeilen durchbohrt. Jeder der aus zwanzig Tagen bestehenden Monate hatte seine besondere Fastenzeit und seine Opfer, die meistens mit sehr alten Göttern in Verbindung zu bringen sind.

Daraus geht hervor, daß viele der Opferungen anderen Zwecken gewidmet waren als nur dem Fortbestehen der Welt. Als Moctezuma mit den Spaniern über die alten Götter der Azteken sprach, bezogen sich diese Gespräche meist auf den Zwang, die Götter zu beschwichtigen, nicht nur, um sich der Siege in ihren Kriegen, sondern auch, um sich reicher Ernten zu versichern. Diese Berichte erwähnen nicht die Notwendigkeit, die Welt vor der Vernichtung zu retten.

Vielleicht aber stellen sich uns die wesentlichsten Schwierigkeiten entgegen, wenn wir Stellung und Verhalten der Opfer selbst untersuchen. Es ist wahrscheinlich nicht falsch zu behaupten, daß sie zu

Zeiten *für* Huitzilopochtli, als der Sonne, geweiht waren; aber im allgemeinen glaubten die Opfer selbst, daß sie zu dem Gott würden, dem sie gewidmet waren. Nun ist es etwas schwierig, sich einen Gefangenen als *Opfer* für einen Gott vorzustellen, wenn er schon der *Gott selbst* war. In einem gewissen Sinn starben sie also *als* Gott und nicht *für* den Gott. Man sprach oft von den Gefangenen als von den ›Söhnen der Sonne‹, auch wurde bereits berichtet, wie sie bei so vielen Gelegenheiten gefeiert und geehrt wurden und für die Opferhandlung mit dem Kostüm der Gottheit selbst bekleidet waren. In bestimmten Fällen vollführten sie sogar für den Gott typische Tätigkeiten, die mit der Legende seines Lebens in Zusammenhang standen.[157]

Diese Verkörperung des Gottes durch den Betroffenen erklärt das offensichtliche Fehlen eines Widerspruches gegen die Opferung. Einerseits wissen wir von dem ungewöhnlichen Ritual, wo der Gefangene seinen Eroberer mit ›mein geliebter Vater‹ anspricht, während er von diesem ›mein geliebter Sohn‹ genannt wird. Es scheint in der Tat, daß die eigentliche Eroberung der entscheidende Umstand war.

Sobald sich das abgespielt hatte, hielt sich der Gefangene für einen Auserwählten der Sonne oder des Gottes und fühlte sich damit besonders geehrt. Seine Opferung war daher nicht bloß eine freiwillige Handlung, sondern fast ein Höhepunkt in einer Kette von Ereignissen, die im Augenblick der Gefangennahme bereits vorbestimmt war. Solchermaßen tief beeinflußt war der sittliche Kodex, der für uns so ganz und gar unbegreiflich ist. Ein moderner Krieg mag seine Opfer unter Zivilisten wie unter Soldaten fordern, aber die Vorstellung von einem rein freiwilligenTod ist im allgemeinen nicht gegenwärtig, nicht einmal unter denen, die sich gern für die gefährlichsten Aufgaben stellen, aber zumindest versuchen, am Leben zu bleiben. In der mexikanischen Geschichte jedoch gibt es viele Beispiele, einerseits bereitwillig den Tod auf dem Opferstein hinzunehmen, andererseits auf dem Opfertod nach einer Gefangennahme zu beharren. Der bemerkenswerteste Fall ist der von Tlahuicole von Tlaxcala, der während der Regierung Moctezumas II. gefangen wurde. Danach führte er einen erfolgreichen Feldzug gegen die Tarasken an. Darauf bot ihm der *tlatoani* seine Freiheit an; er aber bat darum, geopfert zu werden. Bevor er zusammenbrach, tötete er acht Gladiatoren mit dem lediglich mit Federn bewehrten traditionellen Stab. Ein weiteres Beispiel bieten die beiden jungen Männer, die während Cortés' Abwesenheit von Tenochtitlan bei Pedro Alvarados unglückseligem Gemetzel im Tempel gefangen wurden. Empört lehnten sie Cortés' Angebot ab, sie freizulassen, und verlangten, geopfert zu werden.

Was sicherlich diese Neigung zur Selbstverleugnung und die Bereitwilligkeit, den Tod auf sich zu nehmen, gestärkt hat, war nicht nur der im westlichen Denken fehlende orientalische Fatalismus; außerdem hielt sich ein gewisser Glaube an Belohnungen im Leben nach dem Tod. Es waren die Krieger, die während eines Kampfes getötet oder nach der Gefangennahme geopfert wurden, die im Haus der Sonne wohnen und die Huitzilopochtli, die Morgensonne, auf dem ersten Teil seiner Tagesreise begleiten würden. Bei der Ankunft im Westen gab es eine Begrüßung durch eine andere bevorzugte Gruppe, die ›weiblichen Götter‹ *(cihuateteo)*, die Frauen, die im Kindbett gestorben waren – bei der Erzeugung von Kanonenfutter für die aztekischen Armeen.

Sogar die bevorzugten Krieger konnten sich nicht auf ewig ihrer Vorrechte erfreuen. Nach vier Jahren des Vergnügens, die Sonne zu begleiten, kehrten sie in Gestalt von Kolibris auf die Erde zurück und lebten von da an, von wildem Honig nippend, so für alle Zeit. (Abgesehen von der Bindung der Kolibris mit Huitzilopochtli im alten Mexiko ist es vielleicht von Interesse zu wissen, daß diesem winzigen Vogel auch heute noch ein Zusammenhang mit dem Jenseits zugeschrieben wird. Für Kenner des Okkulten ist es nicht ungewöhnlich, den Erwerb eines mumifizierten Kolibris zu empfehlen – diese sind dann gewöhnlich mit roten Fäden umwickelt. Damit sie die bösen Geister besänftigen, werden täglich Kerzen vor ihnen aufgestellt.)

Die dem Regengott Geopferten kamen zusammen mit denen, die durch Ertrinken oder Wassersucht, Lepra oder venerische Krankheiten gestorben waren, direkt in das grüne Paradies dieser Gottheit, und auch sie waren ein bevorzugter Clan. Aber der Rest der Menschheit, Prinz oder Hungerleider, sah sich einer trostlosen Zukunft gegenüber. Sie waren für die neunte Unterwelt bestimmt, wo sie unter der grimmigen Bewachung des Gottes der Schattenwelt eingesperrt waren. (Die Köpfe aus Zuckerguß, die am 2. November, dem Tag der Toten, in ganz Mexiko verkauft werden, erinnern an Zeichnungen des Gottes, die man in Kodizes finden kann.) Um seine dunklen und unwirtlichen Gefilde zu erreichen, mußten sie sogar noch vier Jahre durch eine Art Fegfeuer, um dann einen großen Fluß mit Hilfe eines kleinen Hundes zu überqueren, der oft mit ihren sterblichen Überresten begraben wurde. Im Gegensatz zu dem griechischen Höllenhund Cerberus war es die Aufgabe dieses Hündchens, den Eintritt in die Unterwelt zu erleichtern und nicht, ihn zu verhindern.

Bedeutsamer zukünftiger Lohn wurde so dem Geopferten in Aussicht gestellt. Außerdem war die Allgemeinheit durch eine pessimistische Lebensphilosophie zu Massenopfern genötigt: die Welt der Fünften Sonne war vergänglich, und die unausweichliche Notwendigkeit der Stadt und des Reiches war es, sich immer und ewig vergeblich zu bemühen, die Sonne am Himmel zu erhalten.

Was bei diesen Gemetzeln völlig fehlte, waren Gefühle von Haß und Quälerei. Auf keinen Fall wurde es für bösartig gehalten, den Göttern Menschen zu opfern; es wäre im Gegenteil eine große Sünde gewesen, es nicht zu tun. Moctezuma mußte sich ständig die größte Mühe geben, Cortés dies zu erklären. Während wir genau so wenig imstande sind wie die spanischen Eroberer, diesen Brauch zu entschuldigen oder auch nur zu verstehen, muß er jedoch als wesentliches Element der mexikanischen Zivilisation verstanden werden.

Der Vormarsch nach Westen

Es gelüstete Ahuítzotl nun, neue Länder zu erobern, und darum überprüfte er die Liste der eingeladenen Gäste nach solchen, die nicht erschienen waren. Dies hatte zur Folge, daß er Boten nach Teloloapan ausschickte, heute ein reizvolles Dorf, aber damals die Hauptstadt einer wichtigen Provinz südwestlich von Taxco und etwa halbwegs zwischen Tenochtitlan und der pazifischen Küste. Die mexikanischen Abgesandten, als Handelsleute verkleidet, erkundigten sich, warum diese Leute der Einweihung des Großen Tempels nicht beigewohnt hatten. Bei ihrer Rückkehr konnten sie

Ahuítzotl berichten, daß das Volk von Teloloapan sich in seiner Stadt eingeschlossen habe und nicht mehr länger Beziehungen zu irgendeiner benachbarten Macht wünsche. Die aztekische Armee machte einen Geschwindmarsch zu ihrem Sammelplatz, und von hier aus ließ Ahuítzotl seinen Kollegen von Texcoco und Tacuba wegen der Vorbereitungen zum Angriff Anweisungen zugehen. Zu seinem größten Zorn mußte er hören, daß keiner von beiden sein Heer begleitet hatte. Sie seien zu alt, war ihre Entschuldigung.[158]
Ahuítzotl machte den Anführern der Verbündeten von Texcoco und Tacuba die größten Vorwürfe und drohte ihnen, sie in den Stand unterworfener Städte zurückzuversetzen und den Herrschern ihre Liebhabereien, Rosen und Parfüms, zu entziehen.
Nach einem Nachtmarsch wurde Teloloapan im Sturm genommen, und es folgte ein Gemetzel mit einem Blutbad in den Straßen. Obwohl den Besiegten schwere Tributzahlungen auferlegt wurden, wagten sie es nicht zu rebellieren, zu hart war die Bestrafung gewesen.
Die besiegten Feinde dienten nun als Anführer für den Überfall auf zwei weitere Städte, Alahuitzla und Oztoma. Die Leute von Oztoma machten Teloloapan bittere Vorwürfe und beklagten sich, sie selbst hätten mit den Mexica früher erfreuliche Beziehungen unterhalten, und nun sei es Teloloapan, das sie gegenseitig aufgehetzt habe. Anstelle friedlicher Handelsbeziehungen mit ihren eigenen Waren gegen Produkte der mexikanischen Lagune müßten sie diese künftig als Tribute liefern. Sie würden lieber sterben, als sich damit einverstanden zu erklären.
Dieses kleine Wortgefecht illustriert wieder einmal die aztekische Operationsmethode. Sie strebten danach, Eroberungen in einem immer weiter werdenden Kreis von Regionen zu machen, wo auch immer ihre Handelsleute schon Beziehungen angeknüpft hatten. Wie in Britisch-Indien folgte die Flagge oft dem Handel – letzterer mit der Tendenz, die Methode der militärischen Operationen zu diktieren. In diesem besonderen Fall mußte die strategische Notwendigkeit, die aztekische Nordwest-Grenze gegen die Tarasken zu verstärken, besonders beachtet werden.
Das Volk von Oztoma erntete einen grausamen Lohn für seinen Widerstand. Auf Ahuítzotls Befehl wurden nur Knaben und Mäd-

chen verschont, da sie in die Hauptstadt zurückgetragen werden konnten und als Belohnung für die mexikanischen Anführer dienten. Den Rest der Bevölkerung ließ man über die Klinge springen. Das Volk von Alahuitzla ereilte dasselbe Schicksal. Während der Schlacht mit diesen hatte einer der feindlichen Offiziere die Kühnheit, sich bis zur Person Ahuítzotls durchzukämpfen. Aber der *tlatoani* fiel über seinen Angreifer mit einer derart rasenden Wut her, daß er ihm mit einem gewaltigen Hieb den Schädel spaltete.
Der Herrscher machte sich auf den triumphalen Rückweg nach Tenochtitlan. Er wurde zunächst königlich von den Leuten der kürzlich eroberten Gebiete empfangen. Dann bewegte er sich langsam durch die an seinem Weg gelegenen Provinzen. Überall beeilten sich die unterworfenen Herrscher, dem stolzen Eroberer zu huldigen. Bei der Ankunft wurde den Gefangenen der beschriebene rituelle Empfang bewilligt. Sie erhielten eine zusätzliche Bewirtung und bekamen aus ihrer eigenen Provinz Kakao besonders guter Qualität.

Eine Kolonie wird gegründet

Nach seiner Rückkehr aus dem Feldzug ließ der Herrscher seine kriegsmüden Kollegen von Texcoco und Tacuba kommen. Sein Zorn über ihre Abwesenheit bei seinen Kriegszügen hatte sich anscheinend gelegt. Er erzählte ihnen, daß er beabsichtige, die beiden Grenzorte wieder zu besiedeln, deren Bevölkerung er abgeschlachtet hatte. Sein Plan war es, aus jeder der drei verbündeten Städte je 400 Leute in das Gebiet zu schicken, und weitere 1200 von benachbarten Untertanen, also insgesamt eine Siedlungstruppe von 2400. Nezahualpilli von Texcoco meinte, er fände den Plan, diese Gebiete wieder zu bevölkern, großartig – als ein Verfahren, das schon bei anderen Gelegenheiten in die Tat umgesetzt worden war. Aber 400 Leute von Tenochtitlan abzuziehen (vermutlich dachte er dabei auch an sein Texcoco), würde eine übermäßige Bevölkerungsabnahme bedeuten. Er dächte, 200 von jeder Stadt müßten genügen. Außerdem bestand er auf dem Prinzip der Freiwilligkeit, im Gegensatz zu Ahuítzotl, der meinte, man könne die Leute zwingen zu gehen. Ahuítzotl wagte es nicht, dem klugen Nezahualpilli zu widersprechen, und billigte seine Vorschläge. Es stellte sich wie so oft heraus, daß der Rat wohlbegründet war; es war nicht nötig gewesen, die Leute zu verpflichten; diejenigen, die freiwillig gingen, überschritten die geforderte Zahl. Sie wurden durch den Ruf ihrer zukünftigen Heimat als eines besonders reichen Landes mit Früchten, Baumwolle und Nüssen in Hülle und Fülle angelockt.

Die Auswanderer versammelten sich in Tenochtitlan, und Ahuítzotl schenkte ihnen Bekleidung. Da sie Heim und Familien verließen, widmeten ihnen die mexikanischen Würdenträger Worte des Trostes, und sie wurden noch einmal daran erinnert, daß sie sich künftig großen Wohlstandes erfreuen würden. Zunächst jedoch, so sagte man ihnen, müßten die Kakaopflanzungen bearbeitet werden, die besonders dem Herrscher von Tenochtitlan vorbehalten waren.[159] Außerdem müßten sie immer wachsam sein, da ihr Land an der Grenze zwischen dem Reich und dem taraskischen Gebiet läge. Mit verschiedenen Orten auf ihrem Weg waren für eine freundliche Aufnahme Vereinbarungen getroffen worden. Bei der Ankunft an ihrem Bestimmungsort erhielten sie Land und Häuser. Außerdem bekamen sie ihren eigenen Herrscher, dessen Wahl von Ahuítzotl bestätigt wurde.[160]

Dieses Beispiel einer aztekischen Kolonisierung ist aufschlußreich für die Politik des Reiches. Es ist nicht so sehr das Ereignis an sich, das bezeichnend ist, als vielmehr die Tatsache, daß es offensichtlich eine Ausnahme war. Es ist nicht schwer, den Bedarf an verläßlichen Beschützern dieses lebenswichtigen Gebietes an der taraskischen Grenze einzusehen, und Nezahualpilli war zweifellos im Recht, wenn er sich auf die frühere Anwendung der Kolonisierung bezieht.[161] Es war jedoch kein allgemein angewandtes Verfahren, und darin unterschied sich das Reich grundlegend von dem der Inkas. Diese festigten häufig eroberte Gebiete durch die Ansiedlung von mit ihnen verwandten Gruppen. Es mag natürlich auch sein, daß es in vielen Teilen des Reiches – zum Beispiel in der Küstenregion nahe Veracruz – Leute gab, die Nahuatl sprachen. Die Mexica jedoch waren nicht die einzigen, die diese Sprache benutzten, und in den meisten Fällen waren es keine aus politischen Gründen hergeholten Emigranten. Ihre Anwesenheit war oft das Ergebnis früherer Bevölkerungsbewegungen, die lange vor dieser Zeit stattgefunden hatten. Die Quellen aztekischer Geschichte, reich an Erzählungen von

Kriegen und Kämpfen, berichten sorgfältig von diesem besonderen Vorgang einer Kolonisierung und hätten bestimmt andere Beispiele erwähnt, wenn sie bestanden hätten.

Der Löwe und der Fuchs

Nezahualpillis Einmischung in Ahuítzotls Pläne wirft ein interessantes Licht auf die verschiedenen Veranlagungen der beiden Fürsten; der eine ein turmhoch überlegener Eroberer, der andere ein schlauer Staatsmann. Ahuítzotl pflegte seine Armeen zu immer entlegeneren Eroberungen zu führen und einen Schwall von Beschimpfungen über den abwesenden Nezahualpilli loszulassen, der die Fleischtöpfe Texcocos den Härten des Lagerlebens vorzog. Wenn aber die beiden Herrscher zusammentrafen, gab das Ungestüm des einen oft der Weisheit des anderen nach.

Nichtsdestoweniger sollte man den Mangel an soldatischer Begeisterung bei Nezahualpilli nicht übertreiben oder glauben, er wäre ein Feigling gewesen. Es gibt Berichte über seine kriegerischen Unternehmungen, besonders in seinem früheren Leben. Sein Hauptbewunderer Ixtlilxóchitl berichtet zu seiner Ehre, er habe eigenhändig sechs Fürsten getötet. Aber die Neigung Ahuítzotls, die militärischen Unternehmungen der Tripelallianz noch vollständiger zu beherrschen als seine Vorgänger, vermehrte unausweichlich die Macht Tenochtitlans auf Kosten Texcocos. In einem Gemeinwesen, in dem Tapferkeit die oberste Tugend war und Eroberung die treibende Kraft, war der Vorrang in kriegerischen Auseinandersetzungen die ausschlaggebende Basis der Macht. Außerdem beruht bei einer so engen Verbindung von Handel und Krieg wirtschaftliche Kraft ebenfalls auf der militärischen Stärke.

Man merkt, wie Texcoco, ungeachtet der Behauptungen seiner Historiker, innerhalb der Tripelallianz zunehmend an Macht verlor, wenn es auch seinen geistigen Einfluß behielt. Das zeigte sich durch die klare Überlegenheit Tenochtitlans bei der Ankunft der Spanier etwa dreißig Jahre nach diesen Ereignissen. Daß sich Texcoco noch eines großen Ansehens erfreute, war eine Glanzleistung Nezahualpillis, der wie sein Vater eine ungewöhnliche Persönlichkeit war.

Wie ein Talleyrand oder auch ein Charles de Gaulle gelang es ihm, das Ansehen seines Landes auf einer Höhe zu halten, die am Maßstab seiner physischen Kräfte gemessen nicht mehr der Wirklichkeit entsprach. Nezahualcóyotl, der Gründer des Staates, war möglicherweise von den beiden die bedeutendere Persönlichkeit und zudem aus härterem Holz geschnitzt. Als Krieger mag der Vater den Sohn ausgestochen haben, aber in den friedlichen Künsten war dieser ihm ebenbürtig. Beide Herrscher, in ihrer Klugheit durch ein verhältnismäßig langes Leben gefördert, vermehrten auf noble Art den Ruhm Texcocos.

Ein weiblicher Blaubart

Außerdem gelang es Nezahualpilli, den texcocanischen Stamm auf einem hohen Stand zu halten, trotz eines grausigen Zwischenfalles, der wenig zu seiner Beliebtheit in Tenochtitlan beitrug. Als Herrscher hatte Axayácatl Nezahualpilli seine Töchter geschickt, damit dieser sich eine legitime Ehefrau auswählen könne. Die Wahl fiel auf ein Mädchen namens Chlachiuhnenetzin, und die anderen Töchter seines Kollegen behielt er als Konkubinen; diese seltsame Sitte setzte sich durch, weil damit der Herrscher weitere Gefährtinnen adliger oder gar königlicher Geburt besaß, um die Nachfolge für den Fall zu sichern, daß die rechtmäßige Herrscherin ohne männlichen Erben bliebe. Die ausgewählte Prinzessin bekam ihren eigenen Palast zugewiesen und lebte mit großem Aufwand; alles in allem wurde sie von einem Gesinde von 2000 Personen bedient, die sie ob ihrer zur Schau getragenen Würde achteten. Äußerlichkeiten aber sind oft trügerisch, und sie entwickelte ein teuflisches Wesen. Sich selbst überlassen, machte sie sich ihr Vergnügen mit jedem galanten jungen Mann oder feinen Herrn, der ihr über den Weg lief. War die kurze Romanze zu Ende, dann wurde der Galan kurzerhand umgebracht. Aus ihrem Opfer ließ sie eine Art Statue machen, die mit kostbaren Kleidern angetan in ihrem Boudoir aufgestellt wurde. Nezahualpilli selbst wunderte sich über die vielen menschenähnlichen Figuren in ihren Räumen, und sie erklärte ihm, das seien ihre Götter. Da die Mexica für ihre Frömmigkeit berühmt waren, glaubte er ihr diese unwahrscheinliche Geschichte.

Natürlich konnten diese Greueltaten auf die Dauer nicht unentdeckt bleiben. Der weibliche Blaubart machte einen großen Fehler, indem sie das Leben dreier ihrer Geliebten schonte. Unter ihnen war ein Prinz, der selbst ein Mitglied des Hofadels von Texcoco war. An diesem entdeckte Nezahualpilli zufällig ein sehr kostbares Schmuckstück, das er selbst seiner Gemahlin gegeben hatte. Er verbarg seinen Ärger, ging aber in der folgenden Nacht, als er seine Frau im Schlaf vermutete, in ihre Gemächer. In ihrem Bett fand er lediglich eine Puppe, die ihr nachgebildet war. Die Dame selbst ertappte er gleich darauf mit ihren drei Kavalieren unter kompromittierenden Umständen. Texcoco war ein Rechtsstaat, auch wenn es den Herrscher selbst betreffen sollte. Dieser verwies die Sache an seine Richter. Ein Untersuchungsausschuß wurde gebildet, und bei allen Betroffenen wurden Nachforschungen angestellt, einschließlich der Palastbediensteten, und sogar bei den Hoflieferanten, die auf Befehl der Fürstin die Statuen hergestellt hatten.
Nezahualpilli benachrichtigte die Herrscher von Tenochtitlan und Tacuba von den Ergebnissen der amtlichen Untersuchung und von der bevorstehenden Hinrichtung der Missetäter. Dann ließ er alle unterworfenen Herrscher kommen, mit der ausdrücklichen Anweisung, Frauen und Töchter, gleich welchen Alters, mitzubringen. Er war entschlossen, keinem diese Lektion zu ersparen. Ein für allemal sollte die Strafe für Untreue auch in den Herzen der Kinder eingeprägt werden. Er ging sogar so weit, für die Feinde einen Waffenstillstand zu erklären, damit auch sie Bevollmächtigte zu der Zeremonie entsenden konnten. Augenscheinlich hatte die Hinrichtung einer Fürstin etwa die Anziehungskraft einer großen Menschenopferzeremonie. Der Andrang war so groß, daß Texcoco die vielen Besucher nicht mehr fassen konnte. Die vier Übeltäter, die junge Fürstin und ihre drei Liebhaber, wurden gehängt, und da die Personen von hoher Abstammung waren, wurden ihre Körper zusammen mit den Statuen ihrer früheren Opfer verbrannt. Milde gesagt, waren die Mexica ziemlich verärgert über die Ermordung der Tochter ihres Herrschers, verschoben aber ihre Vergeltung.
Nezahualpilli zeigte trotz seiner verstandesmäßigen Überlegenheit wie sein Vater eine ausgeprägte Veranlagung zur Grausamkeit. Sein eigener älterer Sohn und Erbe hatte neben anderen Talenten, wie vor

ihm sein Vater und sein Großvater, eine Begabung als Dichter und Philosoph. Er war aber auch unbesonnen und ließ seinen Talenten freien Lauf. Er verfaßte eine Satire auf die ›Dame von Tula‹, die, wie bereits berichtet, einen Ruf als Blaustrumpf hatte und seines Vaters Lieblingskonkubine war. Auch sie war als Dichterin begabt, und so entwickelte sich eine Art Wortgefecht. Ein derartiges Betragen aber war eindeutig ein Fall von Majestätsbeleidigung, und er wurde zum Tod verurteilt und hingerichtet, so sehr sein Vater ihn auch liebte. Seine Paläste wurden abgesperrt.

Nezahualpillis zweiter legitimer Sohn war nicht mehr vom Glück begünstigt. Er ließ Paläste bauen, wozu er kein Recht hatte. Auch einem Thronerben war das erst dann erlaubt, wenn er einmal in einem Krieg vier Gefangene gemacht hatte. Auch er wurde hingerichtet.

Aber der Herrscher war in rechtlichen Angelegenheiten nicht nur seiner eigenen Familie gegenüber unbarmherzig. Auch in Fällen allgemeinerer Natur bestand er genau auf der Einhaltung einwandfreier Rechtsverfahren. Er ließ zum Beispiel einen Richter zum Tode verurteilen, weil er einen Rechtsfall in seinem Haus angehört hatte und nicht im Gerichtshof, wie es gesetzlich vorgeschrieben war. Ein anderer Richter wurde für ein ungerechtes Urteil getötet. Überdies ergänzte er die von seinem Vater erlassenen Gesetze wesentlich. Da gab es eine Maßnahme, die ehebrecherische Soldaten für dauernd in die Verbannung schickte; eine andere, die Söhnen von Sklaven das Recht der Freiheit gab. Man muß noch einmal betonen, daß die Rechtsstellung der Sklaven im alten Mexiko strengen Regeln unterlag.

Solche Geschichten könnten übertrieben anmuten, wären sie nicht durch die Chronisten von Texcoco selbst berichtet worden. Wie alle großen Herrscher hatte auch Nezahualpilli seine Schwächen, und bisweilen befand er sich, da er mehr Denker als Kämpfer war, inmitten einer Gesellschaft, in der die Kriegskunst an erster Stelle stand, in einer ungewöhnlichen Lage. Nezahualpilli war wohl der Kopf der Allianz, aber Tenochtitlan beherrschte die Mittel der Kriegführung.

Der zuvor beschriebene Feldzug war nur der Beginn eines Vorstoßes an den Pazifik. Ahuítzotl hatte nun einen wichtigen Teil an der taraskischen Grenze verstärkt. Oztoma insbesondere erhielt eine Schlüsselstellung als befestigte Stadt und wurde zu einem der Bollwerke, die dazu bestimmt waren, Angriffen dieses Feindes Widerstand zu leisten. Wenn auch ausgedehnte Gebiete geschluckt wurden, war sich doch sogar Ahuítzotl seiner Grenzen bewußt. Seine taraskische Politik beschränkte sich hauptsächlich auf die Verteidigung, und niemals versuchte er eine Invasion mit allen Mitteln.

Erfolgreicher Vorstoß zur Pazifikküste

Wahrscheinlich zwischen 1491 und 1495 gebrauchte Ahuítzotl die kürzlich unterworfene Region im Nordwesten des heutigen Staates von Guerrero als Sprungbrett und unternahm einen Großangriff in Richtung des Meeres.[162] Acapulco selbst stand auf der Liste der Eroberungen für seine Regierung, und er erreichte die Unterwerfung einer riesigen Strecke von etwa 240 Kilometern, die von Acapulco bis zu dem in nordwestlicher Richtung gelegenen Zacatula reichte.[163]

Dieser weiträumige Vorstoß entlang der Küste war zum Teil aus wirtschaftlichen Gründen unternommen worden, aber auch als Umfassungsbewegung gegen die Tarasken gedacht. Wie die Karte auf Seite 204 zeigt, verlief deren Grenze bis zu einer nicht weit vom Meer entfernten Stelle genau nach Süden, wandte sich von dort nach Nordwesten und erreichte die Küste erst im entfernten Zacatula. Dies ist der am weitesten abgelegene Ort, den die mexikanischen Streitkräfte erreichten.[164]

Die Karte zeigt auch, daß die Grenze des unbesiegten Yopi-Stammes nicht weit davon in östlicher Richtung lag. Deren Gebiet war ein verhältnismäßig schmaler Korridor, der die neue Küstenregion vom Rest des Reiches trennte. Die Yopis waren jedoch ein vergleichsweise primitives Volk und bedeuteten zweifellos kaum eine Bedrohung für die aztekischen Verbindungswege.

Heutzutage hat diese Küstenregion für die Landwirtschaft keine größere Bedeutung. In den alten Zeiten jedoch war sie sehr wichtig, und ihre sorgfältig terrassenförmig angebauten Hügel brachten reiche Ernten. Die Küste wurde zum Hauptlieferanten von Baumwolle und lieferte 800 Ballen als jährlichen Tribut.

Eine der reizvollsten Gegenden von ganz Mexiko ist der Staat Oaxaca. Die Hauptstadt gleichen Namens liegt nicht ganz 500 Kilometer südöstlich der Stadt Mexiko. Es ist ein Land mit schroffen Bergen und fruchtbaren Tälern. Selbst auf der modernen Straße muß man eine unendliche Reihe von Windungen und Kehren überwinden, bevor man endlich in einem der schönsten Täler der Welt ankommt, wo dann die Hauptstadt liegt. Seit der Entwicklung höherer Zivilisationen in Mexiko umfaßt die ganze Region einschließlich anderer benachbarter Täler wichtige Ansiedlungen. Der heute als Monte Alban bekannte Platz in einem Außenbezirk der Stadt Oaxaca war bereits 2000 Jahre vor der Ankunft der Azteken in diesem Gebiet berühmt.[165]

So wichtig die Region schon in der vorspanischen Zeit gewesen ist, so war sie auch von den Spaniern hochgeschätzt. Viele schöne Kirchen sowohl innerhalb als auch außerhalb der Stadt sind Zeugen für ihre Bedeutung während der Kolonialzeit. Die Region war das Zentrum für die Koschenille-Zucht, eines der wichtigsten Produkte Neuspaniens. Sie war auch ein Hauptfundort für Gold. Diese Waren wurden schon in der vorspanischen Zeit erzeugt. Oaxacas jährliche Tribute an die Azteken bestanden aus zwanzig Goldscheiben. Sie waren so groß wie ein gewöhnlicher Teller und so dick wie der Zeigefinger eines Mannes. Außerdem mußten sie noch zwanzig Beutel Koschenille liefern.

Moctezuma I. hatte im nordwestlichen Teil des Staates Eroberungen gemacht und war vermutlich noch weiter vorgedrungen. Obgleich die anschaulichen Berichte wenig aussagen, scheint es, daß das Land in der unmittelbaren Nähe Oaxacas von Ahuítzotl in den ersten Jahren seiner Regierung, 1488 oder 1489, überfallen und wahrscheinlich erobert wurde.[166] Wie die Unterwerfung der pazifischen Küste wurde dies nicht durch einen einzigen, blitzartigen Vorstoß erreicht, sondern durch eine Reihe von Feldzügen, von denen der erste im dritten oder vierten Jahr seiner Regierung stattfand – während die Einnahme der anderen Niederlassungen, mit Ausnahme Oaxacas selbst, erst 1495 erreicht wurde.[167] Die Region, obgleich von Ahuítzotl niemals völlig unterworfen, wurde eine bedeutende

Tributprovinz, die neben Gold und Koschenille 400 Bündel reich gearbeiteter Umhänge und 800 Bündel der einfachen Sorte lieferte.

Die Bevölkerung von Oaxaca war bei der Ankunft der Azteken überwiegend zapotekischen Ursprungs. Seit einiger Zeit aber hatte das Volk nach einer Invasion durch die Mixteken seine politische Selbständigkeit verloren. Der große Mittelpunkt Monte Alban war praktisch seit Jahrhunderten aufgegeben worden. Die mixtekischen Eroberer benutzten ihn hauptsächlich als Beerdigungsstätte – in ihren Gräben fand Dr. Alfonso Caso Beispiele erlesener Goldarbeiten

Tehuantepecs Unterwerfung

Obwohl viele Zapoteken geblieben sind, haben andere ihre Heimat der Freiheit geopfert und sind weiter südostwärts gegen Tehuantepec gezogen, eine Stadt am südlichsten Ende der Landenge gleichen Namens. Heute ist der Ort berühmt ob der Schönheit seiner Frauen und ihrer farbenprächtigen Kleider. Dank seiner strategisch wichtigen Lage war Tehuantepec für die Kaufleute von der Hochebene zu einem Haupthandelsplatz geworden. Seit Ahuítzotls früheren Eroberungen besaßen sie offensichtlich einen gewissen militärischen Schutz, denn die Möglichkeit eines Einschreitens von den aztekischen Besitzungen in Oaxaca her war immer gegeben.
Das erlaubte den mexikanischen Händlern, ihre Geschäfte unter Bedingungen durchzuführen, die nachteilig für ihre Kunden waren. Für ihre unappetitlichen Lagunenprodukte, die sie den Leuten von der Landenge andrehten, verlangten sie von den widerstrebenden Käufern als Gegenleistung Kakao, Gold, Edelsteine und Federn. Um das Jahr 1496 hatten die Leute der Landenge genug von den Wasserfliegen, Lagunenwürmern und dergleichen. Sie mobilisierten ihre Streitkräfte, blockierten die Straßen und töteten einige der Kaufleute.
Obwohl ihr Gebiet sogar noch weiter entfernt lag als alle früher eroberten Landesteile, entschied sich Ahuítzotl trotzdem für einen Angriff und sammelte eine große Armee. Die Soldaten waren begierig darauf, sich an dem Feldzug zu beteiligen, der sich gegen eine für

ihren Wohlstand berühmte Stadt richtete und reiche Ernte bei der Plünderung versprach. Während die Truppenführer Kriegsvorbereitungen trafen, sammelten die Quartiermeister die für einen so langen Marsch unentbehrlichen großen Mengen von Proviant. Es war ein so vollzähliges Angebot, daß in manchen Orten nur noch Frauen und Kinder zurückblieben, kein Mann war mehr in den Straßen zu sehen. Am vierten Tag nach dem Aufbruch der Armee erschienen die Frauen in Sack und Asche, um auf die Abwesenheit ihrer Männer, Brüder und Söhne hinzuweisen. Sie sollten so lange weder Gesicht, Hände noch Kleider waschen, bis die erste Siegesnachricht käme.

»Vor dem Aufgang des Morgensternes machten sie Feuer in großen Becken und Räucherpfannen. Die wohlriechenden Harze verbrannten sie zu Ehren der Götter und Göttinnen, der Knochen (von geopferten Gefangenen) und ihrer Männer. Sie beteten zu den Kriegsgottheiten und verschiedenen Dämonen und baten sie um den Sieg für ihre Ehemänner. Dann gaben sie den Göttern Speisen, indem sie weiße Maiskuchen und große Tortillas zubereiteten, die man *papalotlaxcalli* nennt, und Maguey-Würmer in der Pfanne rösteten, die sie *xonecuillin* nannten. Gemahlenen und gerösteten Mais, den sie *izquiotl* nannten, schlugen sie in neuen blauen Krügen zu Schaum und servierten das den Göttern als Trunk.« (Tezozómoc)[168]

Die Armee wurde von der ansässigen Bevölkerung des Oaxacatales einschließlich der dort ansässigen Mexica begeistert empfangen. Ahuítzotl, wie gewöhnlich selbst der Oberbefehlshaber, ließ die örtlichen Herrscher kommen und verlangte Nachschub und militärische Verstärkung. Der Herrscher von Tehuantepec hörte davon und drohte den Leuten von Oaxaca mit schrecklichen Vergeltungsmaßnahmen, wenn sie es wagen sollten, sich den Streitkräften der Angreifer anzuschließen.
Zunächst wurden verschiedene Niederlassungen an ihrer Marschroute eingenommen und die Einwohner niedergemetzelt. Als das Ziel erreicht war, wurden die Truppen zur Schlacht aufgestellt. Wie bei anderen Gelegenheiten postierte Ahuítzotl altgediente Vete-

ranen zwischen Gruppen von je vier Rekruten. Die Armee war so gut ausgebildet, daß sie sich wieder einmal als unüberwindlich erwies. Die Streitkräfte von Tehuantepec gerieten ins Stocken, nachdem sie mehrere ihrer Führer verloren hatten. Die Mexikaner verfolgten sie und töteten sie ohne Gnade.
Die Sieger gingen daran, die Toten zu berauben, und nahmen den reichen Federschmuck und die kostbaren Steine an sich. Ahuítzotl war selbst mehr darauf bedacht, den laufenden Bedarf an diesen hochgeschätzten Trophäen sicherzustellen, die nun von den Anführern als Tribute angeboten wurden. Deshalb befahl er, Kampf und Plünderungen einzustellen. Die mexikanischen Truppenführer versuchten mit Gewalt, ihre eigenen Soldaten vom Beutemachen und von den Metzeleien zurückzuhalten. Völlig unbeeindruckt von solchen Versuchen, brachen diese weiter in die Häuser ein und plünderten. Nur mit Mühe gelang es schließlich ihren Anführern, sie zu zähmen. Die Truppen waren erbittert über die Einschränkung ihrer Rechte – der versprochene Lohn für ihre Strapazen lag allein in Plünderung und Kriegsbeute. Diese wurde offiziell verteilt, aber wahrscheinlich auf ziemlich ungerechte Weise, da der Herrscher und seine Heerführer den Löwenanteil behielten. Die Soldaten schworen, niemals wieder würden sie so weit marschieren, wenn sie nicht ihren verdienten Anteil am Kriegsgewinn bekämen. Ahuítzotl aber gelang es erneut, sie auf seine Seite zu ziehen, denn er versprach ihnen, persönlich für ihre Einbußen aufzukommen. Zunächst mag dieses Aufmucken nur als ein unbedeutender Zwischenfall erscheinen. Es ist aber von großer Tragweite, da sich der Gedanke aufdrängt, daß das aztekische Reich bei diesen weiträumigen Eroberungen mit großen Verlusten rechnen mußte. Wie ergiebig diese Feldzüge für den Staat auch gewesen sein mögen, sie schufen Probleme, für die es keine wirkliche Lösung gab. Als der Anmarsch auf die Kriegsschauplätze immer anstrengender wurde, schwand bei den Verbündeten und Untertanen die Begeisterung dahin. Dieser Widerstand regte sich anscheinend in allen Schichten. Der Herrscher von Texcoco blieb fern, die Krieger beschwerten sich.
Für den Augenblick jedoch hatte Ahuítzotl diese Schwierigkeiten beseitigt. Außer den Tributen machten ihm die Herrscher von Tehuantepec riesige Geschenke. Der *tlatoani*, um die gute Laune der

Truppen bemüht, verteilte seinem Versprechen gemäß entgegen der Gewohnheit alles, was er erhalten hatte. Dadurch, daß er dem Gemetzel Einhalt geboten hatte, hatte er das Volk von Tehuantepec für sich gewonnen, das künftig ein zuverlässiger Verbündeter war. Bei der Rückkehr in die Hauptstadt wurde ihm ein triumphaler Empfang zuteil wie nie zuvor einem anderen Herrscher; von solcher Größe war sein Sieg gewesen.

Die Kriegsorganisation der Azteken

Unsere Beschreibungen von den Feldzügen Ahuítzotls und seiner Vorgänger geben mit ihren Einzelheiten eine Vorstellung von den aztekischen Kriegsmethoden. In einer Weise sind sie jenen der Alten Welt sehr ähnlich, in anderer sehr unterschiedlich. Die Spanier selbst übermittelten manche Information über Taktik und Waffen der Eingeborenen, aber sehr wenig über die Organisation eines Feldzuges. Moctezuma II. hatte im Laufe seines Lebens an vielen Feldzügen teilgenommen, sowohl ehe er Nachfolger Ahuítzotls wurde als auch danach. Es ist sicher schade, daß er sich über dieses Thema in den langen Stunden, die er mit den spanischen Eroberern bei Unterhaltung und Gesellschaftsspielen zubrachte, nicht weiter ausließ. Ausführliche Berichte über Kriege und deren Vorbereitungen gibt es allerdings in Mengen. Abgesehen von den Auskünften, die zum Beispiel Pater Sahagún von seinen Gewährsleuten über die Expeditionen der Kaufleute erhielt, lieferten sie ihm auch viele Einzelheiten über die Kriegführung:

»Der Herrscher war der Gebieter über die Menschen. Seine Aufgabe war der Krieg. Deshalb war er es, der Ermittlungen, Befehle und Maßnahmen traf.
Zunächst befahl er den Führern und fronterfahrenen Soldaten, die (feindliche) Stadt und alle Straßen zu erkunden – wo es Schwierigkeiten geben und wie man eindringen könnte. Nach diesen Vorbereitungen konnte er mit Hilfe eines gezeichneten Planes die Anlage der Stadt feststellen, die sie zerstören wollten. Dann ließ er die Befehlshaber kommen und die mutigen Krieger und gab Weisung, welchen Weg sie zu nehmen hätten und wo sie eindringen sollten,

wie viele Tage sie marschieren müßten und wie die Schlacht eingeleitet werden sollte.« (Florentine Codex)

Das aztekische Oberkommando konnte sich auf einen entsprechend guten Nachrichtendienst stützen. Das zeigte auch die scharfe Wachsamkeit, die Moctezumas II. Beobachter über die Bewegungen der spanischen Eroberer durchführten – die so weit ging, daß sie sogar Cortés über die Ankunft weiterer Schiffe an der Küste von Mexiko unterrichteten. Eine ununterbrochene Flut bilderschriftlicher Berichte strömte Moctezuma zu mit Einzelheiten über die exotischen Besucher. Soweit es Nachrichten aus der Ferne betraf, spielten natürlich die Kaufleute eine große Rolle. Gesondert vom strategischen Nachrichtendienst oblag es den Kundschaftern, taktische Daten über die feindliche Schlachtordnung zu bringen. Beschreibungen verschiedener Feldzüge weisen auf ihre Tätigkeit hin. Bisweilen wurde ein ganzer Spähtrupp ausgeschickt, der genügt hätte, in die feindlichen Verteidigungslinien einzudringen. Im allgemeinen gab es indessen keine Überraschungsangriffe. Man hört von Nachtmärschen, aber Kämpfe fanden gewöhnlich am Tage statt. Außerdem wurde mit gewissen Ausnahmen ein Krieg nur nach einer feierlichen Erklärung begonnen, die nicht nur aus einer, sondern aus verschiedenen Botschaften an den feindlichen Herrscher bestanden.
Wie in Sahagúns Bericht betont wird, war es der *tlatoani* selbst, der nach einer Beratung mit seinen Truppenführern die strategischen Pläne machte. Die genaue Berechnung der Marschroute, Zeiteinteilung und Schlachtordnung tragen kaum das Merkmal einer primitiven Kriegführung, sondern erinnern eher an die Einsatzbefehle für eine moderne Schlacht.
Der bereits zitierte Bericht erwähnt außerdem, daß Statthalter, auch von weit entfernten Orten an der Golfküste, am Kriegsrat des Herrschers beteiligt waren. Dergestalt war ein größerer Krieg ein Unternehmen, das tatsächlich das ganze Reich betraf:

»Der Herrscher beriet sich mit allen Bezirksstatthaltern . . . Er befahl ihnen, alle Waren aus den Lagerräumen herauszugeben, die Tribute, kostbaren Gegenstände – Insignien aus Gold und Quetzalfedern und auch alle Schilde von großem Wert.

Und wenn die Statthalter alle kostbaren Abzeichen abgeliefert hatten, schmückte der Herrscher alle Prinzen, die schon kriegsfähig waren, und alle tapferen Krieger mit den Insignien und schenkte sie ihnen ...«

Im Hinblick auf die Entfernungen war die Nachschubfrage ausschlaggebend. Die Probleme des Transportwesens wurden durch die benötigten gewaltigen Mengen von buntem Zierat und Insignien bedeutend erschwert. Da sie zum Teil als Rangabzeichen dienten, wurden sie für ebenso unentbehrlich gehalten wie Waffen und Munition. Uns würden diese Dinge wie Firlefanz und als unsinnige Belastungen erscheinen. In Mexiko jedoch unterstand der Krieg einer magisch-religiösen Ordnung. Die Götter trafen die Entscheidung, und die Menschen führten lediglich deren Willen aus. Um den Sieg sicherzustellen, mußte man sich erst vergewissern, ob die Götter dem Ausgang freundlich gesinnt wären. Irgendeine Unterlassung der Tradition gegenüber oder der Versuch, das gebräuchliche Drum und Dran aufzugeben, hätte unheilvolle Folgen haben können.

Nachschubprobleme und ihre Lösung

Abgesehen aber von diesen rituellen Erfordernissen mußte man auch an praktische Maßnahmen hinsichtlich des erforderlichen Proviants und anderen Bedarfs denken. Wie schon erwähnt, wurde ein Vorrat an gewohnten Lebensmitteln wie Mais und Bohnen von der Armee mitgeführt. Die benötigten Kochkessel wurden durch Träger zum Kampffeld getragen. Es war den Truppen jedoch selten möglich, alles mitzuführen, was nötig war, und so wurde Proviant für die Armeen requiriert. Vorausabteilungen mußten in unterworfenen Städten entlang der Marschroute Proviant sammeln. Weigerungen wurden hart bestraft. Abhängige Völker, insbesondere in Grenzgebieten, mußten Reservetruppen stellen.
Diese Maßnahmen genügten wahrscheinlich nicht. Das aztekische Reich hatte anders als das der Inkas kein über seinen ganzen Herrschaftsbereich ausgebreitetes Netz von Nachschublagern, sondern hing statt dessen von den Bereitstellungen örtlicher Machthaber ab. Wie erinnerlich, ist Soconusco, Ahuítzotls entferntestes Angriffs-

ziel, nahezu 1300 Straßenkilometer von der Stadt Mexiko entfernt. Das muß beträchtliche Probleme ergeben haben.

»Und der Herrscher wandte sich unverzüglich an die Fürsten von Texcoco und Tlacopan (Tacuba) und diejenigen der Niederungen mit der Ankündigung eines Krieges gegen eine bestimmte Stadt. Allen schenkte er kostbare Umhänge und wertvolle Insignien. Dann befahl er dem gemeinen Volk, aufzubrechen und in den Krieg zu ziehen. Vor ihnen marschierten die bewährten Krieger, die Männer unter Waffen, die Offiziere und der kommandierende General« (Florentine Codex).

Die Bedeutung der durch die Verbündeten unterworfener Städte geleisteten Unterstützungen wurde schon betont: Tenochtitlan hätte diese Eroberungen ohne fremde Hilfe nicht unternehmen können. In dem zitierten Absatz ist der Aufruf an die gemeinen Soldaten sehr aufschlußreich. Er zeigt, daß diese nicht Teil einer stehenden Armee waren. In der spanischen Ausgabe desselben Textes sind Ausdrücke eingefügt, die zeigen, daß die Soldaten nur, wenn sie mobilisiert wurden, Waffen bekamen – mit anderen Worten, sie waren nicht dauernd gerüstet. Verschiedentlich wird berichtet, daß sich die jungen Männer erst nach einer Kriegserklärung im Gebrauch der Waffen übten.[169] Dasselbe trifft auch für Texcoco zu, wo Pomar in einem Bericht sagt, daß Kriegskunst und Bodenbearbeitung Hand in Hand gingen.

»Die Herren der Sonne, so heißt es, hatten Befehlsgewalt im Krieg. Alle Priester, die Gottesträger, übernahmen die Führung. Sie trugen die Götter auf ihren Rücken und marschierten eine Tageslänge vor den bewährten und fronterfahrenen Kriegern. Diese wiederum marschierten im Tagesabstand vor allen anderen Soldaten von Tenochtitlan. Einen Tagesmarsch danach kamen die Krieger von Tlatelolco« (Florentine Codex).

Aztekische Kampftaktik

Die Kämpfe waren zwar kurz, aber die Anmärsche im allgemeinen lang und erforderten eine sorgfältige Planung. Sobald das Ziel erreicht war, wurden die Truppen zum Kampf aufgestellt:

»Und wenn das feindliche Land erreicht war, erklärten die Offiziere und Befehlshaber den anderen den Weg und nahmen die Truppenaufstellung vor. Keinem war erlaubt, die Formation zu durchbrechen oder sich unter andere zu mischen. Wer auch immer Unordnung oder Durcheinander unter andere brachte, wurde verprügelt oder getötet. Alle Krieger ließ man ausschwärmen und wartete, bis Yacauitztli (Gott der Nacht) herunterstieg und die Dunkelheit hereinbrach. Wenn sie sich bereitgemacht hatten, die Stadt zu zerstören, warteten sie erst gespannt auf den Augenblick, bis das Feuer durch die Priester entfacht wurde – und auf das Blasen der Muscheltrompete. Wenn das Feuer entflammte, erhoben sich alle Soldaten wie ein Mann. Kriegsgeschrei erhob sich, und der Kampf begann. Sie schossen brennende Pfeile in die Tempel« (Florentine Codex).

Sahagúns Bericht bringt wenig über die wirkliche Schlacht, jedoch sind andere Darstellungen von diesen Zusammenstößen reichlich vorhanden. Die aztekischen Streitkräfte waren ihrer Nationalität entsprechend in Mannschaften eingeteilt. Die Armee zog Massenangriffe vor, die mehr den Überfällen wilder Horden glichen als den Aktionen geschlossener Formationen. Die Angreifer boten einen verwirrend phantastischen Anblick, wenn sie sich umwogt von Federn und funkelndem Schmuck mit gellendem Kriegsgeschrei unter dröhnendem Trommel- und Trompetenlärm in den Kampf stürzten.

Bogen und Pfeile erzeugten eine Art Artillerie-Sperrfeuer, gewöhnlich begleitet von einem Schwall von Schmähungen. Die bevorzugte Taktik jedoch war der Kampf Mann gegen Mann mit Keulen, in denen Obsidianklingen befestigt waren. Die traditionelle Waffe des alten Mexiko, der Wurfspeer *(atlatl)*, wurde weiterhin benutzt. Künstlerische Darstellungen von Kriegern zeigen diese meist mit dieser Waffe und weniger mit dem Bogen.

Die militärische Taktik war etwas einförmig: die unvermeidliche Kriegslist war der Hinterhalt, was gewöhnlich erfolgreich war. Als Schutz trugen die Männer Schilde und wattierte und gesteppte Baumwolljacken, die später von den Spaniern übernommen wurden. Die Verteidigung wurde oft von Befestigungen ausgeführt, von denen die Städte umgeben waren. Viele Städte entlang der taraskischen Grenze waren auf diese Weise geschützt. Dagegen waren andere in einer weniger gefährlichen Lage, wie zum Beispiel Texcoco,

praktisch offen und unbefestigt. Hindernisse wurden oft im letzten Moment aufgerichtet. Man hat den Eindruck, daß das Verteidigungsverfahren im allgemeinen schwächer war als das des Angriffs.
»Als die Stadt besiegt war, wurden die Gefangenen gezählt und die Toten der Mexica und der Tlatelolcaner. Dem Herrscher sandten sie Nachricht, wie viele Opfer Huitzilopochtli zuliebe gebracht wurden und wie viele Männer gefangengenommen und getötet worden seien. Der Herrscher befahl den Oberrichtern, in die Häuser jener zu gehen, die im Krieg gefallen waren, damit sie in den Familien trauern sollten um die, die im Kampf geblieben waren. Sie benachrichtigten auch die Sippe jener, die Gefangene gemacht hatten und für ihren Mut geehrt wurden. Für ihre Verdienste wurden sie belohnt. Der Herrscher verteilte Beweise seiner Gunst an alle – teure Umhänge, Knielappen, Schokolade, Verpflegung und Schmuck, Lippen- und Ohrpflöcke. Noch mehr Gnade erwies der Herrscher den Fürsten, wenn sie Gefangene gemacht hatten ... Hatte einer sich im Kampf falsch verhalten, dann wurde er auf dem Kampffeld gesteinigt und erschlagen « (Florentine Codex).

›Krieger mit Fronterfahrung‹

Das hervorstechende Merkmal der mexikanischen Kriegführung war diese Besessenheit, Gefangene zu machen. In einem modernen Krieg mag es sein, daß der Feind umzingelt wird und dann genötigt ist, sich als Gruppe zu ergeben. Ganz anders ist es, wenn ein Einzelkämpfer einen einzigen Gefangenen macht und diesen noch während der Schlacht abschleppt. Aber diese eigenhändige Heldentat war es, wodurch der mexikanische Krieger gesellschaftlichen Rang erreichte. Einzelne Krieger gewaltsam aus dem Kampffeld zu entführen, muß ungewöhnlich schwierig gewesen sein. Und doch war die Kriegführung, auch wenn diese Heldentaten nicht ihr einziger Zweck waren, zumindest in hohem Grade von dieser Absicht bestimmt. Es bedeutete nicht nur eine Frage der Ehre – durch diese Leistung wurde der eigentliche militärische Rang bestimmt.
In der aztekischen Rangordnung war darum der Erfolg eines Mannes von seinen Gefangennahmen abhängig. Ein Fünfzehnjähriger trug seine Haare, bis auf seinen langen Schopf am Hinterkopf, ge-

schoren. Das blieb so, wenn er niemals einen Gefangenen machte, er hatte kein Ansehen, selbst nicht als Prinz. Machte er mit der Hilfe von fünf oder sechs anderen einen Gefangenen in einer Art Gemeinschaftsunternehmung, dann wurde das meiste von seinem Schopf abgenommen, der verbleibende Rest hing bis zu einem der Ohren. Zu diesem Zeitpunkt wurde er von einem älteren Krieger, der als sein Großvater oder geliebter Onkel galt, angesprochen: »Du hast ein anderes Gesicht angenommen, und Du hast Dich auf einen Gegner geworfen. Laß Dir sagen, wenn Du noch einmal mit Hilfe von anderen einen Gefangenen machst, was wirst Du sein? Möchtest Du eine Haarlocke wie ein Mädchen haben? Nimm Dich in acht, damit Du nicht wieder nur mit dem Beistand anderer einen zu fassen kriegst. Stürze Dich auf unsere Feinde!« (Florentine Codex)

Nur unerfahrene Rekruten konnten sich also den Luxus einer kollektiven Gefangennahme erlauben und Ehre damit einlegen. Von da an mußte der junge Mann seine Gefangenen ohne Hilfe machen. Die Erfolgreichen nannte man Jugendführer, ihre Gesichter waren mit rotem Ocker gefärbt: »Von jetzt ab gewährte Moctezuma ihm sein Wohlwollen. Er gab ihm eine orangefarbene Schulterdecke mit gestreifter Borte und einem Skorpionmuster als Einfassung, einen karminroten Lendenschurz mit langen Enden und einen anderen in vielen Farben. Von da an begann er, verzierte Schulterdecken zu tragen« (Florentine Codex).

Wer drei Gefangene gemacht hatte, konnte zusätzliche Auszeichnungen erwarten. Aber erst nach der vierten Beute bekam ein Mann den Titel ›Krieger mit Fronterfahrung‹.[170] Von da an konnte er ebenbürtig mit den großen Kommandanten verkehren. Diese fronterfahrenen Krieger, deren Rang von ihrem persönlichen Verdienst abhängig war, bildeten eine Art von Offiziersklasse, die in einem Militärstaat von außerordentlicher Bedeutung war. Andererseits waren die großen militärischen Befehlshaber im allgemeinen mit dem Herrscher verwandt und damit sowohl durch Herkunft als auch durch Verdienst ausgezeichnet.

Neben diesen regulären Diensträngen, die offensichtlich nur nach einer Kriegserklärung unter Waffen standen, gab es verschiedene ›Ritterorden‹ – die vielleicht eine Art stehende Kampftruppe, wenn auch zahlenmäßig gering, darstellte. Deren Anführer waren die Adler- und Jaguar-Ritter, die es schon lange vor der Zeit der Azteken gegeben hat. Wie bei verschiedenen mittelalterlichen Rittern war ihr Orden religiöser wie auch militärischer Natur. Sie hatten besondere Beziehungen zu einzelnen Tempeln, von denen einer noch in Malinalco zu sehen ist. Adler und Jäger waren Symbole für Tapferkeit. Man wird sich erinnern, daß sich beide nach der Schöpfung von Sonne und Mond ins Feuer stürzten. Der Adler kam rußgeschwärzt wieder hervor, der Jaguar lediglich gesprenkelt. Neben ihrer beherrschenden Rolle im Gladiatorenopfer scheinen die Adler- und Jaguar-Ritter als Spezialtruppe gekämpft zu haben oder als eine Art Elitekorps.[171]

Der Marsch nach Soconusco

Die Vorwände für Ahuítzotls letzten und ehrgeizigsten Feldzug waren anderer Art als gewöhnlich. Im Jahre 1500 waren die eigenen Mittel der Leute von Tehuantepec, nun loyale Untertanen, nicht mehr ausreichend, um die verlangten Abgaben zu entrichten.[172] Um zusätzliche Produkte zu bekommen, schickten sie ihre eigenen Kaufleute aus, um mit Soconusco zu handeln, einer Provinz, die noch weiter entfernt war. Diese Leute verhöhnten sie wegen ihres neuen Standes als Tributpflichtige, nannten sie Feiglinge und Weiber und bloße Lakaien der Mexica.
Soconusco liegt an der heutigen Grenze von Mexiko und Guatemala. Sogar in der Luftlinie beträgt die Entfernung von der Stadt Mexiko an die 900 Kilometer. Eine Armee, die den endlosen Kehren und Windungen eines Bergpfades folgen mußte, hatte eine weit größere Strecke zu bewältigen.
Ahuítzotl ließ sich dadurch nicht abschrecken, sondern entschloß sich, den Bitten von Tehuantepec zu entsprechen. Wäre er ihnen nicht gefolgt, so hätte das vielleicht ein Vorwand werden können, Tributzahlungen einzustellen oder eine Rebellion zu beginnen. Jedem anderen Herrscher wäre ein solches Unternehmen als Tollkühnheit erschienen.
Riesige Vorräte wurden für das weit entfernte Wagnis gesammelt. Bei Todesstrafe durfte keiner fernbleiben mit Ausnahme der Alten, Kinder und einiger Priester. Wieder hatte Ahuítzotl Unannehm-

lichkeiten mit seinen beiden verbündeten Herrschern. Ihre Begeisterung für den 1200-Kilometer-Marsch war recht mäßig. Um einen Druck auf sie auszuüben, schickte Ahuítzotl ihnen Waffen und Insignien von einer Art, wie sie nur ein Souverän vergeben konnte. Diese eindrucksvollen Andeutungen bewirkten gar nichts. Der Herrscher von Tacuba schützte sein Alter vor. Trotz verschiedener gegenteiliger Andeutungen scheint auch Nezahualpilli geschwänzt zu haben – wodurch er nicht nur den langen Treck, sondern auch den frustrierenden Ärger, bei diesen Gelegenheiten die zweite Geige spielen zu müssen, vermied.

Ahuítzotl führte selbstverständlich seine Armee persönlich an. Als Altmeister im Gebrauch von Zuckerbrot und Peitsche befeuerte er seine Truppen durch seine üppige Verschwendung und sein strenges Vorbild. Die Truppen wiederum versprachen, nicht nach Hause zurückzukehren, ohne den Sieg errungen zu haben.

Schon beim Hinmarsch empfing den Herrscher in Tehuantepec ein schier gottähnlicher Empfang. Als großzügige Geste der Anerkennung ließ er den örtlichen Herrscher zu seiner Rechten Platz nehmen. Die führenden Mexica bedienten ihn wie ihren eigenen Herrn. Die Armee hatte ein paar Tage Ruhe, Ahuítzotl, treu seiner Gewohnheit, blieb bei seinen Leuten und verschmähte die Annehmlichkeiten der Stadt.

Nach einem weiteren Gewaltmarsch wurden die feindlichen Befestigungen, eine nach der anderen, genommen und schließlich auch Soconusco, woher die ganze Provinz ihren Namen hatte.[173] Beim Angriff auf die Stadt ließen die aztekischen Armeen Anzeichen von Kriegsmüdigkeit erkennen. Es wird berichtet, daß sie vielleicht sogar eine Niederlage erlitten hätten, wären sie nicht durch die Leute von Tehuantepec unterstützt worden, deren Anmarsch viel kürzer gewesen war.

Wie immer wurde Ahuítzotl mit den örtlichen Häuptlingen handelseinig und gab Befehl, Plündern und Töten einzustellen. Wieder stieß er auf erbitterten Widerspruch. Er überredete die Herrscher der Provinz, seinen Leuten als Ausgleich für die entgangene Kriegsbeute besondere Geschenke zu machen. Dies war tatsächlich die einzige Belohnung für den gemeinen Mann. Die Leute von Soconusco zeigten großen Eifer, Ahuítzotl anzudeuten, daß weitere Lorbeeren zu ernten wären. Sie berichteten vom benachbarten Guatemala, mit dem sie dauernd im Kriegszustand seien. Bei der Eroberung dieses Landes würden sie ihm gern behilflich sein. Es überrascht nicht, daß Ahuítzotl meinte, seine Armee sei für weitere Feldzüge zu erschöpft. Die Unternehmungen in weit entfernten Gegenden waren um so bemerkenswerter, wenn man bedenkt, daß andere militärische Operationen gleichzeitig unternommen werden mußten. Während Ahuítzotls ganzer Regierungszeit vernimmt man von regelmäßig wiederkehrenden Kämpfen mit den benachbarten Völkern des Pueblo-Tlaxcala-Tales. Wenn diese teilweise auch aus rituellen Gründen unternommen wurden mit dem Ziel, Gefangene zu machen, waren die Siege nichtsdestoweniger hart errungen.

Eines dieser Gefechte ereignete sich 1499, genau gesagt vor dem Marsch nach Soconusco. Wie in vielen ähnlichen Fällen war der Gegner weniger Tlaxcala als Huexotzinco. Tlaxcala erhielt erst um diese Zeit eine gewisse Vormachtstellung. Dabei wird von der Heldentat eines Offiziers von Huexotzinco berichtet, der gerade beim Ballspiel war, als er vom aztekischen Angriff hörte. Er stürzte sich in den Kampf, und unbewaffnet wie er war, focht er mit solchem Schneid, daß er mehrere Gegner tötete und dann mit deren Waffen weiterkämpfte.

Nach dem Kampf wurde Toltécatl, nun der Held des Tages, zum Herrscher von Huexotzinco ausgerufen. Infolge des Widerstandes bestimmter Priester wurde er jedoch gezwungen, abzudanken. Er floh auf aztekisches Gebiet. Ahuítzotl, gestürzten Gegnern gegenüber nicht immer galant, ließ ihn töten.

Ahuítzotls Wasserleitung

Mit der Ausdehnung des Reiches vermehrte sich auch die Bevölkerung der Hauptstadt und der umliegenden Städte. Archäologisches Beweismaterial läßt auf ein bemerkenswertes Wachstum im Hochtal von Mexiko während des *Pax Azteca* schließen. Trotz der ungeheuren Flut von Tributen war es nicht leicht, die Verpflegung für eine derartige dichte Besiedlung herbeizuschaffen – fast ein antikes Megalopolis von bisher in Mexiko unbekannten Ausmaßen.[174] Darum war es lebenswichtig, die örtliche Produktion zu steigern und den

Ertrag der *chinampa*-Kulturen in der Umgebung von Tenochtitlan zu vermehren. Dafür wurde mehr Süßwasser benötigt, das nur ungenügend vorhanden war; während gewisser Jahreszeiten neigten sogar einige Kanäle dazu auszutrocknen.

Diese Tatsache brachte Ahuítzotl auf den Gedanken, die ergiebigen Quellen des etwa zehn Kilometer in südwestlicher Richtung gelegenen Coyoacan für Tenochtitlan nutzbar zu machen. Dem Herrscher der Stadt ließ er eine entsprechende Nachricht über seinen Plan zukommen. Dieser erwiderte, daß diese Wasser sehr gefährlich und schwer unter Kontrolle zu halten seien. Einmal entfesselt, könnten sie Tenochtitlan überfluten. Die Lagune habe keine richtigen Abflüsse, und so würde einfach der Wasserspiegel steigen. Aus diesem Grunde möchte er Ahuítzotl nachdrücklich raten, die Quellen nicht zu benutzen. Er fügte aber hinzu, wenn sein Herr trotzdem darauf bestünde, würde er natürlich gehorchen.

Als sein Lieblingsplan derart kritisiert wurde, bekam Ahuítzotl einen Wutanfall. Seine Ratsmitglieder versuchten, ihn zu beschwichtigen. Da der Herrscher von Coyoacan von ihnen außerdem sehr geschätzt war, warnten sie Ahuítzotl vor einem drohenden Verhängnis. Anstatt sich still zu verhalten, bis das Gewitter vorüber war, verließ sich dieser auf okkultische Kräfte, mit denen er umzugehen wußte.

Der Glaube an das Übernatürliche beeinflußte die Ereignisse bis zu einem Grad, daß sogar ein grausamer Mord, wie er schließlich geschah, in einen magischen Zusammenhang gebracht wird.

Es wird berichtet, daß Ahuítzotl seine Helfershelfer schickte. Diese umstellten den Palast von Coyoacan, erzwangen sich den Eingang und fanden nicht den Herrscher auf dem Thron, sondern einen wunderschönen Adler. Verblüfft rannten sie nach Tenochtitlan zurück, um zu berichten. Mit betonter Strenge wurde ihnen befohlen, sofort umzukehren. Diesmal fanden sie eine große Schlange auf dem Thron. Sie begann sich aufzurollen und wollte sie wie ein Drache flammenzischend angreifen. Ahuítzotls Männer waren wieder gezwungen, den Palast zu verlassen. Sie flohen nach Tenochtitlan zurück, um mitzuteilen, daß sie den Befehl wieder nicht ausführen konnten.

Ahuítzotl aber war nicht der Mann, der eine Niederlage aus den

Händen eines bloßen Magiers einsteckte. Er ließ nun den anderen Herrschern von Coyoacan sagen, daß sie ihren Souverän herausgeben müßten – sonst würde er einen Krieg anfangen und sie vernichten. Um die Stadt zu retten, lieferte sich der Herrscher selbst an die Abgesandten aus und sagte: »Ihr seht mich, ich gebe mich in Eure Hände. Aber geht und erzählt Eurem Herrn, Ahuítzotl, von meiner Prophezeiung: Ehe viele Tage vergehen, wird Mexiko durch eine Überschwemmung zerstört werden, und daran trägt er die Schuld, weil er nicht auf meinen Rat hören will« (Durán). Dann zog er seine fürstlichen Gewänder an und legte sich selbst den Strick um den Hals.[175]

Dieser Mord, denn das war es in Wahrheit, verursachte Bestürzung unter Ahuítzotls Ratgebern. Besonders der Herrscher von Tacuba war sehr unglücklich, denn das Opfer war einer seiner Angehörigen gewesen.[176] Es mag einerseits gelegentlich vorkommen, daß nach einem heftigen Kampf der Fürst einer weit entfernten Provinz umgebracht wurde, aber den Herrscher einer benachbarten Stadt kaltblütig zu töten, ist etwas ganz anderes. Es bedeutet tatsächlich eine Beleidigung des Gottes, den der Herrscher in seinem eigenen Bereich verkörperte. Und letzten Endes bekam sogar Ahuítzotl selbst Gewissensbisse und tat, was er konnte, um die Söhne des Verstorbenen zu entschädigen.

Das ehrgeizige Projekt der Nutzbarmachung des Wassers wurde jedoch in die Tat umgesetzt. Eine Unmenge von Arbeitskräften wurde aufgeboten, und jede Stadt bekam ihre besondere Aufgabe zugewiesen. Die Anzahl der Arbeiter erinnerte an einen wimmelnden Ameisenhaufen.

Als der Äquadukt fertig war, fand eine besonders feierliche religiöse Zeremonie statt, die dem Regengott und der Wassergöttin gewidmet war.[177] Ein wirkliches Wasserfest mit allen Symbolen des nassen Elements schloß sich an – ein wesentlicher Teil der mexikanischen Religion, deren entsprechende Gottheiten und Riten zu den allerältesten zählten.[178]

Alle Teilnehmer waren praktisch blau gekleidet, in der Farbe der Wassergottheiten. Der Oberpriester, wie die Wassergöttin selbst gekleidet, trug einen blauen Mantel und ein Diadem aus Reiherfedern, ein Symbol des Regengottes. Sein Gesicht war mit geschmolzenen Kautschuckkugeln symbolisch geschwärzt, seine Stirn blau bemalt. Ohren, Lippen und Handgelenke waren mit grünen Steinen, einem weiteren heiligen Wahrzeichen, geschmückt. Die anderen Priester trugen ähnlichen Schmuck, allerdings waren deren Körper fast nackt.

Als der Oberpriester im Gewand der Göttin erschien, trank er zuerst vom Wasser und hielt dann eine Rede, als spräche er zur Göttin selbst: »Edle Dame, Ihr kommt des Weges auf höchst willkommene Art. Es ist der Lauf, den ihr von nun an nehmen sollt. So komme ich als Euer Ebenbild, Euch zu empfangen und zu grüßen und Eure Ankunft willkommen zu heißen. Sieh, meine Dame, dies ist der Tag Eurer Ankunft in Eurer Stadt Mexiko-Tenochtitlan« (Durán).

Anschließend streute er gefärbtes Maismehl auf das Wasser, während zu Ehren der Gottheiten Musiker sangen und tanzten. Alte Männer brachten Tonkrüge, gefüllt mit Fischen, Fröschen, Würmern und Wasserschlangen, und leerten sie in die Strömung.

Der Höhepunkt der Feierlichkeit stand noch bevor. Vier besonders ausgewählte Kinder von sechs Jahren wurden bereitgehalten. Sie waren genauso gekleidet wie der diensttuende Geistliche, ihre Gesichter mit flüssigem Kautschuk gefärbt, Sterne auf die Stirn gezeichnet und ihre Körper mit grünen Steinen geschmückt. Als das Wasser vier vorherbestimmte Stellen erreichte, wurde jeweils eines der vier Kinder geopfert und sein Blut auf den Strom gesprenkelt.

Schließlich kam Ahuítzotl selber und huldigte dem ankommenden Wasser. Nach einer weiteren Moralpredigt stellte er sich an die Stelle, wo das Wasser aus dem Aquädukt in den Kanal strömte, und warf goldene Gegenstände und Edelsteine in Form von Fischen und Fröschen hinein.

Die Überschwemmung von Tenochtitlan

Unglückseligerweise sollte sich die Prophezeiung des ermordeten Herrschers von Coyoacan als nur zu richtig erweisen. Die Flut war so ausgiebig, daß sich bald der Spiegel der Lagune zu heben begann und einige der *chinampa*-Kulturen, die zwischen den Kanälen lagen, überflutete.[179] Verschiedene Städte an der Lagune, wie auch Te-

nochtitlan selbst, wurden überschwemmt. Alle Versuche, die Flut mittels eines großen Deiches einzudämmen, waren nutzlos. Häuser und kultiviertes Land standen unter Wasser, und die Leute begannen, aus ihren Wohnungen zu flüchten.
Ahuítzotl war gedemütigt. Der Held so vieler Triumphe in weiter Ferne fand sein Waterloo an der Heimatfront. Nun fürchtete er sogar den Zorn der Bevölkerung wegen der Verwüstung, die er verursacht hatte. Er gestand sich seinen Fehler ein und schickte nach Nezahualpilli von Texcoco. Neben seinem Ruf als kluger Mann war dieser auch berühmt für seine magischen Kräfte.
Er begrüßte offensichtlich die Gelegenheit, sich wieder beliebt zu machen – kürzlich hatte er das Mißfallen der Mexica durch die öffentliche Hinrichtung einer Nichte von Ahuítzotl erregt. Gleichzeitig muß er insgeheim entzückt gewesen sein, daß diesmal er es war und nicht Ahuítzotl, der eine Rüge erteilen konnte, und das war es, was er dazu zu sagen hatte:
»Allmächtiger Fürst: Es hat lang gedauert, bis Du einen Rat suchtest. Vor einiger Zeit hat Euch der Herrscher von Coyoacan, Tzutzumatzin, gewarnt. Erst jetzt haben Euch Angst und Schrecken erreicht, daß Ihr selbst und diese schöne Stadt der Zerstörung anheimfallen könntet, etwas, das Ihr voraussehen und vor langer Zeit überlegt haben solltet. Bemerkt wohl, daß in der jetzigen Schlacht es nicht Eure Feinde sind, die Euch hart bedrängen. Durch Eure Tapferkeit seid Ihr wohl befähigt, diese zu vernichten und aus Eurer Stadt zu verbannen. Nun aber kämpft Ihr gegen ein Element, so unbarmherzig wie das Wasser. Wie könnt Ihr diesen Verhältnissen widerstehen und wie könnt Ihr die Lage retten ... Was hat Tzutzumatzin getan? Wo hat er geirrt? Wie hat er sich vergangen? War er ein Verräter, oder plante er eine Verschwörung gegen Eure fürstliche Krone? War er vielleicht ein Ehebrecher oder ein Dieb? Erkenne, allmächtiger Herr, daß Ihr die Götter beleidigt und Euch gegen sie versündigt habt, deren Ebenbild dieser gute Herrscher verkörperte und auf dessen Schultern sie die Bürde der Regierung seines Reiches gelegt haben. Und aus diesem Grund erlaubt der Herr der Schöpfung nun, daß diese Stadt zerstört und entvölkert werde. Wie wird sich das in den Augen unserer Feinde, die uns umgeben, ausnehmen, wenn Mexiko seiner Einwohner beraubt ist und Ihr und

Eure Herren gezwungen seid zu fliehen, eine immerwährende Rache gegen Euch, gegen sie? Was werden sie sagen, abgesehen davon, daß Ihr das, was Eure Ahnen mit soviel Schweiß und Arbeit aufgebaut haben, in vierzig Tagen zerstört habt?
Nach meiner Meinung sollten die Dämme niedergerissen werden, damit das Wasser seinem früheren Lauf folgen kann. Zu gleicher Zeit sollte der Wassergöttin, um ihren Zorn gegen Euch zu beschwichtigen, ein feierliches Opfer gebracht werden, einschließlich vieler Edelsteine, Federn und zahlreicher Wachteln. Dazu Räucherwerk, Opferpapier und Kautschuk – und gleichzeitig sollen einige Kinder geopfert werden. Vielleicht können wir damit die Quellen beruhigen und mäßigen, damit sie weniger Wasser ausströmen.« (Durán)

Diese aufschlußreiche Geschichte zeigt, daß sogar der anmaßende Ahuítzotl nicht unumschränkter Herrscher in seinem eigenen Haus war. Man möchte wissen, wer es gewagt hätte, Kaiser Karl V. oder Philipp II. auf ähnliche Weise anzusprechen. Die Ansprache schilderte genau den aztekischen Hang, gesunden Menschenverstand mit sonderbarstem Aberglauben zu mischen. Der Fürst von Texcoco empfiehlt zuerst den einzig vernünftigen Weg, die Wasserflut bereits an der Quelle zu unterbinden und nicht erst später mit wirkungslosen Dämmen. Aber dieser praktische Vorgang muß – sogar für den Weisen von Texcoco – mit weiteren Kinderopfern begleitet sein. Im Frieden wie im Krieg war keine Lösung vollkommen oder in der Tat wirksam, ohne den Göttern ihr Recht zukommen zu lassen –, und das des Regengottes waren zufällig kleine Kinder.

Zur Ergänzung seiner Rettungsaktion bestand Nezahualpilli darauf, daß nach Tauchern gesucht werde, die mit den Quellen von Coyoacan vertraut wären. Um sicher zu sein, daß den Göttern für die begangenen Fehler volle Genugtuung geschehe, empfahl er, außer den Kindern einige führende Mexica zu opfern. Ein Vorschlag, der sicher einigen bei der Konferenz Anwesenden einen Schauer über den Rücken schickte.

Fünfzehn Taucher wurden gefunden, die schließlich ins Wasser sprangen und Möglichkeiten fanden, die Flut einzudämmen. Bei diesem rein technischen Unternehmen erhielten sie unschätzbare Hilfe durch zahlreiche anwesende Priester, diesmal in der Kleidung des Regengottes selbst und nicht in der seiner Schwester, der Wassergöttin. Gesicht und Körper der Priester waren blau gefärbt. Damit die sachliche und religiöse Auffassung der Aufgabe schön gemeinsam vor sich ginge, wurden auch die Taucher zu Ehren des Gottes blau angestrichen.

Tenochtitlans Wiederaufbau

Die durchgreifenden Maßnahmen erwiesen sich als wirkungsvoll, die Gewässer senkten sich, nicht ohne vorher von der Stadt einen furchtbaren Tribut gefordert zu haben. Ein großer Wiederaufbau war nötig. Eine riesige Anzahl von Kanus wurde eingesetzt, um Baumaterial herbeizuschaffen:

»Der (Wiederaufbau) wurde nun in Angriff genommen. Provinzen und Völker halfen zusammen, brachten Stangen, Erde und Steine; damit brachten sie das Wasser allerorts zum Stehen, wo es eingedrungen war. Viele alte Gebäude blieben unter dem Wasser. Man benutzte beim Wiederaufbau eine bessere Bauweise in einem neuartigen und eleganten Stil, denn die früheren Häuser waren alt und von den Mexica selbst in der Zeit der Armut und Bedürftigkeit erbaut worden. So waren viele primitiv und verfallen gewesen.

Diesmal bauten die Spitzen der Gesellschaft nach Phantasie und Neigung, sie benutzten Arbeiter von auswärts, denn jedem waren ein oder zwei Dörfer zu seiner Hilfe zugewiesen. Und so ließen sie streichen nach Wunsch und Laune. So wurde die Stadt Mexiko sehr elegant und eindrucksvoll mit großen, auffallenden Häusern, bereichert durch ausgedehnte Gärten und herrliche Innenhöfe. Die Kanäle waren gut reguliert, auf beiden Seiten mit Weiden und Pappeln in hellem und dunklem Grün bepflanzt. Um Schaden zu verhüten, waren viele Schutz- und Dammbauten gegen das Wasser vorgesehen.« (Durán)

Es ist nicht zu übersehen, daß Ahuítzotls Charakter vielschichtig war. Bisweilen war er der großzügige Eroberer, dann wieder der kleinliche Tyrann, der seine Frustrationen am Herrscher von Coyoacan ausließ. Aber anderen großen Kämpfern nicht unähnlich, eroberte er nicht nur, sondern baute auch auf. Das stabile Mauerwerk, dazu bestimmt, seine Triumphe zu verewigen, sollte bald be-

wundert und dann von einem anderen Eroberertyp zerstört werden.
Das Vorhaben erforderte mehr als bloße Ausbesserungsarbeiten, es wurde zu einem echten Wiederaufbau der Stadt mit gewissen ›Fremdeinflüssen‹. Bis zur Ankunft der Spanier blieben verhältnismäßig wenige Jahre, und so kann man annehmen, daß das meiste, was sie zu sehen bekamen, vor dem Tod Ahuítzotls bestanden hatte. Die Vermehrung des Reiches gab wahrscheinlich auch den Anstoß zur letzten und strahlenden Form der Metropole. Die Stadt wie das Imperium hatten sich in einem schwindelerregenden Tempo ausgebreitet.

Ahuítzotl als Baumeister

Obwohl sie von früheren Regierungen begonnen worden waren, hatten der Große Tempel und die umliegenden Baulichkeiten unter Ahuítzotl ihre endgültige Form erhalten. Der Tempel gehörte zu einer riesigen Anlage, die sich aus achtundsiebzig Gebäuden zusammensetzte und in der sich gleichzeitig 10000 Leute aufhalten konnten. Das Ganze war von einer Mauer umgeben, überragt von Zinnen, wie wir das noch an vielen Klöstern des sechzehnten Jahrhunderts in Europa sehen können.
Das große Zentrum für die Feierlichkeiten in Tenochtitlan entspricht nicht genau der heutigen Plaza de la Constitucíon, sondern lag etwas nach Westen. Das Schädelgerüst nahm den Teil des Platzes ein, wo nun die Kathedrale liegt. Der Tempel der Gefiederten Schlange stand etwas westlich dahinter. Nördlich davon, an der Ecke der Calle de la República de Guatemala, sind einige Reste des Großen Tempels ausgegraben worden, der von einer Schlangenmauer *(coatepantli)* umgeben war, wie man sie heute noch in Tenayúca sehen kann. Der Tempel selbst hatte die typische aztekische Form mit einer Doppeltreppe und den beiden Heiligtümern auf der Plattform, eines für Huitzilopochtli, das andere für den Regengott:

»Im Heiligtum eines dieser Tempel stand die Statue von Huitzilopochtli, der auch den Namen Ilhuicatl Xoxouhqui trug. Im anderen befand sich das Ebenbild des Gottes Tlaloc. Vor jedem dieser beiden

Heiligtümer war ein runder Stein wie ein großer Block, Techcatl genannt, wo sie diejenigen opferten, die sie diesem Gott geweiht hatten. Vom Stein bis auf den Boden floß das Blut der Getöteten.« (Sahagún, Historia General)

Ein eigenartiges und ziemlich düsteres Denkmal für Ahuítzotls Errungenschaften war das neu von ihm eingerichtete Schädelgerüst *(tzompantli)*. Aus den beträchtlichen Opfern zur Einweihung des Tempels ergaben sich so viele neue Köpfe, daß man sie auf dem bisherigen Gerüst nicht mehr unterbringen konnte. Darum gab er Anordnung, dieses abzubrennen und an dessen Stelle ein neues zu errichten.

Ein anderes wohlbekanntes Denkmal, das in seiner Regierungszeit beendet wurde, ist der berühmte Tempel auf einem Hügel hoch über dem Dorf Tepoztlan in der Nähe von Cuernavaca, öfter auch Tepozteco genannt. Er ist einer der wenigen Tempel, dessen Zeit man bestimmen kann. Er zeigt die Glyphe des Jahres ›Zehn Kaninchen‹ oder 1502, Ahuítzotls letztes Regierungsjahr.

Man sollte nicht glauben, daß die Mexica im ganzen nichts anders als rauhe Soldaten waren, deren künstlerische Leistungen sich auf Monumentalbauten beschränkten – oder daß die Künste ausschließlich in Texcoco zu Hause waren. Es sei zugegeben, daß die aztekische Töpferei manches zu wünschen übrig läßt. Der anspruchsvolle Moctezuma II. speiste von Tellern, die aus dem feinen Cholula-Porzellan gemacht waren. Andererseits ist ein Reichtum an Literatur mit historischen Berichten, Gedichten und Legenden in der Nahuatlsprache erhalten geblieben. Zumindest ein Teil davon stammt aus Tenochtitlan und Tlatelolco. In ergreifender Anmut zeigt sich die aztekische Auffassung von der Schöpfung und die Forderung, das Jetzt und Heute zu schätzen und die kurzen Freuden, die von den unbarmherzigen Göttern so schnell entrissen wurden.

Auch die aztekische Bildhauerkunst ist sehr erwähnenswert. Wir sind nicht nur von den monumentalen Statuen beeindruckt, Zeugnissen einer kraftvollen Zivilisation, sondern auch von den kleineren Gegenständen aus Stein. Sei es ein Mensch oder ein Tier, sie bezeugen ein Können, das sowohl Anmut als auch Sachkenntnis verrät.

Der große Eroberer hatte nun seinen letzten Erfolg erlebt und sollte sehr bald von einem vorzeitigen Tod ereilt werden. Während seine Armeen weit und breit über ganz Mexiko marschierten, hatten die Spanier bereits den Atlantik bis Hispaniola überquert. So berichten wir zu diesem Zeitpunkt von einem Imperium, das offensichtlich auf dem Gipfel seiner Macht stand, dessen Totenglocke jedoch in Kürze ertönen sollte. Denn ungeachtet des Erfolges oder Fehlschlages von Cortés' Feldzug war ganze siebzehn Jahre später der Triumph der spanischen Waffen innerhalb der nächsten Generation unvermeidlich.

Ein Imperium ohne Einheit

Bevor wir uns darum der nächsten Regierung zuwenden und die Taten des unglücklichen Moctezuma II. besprechen, mag es angemessen erscheinen, den Zustand der aztekischen Nation in diesem kritischen Augenblick, gerade vor dem Tod von Ahuítzotl, zu überdenken. Es wurde schon von Anzeichen gesprochen, die darauf hindeuten, daß das Reich sich einem Punkt näherte, wo es kein Zurück mehr gab. Je weiter entfernt die eroberten neuen Länder lagen, desto lauter wurden die kritischen Stimmen, daß sich die Sache nicht lohne. Selbst der Herrscher sah sich gezwungen, neue Entschädigungen einzuführen, um die Soldaten für die auferlegten Entbehrungen zu belohnen. Sogar seine eigenen Kollegen schwänzten, wenn sie konnten. Es ist erwähnenswert, daß der nächste Herrscher, Moctezuma, die Grenzen des Reiches nicht weiter ausdehnte, soweit sie die Entfernung von der Hauptstadt betrafen.

Die ziemlich locker zusammengefügte Gliederung des Aztekenreiches ist schon betont worden. Der Hang zur Vorherrschaft ohne unmittelbare Kontrolle bestand unter Ahuítzotl weiter. Trotz einer gelegentlichen Abweichung hat er selbst das monarchistische Prinzip immer entschlossen verteidigt. Er hat in Orten, wie etwa in Chalco, Dynastien wieder eingesetzt, wo vorher eine unmittelbare Regierung auferlegt worden war. So war zur Zeit der spanischen Eroberung das ganze Imperium in Wirklichkeit von Statthaltern regiert, von denen die Herrscher des Triumvirats als oberste Staatsgewalt anerkannt wurden. Was diejenigen Landesteile betrifft, die nicht unter direkter Kontrolle standen, war das System dem von den Briten in Indien angewandten nicht unähnlich. Seine Wirksamkeit war jedoch durch das Fehlen jeglicher Verbindungswege, wie sie die Briten geschaffen hatten, begrenzt.

Es muß überdies erwähnt werden, daß, während Ahuítzotl Eroberungen in großer Entfernung von der Hauptstadt machte, ausgedehnte Gebiete dazwischen liegender Territorien unbesiegt blieben. Das trifft nicht nur auf offiziell unabhängige Staaten wie Tlaxcala zu – das im folgenden Kapitel besprochen werden wird –, sondern auch auf zahllose Hügel und Täler, die abseits der Marschrouten der aztekischen Armeen lagen, wo diese kaum jemals hinkamen. Das Reich war eher ein Gewebe aus Stützpunkten als ein Staatsgefüge. Die letzten Erwerbungen an der Grenze von Guatemala wurden den übrigen nur durch eine Reihe von Bastionen angehängt und nicht an ein gleichmäßig beherrschtes Hoheitsgebiet. Das Reich war somit keine Einheit. Queretaro im Nordwesten, mitten im taraskischen Gebiet, ist heute nur zwei Autostunden von der Stadt Mexiko entfernt und Toluca, damals fast eine Grenzstadt, wenig mehr als eine Stunde. Andererseits würde es auf der modernen Straße fast zwanzig Stunden dauern, um die Grenzen in der entgegengesetzten Richtung zu erreichen. Was Ahuítzotl zurückließ, war ein riesiges, aber fast skelettartiges Gefüge. Seinem Nachfolger fiel es zu, viele dazwischen liegende Gebiete zusammenzuschließen. Aus diesem Grunde ist es so gut wie unmöglich, zur Zeit des Todes von Ahuítzotl irgendeine wirkliche Grenzlinie des von den Azteken beherrschten Bereiches zu ziehen. Die Karte auf S. 204 bezeichnet seine größeren Eroberungen, versucht aber nicht, diese Aufgabe zu lösen. Es wäre ganz und gar nicht richtig, würde man um diese Eroberungen herum einen Kreis ziehen und dann den ganzen Raum als Herrschaftsgebiet der Azteken bezeichnen.

Wie die Sonne auf ihrem täglichen Lauf kann ein Reich keine unveränderliche Stellung bewahren. Es gibt entweder einen Aufstieg oder einen Niedergang. Es ist möglich, daß sich die aztekische Sonne nicht weit von ihrem Zenit befand, als die bärtigen Götter im Osten erschienen. Die Tarasken im Nordwesten errichteten eine wirkungsvolle Grenze gegen die aztekische Ausbreitung. Im Süden und Südosten standen die Azteken Völkern gegenüber, die fügsamer und weniger einig waren. Solange die Armee bereit war zu marschieren, soweit sie ihre Füße über Berge und Täler tragen konnten, gab es trotz der bereits erwähnten Schwierigkeiten kein wirkliches Hindernis für ihre Eroberungen. Phantastisch, wie der Gedanke zunächst erscheinen mag, ist die Vorstellung wohl unwahrscheinlich, aber nicht unmöglich, daß sich die Armeen der Azteken und der Inkas eines Tages begegnet wären, wenn ihre Reiche länger bestanden hätten.

Denn wären die Spanier nicht im Jahre 1519 dazwischengekommen, so hätten die Azteken Guatemala und wahrscheinlich die Halbinsel Yucatan an der äußeren östlichen Grenze Mexikos erobert. Die Möglichkeit war sicher vorhanden, aber mit der Verfolgung solcher Ziele hätte sich das Reich mehr Probleme aufgehalst, als Reichtümer erworben. Die Versuchung zu solchen Eroberungen mag groß gewesen sein, da die Handelsleute in dieses Gebiet bereits vorgedrungen waren und die militärische Expansion gewöhnlich dicht im Kielwasser des Handels folgte. Was schon erreicht worden war, bedeutete eine gewaltige militärische Leistung; man muß allerdings bezweifeln, ob die ziemlich einfache Organisation des Reiches mit den zur Verfügung stehenden beschränkten Transportmöglichkeiten fähig gewesen wäre, sich noch mehr Gebiete anzueignen. Moctezuma II. scheint das verstanden zu haben.

Überdies hätten die wirtschaftlichen Vorteile einer weiteren Ausdehnung kaum deren Nachteile ausgeglichen. Die Kaufleute erhielten bereits in den Handelsniederlassungen an der Golfküste die Edelsteine aus den Maya-Ländern.[180] Guatemala konnte nur weitere Vorräte an den Waren bieten, die bereits in Soconusco eingezogen wurden. Sich die Köpfe an der taraskischen Mauer einzuschlagen oder wider den Stachel der Nomaden im Nordosten zu löcken, hätte keinen entsprechenden Gewinn gebracht.

Der Verlaß auf die Loyalität örtlicher Herrscher war ein mäßiger Ersatz für ein unmittelbares Regierungssystem oder das einer Statthalterschaft und hätte unausweichlich zu ständigen Bezirksrevolten geführt. Das aztekische Reich war ein großartiges Gebäude mit etwas gebrechlichen Fundamenten. Einerseits war die aztekische Gesellschaft, wie M. Jacques Soustelle richtig bemerkt hat, im Grunde kräftig und hatte eine Fähigkeit zu innerer Wandlung erkennen lassen. Aber andererseits fragt man sich, ob sie bei der Organisation eines Imperiums einen ähnlichen Grad von Beweglichkeit gezeigt hätte.

Der überspannte Bogen

Bei der Einschätzung des Standortes der Azteken in der Geschichte muß man ihre Beweggründe wie auch ihren gesellschaftlichen Aufbau in Betracht ziehen. Der Eroberungswille hat sich in der menschlichen Geschichte in vielfältiger Form offenbart. Die Zeitdauer jedoch, mit der ein Volk über ein anderes herrscht, ist begrenzt, und der durch die Eroberer eingebrachte Gewinn erweist sich oft als trügerisch. Wo es um Imperien geht, ist zwangsläufig das Streben nach Macht und Ruhm gegenwärtig, und es war sicherlich im aztekischen Expansionsstreben ein vorherrschender Beweggrund. Gleichzeitig ist ein religiöses oder dogmatisches Motiv weniger leicht zu erklären. Die Mexica waren Huitzilopochtlis auserwähltes Volk, und der Glaube an ihre einzigartige Gottheit war eine Verpflichtung und ein Ansporn, sich auszuzeichnen. Aber der Gott selbst gehörte zu einem großen Pantheon, und fast alle anderen Götter teilten sich die Mexikaner mit den Völkern, die sie eroberten. Sie mögen die Verehrung für Huitzilopochtli hinzugefügt oder erzwungen haben, das hat aber kaum zu religiösem Bekehrungseifer geführt. Huitzilopochtli isolierte die Mexikaner von den anderen Völkern, aber die Verbreitung seines Kultes war nicht der Grund für ihre Eroberungen.

In einem Herrschaftssystem, das sich dem Scheffeln von Tributen verschrieben hat, ist der wirtschaftliche Drang einleuchtender. Das mag, mindestens zum Teil, aus einer reinen Notlage entstanden sein. Nach den früheren Eroberungen, die in sich selbst etwas wie eine Übernahme des vorausgegangenen Tepanekenreiches waren, begann Tenochtitlan, die Hauptstadt, zu wachsen und nahm schließlich Ausmaße an, wie man sie niemals vorher im ehemaligen Mexiko und kaum in der Alten Welt gesehen hatte. Überdies war das nur ein Teil der Geschichte. Die an den Ufern der Lagune entstandenen Städte, einschließlich Texcoco, wurden von einer sich lebhaft vermehrenden Bevölkerung bewohnt, die bereits zu groß war, als daß sie mit den begrenzten Mitteln des Hochtales von Mexiko hätte versorgt werden können. Ohne den Viehbestand der Alten Welt, die Schweine, die Kühe, die Schafe und Ziegen, und ohne Tragtiere war es eine mühsame Aufgabe, solch eine städtische Bevölkerung mit einer genügend nahrhaften Kost zu versorgen. Gewaltige Mengen sperriger Nahrungsmittel wie Mais und Bohnen waren nötig. Diese waren zumindest etwas eiweißhaltig, was aber lediglich einen begrenzten Anteil am Ganzen ausmachte. Deshalb mußten große Mengen verzehrt werden, um eine ausreichende Ernährung zu gewährleisten.[181] Die Tributlisten zählen diese Produkte in großer Masse auf, jedoch ohne Fleisch, da man es nicht lagern konnte.

Es ist aber auch wissenswert, daß, ungeachtet der nach Tenochtitlan fließenden Tribute, sowohl unter Ahuítzotl wie Moctezuma II. Hungersnöte ausbrachen. Vielleicht zum ersten Mal in Amerika hat die urbane Entwicklung ihre eigenen Schwierigkeiten verursacht. Eroberung förderte diesen Vorgang, es wurden immer noch größere Mengen von Abgaben nötig, um mehr Mäuler in den Uferstädten zu stopfen. Das war der erste Teufelskreis, dem sich die Azteken gegenübersahen.

Am verwirrendsten für unsere Denkweise ist aber vielleicht, daß ein Großteil der Wirtschaft, mag sie auf Handel oder Tributzahlungen zurückzuführen sein, weniger auf der Sicherstellung des Nötigsten für die sich plagenden Massen beruhte, als auf einer ständig zunehmenden Lieferung prunkvoller Federn und kostbarer Steine, zusammen mit Gold, Jaguarfellen und anderen reinen Luxusartikeln. Nähme man die Berichte der Chronisten für bare Münze, dann bekäme man den Eindruck, daß alle diese ungeheuren Anstrengungen mit den zermürbenden Märschen und den schweren Kämpfen einfach unternommen wurden, um sagenhafte Mengen von Federn und anderem Tand anzusammeln. Man muß aber auch anerkennen, daß viel von dieser scheinbar nutzlosen äußeren Pracht an sich notwendig war und einen Teil der Kriegsausrüstung bildete. Obgleich kostspielig, war sie zu Ehren der Götter, von denen der Erfolg abhing, unentbehrlich.

Überdies lagen Belohnungen meist im Ermessen des Herrschers selbst, der die Siegesbeute nach seinem Gutdünken verteilte. Ohne Zweifel war der Adel gut mit Land und anderen Reichtümern versorgt. Die Spanier staunten über deren Stadtwohnungen. Sie begegneten jedoch in Mexiko, ausgenommen unter den Herrschern selbst, nicht dieser unermeßlichen Ansammlung persönlichen Besitzes, den riesigen Ländereien und den Massen von Gesinde, die zum Beispiel dem Senatorenadel in Rom oder den spanischen Granden zur Verfügung standen.

Die Teufelskreise

Man sieht darum das Reich zur Zeit von Ahuítzotl in einem weiteren Teufelskreis gefangen. Die Götter mußten beschwichtigt und die Sonne in ihrem Lauf gehalten werden, beide durch riesige Opfer in Form von Menschenleben und auffallenden Schaustellungen. Das zwang zu endlosen Eroberungskriegen. Zum Ausgleich für diese Aufmerksamkeiten gewährten Huitzilopochtli und die anderen Götter noch mehr Siege. Das war der Anlaß für Eroberungszüge in immer entlegenere Gegenden, diese hinwiederum hatten noch üppigeren Aufwand zu Ehren der Götter zur Folge. Eine Schraube ohne Ende: die Götter brachten Siege, diese wiederum lieferten die Nahrung für die Götter, die, so besänftigt, nicht Frieden gewährten, sondern weitere Kriege verursachten.

Wie immer wieder betont wurde, gab es wenig Neues, weder über die Götter selbst, noch über die zu ihren Ehren abgehaltenen Feierlichkeiten. Dieser Zustand mit Eroberungen, um mehr Zeremonien ausstatten zu können, und diese wiederum als Anlaß weiterer Beutezüge zieht sich durch die ganze Geschichte des alten Mexiko hindurch, in einer ständigen Steigerung bis kurz vor der Spanischen Eroberung.

Die Azteken machten also ihre Beutezüge aus zwei Gründen: um ihren Göttern zu dienen und um ihre Mägen zu füllen. Indessen, solche Ziele verfolgten auch andere Nationen, ohne gleichzeitig ihre Nachbarn beherrschen zu wollen. Es muß darum unbedingt noch einen weiteren Umstand geben, der die Räder der Eroberungszüge ölte. In dieser Verbindung wird ein anderer Trieb bei den Mexica sichtbar – eine Besessenheit für Aufwand und Prunk als Selbstzweck.

Wieder und wieder liest man von ihren unaufhörlichen Bemühungen, die Aufmerksamkeit ›feindlicher‹ Herrscher und deren Repräsentanten für jede neue Schaustellung von Macht und Ruhm zu wekken. Ein Bericht nach dem anderen erzählt von verschwenderischen Geschenken, mit denen unabhängige und abhängige Machthaber überhäuft wurden. Bei den Azteken scheint der Drang, Publikum für ihre Taten zu haben – an sich eine bekannte menschliche Schwäche – in eine Manie ausgeartet zu sein.

Der Potlatch-Staat

Mit Recht kommt man auf den Gedanken, daß es im aztekischen Staatswesen eine Grundtendenz gab, die bei anderen Völkern des nordamerikanischen Kontinents als *potlatch* bekannt ist; darunter versteht man den Hang, mit allen Kräften vorübergehend Reichtum mit dem einfachen Zweck anzuhäufen, alles bei einer einzigen Gelegenheit zu verschenken. Bei den Azteken war diese Anlage innen- wie auch außenpolitisch orientiert. Ein Beispiel eines innenpolitischen *potlatch* findet man in den großen Festmählern der Kaufleute. Außenpolitische Formen derselben Eigenschaft richten sich auf die ›Feinde‹ oder unbesiegten Völker innerhalb oder außerhalb der Reichsgrenzen.

So könnte das aztekische Reich mit einigem Recht als der ›Potlatch-Staat‹ bezeichnet werden – eine Richtung, die europäischem Verhalten und Denken ganz und gar fremd ist. Es wird zum Beispiel berichtet, daß für Ahuítzotls Krönung Tributzahlungen eines ganzen Jahres verschenkt wurden. Reichtümer wurden nicht gehortet oder wie in der westlichen Welt an die Erben weitergegeben. Was man nicht an der eigenen Person zur Schau tragen konnte, gab man am besten weg, um bei wem auch immer Eindruck zu schinden.

Aus den Eroberungen selbst ergab sich die Schwierigkeit, daß es immer weniger unabhängige Zuschauer bei den aztekischen Schaustellungen gab, da mehr und mehr Leute zu den Unterworfenen zu zählen waren. Das betraf mehr die südlichen Bereiche des Reiches als die nördlichen, da dort die unbeugsamen Tarasken saßen.

Wäre es dem Aztekenreich beschieden gewesen zu überleben, so hätte es sich zwei ständigen Gefahren gegenübergesehen: erstens der äußeren Bedrohung durch die Tarasken, zweitens der dauernden

Bedrohung durch Aufstände im Innern. Da sich die Zahl der unterjochten Völker dauernd vermehrte und die Entfernungen von der Hauptstadt immer größer wurden, nahmen auch die Gefährdungen zu.

Geht man von der Annahme aus, die Azteken hätten, wie die Assyrer, in einer späteren Phase des Reiches ihr System geändert und die Form einer Zentralregierung eingeführt – es ist zweifelhaft, ob sie dazu die Befähigung besaßen –, dann wäre es möglich gewesen, daß sich das Reich, angesichts eines zunehmenden Widerstandes von innen und außen, verkleinert oder schließlich sogar aufgelöst hätte. Vieles wäre da von Persönlichkeiten abhängig gewesen – genauer gesagt: ob der zweite Moctezuma Nachfolger mit großen Vorzügen oder ähnlich anderen Tízocs gehabt hätte.

Die aztekischen Leistungen in den Jahrzehnten vor der Katastrophe waren erstaunlich in ihren Ausmaßen und im Tempo der erzielten Erfolge: Dieser plötzliche Untergang gibt Raum für Mutmaßungen aller Art. Das Reich war wie ein in seinen besten Jahren gestürzter Mann; über seine zukünftige Karriere kann man nur Vermutungen anstellen. Aber welche Unsicherheiten auch immer in der Zukunft gelegen haben mögen, der aztekische Adler hatte sich bereits zu einzigartiger Höhe emporgeschwungen.

7. Kapitel
Ein Mann in seinen besten Jahren

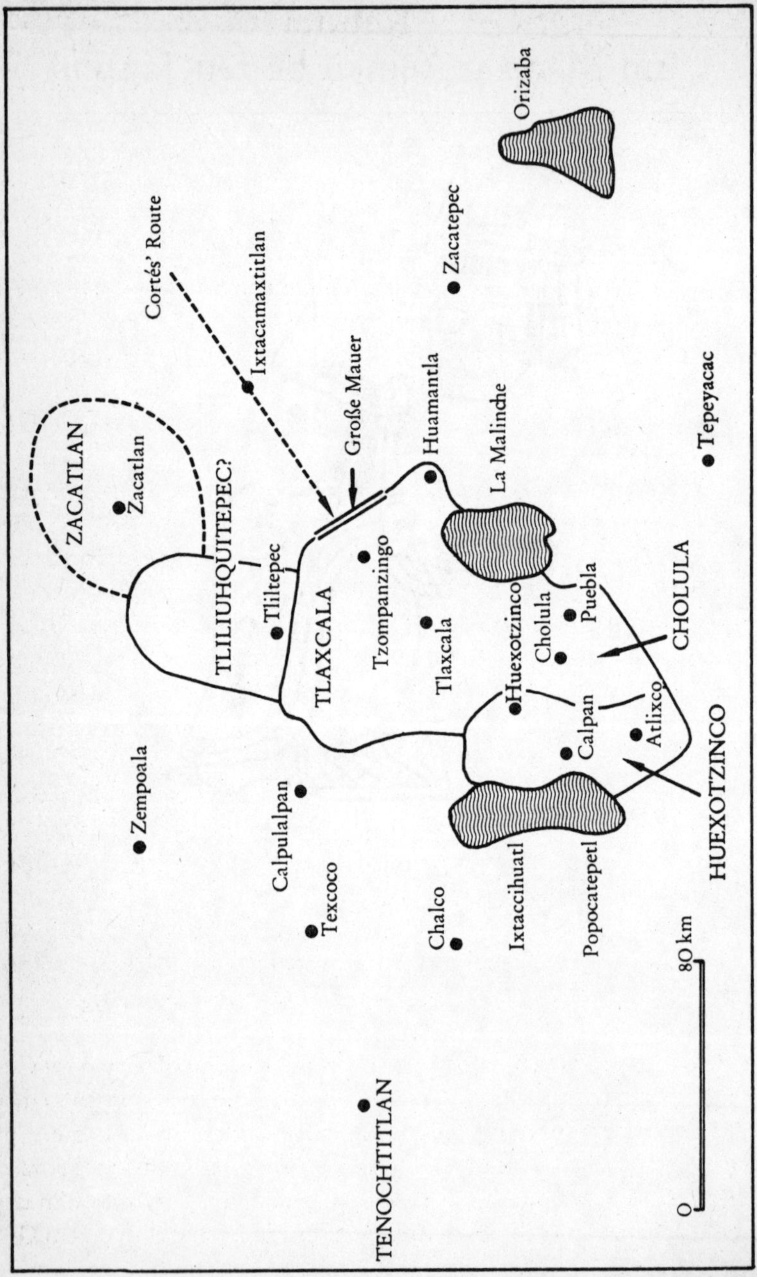

Unabhängige Fürstentümer im Puebla-Tlaxcala-Tal

Im Jahre 1502, nicht lange nach den zuvor beschriebenen Ereignissen, starb Ahuítzotl in verhältnismäßig jungen Jahren.[182] Es wird angenommen, daß sein Tod indirekt durch die Überschwemmung verursacht wurde, nämlich durch Nachwirkungen eines Schlages auf den Kopf, als er der Flut zu entkommen suchte. Durán andererseits schreibt sein Ende einer Art Darmkrankheit zu, die er sich bei seinem letzten und längsten Feldzug zugezogen hatte und die ihn so ausmergelte, daß er nur noch Haut und Knochen war.

Es wurde ein besonders feierliches Leichenbegängnis veranstaltet, das in der Prachtentfaltung diejenigen früherer Herrscher übertraf. Trotz seiner gewalttätigen Veranlagung hatte man den Herrscher wegen seiner Begabungen bewundert und wegen seiner Freigebigkeit geliebt. Die Ansprachen waren schmeichelhafter und die Opfergaben verschwenderischer als je zuvor.

Der unermüdliche Redner Nezahualpilli zeigte sich wie gewöhnlich der Lage gewachsen: Nachdem er alle für einen großen Herrscher angemessenen Metaphern gebraucht hatte, erinnerte er seine Zuhörer an die Sphäre unergründlicher Heiligkeit, die das Amt des *tlatoani* umgebe: »Mit Staub und Schmutz ist nun der Platz des allmächtigen Gottes bedeckt, den Ihr reingehalten und dessen Abbild Ihr verkörpert habt, in dessen Namen Ihr regiert und alles Unkraut und alle Dornen entfernt habt« (Durán). Er beschwor den entschlafenen Herrscher, in Frieden zu ruhen, und versicherte ihm, daß seine eigenen Diener, wie auch sonstige Sklaven, rechtzeitig in die nächste Welt befördert würden, um ihm dort wie auf Erden zu dienen. Die Asche von Ahuítzotl wurde in einer Urne an der Seite des großen Sonnensteines eingegraben.[183]

Die Nachfolge wurde für das Wahlkomitee zu einer Angelegenheit peinlicher Verlegenheit. Die herangewachsene neue Generation bot eine Anzahl von Söhnen dreier früherer Herrscher, Ahuítzotls und seiner beiden Brüder.

Wieder sprach Nezahualpilli als erster und wies auf die ihnen zu Gebote stehende große Anzahl von Kandidaten hin. Auch wenn keiner der Söhne oder Neffen des verstorbenen Herrschers begünstigt würde, so gäbe es genügend andere, bereits erwachsene Prinzen fürstlicher Abstammung. Viele hätten bedeutende Stellungen in der militärischen und religiösen Rangordnung inne, wie es in einem Gemeinwesen erwartet werden könnte, wo nicht nur die Familie des Herrschers, sondern die der gesamten fürstlichen Linie in das höchste Amt aufsteigen konnte.

Die Wahl des Zweiten Moctezuma

Der Herrscher von Tacuba, der andere überlebende Regent der Allianz, empfahl insbesondere, weder einen unerfahrenen jungen Mann noch einen verbrauchten Greis zu wählen. Das Reich brauche einen Mann in den besten Jahren. Beide, Nezahualpilli und er, betonten die sie bedrängenden Gefahren durch Aufstände im Innern wie auch durch Angriffe von außen. Unausgesprochen kamen dabei ihre Gefühle angesichts der übermäßigen Ausdehnung des Reiches zum Ausdruck. Es war nun am Scheideweg angekommen. Ein lebenserfahrener Staatsmann war erforderlich, um die Geschicke zu lenken und das Gewonnene zu festigen.

Das Komitee wählte Moctezuma Xocoyotzin, einen Sohn von Axayácatl und Neffen Ahuítzotls.[184] Er war vierunddreißig Jahre alt. Wie sein Vorgänger war er zur Zeit seiner Wahl einer der beiden Armeebefehlshaber. Berühmt für seine politische Klugheit, hatte er sich vor allem auch in der Kriegführung ausgezeichnet. Schon auf dem Schlachtfeld war er durch besondere Tapferkeit und unbesiegbaren Unternehmungsgeist aufgefallen.

Trotz vieler offensichtlich brauchbarer Kandidaten war die Wahl ziemlich leicht gewesen: »Sie erwählten Moctezuma II. mit großer Selbstverständlichkeit, denn aller Augen waren schon mit dieser Absicht auf ihn gerichtet. Er war nicht nur mutig, sondern auch ernst und maßvoll, und die Leute staunten, wenn sie ihn sprechen hörten. Wenn er in der Hohen Ratsversammlung eine Ansprache hielt, geschah es mit viel aufsehenerregender Klugheit und Befähigung. Und so war er schon, bevor er Herrscher wurde, gefürchtet und verehrt« (Codex Ramírez).

Nezahualpilli faßte das Ergebnis kurz zusammen und beteuerte, die Götter hätten ganz ohne Zweifel ihre Liebe für die Stadt gezeigt, da sie ihnen einen Herrscher von solcher Willenskraft und Tapferkeit gegeben hätten. Alle Berichte über den neuen Herrscher betonen neben seinen anderen Eigenschaften seine große Frömmigkeit. Nach seiner Wahl sah man ihn im Tempel, wo er sich seinen religiösen Pflichten widmete. Aber auch er war nicht ohne Fehler, wie sich später herausstellen sollte:

»Er sorgte dafür, daß alle Kultstätten und insbesondere der Große Tempel gut gepflegt und sauber gehalten wurden. Jedoch Angst und Schrecken, durch Vorahnungen und gefälschte Orakel seiner Götter verursacht, waren geeignet, seine angeborene Kraft und Tapferkeit zu vermindern.
Er achtete genau auf den pünktlichen Vollzug seiner Befehle und die Befolgung seiner Gesetze und war in der Bestrafung von Übeltätern unerbittlich. Gelegentlich stellte er die Redlichkeit seiner Richter auf Umwegen durch Angebote von Geschenken auf die Probe. Wurde irgend jemand als schuldig befunden, und sei er von höchstem Adel, mußte er die entsprechende Strafe ohne Hoffnung auf Erlaß über sich ergehen lassen. Er war ein unversöhnlicher Feind von Faulheit und Nichtstun. Um diese Untugend aus seinem Herrschaftsgebiet zu vertreiben, bemühte er sich, alle seine Untertanen tüchtig mit Arbeit zu versorgen ...
Die Unterdrückung aller seiner Vasallen, die übermäßig hohen Steuern, die er auferlegte, sein Hochmut und sein Stolz und seine außerordentlich strengen Bestrafungen entfremdeten ihm viele Leute. Andererseits versöhnte er durch seine Großzügigkeit, da er für die Bedürfnisse seines Volkes sorgte und die Leistungen seiner Offiziere und Beamten belohnte.« (Clavijero)

Wie seine Vorgänger unterwarf sich Moctezuma nun den üblichen Riten vor der Krönung: dem Durchstechen der Nase, dem Anlegen des Diadems und der fürstlichen Kleidung, der Zeremonie der rituellen Blutentziehung und den Tagen der Buße. Die ihn gewählt hatten, hielten ungewöhnlich weitschweifige Ansprachen, erinnerten ihn an seine militärischen Aufgaben, seine sozialen Verpflichtungen und an seine religiösen Obliegenheiten:

»Ihr müßt hinausgehen und die Sterne beobachten, Ihr sollt ihren Lauf kennen, ihre Symbole, ihren Einfluß und ihre Vorbedeutungen. Vor allem sollt Ihr den Morgenstern beobachten, damit Ihr

Euch, sobald er erscheint, mit einer Zeremonie von allen Fehlern reinigen und mit der göttlichen Farbe salben könnt ... Kümmert Euch um die Berge und die Wüsten, wo die Söhne des Gottes Buße tun und in der Einsamkeit der Höhlen leben, sorgt für die göttlichen Quellen und Brunnen.« (Durán)[185]

In seiner Antwort zeigte der zu Zeiten so stolze und überhebliche Moctezuma eine schickliche Bescheidenheit. Dreimal setzte er zum Sprechen an und wurde jedesmal von Tränen überwältigt. Schließlich sammelte er sich und antwortete kurz:

»Ich wäre wirklich mit Blindheit geschlagen, erhabener Fürst, wäre mir nicht klar, daß Ihr, nur um mich zu ehren, so zu mir gesprochen habt. Trotz so vieler vorzüglicher und edler Herren in diesem Reich habt Ihr mich, den von allen am wenigsten für diese Aufgabe Geeigneten, ausgewählt. Es sind mir wenig Talente eigen, die diese schwierige Aufgabe von mir verlangen. Ich weiß nicht, wie ich dem begegnen soll, es sei denn, ich vertraue auf den Herrn der Schöpfung, auf sein Wohlwollen und bitte alle Anwesenden um ihren Beistand in diesen meinen Bemühungen.« (Codex Ramírez)

Moctezumas Bescheidenheit war jedoch nicht ganz echt: Den Worten Nezahualpillis kann man entnehmen, daß der Rang des *tlatoani* sehr gottähnlich war, wenn er auch nicht wie ein ägyptischer Pharao ein Gott schon zu seinen Lebzeiten war. Ganz abgesehen vom orientalischen Zeremoniell seines Hofstaates – niemand durfte sein Antlitz zu ihm erheben, niemals schritt er über unsauberen Boden, in seiner Gegenwart war nur grobe Kleidung erlaubt – sind gewisse Aspekte in seinem Leben, wie zum Beispiel seine persönliche Anbetung des Morgensternes, dazu angetan, ihn in seinen Beziehungen zu den Göttern von den anderen Sterblichen zu unterscheiden. Außerdem kam ihm eine besondere Rolle als eine Art höchster Prophet zu. Unglücklicherweise waren Moctezumas Talente auf diesem Gebiet durch die schrecklichen Ereignisse, die sein Reich ereilen sollten, überfordert.

Glücklicherweise sind wir nicht nur auf einheimische Quellen angewiesen, wenn wir über die Pracht, die den Zweiten Moctezuma umgab, etwas erfahren wollen, denn es gibt zahlreiche Berichte spanischer Augenzeugen.

Indem wir also eine Reihe von Ereignissen vorwegnehmen, ist es möglich, uns ein anschauliches Bild darüber zu machen, wie er lebte, was wir direkt den Berichten seiner späteren Eroberer entnehmen können, die sich ohne Wissen des mexikanischen Herrschers bereits in Hispaniola aufhielten.

Der Lebensstil des *tlatoani* wird sich in den dazwischenliegenden siebzehn Jahren nicht nennenswert geändert haben. Mit dem Vorhandensein spanischer Berichte beginnt ein neues Kapitel der mexikanischen Geschichte. Die Angaben über das vorspanische Mexiko, die uns die Chroniken und Kodizes vermitteln, sind ob der Fülle ihrer Einzelheiten bewundernswert. Aber diese einheimischen Quellen verlegen sich fast nur auf das Erzählen von Ereignissen und der damit verbundenen Zeremonien. Andererseits verleitete der europäische Persönlichkeitskult die Spanier dazu, viel mehr über die äußeren Merkmale und das Privatleben der Helden des Dramas zu schreiben.

Um gerecht zu sein, muß man sagen, daß man von den einheimischen Chronisten kaum eine Beschreibung von Moctezumas Äußerem erwarten konnte, da man sie, hätten sie es gewagt, in seine Augen zu schauen, sofort hingerichtet hätte!

Ganz im Gegensatz dazu verhielten sich Bernal Díaz del Castillo und Cortés, die sich über dieses Thema sehr beredt äußerten und uns lebendige Darstellungen des Herrschers hinterließen. Diese bedürfnislosen Eindringlinge hatten sich niemals in fürstlichen Kreisen bewegt oder auch nur davon geträumt, den kaiserlichen Hof Karls V. zu betreten.

Sie waren darum buchstäblich verblüfft über das, was sie von dem großen mexikanischen Fürsten zu sehen bekamen, und über ihn genauso überrascht wie er über sie.

Bernal Díaz' Aussage über Moctezuma:

»Der große Moctezuma war ungefähr vierzig Jahre alt, mittelgroß, gut gebaut und schlank. Er war nicht sehr dunkelhäutig, hatte aber die für einen Indianer natürliche Hautfarbe. Er trug seine Haare gerade so lang, daß seine Ohren davon bedeckt waren. Sein schütterer Backenbart war dunkel und wohlgeformt. Sein Gesicht war etwas länglich und wirkte heiter. Er hatte gewinnende Augen, in seinem Blick lag Herzlichkeit und, wenn es nötig war, Strenge. Er war sehr gepflegt, denn er badete jeden Nachmittag. Er hatte Frauen, Mädchen von Adel, und die Töchter zweier erhabener Stammeshäuptlinge waren seine legitimen Frauen . . . Wenn er sich mit ihnen vergnügte, tat er es so taktvoll, daß es, mit Ausnahme einiger Diener, niemand bemerkte. Sodomie war ihm völlig fremd. Seine getragenen Kleider legte er frühestens am dritten oder vierten Tag wieder an.« (Díaz, Chronicles)

Von der Hochachtung, die seiner Person seitens der ihm untergebenen Herrscher entgegengebracht wurde: »Auch bemerkte ich etwas anderes. Wenn von weither große Herren kamen, um mit ihm zu sprechen oder zu verhandeln, dann näherten sie sich Moctezumas Palast barfüßig und armselig gekleidet. Niemals gingen sie direkt in die Residenz, sondern näherten sich dem Eingangstor von der Seite, denn es wäre ein Zeichen von Mißachtung gewesen, sofort einzutreten.«

Die Konquistadoren waren über Moctezumas tägliche Verpflegung erstaunt:

»Seine Köche bereiteten für jede Mahlzeit über dreißig verschiedene Gerichte vor, denn so liebte er es. Kleine Kohlenpfannen aus Keramik hielten die Speisen warm. Sie stellten dreihundert Platten mit Gerichten für Moctezuma bereit und mehr als tausend für die Wache. Manchmal ließ sich Moctezuma von seinen Chefköchen und Dienern begleiten, damit sie ihm die besten Speisen zeigen und erklären konnten, aus was sie zubereitet waren. Dann aß er, was sie ihm vorschlugen. Aber er überprüfte die Kost sehr selten und dann nur zum Zeitvertreib ... Jeden Tag gab es gebratenes Huhn, Truthahn, Fasan, Rebhuhn, Wachteln, Haus- und Wildenten, Wildbret, Wildschwein, Schilfvögel, Tauben, Hasen, Kaninchen und viele Arten von Vögeln und anderem Zeug, das es in diesem Land gab, was so viel war, daß es lange dauern würde, wollte man das alles mit Namen aufzählen.«

Das Servieren der Mahlzeiten war genau so umständlich wie die Zubereitung:

»Er wurde an einem sehr niedrigen Tisch bedient, den man mit weißen Tüchern und Servietten bedeckte. Vier sehr schöne Frauen brachten Wasser zum Waschen der Hände. Bevor er zu essen anfing, stellten sie einen reich vergoldeten Holzschirm vor ihm auf. Vier Adlige aus der Führerschicht hatten Dienst. Als Gunstbeweis bekam jeder von ihnen einen Teller mit etwas besonders Gutem, das sie im Stehen aßen, ohne ihm ins Gesicht zu sehen. Er beendete das Mahl mit ein paar Früchten. Kakao trank er aus feinen Goldtassen. Manchmal wurde er bei den Mahlzeiten von Buckligen und Hofnarren bedient, während andere zu seinem Vergnügen tanzten und sangen. Diesen gab er die Reste des Essens und des Kakaos.«

In seinem zweiten Brief an Karl V. bestätigte Cortés selbst im wesentlichen diese Berichte. Im einzelnen fügte er sogar noch hinzu, daß Zwerge und Bucklige ihre eigenen Quartiere im Palast hatten und daß bestimmte Diener ausschließlich zu ihren Diensten zur Verfügung standen.

Cortés war vor allem von den schönen Gärten beeindruckt und ganz besonders von den Vogelhäusern. Es gab zehn einzelne Teiche für Wasservögel jeder Art. Die für die Meeresvögel waren mit Salzwasser gefüllt. Jede Geflügelart hatte ihr eigenes Futter, das auch Würmer und Fische enthielt. Diese Lieblingstiere hatten 300 Diener. Es gab sogar eine Art Vogelhospital mit Spezialisten, die ihre Krankheiten heilten.

Obwohl Bernal Díaz im hohen Alter schrieb, zeichneten ihn ein fabelhaftes Gedächtnis und ein scharfes Auge für Einzelheiten aus. Wenn er aber Moctezumas Persönlichkeit beschreibt, dann vermittelt er laufend den Eindruck eines gütigen Mannes; er spricht oft von seiner Freundlichkeit und sanften Art. Es wird sich aber im Lauf dieser Schilderung klar herausstellen, daß seine wesentlichen Eigenschaften, welchen Eindruck er auch immer auf die spanischen Eroberer gemacht haben mag, anderer Natur waren und daß er in der Behandlung seiner eigenen Leute alles andere als gütig und freundlich war. Sein menschliches Verhalten hatte sich ohne Zweifel seit dem Beginn seiner Regierung wenig geändert und war wahrscheinlich schon vor seiner Zeit so gewesen. Die von Bernal Díaz beschriebenen Eigenschaften entsprachen dem neu erwählten *tlatoani* überhaupt nicht, dessen wirklichen Charakter man kennen muß, um die folgenden Ereignisse zu verstehen.

Die spanischen Berichte sind für das Verständnis von Moctezumas Leben und vielleicht auch für das seiner unmittelbaren Vorgänger von Bedeutung, aber sie erklären nicht die ganze Geschichte. Wer sich mit der Eroberung befaßt, widmet seine Aufmerksamkeit bei der Beurteilung Moctezumas und der Kompliziertheit seiner Beziehungen zu Cortés allzusehr den spanischen Darstellungen. Die Spanier sahen aber nur das Ende der Ereignisse, und man muß die einheimischen Berichte über Moctezumas Charakter und Handlungen im vorherigen Abschnitt seiner Regierung sorgfältig studieren. Erlebt man nur den letzten Akt eines Dramas, dann ist es nicht so leicht, die ganze Handlung, ganz abgesehen von einzelnen Hauptfiguren, zu begreifen. Was die spanischen Chronisten nicht ganz verstehen konnten, war der Umstand, daß die Eroberung das verhängnisvolle Ergebnis der achtzehnjährigen Regierung eines Herrschers war, dessen Verhaltensweise man als Ganzes sehen muß.

Der Moctezuma, den wir als feigen, von Cortés gefesselten Gefangenen werten, ist um Welten getrennt von dem anmaßenden Fürsten, der eine halbe Generation vorher der große *tlatoani* wurde. Spanische und einheimische Quellen betonen Moctezumas Ernst, Frömmigkeit und Verstand. Diese Eigenschaften aber können sich auf ganz verschiedene Weise offenbaren. Einheimische Darstellungen, die sich oft auf Erzählungen jener beziehen, die zu Moctezumas Zeit gelebt und ihn gesehen haben, zeichnen ein anderes Bild von dem Mann und seinen früheren Taten als das, was sich in spanischen Quellen findet. Unter verschiedenen Umständen kann der Gottesfürchtige auch fanatisch, der Ernste unbarmherzig und der kluge Kopf arrogant werden.

Von den Beschreibungen Moctezumas aus seiner früheren Zeit bekommt man den Eindruck eines Fürsten, der hart mit seinen Untertanen wie mit sich selbst war. Man sollte aus dem seine Person umgebenden zeremoniellen Luxus nicht schließen, daß er bloß ein Sinnenmensch war. Er war sicherlich in seiner Geschmacksrichtung so gemäßigt, wie er vorsichtig in staatlichen Angelegenheiten war, in denen er beharrlich einen Zusammenschluß anstrebte und nicht die Ausbreitung um jeden Preis.

Obwohl Moctezuma in erster Linie ein erfahrener Krieger war, zog er es mehr und mehr vor, im Brennpunkt der Ereignisse zu bleiben und den Untertanen seinen eisernen Willen aufzuerlegen. Wenn sich seine Einstellung zu den staatlichen Aufgaben von der seines Vorgängers unterschied, so war er ihm im herrischen Verhalten und der rücksichtslosen Behandlung der Untertanen – insbesondere, wenn sie Ahuítzotl gedient hatten, durchaus ebenbürtig. Der Unterschied zwischen den beiden Männern lag in Ahuítzotls Fähigkeit, Zuneigung und Anhänglichkeit durch seine warmherzige Großzügigkeit zu gewinnen. Moctezuma hingegen war kalt und berechnend, in der Behandlung Untergebener nahezu ein Leuteschinder und in seinem religiösen Eifer fast bigott. Er wird in der Tat als der am meisten gefürchtete mexikanische Herrscher dargestellt (obwohl man das im Hinblick auf spätere Ereignisse kaum glauben kann). Er hat seine Untertanen mit seinem Genauigkeitsfimmel und der Strenge seiner Bestrafungen buchstäblich mit Angst und Schrecken erfüllt.

Er war aber auch ebenso gerecht, wie er unversöhnlich war. Gelegentlich einer Jagd betrat er einen Garten und pflückte, einer Laune folgend, einen reifen Maiskolben. Dann ging er in das Haus des Besitzers, fand es aber leer, solchen Schrecken verbreitete er. Schließlich stellte sich der Besitzer vor und machte eine tiefe Verbeugung. Darauf fragte der Mann zu Moctezumas Überraschung, wie er dazu

käme, einen gestohlenen Maiskolben in der Hand zu halten. Moctezuma hatte sein eigenes Gesetz gebrochen. Der Herrscher, von dieser Rüge verblüfft, bestand darauf, seinen Mantel, der den Wert eines ganzen Dorfes darstellte, als Geschenk dazulassen. Am nächsten Tag ließ er den Besitzer des Gartens kommen. Als der Mann zitternd vor Angst vor ihm erschien, erzählte Moctezuma den Anwesenden, daß dies der Mann sei, der sein Gewand genommen habe. Natürlich waren sie empört, aber der Herrscher beruhigte sie: »Dieser armselige Bursche hat mehr Mut und Willenskraft als alle, die hier anwesend sind, denn er hat es gewagt, mir zu verstehen zu geben, daß ich mein Gesetz gebrochen habe, und er hat recht« (Tezozómoc).
Moctezuma war so sehr auf die Unbestechlichkeit seiner Richter bedacht, daß er sich, so wird – vielleicht legendär – berichtet, verkleidete, um ihr Verhalten zu prüfen. Wenn sie Fehler machten, ereilte sie selbst die Todesstrafe.

Das große Revirement

Moctezuma zeigte bald seine feste Hand als Herrscher: »Sobald dieser Fürst gewählt war und sich auf dem Thron von Mexiko befand, wollte er die Unantastbarkeit seiner Auffassung darüber klar zum Ausdruck bringen, was ein Herrscher besitzen sollte und welche Achtung seiner Person zukäme.«
Er war entschlossen, viele Untergebene abzusetzen, denn er wollte alles seinen Wünschen entsprechend geordnet haben und nicht einfach nur die Anordnungen seines Vorgängers übernehmen. Deshalb ließ er die Weibliche Schlange, den Cihuacóatl, kommen. Dieses Amt war praktisch erblich geworden, und auch nach dem Tode des berühmten Tlacaélel war der Titelträger der Zweite im Lande. Moctezuma erließ nun eine Verfügung, daß alle von seinem Onkel eingesetzten Beamten, sei es in der Hauptstadt oder in der Provinz, abgelöst werden sollten. Er war entschlossen, reinen Tisch zu machen: »Denn viele von ihnen (die früheren Beamten) waren niederer Herkunft, und es war eines Fürsten unwürdig, diese Leute in seinen Diensten zu haben. Er wollte solche seiner eigenen Klasse beschäftigen – erstens zu Ehren seiner eigenen Person und zweitens, damit die Söhne des Hochadels und seine eigenen Vettern und Brüder im-

mer zu seiner Seite und in seiner Gegenwart wären. Sie würden so Sprache und Benehmen des Hofes und die Kunst des Regierens lernen, und damit wären sie vorbereitet, sollte ihnen dieses Schicksal zufallen« (Durán).

Besonders bevorzugt sollte der in Not geratene Adel werden, wie zum Beispiel Nachkommen früherer Herrscher, die sich in großem Elend befanden. In Zukunft sollten des Hofes unwürdige Bürgerliche, die durch ihre Verdienste den Stand eines Ritters errungen hatten, nicht länger den in Armut und Vergessenheit geratenen Männern von adliger Abstammung vorgezogen werden.

Die unglückselige Weibliche Schlange äußerte einige Bedenken: »Großer Herr, Ihr seid weise und mächtig und könnt gewiß alles tun, was Euch gefällt. Aber es scheint mir, das könnte unterm Volk böses Blut machen, denn es wird denken, es sei Euer Wunsch, frühere Herrscher verächtlich zu machen, wenn Ihr deren Wirken aufhebt« (Codex Ramírez).

Moctezuma aber bestand darauf, und die Weibliche Schlange sah sich genötigt, in den vornehmen Stadtteilen von Tenochtitlan nach geeigneten blaublütigen Anwärtern für den Hofdienst suchen zu lassen. Als hervorstechende Eigenschaft mußten sie adelige und legitime Herkunft vorweisen können. Uneheliche Söhne einschließlich der Halbbrüder Moctezumas waren nicht zugelassen. Insbesondere sollten Kinder von Sklavinnen rücksichtslos mit der Begründung ausgeschlossen sein, daß sie unausweichlich die minderwertigen Merkmale ihrer mütterlichen Herkunft zeigen würden.

Moctezuma scheint dazu von zwei bestimmten Vorstellungen veranlaßt worden zu sein: Erstens verfolgte ihn das Wissen um die Überlegenheit und Beliebtheit seines Vorgängers. Als Gegenmaßnahme räumte er alle aus dem Weg, die es wagen könnten, Vergleiche anzustellen. Zweitens war seine schon fast zur fixen Idee gewordene Überzeugung, daß der Adel eine Art göttliches Recht auf die Vorherrschaft in Staatsangelegenheiten habe: »Denn wie edle Steine unter mangelhaften und schlechten fehl am Platz sind, so sind Menschen fürstlichen Geblüts unter solchen niederer Abkunft nicht am rechten Ort. Bescheidene Federn schauen neben kostbaren nicht gut aus, so eignen sich auch Federn aus adligem Haus nicht für Arbeiter und deren Söhne« (Durán).

In seiner übergenauen neuen Anordnung verlangte Moctezuma sogar, daß in seiner Gegenwart auf die Reinheit der Sprache geachtet werde – nur das Nahuatl des *tlatoani* durfte gebraucht werden. Seine fürstlichen Befehle durften nicht in gemeiner Sprache weitergegeben werden.

Nachdem die Weibliche Schlange ein angemessenes Aufgebot von Kandidaten beschafft hatte, maß er, um seinen schwierigen Herrn zu befriedigen, eigenhändig deren Größe. Das Ergebnis waren etwa hundert Jugendliche von gleicher Größe, die für den Dienst ihres Herrn geschult werden sollten. Als sie alle pünktlich versammelt waren, fand Moctezuma viele Söhne seiner eigenen Verwandtschaft unter ihnen – die offensichtlich in den Tagen seines Vorgängers aus dem Staatsdienst entlassen worden waren, der Männer nicht nach ihrer vornehmen Herkunft, sondern nach ihren Verdiensten beurteilt hatte.

Die Weibliche Schlange hielt den Erwählten eine Ansprache in gewandter Form, unterwies sie in der Pflege der Kleider und Schuhe wie auch der Jagdwaffen ihres Herrn. Sie sollten sich um seine Spiegel, seine Auszeichnungen und seine Ketten kümmern, und sie mußten lernen, ihn bei Tisch mit feinen Manieren zu bedienen – wie es später seine spanischen Eroberer erleben sollten. Beiläufig kam Moctezuma noch der Einfall, diejenigen, die Ahuítzotl gedient hatten, sofort töten zu lassen – soviel über den gütigen Fürsten, dessen liebenswürdige Unterhaltung und großzügige Goldgeschenke Cortés und die Konquistadoren so bezaubert haben.

Auf dem Wege zur absoluten Monarchie

Es drängt sich der Gedanke auf, daß diese Handlungsweise des neuen Herrschers mehr als nur Ausdruck ärgerlicher Gereiztheit über die großzügige Art seines Vorgängers war. Es sind zweifellos Schritte in die Richtung einer absoluten Monarchie, wie sie in Mexiko kaum bekannt war.[186] Gleichzeitig bildeten sie eine Art Gegenrevolution. Leute geringerer Herkunft, die durch Verdienst und militärische Tapferkeit nach oben gekommen waren, verloren ihren Rang und wurden durch verarmte Adelige verdrängt. Ahuítzotl, der mehr an die Kameradschaft des Feldlagers gewöhnt war, hatte nach

Talenten gesucht, wo er sie finden konnte. Da er für sein erweitertes Reich sowohl Krieger als auch Beamte benötigte, hatte er auch einige aus den geringeren Ständen der Gesellschaft gewählt – ein Kurs, der unter seinem anspruchsvolleren Nachfolger völlig geändert wurde. Daß ein für seine Klugheit anerkannter Herrscher sich derart über den gesunden Menschenverstand hinwegsetzen konnte, ist kaum zu glauben, wären die Tatsachen nicht durch Augenzeugen oder deren direkte Nachkommen verbürgt.

Im allgemeinen florieren Gemeinwesen, wenn sie von einer für Talente offenen Elite regiert werden. Moctezuma war jedoch ein fähiger Herrscher und gewandter Politiker. Hinter seinem scheinbaren Wahnsinn muß darum irgendeine Methode vermutet werden. Welche Möglichkeiten auch immer anderen Klassen offengestanden haben mögen, das mexikanische Gemeinwesen wurde, wie es im allgemeinen in der Alten Welt üblich war, von einer alteingesessenen Hierarchie regiert. Hätte sich deren Macht durch die Erweiterung des Reiches zu schnell geschwächt, so wäre das gesamte Staatsgefüge dem Zerfall ausgesetzt gewesen. Wie es manchmal sogar im modernen Mexiko vorkommt, könnte die Lebenskraft einer Regierung durch einen Wechsel zwischen fortschrittlichen und konservativen Kräften gesichert werden. Wahrscheinlich haben letztere die Wahl Moctezumas begünstigt, und es war vielleicht außerdem durch deren Verwandte, die postenhungrigen Adeligen, beeinflußt, die gegen das Eindringen neuer Kräfte in die staatlichen Funktionen waren. Der gesamte Adel ärgerte sich insbesondere über den unausweichlichen und ständigen Aufschwung der Kaufmannsklasse an Rang und Macht. Diese war im alten Mexiko immer von Bedeutung gewesen, die Aufstiegsmöglichkeiten aber waren durch die Erfolge der aztekischen Waffen gewaltig gefördert worden.

Offenbar war darum Moctezuma zum Teil durch persönliche Neigung und ebenso durch kühle Berechnung der Chancen beeinflußt. Man überlegt sich jedoch, ob seine Entscheidungen zweckmäßig waren. Seine Handlungsweise bedeutete für die aufstrebenden Klassen, einschließlich der Handelsleute, einen Rückschlag. Die Hartnäckigkeit, mit der er darauf bestand, daß nur die Herkunft den Weg zu Amt und Würden öffnete, hätte unter Nachfolgern das genaue Gegenteil hervorrufen können, wenn nicht das Schicksal so unerwartet eingegriffen hätte. Moctezuma hat vielleicht völlig unabsichtlich den Weg für die Machtübernahme der Spanier bereitet, die selber nicht für Gleichmacherei waren!

Moctezumas erster Feldzug

Der zweite Moctezuma, unbeugsam entschlossen, an Tapferkeit seinem Vorgänger nicht nachzustehen, führte seinen ersten Feldzug persönlich. Sein Ziel war nicht nur, eigenen Ruhm zu erringen, sondern auch Gefangene für seine Krönung zu machen. Dieser Angriff richtete sich gegen Nopallan an der Küste von Oaxaca. Die feindlichen Siedlungen waren stark verteidigt, und so mußten spezielle Sturmleitern konstruiert werden, um den Einstieg zu erzwingen. Diese Taktik erwies sich als erfolgreich; als die Hauptstadt gefallen war, ergaben sich auch die übrigen. Moctezuma übernahm die Führung im Einsatz und leitete persönlich in voller Kampfausrüstung den Sturmangriff. Er war so strahlend mit Federn geschmückt, daß er aussah, als flöge er dem Feind entgegen. Nachdem der Sieg sicher war, ließ er dem örtlichen Herrscher die scharfe Warnung übermitteln, jegliche Auflehnung hätte die völlige Zerstörung zur Folge.[187]

Die Siegesfeier

Die eigentliche Krönung des Herrschers unterschied sich nicht wesentlich von der gewohnten Praxis. Die üblichen Einladungen wurden durch Boten ausgeschickt, die dabei zahllosen Gefahren ausgesetzt waren. Die Anwesenheit der ›feindlichen‹ Herrscher wurde so geheimnisvoll verschleiert, daß es während des Tanzens, das vier Tage dauerte, mit Ausnahme großer, brennender Kohlenbecken keine anderen Lichtquellen gab. Die Geschenke waren großartiger denn je. Die Würdenträger der verschiedenen Völker erhielten jeweils die ihren Neigungen entsprechenden Gaben. Die Tarasken zum Beispiel bekamen Waffen und Insignien mit einer Verzierung von goldenen Schmetterlingen, deren Flügel blau bemalt waren. Moctezuma spielte selbst die ganze Zeit den charmanten Gastgeber und bezauberte seine Gäste durch seine Aufmerksamkeit ihren Wünschen gegenüber:

»Der hohe Herr (Moctezuma) dankte ihnen (den anwesenden Fürsten) mit heiterer Gelassenheit. Jeden der Herren empfing er mit großer Höflichkeit und ließ sie bei ihrer Ankunft nach Rang und Würde neben sich sitzen. Nachdem alle versammelt waren, hielt er eine gewandte Ansprache, denn er war ein geborener, ausgezeichneter Redner mit einem so reichen Wortschatz, daß er alle durch die Art seiner Gedankengänge bezauberte und fesselte. Und so fühlten sie sich durch seine ungemein liebenswürdige Unterhaltung belohnt und befriedigt.« (Durán)

Auch die Zahl der dargebrachten Opfer war im Vergleich zu früheren Anlässen nicht geringer. Hier wie auch sonst war Moctezuma entschlossen, sich nicht von seinen Vorgängern übertreffen zu lassen – wenn auch die durch die Chronisten angegebenen Zahlen der Sakralopfer mit Vorsicht zu beurteilen sind.[188] Nach der großen Feierlichkeit versammelten sich die Gäste, um die geheiligten, berauschenden Pilze zu essen – die man noch heute in Mexiko finden kann. Pater Durán jedoch hat sie unmißverständlich verdammt:

»Als die Opferungen beendet waren und die Stufen und der Hof des Tempels in menschlichem Blut schwammen, entfernten sich alle von dort, um nun die rohen Pilze zu essen. Nachdem sie diese verzehrt hatten, verloren sie alle den Verstand und befanden sich in einem übleren Zustand, als wenn sie viel Wein getrunken hätten. Sie waren so berauscht und außer sich, daß viele sich mit eigener Hand töteten. Durch die Wirkung der Pilze hatten sie Visionen und Offenbarungen von der Zukunft, denn der Teufel sprach zu ihnen in ihrem berauschten Zustand.«

Das Reich dehnt sich aus

Ahuítzotl hatte mit seinen Eroberungen große Leistungen vollbracht, aber wie wir bereits wissen, hatte er sich des eroberten Landes nicht völlig bemächtigt und es dem Reich nicht einverleibt. Viele dazwischenliegende Gebiete blieben unbesiegt und gefährdeten die Verbindungswege mit den entfernteren Provinzen.
Nicht nur Moctezumas Hauspolitik, sondern auch seine Ansichten

zu den Angelegenheiten des Reiches standen in deutlichem Gegensatz zu denen seines Vorgängers. Während seiner Regierung wurden weitere Eroberungen, aber in gemäßigter Form, gemacht. Das allgemeine Ziel war die Einverleibung von unabhängigen, zwischen den tributpflichtigen Gebieten gelegenen Territorien und weniger die Unterwerfung weiterer Völker, die von der Hauptstadt noch weiter entfernt lebten. Die äußeren Grenzgebiete des Reiches ähnelten der Form eines Skeletts, und Moctezuma war bestrebt, diesen verlängerten knochigen Fingern Fleisch anzusetzen, um zumindest einige der zahllosen im aztekischen Territorium verstreut liegenden Städte und Dörfer, die sich einer gewissen Unabhängigkeit erfreuten, zu beherrschen.

Man kann eine lange Liste von Orten anlegen, die verschiedentlich in mehreren Quellen als von Moctezuma II. unterworfen erwähnt werden. Darüber hinaus ist es durch die Häufigkeit bestimmter Namen in Mexiko schwierig, diese Orte verläßlich auseinanderzuhalten. Ebenso ist bei Eroberungen die Identität der Regierung und des Herrschers nicht immer klar. Die Liste der Niederlassungen, die letztlich den Azteken tributpflichtig waren, ist viel länger als diejenige, in der die Eroberungen der einzelnen Herrscher aufgeführt werden. Aus diesem Grund ist es möglich, die größte Ausdehnung des Aztekenreiches bei der Ankunft von Cortés bis ziemlich in alle Einzelheiten zu erkennen, ohne allerdings in jedem Fall zu wissen, unter welchem Herrscher ein bestimmter Bereich zuerst unterworfen wurde.[189]

Unbesiegte Fürstentümer und Städte

Ungeachtet der Einigungspolitik von Moctezuma ist es auch wichtig zu wissen, daß bestimmte bedeutende Gebiete überhaupt nie erobert wurden. Abgesehen von diesen Fürstentümern, die sich, obgleich von aztekischem Territorium umgeben, ihre Unabhängigkeit erhalten hatten, gab es auch einzelne Städte, aus deren Annalen ersichtlich ist, daß sie keine Tribute ablieferten. Ohne Zweifel mögen sie im Laufe der Zeit ihre Selbständigkeit verloren haben. Die völlige Unterwerfung aber verblieb den Spaniern.[190]

Tlaxcala und andere Staaten derselben Region sollen getrennt besprochen werden, denn sie sind sowohl für die Geschichte der Eroberung durch die Spanier als auch für die ganze Regierungszeit Moctezumas von grundlegender Bedeutung. An zweitwichtigster Stelle stand das unabhängige Fürstentum von Tototepec, das sich entlang der Küste in beachtlicher Ausdehnung an den Staat Oaxaca anschloß. Es gibt ziemlich genaue Angaben über die Grenzen Tototepecs zur Zeit der spanischen Eroberung – darunter auch den Kodex Colombino, der noch 1717 im Besitz der Nachkommen des Herrschers von Tototepec war, als man dieses Dokument bei einem Gerichtsverfahren über die Landbesitzungen tatsächlich benutzte. Tototepec war schon viele Jahrhunderte, bevor die Azteken auf dem Schauplatz erschienen, ein mächtiges Fürstentum der Mixteken. Zur Zeit Ahuítzotls war es immer noch unabhängig und wurde von einem eigenen Herrscher regiert, aber sein Einflußgebiet war durch eine Serie aztekischer Eroberungen in der Nachbarschaft nach und nach verringert worden. Unter Moctezuma II. wurde dieser Vorgang beschleunigt, aber nicht vollendet. Tototepec blieb widerspenstig bis zur Ankunft der Spanier. Dann war es Pedro Alvarado vorbehalten, die völlige Abhängigkeit von der Zentralmacht zu erreichen und außerdem eine reiche Beute an Gold aus der Schatzkammer des unglücklichen Herrschers einzustecken.

Weiter hinauf an der pazifischen Küste und genau östlich vom Hafen Acapulco lag ein anderes nicht erobertes Gebiet, das der wilden Yopis, bekannt als Yopitzingo. Dieser Stamm unterschied sich vor allem durch seine besondere Verehrung für den Geschundenen Gott und weniger durch die Pflege anderer Künste.[191] Diese Gottheit wurde von den Mexica, wie aus Berichten über Feierlichkeiten zu dessen Ehren ersichtlich ist, fast genauso verehrt. Die mexikanischen Herrscher zogen sogar mit den für diesen Gott eigentümlichen Insignien geschmückt in den Kampf. Aber Gefühle der Ehrerbietung dem Geschundenen Gott gegenüber hatten die Azteken nicht abgehalten, sich Land von seinen Anhängern anzueignen. Zur Zeit der spanischen Eroberung war ihr unabhängiges Gebiet bereits so verkleinert, daß sie keine ernsthafte militärische Gefahr mehr bedeuteten. Ihrer Städte beraubt, hielten sie sich lediglich noch in einem weitläufigen Gebiet zerklüfteter Felsen. Der heutige Reisende fährt zum Teil noch durch das Land, bevor die Straße nach Acapulco hinunterführt.[192] Diese Yopis waren immer eine ungehobelte Rasse gewesen und hatten die zivilisiertere Art ihrer Nachbarn verächtlich zurückgewiesen. Das Reich hatte seit langem Ansiedlungen und Städte, hauptsächlich im östlichen Teil des Territoriums, wo die Yopisprache verbreitet war, geschluckt. Man kann dort heute noch diese Sprache hören. Moctezuma II. hatte lediglich die Politik seines Vorgängers weiterverfolgt, die schon vom ersten Moctezuma begonnen worden war.[193]

Die Gesamtzahl der durch Moctezumas Streitkräfte eroberten Orte war sehr groß. Seine Politik der Wiedereroberung aufständischer und der Einverleibung unabhängiger Gebiete verfolgte er in viele Richtungen. Vom äußersten Norden sind keine Einzelheiten von Eroberungszügen erhalten. Entweder während der Regierung von Ahuítzotl oder unter Moctezuma wurden jedoch die Grenzen erweitert und Orte wie Zimapan und Oxitipan eingenommen und zu Außenposten des Reiches gemacht. Die Azteken hatten nun in dieser nördlichen Richtung den Punkt erreicht, wo sie nicht mehr weiter konnten. Weitere Eroberungen hätten nur Überfälle auf Nomadengebiet bedeutet, das schwer zu beherrschen und noch schwieriger zu besteuern gewesen wäre. Als Folge dieser neuerlichen Vormärsche war nun das unabhängige Fürstentum Metztitlan, das frühere aztekische Angriffe aufgehalten hatte, vom Reichsgebiet eingeschlossen.[194]

Metztitlan konnte sich eine gewisse Unabhängigkeit erhalten, obwohl viele seiner ihm früher untergebenen Pueblos nun Moctezuma tributpflichtig waren.[195]

Moctezuma verfolgte auch in Richtung der Golfküste eine rege Politik der Konsolidierung früherer Eroberungen. Viele Städte, die dem Netz der Azteken entkommen waren, verlängerten nun die Liste der Tributpflichtigen.[196] Diese Region diente Tenochtitlan und den benachbarten Städten als Kornkammer. Trotz der ungeheuren Flut von Tributen gab es 1505 in der Hauptstadt eine ernste Nahrungsmittelknappheit. Zusätzliche Lieferungen mußten von der Golfküste eingeführt werden.

Unter Moctezuma wurden jedoch Kriege hauptsächlich an zwei anderen Fronten unternommen. Einmal waren die Armeen in anscheinend endlose Kämpfe mit Tlaxcala und dessen Nachbarn verwickelt, ein Streit, der gesondert behandelt werden wird. Andererseits wurde der Versuch unternommen, die Einverleibung des Landesteiles abzuchließen, der dem heutigen Staat Oaxaca entspricht. Dieses Gebiet, seit langem ein beliebtes Betätigungsfeld der mexikanischen Kaufleute, bot verlockendere Gewinne als der trockene Norden oder der unversöhnliche Nordwesten, wo die Tarasken regierten.

In Oaxaca hatten Moctezumas militärische Anstrengungen im großen und ganzen Erfolg, obwohl es keine alltägliche Unternehmung war. Harte Kämpfe waren erforderlich, um die stolzen Fürstentümer der Mixteken zu besiegen, deren noch vorhandene historische Dokumente Zeugnis geben von vielen Jahrhunderten der Unabhängigkeit und Größe.

Systematische Unterwerfungen

Moctezuma verließ sich bei seinen militärischen Operationen nicht auf blitzartige Überfälle, die von seinem Vorgänger oft bevorzugt wurden. Im zweiten Jahr seiner Regierung begann er eine Reihe systematischer Unterwerfungen, die über zehn Jahre dauerten. Erst mußte er einem Aufstand begegnen, der seine Verbindungswege mit dem entfernten Soconusco an der Grenze von Guatemala bedrohte.[197] Moctezuma, selbst ein erprobter Krieger, führte den Feldzug persönlich an. Bei dieser Gelegenheit hatte er offensichtlich weniger unter der Unlust seiner fürstlichen Kollegen zu leiden als sein Vorgänger. Einerseits war der neugewählte Herrscher von Tacuba bestrebt, seine Sporen zu verdienen. Nezahualpilli von Texcoco andererseits besaß keinerlei kämpferischen Ehrgeiz, und Bemühungen um seine Teilnahme an diesen Einsätzen waren aufgegeben worden.

Moctezuma wurde anfänglich von seinem Stellvertreter, der Weiblichen Schlange, begleitet. Nach reiflicher Überlegung schickte man aber diesen Würdenträger wegen dringender Geschäfte nach Hause. Er hatte nämlich den ziemlich erschreckenden Auftrag, alle Lehrer und Wächter von Moctezumas Söhnen und die Dienerinnen seiner Frauen zu enthaupten. Der *tlatoani* fürchtete zweifellos, sein *alter ego* könnte weich werden, denn er schickte zusätzlich Beobachter,

um sicherzugehen, daß diese neue häusliche Säuberungsaktion genauestens durchgeführt würde.
Als die Armee ihr Ziel erreichte, wurden Beobachter vorgeschickt. Sie gingen mit großer Heimlichkeit vor. Es gelang ihnen in der Tat, Küchengeräte aus den Häusern zu holen und Kinder, die an der Seite ihrer Mutter schliefen, zu ergreifen.
Diese übergaben sie ordnungsgemäß an Moctezuma. Um den Rebellen eine Lektion zu erteilen, verfügte der Herrscher – weit davon entfernt, Alte und Gebrechliche zu schonen –, daß alle über Fünfzig getötet werden sollten mit der Begründung, daß sie es waren, von denen die Jüngeren zum Aufruhr angestiftet worden seien.
Auf seinem Rückweg kam er nach Tehuantepec, wo er seine Tochter an den Herrscher verheiratete. Auch er kehrte, wie sein Vorgänger, langsam im Triumphzug in seine Hauptstadt zurück: »Es wird berichtet, daß täglich von der Zeit an, in der Moctezuma die Provinz Xaltepec verließ, bis er in Chalco ankam, die Fürsten und Würdenträger der benachbarten Städte und alles Volk herankamen und sich wie in einer Art Prozession am Rand seiner Marschroute aufstellten. Sie standen so nahe beieinander, daß niemand zwischen ihnen hindurchkonnte« (Durán). Die Menge beugte beim Vorbeimarsch des großen *tlatoani* die Köpfe und war so reglos, daß es schien, als seien sie gar nicht lebendig.
Moctezuma sah sich unterdessen Schwierigkeiten in seinen Beziehungen mit Tlatelolco gegenüber, das von seinem Vater vor vierzig Jahren unterworfen worden war. Er ließ die führenden Tlatelolkaner zu sich kommen und machte ihnen Vorwürfe, daß sie die ihnen damals auferlegten Tribute nicht lieferten und der Verpflichtung, Nachschub für seine Kriegszüge bereitzustellen, nicht nachkamen. Demütig erfüllten sie seine Forderungen. Als Zeichen der Anerkennung befreite er sie von früheren Einschränkungen, die ihnen zum Beispiel nicht erlaubt hatten, ihren eigenen Tempel zu bauen. Außerdem gab er ihnen das Recht zurück, in seinen Feldzügen als gesonderte Einheit zu kämpfen. Die Schwesterstadt Tlatelolco bekam damit wieder mehr Gleichberechtigung, obgleich sie nicht länger mehr den Vorzug einer eigenen regierenden Dynastie hatte. Eines der führenden Mitglieder aus Moctezumas Rat amtierte weiterhin als Gouverneur.[198]

Moctezumas Bemühungen, den aztekischen Einfluß über die Oaxaca-Region zu verstärken, waren sowohl geographisch als auch zeitlich weit voneinander getrennt. Im Jahr 1503 nahm er Achiotla ein. Dieser Ort war einer von vielen, die früher dem Fürstentum Tototepec Gefolgschaft schuldeten. Achiotla war berühmt für seine herrlichen tropischen Bäume. Es gibt eine Geschichte von einem kleinen, aber ganz besonderen Baum, der bei einer Gelegenheit von weit her gebracht und im Garten des Herrschers eingepflanzt wurde. Seine Blüten waren so wunderbar und dufteten so köstlich, daß sogar Moctezuma davon hörte. Für ihn war es ganz undenkbar, daß ein anderer Herrscher etwas besitzen könnte, was er nicht hatte, und er war entschlossen, den Baum zu bekommen, auch wenn er im kälteren Klima des mexikanischen Hochtales eingehen sollte. Da der örtliche Herrscher sich weigerte, den Baum herauszugeben, entsandte Moctezuma eine große Armee gegen ihn und tötete viele seiner Untertanen. Der Baum wurde ausgerodet und ging daraufhin ein.

Ein Hauptwiderstandsnest wird erobert

Moctezuma beschränkte seinen Ehrgeiz in dieser Region nicht auf den Erwerb botanischer Raritäten. Als nächstes machte er sich daran, bestimmte Städte nordöstlich des Fürstentums Tototepec, des Hauptwiderstandsnestes, zu schlucken.[199] Diesen Feldzug führte er wieder persönlich an und befehligte selbst die Erstürmung der durch zwei Festungsringe schwer verteidigten Orte. Um Quetzaltepec, den letzten von ihnen, zu nehmen, wurde ein ganzer Satz von Sturmleitern benötigt. Schießlich gelang es, eine Bresche in die Mauer zu schlagen, durch welche die aztekischen Streitkräfte eindrangen. Moctezuma befahl nur Frauen und Kinder zu schonen. Bei seiner Rückkehr nach Tenochtitlan vollzog der gottesfürchtige Herrscher pedantisch genau die vorgeschriebenen Riten der Danksagung.

Weitere Feldzüge folgten, die sich gegen zwei wichtige Handelszentren, Yanhuitlan und Zozollan, richteten, wo vermutlich mexikanische Kaufleute getötet worden waren.[200] Diese Niederlassungen waren auch nicht allzuweit von den Grenzen Tototepecs entfernt, dessen Herrscher für die Verteidigung jener Orte militärische Unterstützung gewährte, in der Hoffnung, damit das Vordringen der aztekischen Armeen gegen seine eigenen Grenzen aufzuhalten. Yanhuitlan, heute Standort eines herrlichen Klosters aus dem sechzehnten Jahrhundert, liegt an der heutigen Straße von der Stadt Mexiko nach Oaxaca, war aber anscheinend bis zu jener Zeit von den Azteken noch nicht erobert worden. Nachdem Moctezumas Armeen Yanhuitlan eingenommen hatten – es scheint, daß er selbst nicht dabei war –, folgte ein Blutbad, dem alt und jung gleichermaßen zum Opfer fielen. Bei der allgemeinen Zerstörung wurden selbst die Obstbäume vernichtet. Die Leute von Zozollan, die einem ähnlichen Schicksal entgehen wollten, flohen in die Berge und ließen ihre Stadt ausgestorben zurück.

Im Jahre 1506 wurde noch ein Feldzug in diese Region unternommen, diesmal gegen Teuctepec.[201] Die Stadt besaß ausgezeichnete Befestigungsanlagen mit vier Frontverteidigungslinien. Aber die Einwohner waren dumm genug, den Schutz ihrer Bollwerke zu verlassen und den aztekischen Armeen in offener Schlacht zu begegnen. Es ist nicht überraschend, daß sie es versäumten, den Feind durch einen Hinterhalt zu täuschen, und so erlitten sie eine katastrophale Niederlage, bei der viele Gefangene gemacht wurden.

Die militärische Operation aber entsprach nicht dem geltenden Modell, die mexikanischen Hauptleute hielten die Stadt für uneinnehmbar und zogen sich zurück, ohne sie im Sturm genommen zu haben. Moctezuma, der darüber anfangs verärgert war, beruhigte sich, als er von der großen Anzahl von Gefangenen hörte. Er traf Vorbereitungen für die Opferzeremonie als Teil einer Art Siegesparade. Bei einem weiteren größeren Feldzug wurde im Jahre 1511 Tlaxiaco erobert. Dieser Ort war zum Teil durch seine Lage an den aztekischen Verbindungslinien zu einiger Bedeutung gelangt. Seine Einwohner hatten tatsächlich die Kühnheit, Tribute, die aus den entfernten Provinzen nach Tenochtitlan gebracht wurden, abzufangen.

Moctezuma, der in späteren Jahren mit seinen spanischen Eroberern so liebenswürdig umging, war ein Mann, der es für richtig hielt, daß die Strafe dem Verbrechen angemessen sei. Er gab Anweisungen, daß bei hartem Widerstand des Feindes die Hälfte der Bevölkerung

zu töten sei. Andererseits sollten sie mit Ausnahme einiger für die Opferzeremonien bestimmter Gefangener geschont werden, wenn sie sich ohne Kampf ergaben.
Die Mixteken von Tlaxiaco, die wahrscheinlich vorausahnten, was ihnen bevorstand, widerstanden nur zum Schein, bevor sie Einzelheiten ihrer zukünftigen Tributpflichten besprechen konnten. Die Gefangenen traf das übliche Schicksal. Nach der Zeremonie gab Moctezuma seiner Sorge darüber Ausdruck, daß der Stein, der bei den Gladiatorenopfern benutzt wurde, dem Gefangenen nicht genügend Bewegungsfreiheit in seinem ungleichen Kampf ließ. Deshalb sollte ein größeres Podium für diesen Zweck gebaut werden.

Fehlschläge im Puebla-Tlaxcala-Tal

Bis jetzt ist nur von den erfolgreicheren militärischen Unternehmungen Moctezumas berichtet worden. In der Tat waren seine Vorhaben bei weiter entfernten Angriffszielen gut geplant und wurden auch weitgehend erfüllt. Es muß jedoch von einer anderen Geschichte berichtet werden, die zeitlich zum Teil gleichzeitig mit der ersten verläuft: Seine Regierung wurde von endlosen Zwistigkeiten mit den unbesiegten ›feindlichen‹ Staaten des Puebla-Tlaxcala-Tales beunruhigt. Hier erlitt er bei seinen Anstrengungen nur Fehlschläge; er forderte die Gegner heraus, konnte sie aber nicht vernichten.
Dieses Gebiet hat im Verlauf der mexikanischen Geschichte eine Bedeutung erlangt, die der des Hochtales von Mexiko gleichkommt, von dem es durch die schneebedeckten Vulkane der Sierra Nevada getrennt ist. Jede Macht, die beide Täler kontrollierte, besaß tatsächlich die Herrschaft über ganz Zentral-Mexiko. Teotihuacan war für beide der große sakrale Mittelpunkt. Die direkten Vorfahren der Azteken, die Tepaneken, unterhielten gute Beziehungen mit den Reichen jenseits der großen Berge. In der Frühzeit der Kolonisation gründeten die Spanier Puebla de los Angeles, das in der Geschichte Neuspaniens die zweite Rolle nach der Stadt Mexiko spielen sollte – Puebla de los Angeles wurde durch die Übernahme der Rolle des benachbarten Cholula in vorspanischer Zeit zu einem großen kulturellen und religiösen Mittelpunkt.

Wie wir bereits betonten, war Huexotzinco und nicht Tlaxcala seit langem die führende Macht in der Region gewesen. Daneben gab es dort natürlich, abgesehen von Cholula, andere Stadtstaaten, die jeweils das jede Hauptstadt umgebende Land beherrschten.[202] Während des Jahrhunderts, das der Gründung Tenochtitlans folgte, hatte Huexotzinco, das nacheinander von drei bedeutenden Fürsten regiert wurde, für sich selbst eine Art ›Miniaturreich‹ aufgebaut, indem es einen kleinen Nachbarn nach dem anderen schluckte. In der Zeit seiner Vorrangstellung hatte Huexotzinco den verhängnisvollen Fehler gemacht, den Azteken bei der Vernichtung ihrer tepanekischen Herren behilflich gewesen zu sein.

Tlaxcala hatte aufgrund seiner Rolle, die es während der spanischen Eroberung spielte, einen dauerhaften Ruhm erlangt. Aber erst in der Regierungszeit von Moctezumas Vorgänger fing dieses Fürstentum an, einen maßgebenden Einfluß im Puebla-Tlaxcala-Tal zu gewinnen. Die Tlaxcalteken waren einer von sieben halbnomadisierenden Stämmen, die nach einer Überlieferung aus den ›Sieben Höhlen‹ hervorkamen, aus denen der Strom der nach Osten Wandernden niemals versiegt war. Die Tlaxcalteken zogen durch die Sierra Nevada und siedelten, angeblich auf Geheiß bestimmter Toltekenflüchtlinge, in ihrer neuen Heimat. Die Tolteken waren in dem Durcheinander, das dem Untergang ihres Reiches folgte, aus Tula vertrieben worden und hatten sich bereits in der Gegend niedergelassen.[203] Die Tlaxcalteken waren wie die Mexikaner auf Umwegen in das Land ihrer Verheißung gekommen. Schließlich wurden sie auf einem Hügel gegenüber der jetzigen Stadt Tlaxcala am jenseitigen Ufer des Flusses seßhaft. Von dort vertrieben sie die früheren Einwohner.[204] Die Tlaxcalteken vermehrten sich und wurden allmählich wohlhabend, obwohl sie sich im Vergleich zu den meisten ihrer Nachbarn auf etwas verschiedene Weise entwickelten. Eine anfängliche Spaltung führte zur Gründung einer Art Schwesterstadt. Später hat man zwei weitere Ansiedlungen geschaffen, und so wurde Tlaxcala in Wirklichkeit nicht eine Stadt, sondern ein Zusammenschluß von vier selbständigen Niederlassungen, deren jeweilige Herrscher den regierenden Viererrat bildeten.[205]

Cortés' Beschreibung der Regierung von Tlaxcala, die er mit den zeitgenössischen Republiken von Venedig und Genua verglich, ist

nicht gänzlich irreführend. Wie die venezianische Republik war Tlaxcala eine Oligarchie, und das Prinzip der Erbfolge war im Adel fest verwurzelt. In Glaubensangelegenheiten waren die Tlaxcalteken womöglich noch weniger für die Gleichheit aller als ihre Gegner. Es war alles recht einfach – der Adel kam in den Himmel, das gemeine Volk in die Hölle: »Das Volk von Tlaxcala glaubte, daß die Seelen der Gebieter und der Fürsten in Wolken und Dunst verwandelt würden oder in Vögel mit farbenprächtigem und verschiedenartigem Gefieder oder auch in Edelsteine von großem Wert. Andererseits wurden die Seelen der kleinen Leute zu Wieseln, übelriechenden Käfern, kleinen Tierchen, die einen stinkenden Urin ausschieden, und anderen niederen Tierarten« (Mendieta, Historia Ecclesiastica Indiana).
Der aztekische Vorstoß zur Golfküste begann ungefähr 1450 unter dem ersten Moctezuma und verursachte unter den Tlaxcalteken und ihren Nachbarn Bestürzung. Seit unvordenklichen Zeiten hatten sie mit dieser Region Handelsbeziehungen unterhalten, auf die sie für den Nachschub des täglichen Bedarfs und der Luxusartikel angewiesen waren. Die führende Macht war zu dieser Zeit noch Huexotzinco, auch wenn die Chronisten mehr dazu neigen, von Tlaxcala zu berichten, als hätte es bereits die Führung übernommen – insbesondere natürlich Diego Muñoz Camargo, der vortreffliche Historiker von Tlaxcala: »Und so waren die Mexikaner in so viele Zusammenstöße und Scharmützel mit ihnen (den Tlaxcalteken) verwickelt, daß sie in wenigen Jahren in ihrem eigenen Territorium eingesperrt waren. Über sechzig Jahre waren sie von den Mexikanern eingekesselt. Es fehlte ihnen an allen lebenswichtigen Erfordernissen, auch hatten sie keine Baumwolle für die Kleider, kein Gold oder Silber für Schmuck, keine von den vielgerühmten grünen und vielfarbigen Federn für ihre Staatsgewänder, keinen Kakao, um ihn zu trinken, kein Salz zum Essen.« Der Chronist fügt hinzu, die Tlaxcalteken hätten sich das Salz so weitgehend abgewöhnt, daß sie sogar nach der spanischen Eroberung nur sehr wenig benötigten.
Während dieser Zeit verfolgten die Tlaxcalteken und ihre Nachbarn eine Art Schaukelpolitik. Den Leuten an der Küste boten sie nur eine wachsweiche Unterstützung gegen die Azteken an, immerhin genug, um den Zorn der Azteken zu erregen, aber auch zu gering, um

die Unabhängigkeit der Küstenvölker zu retten. Als zum Beispiel Orizaba angegriffen wurde, forderten die Tlaxcalteken die Einwohner zum Widerstand auf, machten aber selbst nur wortreiche Versprechungen; sie waren bereit, bis zum letzten Mann von Orizaba zu kämpfen.

Aus Blumenkriegen werden Dornenbetten

Es wurde bereits berichtet, daß nach der großen Hungersnot im Jahr 1455 die eigentlichen Feindseligkeiten gegen die Völker des Pueblo-Tlaxcala-Tales begannen. Es gab zahlreiche Kämpfe, die zu dieser Zeit hauptsächlich gegen Huexotzinco gerichtet waren, sie wurden unter den aufeinanderfolgenden aztekischen Herrschern vor Moctezuma II. fortgesetzt. Nach den überlieferten Berichten waren sie vornehmlich ritueller Natur und wurden unter dem Namen ›Blumenkriege‹ bekannt. Zweifellos war dies einer der Gesichtspunkte und anfangs bei diesen Zusammenstößen ausschlaggebend, wenn auch oft erbittert gekämpft wurde. Der beiderseitige Wunsch nach ausgiebiger Gefangenenbeute für die Götter war wahrscheinlich größer als der Eroberungstrieb. Man sollte nicht vergessen, daß diese Gefechte mit den aufsehenerregenden Feldzügen der Azteken zusammentrafen, die ihre Armeen in weite Fernen führten und in jeder Beziehung üppigen Gewinn erzielten.
Für solche Auseinandersetzungen bezeichnend war der Krieg gegen Huexotzinco im Jahre 1499, über den auf Seite 244 berichtet wird. Bei dieser Gelegenheit verließ der berühmte Toltécatl sein Ballspiel, stürzte buchstäblich unbewaffnet auf das Kampffeld und schlug die Azteken in die Flucht. Als Belohnung für seine Tapferkeit wurde er Herrscher von Huexotzinco. Der ›Krieg der Blumen‹ begann sich in ein Dornenbett zu verwandeln.

Was auch immer die früheren Motive für diese Gefechte gewesen sein mögen, mit der Machtübernahme Moctezumas II. änderte sich alles. Von Blumen war nicht mehr die Rede; es begannen wirkliche Feindseligkeiten. Moctezumas Tatendrang beschränkte sich nicht auf die Regelung seiner Personalangelegenheiten; er wollte in einem umfassenden Sinn des Begriffes Herr im eigenen Haus sein. Störrische Nachbarn sollten nicht mehr länger geduldet werden, und er würde Widerstandsnester wie Tlaxcala und dessen Freunde von der Bildfläche verschwinden lassen: »Er war entschlossen, Tlaxcala zu zerstören und zu verwüsten, denn es gehörte sich nicht, daß in einer Weltmacht neben den Wünschen und Befehlen eines Mannes auch noch die anderer maßgebend seien. Solange Tlaxcala unbesiegt blieb, konnte er nicht als der oberste Herrscher der Welt auftreten« (Muñoz Camargo).

Tlaxcala bleibt unbesiegt

Im zweiten Jahr seiner Regierung entschloß sich Moctezuma, Tlaxcala zu erobern. 1504 brach der Krieg aus und dauerte mit Unterbrechungen bis zur Spanischen Eroberung, bei der Tlaxcala selbst eine bedeutende Rolle spielen sollte. Es begann mit einem Streit zwischen Tlaxcala und Huexotzinco, die eigentlich miteinander verbündet waren. Die Heere von Huexotzinco drangen tief in tlaxcaltekisches Gebiet ein und näherten sich der Hauptstadt bis auf wenige Kilometer.[206] Sie wurden zurückgeschlagen, und die Tlaxcalteken überfielen nun ihrerseits Huexotzinco und brannten die Ernte nieder. Zu diesem Zeitpunkt mischte sich Moctezuma ein. Bei einem der ersten Zusammenstöße in den folgenden Kämpfen erlitten die aztekischen Armeen eine böse Niederlage. Moctezuma raste vor Zorn. Er sammelte eine riesige Armee, aber sogar dieser Streitmacht gelang es nicht, den tlaxcaltekischen Willen zum Widerstand zu brechen.

Nicht lange nach diesen Ereignissen, im Jahre 1507, feierten die Mexikaner zum letzten Male die Neufeuerzeremonie, die den Beginn eines neuen zweiundfünfzigjährigen Zyklus ankündigte. Als sie wieder einmal ihre Töpfe und Pfannen zerbrachen, ihre Kinder und schwangeren Frauen einsperrten und alle Feuer löschten, hätte niemand vermuten können, daß sie, lange bevor der neue Zyklus seinen Verlauf beenden würde, gezwungen werden sollten, neue Götter anzubeten, und daß im Ablauf dieser Ereignisse nicht nur ihr Geschirr, sondern die wirklichen Abbilder ihrer angebeteten Gottheiten in Scherben liegen würden.

Viele Chroniken berichten von der Fortsetzung des Krieges gegen

Tlaxcala, sowohl vor als auch nach dem Neuen Feuer. Es ist zwar nicht immer leicht, die verschiedenen Darstellungen aufeinander abzustimmen. Bezeichnenderweise haben zwischen 1508 und 1513 die aztekischen Streitkräfte bei verschiedenen Gelegenheiten Huexotzinco angegriffen, dem sie erst kürzlich gegen Tlaxcala zu Hilfe gekommen waren. Offensichtlich war Huexotzinco inzwischen wieder ins andere Lager übergewechselt und damit zu seiner traditionellen Verbindung mit Tlaxcala und zum Widerstand gegen das aztekische Reich zurückgekehrt.

Disziplinarstrafen für glücklose Heerführer

Im Jahre 1515 begann ein neuer Abschnitt in diesem Krieg. Wieder einmal rief Huexotzinco, das erneut mit Tlaxcala im Streit lag, Moctezuma um Hilfe an. Die Folge war, daß aztekische Streitkräfte praktisch das Gebiet von Huexotzinco besetzten, während viele der Einwohner und auch der Herrscher in Tenochtitlan Zuflucht nahmen. In verschiedenen Gefechten mit den Tlaxcalteken gelang es aber den Azteken nicht, einen Sieg zu erzwingen. Es folgten unentschiedene Kämpfe und sogar Niederlagen, die Moctezuma Tränen der Wut in die Augen trieben, als er von ihnen erfuhr. In einem dieser erbitterten Ringen wurden die Mexikaner geschlagen, die meisten von ihnen getötet oder gefangengenommen, und alle Armeeführer verblieben in der Hand des Feindes. Andererseits hatten die Azteken nur etwa sechzig Gefangene gemacht. Moctezuma war über diese Katastrophe aufs äußerste aufgebracht: »Wie ist es nur möglich, in dieser weibischen Art zu unterliegen, daß ich mich vor der ganzen Welt schämen muß? Wie weit ist es mit so vielen tapferen Fürsten und Hauptleuten gekommen, die so gut ausgebildet und erfahren im Kampf waren? Ist es möglich, daß sie vergessen haben, wie sie ihre Truppen zu befehligen und zu stärken haben, um die feindlichen Linien zu durchbrechen? Es bleibt mir nur die Vermutung, daß Ihr absichtlich nachlässig und faul gewesen seid, um mir einen Schlag zu versetzen und Euch über mich lustig zu machen« (Durán).
Aber solche Zeichen vorübergehend königlichen Mißvergnügens genügten nicht. Als strenger Vorgesetzter, der er war, kam Moctezuma zu der Auffassung, daß seine Armee müde geworden war. Er

griff darum zu drastischen Maßnahmen, um die Disziplin zu straffen und die Moral zu stärken. So schickte er Beamte in die Häuser der verschiedenen Kommandanten, mit dem Befehl, ihnen ihre Rangabzeichen abzunehmen, wie auch die Waffen, die er ihnen ehrenhalber geschenkt hatte. Bei Todesstrafe wurde ihnen verboten, Baumwollkleidung zu tragen oder ihrem Rang entsprechende Schuhe, und für ein ganzes Jahr durften sie nicht den königlichen Palast betreten. Nachdem die Beamten ihre Aufgabe ausgeführt hatten, kehrten sie zu Moctezuma zurück und berichteten von der Verzweiflung, die seine Befehle verursacht hatten, aber: »der Herrscher, ohne Zeichen des Bedauerns, überlieferte diejenigen, die er bestraft hatte, für ein ganzes Jahr dem Vergessen. Und so kleideten sie sich in dieser Zeit wie das niedere, gemeine Volk und waren von großer Scham gequält. Am Ende dieses Jahres ordnete Moctezuma Feindseligkeiten mit Tlaxcala an, damit die Ritter, denen er die Buße auferlegt hatte, versuchen konnten, ihre Ehre zurückzugewinnen« (Durán).
Der neue Kampf blieb erfolglos, aber wenigstens war die Ehre wiederhergestellt, und Moctezuma schien beschwichtigt zu sein. Diese ganze Geschichte hatte sich kurz vor der Ankunft der Spanier zugetragen und zeigte, daß Moctezuma seine leidenschaftliche Veranlagung noch nicht eingebüßt hatte.

Ein müder Frieden

Im Jahre 1518 konnten die Leute von Huexotzinco endlich in ihre Heimat zurückkehren; dies war nicht etwa einem glänzenden aztekischen Sieg, sondern einer Aussöhnung zwischen Huexotzinco und Tlaxcala zu verdanken. Meistens waren die Leute von Huexotzinco wegen der Aufregung, die sie verursachten, zum Beispiel durch einen Tempelbrand, in Tenochtitlan ziemlich unwillkommene Gäste gewesen. Nach zwei verhängnisvollen Techtelmechteln mit den Azteken in einem Zeitraum von fünfzehn Jahren zogen sie es vor, ihre Meinungsverschiedenheiten mit den Tlaxcalteken beizulegen, und so konnten sie in Frieden in ihre Heimat zurückkehren. Der Herrscher von Huexotzinco bedankte sich bei Moctezuma für seine Hilfe und ging in seine eigene Hauptstadt zurück. Als die Mexikaner ihnen zu einer Feierlichkeit eine Einladung schickten, fanden die Boten die Grenze wieder bewacht.

Moctezumas militärische Anstrengungen waren somit zwecklos gewesen. Tlaxcala und Huexotzinco hatten sich beide der aztekischen Umarmung entwunden, und Huexotzinco war nun von Tlaxcala abhängig geworden. Tatsächlich war Moctezuma einer Lösung der Schwierigkeiten mit Tlaxcala nicht nähergekommen als zu Beginn seiner Regierungszeit. Viel Blut war vergossen und nichts war erreicht worden. Sogar die Gefangenenzahl war enttäuschend, und die Aufzeichnungen zeigen, daß Moctezuma mehr verloren als erbeutet hatte.

Ungeachtet des heftigen und erbitterten Ringens und der zahllosen Flüchtlinge herrscht die Ansicht vor, daß dies vielleicht im Grunde nichts anderes als ein ›Blumenkrieg‹ war. Wenn aber die Berichte einheimischer Chronisten als Beweis nicht genügen sollten, so liefern die Spanier, die zu jener Zeit von den inneren Angelegenheiten Mexikos nichts wußten, genügend Beweise für den Haß, den die Tlaxcalteken gegen die Mexikaner hegten, und von den durch die Blockade verursachten beschränkten Verhältnissen. Diese wirtschaftlichen Zwangsmaßnahmen der Azteken hatten ihr Ziel nicht erreicht, die Tlaxcalteken aber bis zu einem Punkt verarmt, wo sie, wie sich Muñoz Camargo erinnert, nicht einmal Salz hatten, ein Produkt, das in der vorspanischen Wirtschaft sehr wesentlich war. Sie waren sogar gezwungen, aus ihrem eigenen Boden eine Art künstliches Salz zu gewinnen.[207]

Die Ansicht, daß Moctezuma Tlaxcala niemals ernstlich besiegen wollte, beruht auf der zweifelhaften Annahme, daß eine große Macht durch die Anwendung überlegener Mittel immer eine kleinere unterdrücken kann, wenn sie nur will. Sicher muß man in den Annalen zeitgenössischer Geschichte nicht lange suchen, um Ausnahmen von dieser Regel zu entdecken.

Zugegeben, als eroberte Provinz wäre Tlaxcala für die aztekischen Steuereinnehmer nicht besonders ergiebig gewesen. Außerdem wären die Einwohner aufsässige Untertanen geworden. Darum ist es möglich, daß Moctezuma nicht zu begierig war, Tlaxcala wirklich zu annektieren. Durch sein bloßes Übergewicht hatte er versucht, ihren Widerstand zu brechen, vielleicht mit der Absicht, den Feind zu einem Trabanten oder Untergebenen zu degradieren.

Seine Versuche waren jämmerlich mißlungen. Denn diesmal gerie-

ten die Azteken, wie schon früher bei den Tarasken, an ein Volk, das entschlossen war, seine Unabhängigkeit zu verteidigen. Dieser Tapferkeit gegenüber erreichten ihre großen Streitmächte sehr wenig. Die Tlaxcalteken kämpften, zahlenmäßig unterlegen, um so erbitterter, denn sie hatten mehr zu verlieren als ihre Gegner.
Moctezumas Fehlschlag hatte auf den künftigen Verlauf der Ereignisse eine Wirkung von großer Tragweite. Als Cortés auf der Szene erschien, fand er die Tlaxcalteken in Aufruhr, aber nicht geschlagen.

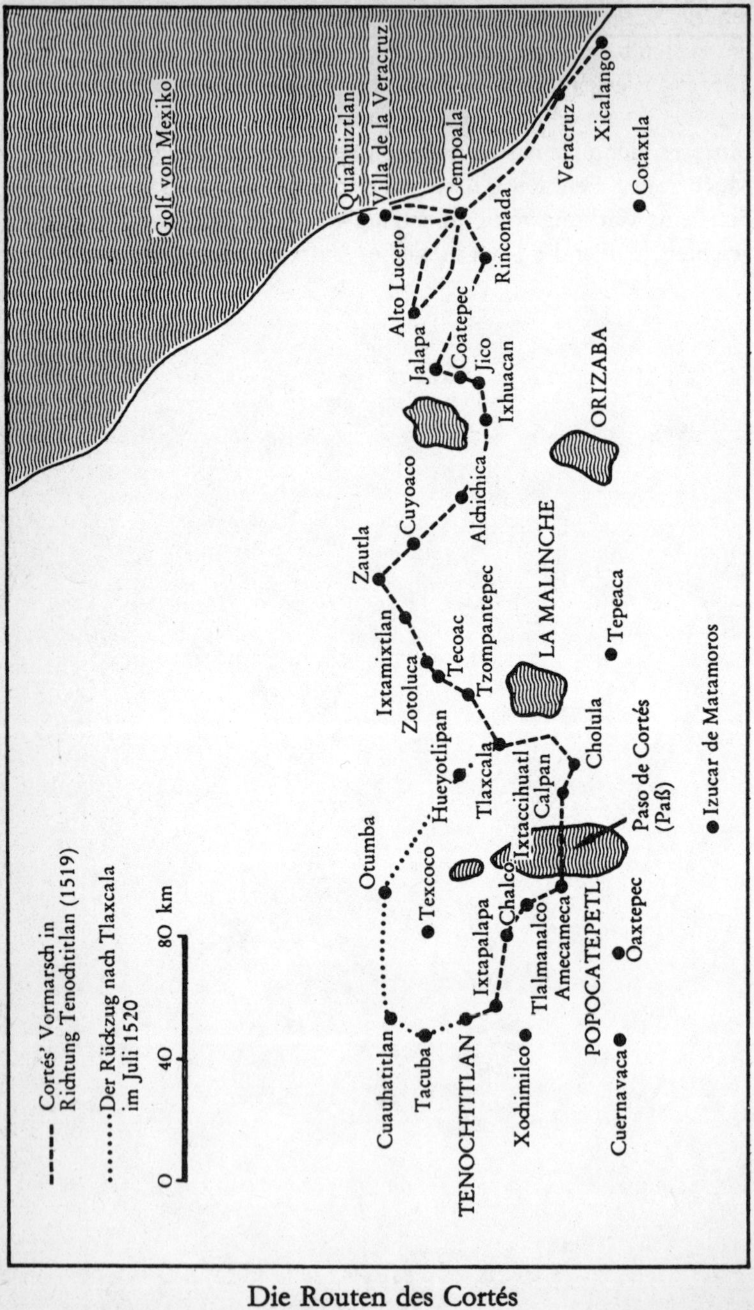

Die Routen des Cortés

8. Kapitel
Der Sonnenuntergang

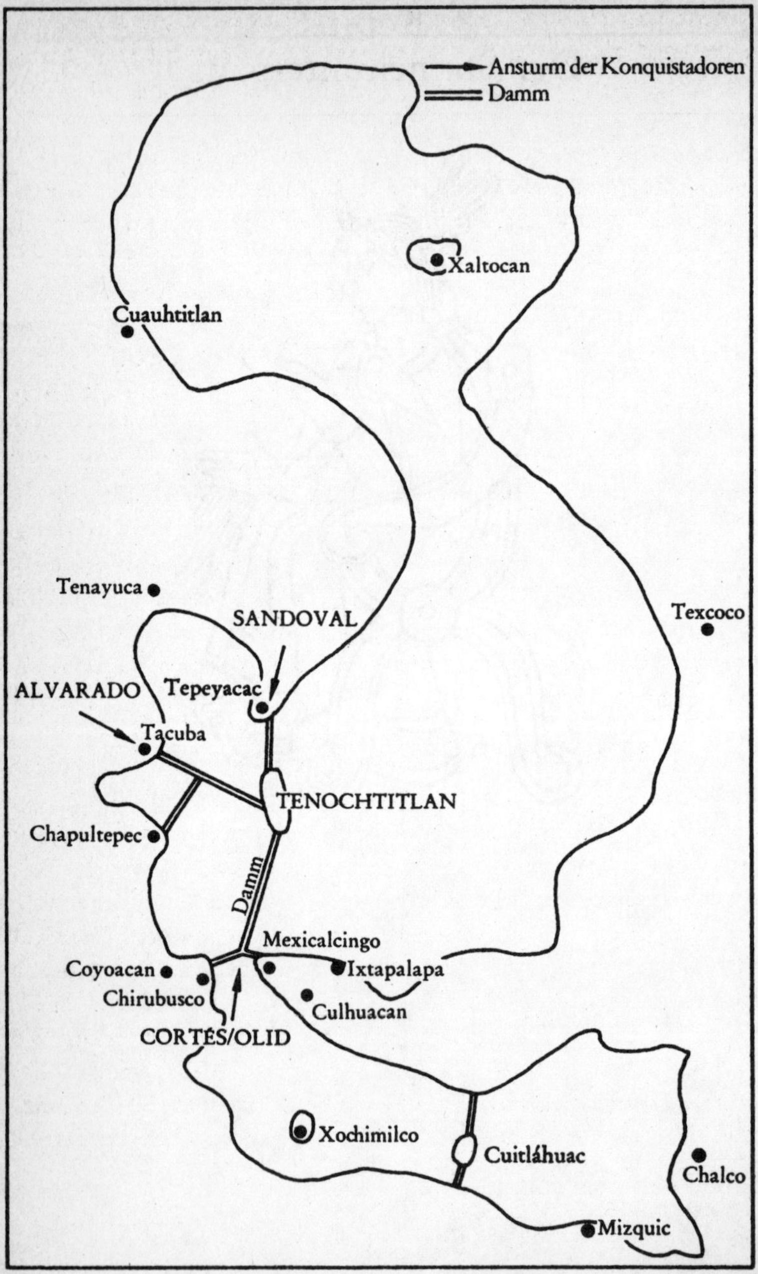

Die Belagerung von Tenochtitlan

Moctezuma war ein Mann, dessen Gläubigkeit eher streng war als milde. Lange bevor die ersten Spanier sein Reich betraten, hatten schlechte Vorzeichen seinen empfindlichen Seelenfrieden gestört.

Bereits zehn Jahre vor Cortés' Ankunft wurde ein Komet beobachtet, dessen Helligkeit die Nacht zum Tage machte. Sofort ließ Moctezuma jeden verfügbaren Astrologen und Wahrsager zu sich kommen. Sie konnten ihm nur sagen, sie hätten keinen Kometen gesehen. Diese wenig hilfreiche Haltung empörte Moctezuma, und er hielt ihnen vor, sie hätten in der ihnen zugewiesenen Aufgabe versagt. Man warf sie in Käfige und ließ sie verhungern.

Nezahualpilli von Texcoco, selbst ein angesehener Magier, tat sein Bestes, um Moctezuma davon zu überzeugen, daß Kometen nicht ungewöhnlich seien. Das war jedoch ein schwacher Trost, insbesondere da Nezahualpilli bei einer früheren Gelegenheit schon einmal Moctezuma hatte wissen lassen, daß er Tlaxcala niemals besiegen würde. Nun sagte er schreckliche Katastrophen voraus. Unheil würde hereinbrechen, wodurch ganze Königreiche zerstört würden. Er konnte sich eine nüchterne und abgeklärte Haltung erlauben, da er wußte, daß er diese Ereignisse nicht mehr erleben würde. Moctezuma aber weinte und beklagte sich darüber, daß dieses Unglück ausgerechnet in seiner Zeit kommen sollte:

»Oh, Herr der Schöpfung. Oh, allmächtige Götter, in deren Händen die Macht über Leben und Tod aller Sterblichen liegt. Wie könnt Ihr es zulassen, daß nach so vielen mächtigen Herrschern es mein Los sein soll, Zeuge der furchtbaren Zerstörung Mexikos zu sein. Daß ich den Tod meiner Frauen und Kinder erleiden muß und leben soll, um mich meiner großen Reiche beraubt zu sehen, meiner Fürstentümer, meiner Vasallen und von allem, was die Mexikaner mit ihrem starken, rechten Arm und mit ihrem Mut und ihrer Tapferkeit erobert haben? Was soll ich tun? Wo soll ich mich verbergen? Wo kann ich Schutz suchen? Oh, könnte ich nur zu Stein werden, oder zu Holz, oder zu irgendeinem anderen Ding, bevor ich erleben muß, was ich nun mit so viel Angst und Schrecken erwarte.« (Durán)

Nezahualpillis Tod kam bald danach. Er hatte in letzter Zeit sehr unter Moctezumas Arroganz gelitten und unter dessen Anmaßung, das Reich allein regieren zu wollen. Moctezumas wahre Gefühle seinen Verbündeten gegenüber zeigten sich, als er es zuließ, daß die Elite der texcocanischen Armee durch die Tlaxcalteken hingeschlachtet wurde, während er den Kampf, wie Xerxes bei Salamis, von einem Hügel aus beobachtete.

Nezahualpilli besaß nicht mehr die geistige und die körperliche Kraft, Moctezuma zuwiderzuhandeln. Er starb im Jahre 1515. Es ist faszinierend, sich auszumalen, wie sich dieser ungewöhnliche Herrscher der spanischen Invasion gegenüber verhalten hätte. Denkt man an seine späteren Jahre, dann wäre er kaum in vorderster Reihe der Widerstandsbewegung anzutreffen gewesen, denn er hätte die Diplomatie dem Krieg vorgezogen. Vielleicht aber wären durch seine Überlegungen Moctezuma die tiefsten Demütigungen erspart geblieben. Er und sogar Cortés könnten anders gehandelt haben, wäre Nezahualpilli dabei gewesen, um zu raten und zu mäßigen.

Im Laufe seines abwechslungsreichen Lebens zeugte er nicht weniger als 145 Söhne und Töchter. Aus dieser großen Zahl hatte er jedoch keinen offiziellen Erben ernannt, und so ließ er sein Reich in einem Zustand der Ratlosigkeit zurück. Es gab drei legitime Söhne, die Anrecht auf den Thron von Texcoco hatten. Von diesen wählte Moctezuma Cacama, den Sohn seiner eigenen Schwester. Texcoco war nun so vollständig von seinem ehemaligen Partner beherrscht, daß es Moctezuma möglich war, ohne große Schwierigkeiten seine persönliche Wahl durchzubringen.

Einer der drei Anwärter, durch seine Zurücksetzung erbost, lehnte sich gegen die Wahl seines Bruders durch einen bewaffneten Widerstand auf.[208]

Dem Chronisten Ixtlilxóchitl zufolge, seinem Namensvetter und Nachkommen, besaß dieser Prinz, der später als von Cortés bevorzugter Texcocaner bei der Eroberung eine Hauptrolle spielen sollte, bestimmte im äußersten Norden gelegene Gebiete, die von Texcoco beherrscht wurden.[209] Möglicherweise jedoch übertreibt sein loyaler Nachkomme die Wirkungen dieses Aufstandes. Nichtsdestoweniger trafen die spanischen Invasoren infolge der Unnachgiebigkeit von Moctezuma das Volk seines besten Verbündeten entzweit und enttäuscht an.

Bange Ahnungen und böse Vorzeichen

Weitere Schrecken sammelten sich über Moctezumas Haupt, der schon vor der Ankunft der ersten spanischen Expedition an den Küsten der weit entfernten Halbinsel Yucatan von Angstgefühlen gequält war. Der durch eine Fahrlässigkeit seitens der Priester verursachte Brand des Tempels der Göttin Toci wurde als neues Vorzeichen des Jüngsten Gerichts angesehen. Moctezuma räumte wieder einmal mit seinen Astrologen, Magiern und Zauberern auf. Diesmal ließ er sie töten und bestimmte, daß ihre Häuser geplündert und ihre Kinder zu Sklaven erniedrigt werden sollten.
Böse Omen folgten nun dicht aufeinander. An einem windstillen Tag wurde die Lagune zu einem Dampfkessel, und Wellen von ozeanischen Ausmaßen peitschten die Ufer, klatschten gegen die Häuser und unterhöhlten die Grundmauern.
Die Stimmen der Frauen klagten in die Nacht hinein und wimmerten von Untergang und Vernichtung. Das Seltsamte vor allem aber war ein Vogel von der Größe eines Adlers, den Jäger Moctezuma brachten. Im Kopf des Vogels befand sich ein runder Spiegel, Moctezuma starrte in ihn hinein und konnte darin die Sterne sehen, obwohl es Tag war. Er sah auch etwas viel Unheilvolleres: »Und als er wieder den Kopf des Vogels ansah, bemerkte er eine große Menge von Menschen, in Abteilungen aufgestellt, die wie im Krieg vorrückten: sie schienen halb Mensch, halb Hirsch zu sein« (Mendieta). Seine Wahrsager konnten keine Erklärung geben, und er suchte Trost in der Gesellschaft seiner Zwerge und Buckligen.
Es folgte ein noch unglaublicherer Vorfall. Moctezuma hatte sich zu dieser Zeit entschlossen, der Welt zu entfliehen und Zuflucht bei Huemac, dem König der Toten, zu suchen. Die erste und die zweite Schar seiner Boten betraten eine tiefe Höhle und erreichten eine Audienz bei Huemac, der sie ziemlich verletzend zurückwies. Moctezuma, so äußerte er, spreche von der Unterwelt, als ob das Leben dort genauso weiterginge wie in der Welt, in der er lebe: »Denn die

Bewohner [der Unterwelt] sind nicht länger, was sie in der Welt waren, sondern anders in Gestalt und Benehmen. Früher hatten sie Freude, Ruhe und Zufriedenheit. Nun ist alles Quälerei. Dieser Ort ist kein ergötzliches Paradies, wie der alte Spruch vorgibt, sondern eine ständige Seelenqual: Geht und sagt Moctezuma, daß er, wenn er diesen Ort sähe, vor lauter Entsetzen fliehen und sogar zu Stein würde« (Tezozómoc).[210]
Es überrascht nicht, daß die Boten für diesen Mißerfolg mit dem Leben bezahlten. Eine dritte Gesandtschaft jedoch fand Huemac in aufgeschlossenerer Stimmung. Er sagte, Moctezuma sei verdammt zu leiden wegen seines Stolzes und seiner Grausamkeit und für sein unbarmherziges Betragen seinen Mitmenschen gegenüber: »Sagt ihm [Moctezuma], daß er anfangen solle, Buße zu tun, daß er fasten und seine köstlichen Mahlzeiten aufgeben solle. Und daß er nach und nach seine Herrschaft und seine Vorrechte abgeben solle: seine zarten Rosen, Blumen und sein sorgfältig komponiertes Parfüm. Auf diese Dinge müsse er verzichten und seine Kost auf einige kleine Brotmahlzeiten und einige Löffel gekochter Bohnen beschränken, und das Wasser, das er tränke, müsse erst abgekocht werden. Und außerdem müsse er sich allmählich von seinen Frauen zurückziehen und nicht mehr zu ihnen gehen . . .« (Tezozómoc).
Moctezuma war überglücklich und unterwarf sich bereitwillig dieser strengen und kärglichen Kost. Schließlich erklärte sich Huemac tatsächlich zu einer Zusammenkunft an einem Platz in der Mitte der Lagune bereit. Aber statt zum Trost des Monarchen persönlich zu erscheinen, schickte er dann einen Boten, der ihm lediglich wegen seiner Feigheit Vorwürfe machte.

Die Spanier kommen

Auch wenn wir einige dieser Vorzeichen als reine Erfindung einer erschreckten Phantasie abtun mögen, so beruhte einer der seltsamsten Berichte von allen auf einer handfesten Tatsache. Ein Bauer kam aus eigenem Antrieb von weit her, um von einem großen Berg zu erzählen, der sich, wie er selbst gesehen hatte, im Meer bewegte. Dies schien Moctezuma von allen Geschichten, die er vernommen hatte, die am weitesten hergeholte zu sein, obwohl es für die nur an

Kanus gewöhnten Leute eine natürliche Art und Weise war, das erste spanische Schiff zu beschreiben, das sie gesehen hatten. Auch dieser Mann wurde für seine Verwegenheit eingesperrt.

Der Bericht selbst bezieht sich wahrscheinlich auf die zweite spanische Expedition zum mexikanischen Festland. Eine frühere Streitmacht, angeführt von Francisco Hernandez de Cordoba, war am 8. Februar 1517 ausgelaufen und erreichte die Küste der Halbinsel Yucatan an einer Stelle, der sie den Namen New Cairo gaben (zweifellos, weil die Einwohner braun und nicht christlich waren). Diese Expedition war ein Fehlschlag, denn jene ersten Spanier ließen sich wahrhaftig von den Einwohnern der Campeche-Region besiegen. Die Hälfte wurde getötet, der Rest schwer verwundet. Sie zogen sich in Richtung Florida zurück, wo Cordoba an seinen Wunden starb.

Die zweite Expedition unter Juan de Grijalva segelte am 1. Mai 1518 von Kuba aus und erreichte die Insel Cozumel vor der Küste von Yucatan in drei Tagen. Als sie dann auf dem Festland landeten, fanden sie eine Frau, die der Sprache der Eingeborenen von Jamaica mächtig war. Sie war zwei Jahre zuvor mit anderen bei einem Fischfang von der Strömung dorthin getrieben worden – ein bemerkenswertes und eindeutiges Beispiel der Möglichkeiten präkolumbianischer Schiffahrt. Die Spanier drangen bis zu einer Insel vor, die sie San Juan de Ulua nannten, gegenüber dem heutigen Veracruz, und segelten dann weiter nach Norden bis zum Fluß Pánuco. Unterwegs sahen sie zum ersten Mal den ewigen Schnee der mexikanischen Vulkane. Nun waren sie sicher, ein unermeßlich großes Land zu erblicken. Die örtlichen Einwohner hatten, landeinwärts deutend, die Worte ›Culhua‹ und ›Mexiko‹ wiederholt – daher der Name Ulua, eine Mißdeutung von Culhua. Ohne Dolmetscher hatten die Spanier weder eine Ahnung, was das bedeuten könnte, noch wurde ihnen klar, daß die Leute sie bisweilen für Götter hielten.

Moctezumas Verwalter oder Steuereinnehmer[211] sandten sofort Berichte über diese erstaunlichen Besucher. Sie begaben sich in ihren Kanus zu den spanischen Schiffen und küßten deren Buge, überzeugt, daß sie die zurückkehrenden Gottheiten begrüßten. Sie tauschten kostbare Umhänge gegen einige Glasperlen, die sie Moctezuma mit den Worten brachten: »Herr, wir sind des Todes würdig, höre, was wir gesehen und getan haben« (Sahagún). Sie berichteten, daß sie Götter inmitten des Meeres gesehen hätten. Moctezuma befahl ihnen, Schweigen zu bewahren über das, was sich ereignet hatte. Er selbst unterrichtete seinen Kronrat und zeigte ihm die Glasperlen, die er Edelsteine nannte. Er gab Anordnung, diese sehr sorgfältig zu verwahren; bei Todesstrafe durfte keine verloren gehen.

Cortés landet

Die dritte spanische Expedition, die aus elf Schiffen unter Hernán Cortés bestand, lief am 10. Februar 1519 aus, angeblich, um Grijalva zu finden, der nicht zurückgekehrt war. Die Streitmacht bestand, abgesehen von ungefähr 100 Matrosen, aus 508 Mann, darunter waren 32 Armbrustschützen und 13 mit Hakenbüchsen bewaffnete Musketiere. Zum ersten Male waren 16 Pferde dabei und eine Bronzekanone.
Als sie das Festland in der Nähe von Cape Catoche erreichten, kam ihnen ein großer Glücksfall zu Hilfe. Ein Brief, begleitet von einem angemessenen Lösegeld in Form von Glasperlen, wurde an Jeronimo de Aguilar und Vicente Guerrero geschickt, zwei Spaniern, von denen man wußte, daß sie seit acht Jahren als Sklaven auf Yucatan lebten, nachdem sie an der Küste Schiffbruch erlitten hatten. Aguilar war über die Nachricht außer sich vor Freude und brachte es fertig, sich zu Cortés durchzuschlagen; er war im Aussehen und in der Kleidung von einem Indianer fast nicht zu unterscheiden. Guerrero, sein Kamerad, hatte Aguilar bedeutet, er zöge es vor, zu bleiben, wo er sei, denn er wurde nun als der Herr dessen angesehen, der ihn gefangen hatte. Außerdem hatte er sein Gesicht tätowieren und seine Ohren durchstechen lassen – wahrscheinlich ein einmaliges Beispiel eines Spaniers, der zum Indianer geworden war.

La Malinche

Aguilar war unbezahlbar, denn er sprach Yucatec Maya. Bald danach machten die Häuptlinge von Tabasco, einem etwas weiter westlich gelegenen Gebiet, Cortés ein Geschenk von goldenen Diademen und Masken und fünf goldenen Enten. Zu dieser verschwenderischen Gabe gehörten außerdem noch zwanzig Frauen, die von den Spaniern sofort getauft wurden. Eine von ihnen war bei weitem wertvoller, als ihr Gewicht in Gold gewesen wäre, die berühmte Doña Marina, der Nachwelt unter dem Namen La Malinche bekannt.[212] Sie war von fürstlicher Abstammung, aber infolge von Rivalitäten innerhalb ihrer Familie praktisch zu einer Sklavin erniedrigt worden. Sie sollte eine unschätzbare, wenn nicht sogar beherrschende Rolle spielen, nicht nur als Cortés' Dolmetscherin, sondern auch als seine Ratgeberin in den Angelegenheiten der Eingeborenen. Sie beherrschte sowohl Putun als auch Nahuatl. So sprach Cortés auf Spanisch zu Aguilar, der übersetzte es ins Yucatec, Marina wiederum übertrug es ins Nahuatl. Auf diese Weise war Cortés eine Verständigung mit Moctezuma und seinen Untertanen möglich.

Vor Doña Marinas Ankunft hatte die Expedition einen von vielen bewaffneten Zusammenstößen mit den Eingeborenen der Küste. Gegen eine große indianische Streitmacht fand ein Gefecht statt, und eine Anzahl Spanier wurde verwundet. Das Erscheinen von Pferden und Reitern – zu dieser Zeit noch für ein einziges Wesen gehalten – reichte aus, um die Indianer in die Flucht zu schlagen. Sie ergaben sich förmlich, nachdem sie gewarnt worden waren, daß die Geschütze losgehen würden, um sie zu töten, falls sie nicht Kaiser Karl V. ihre Huldigung erwiesen. Eine entsprechende Vorführung von Kanonenfeuer wurde veranstaltet, um zu zeigen, wie das gemacht würde.

Moctezumas Kundschafter berichteten ihm bald von diesen ungewöhnlichen Begebenheiten. Sie hatten sich in einer von aztekischen Handelsleuten häufig besuchten Region ereignet, die aber nicht ein Teil des Reiches war. Da die Invasion aus dem Osten kam, vermutete der Herrscher, daß es der zurückkehrende Gott Quetzalcoatl sei, der einer Legende zufolge nach Osten entschwunden war, nachdem Tula und das Toltekenreich gefallen waren. Als Cortés entlang der Küste in nordwestlicher Richtung zog, wurden weitere Berichte empfangen. Bis jetzt hatte es mit der Expedition noch keine Fühlungnahme gegeben. Moctezumas Beobachter waren nur einmal auf einen Baum geklettert und hatten die Spanier beim Fischen beobachtet: »Sie fischten ziemlich lange, bestiegen dann ein kleines Kanu, gelangten zu den zwei riesigen Türmen und kletterten hinein. Es waren ihrer ungefähr fünfzehn, mit einer Art farbiger Jacken bekleidet, einige blau, einige braun oder grün und andere in einer schmutzigen Farbe, ziemlich häßlich wie unser *ichtilmatl*. Einige hatten eine rosarote Farbe, und auf dem Kopf trugen sie farbige Stoffstücke: Das waren scharlachrote Kappen, einige sehr groß und rund wie kleine Maisfladen, die als Schutz gegen die Sonne gedient haben mußten. Ihr Fleisch war sehr weiß, viel mehr als unseres; alle hatten lange Bärte und trugen die Haare bis zu den Ohren.« (Tezozómoc)

Die erste Begegnung

Moctezuma ließ nun fünf seiner vertrautesten Berater kommen und sprach zu ihnen: »Seht, es wurde berichtet, daß unser Herr Quetzalcoatl angekommen ist. Geht und empfangt ihn und hört mit Sorgfalt, was er zu sagen hat« (Sahagún, Historia General). Die Gesandtschaft wurde von einem sehr hohen Würdenträger angeführt.[213] Sie machte sich mit ausgesuchten Geschenken auf den Weg, unter denen sich der traditionelle Schmuck Quetzalcoatls und der von zwei anderen Göttern, Tezcatlipoca und Tlaloc, befanden. Zweifellos war sich Moctezuma über die wirkliche Persönlichkeit von Cortés nicht sicher. Ein Teil von Quetzalcoatls Ausstattung waren eine herrliche Maske und sein Schild:

»Diese Maske war von einem hohen und großen Diadem gefaßt, voll reicher Federn, lang und wunderschön. Wenn man das Diadem auf den Kopf setzte, bedeckte die Maske das Gesicht: Als Kleinod trug sie ein breites, rundes Goldmedaillon. Sie wurde von neun Ketten aus kostbaren Steinen gehalten, die über den Hals fielen und die Schultern und die ganze Brust bedeckten.
Sie hatten auch einen großen, mit Edelsteinen gesäumten Schild dabei mit goldenen Bändern von oben nach unten, über die sich kreuz und quer Perlschnüre zogen. Der Platz zwischen den Bändern glich den Maschen eines Netzes und war mit kleinen Krötengestalten besetzt.« (Sahagún)

Die Gesandten fanden Cortés an einem Ort namens Xicalango, südlich dem heutigen Hafen Veracruz.[214] Sie bestiegen das Schiff und küßten das Deck vor Cortés:

»Danach schmückten sie den Hauptmann. Sie legten ihm die Schlangenmaske aus Türkismosaik an mit dem Kopfschmuck aus Quetzalfedern und dazu die Ohrpflöcke aus grünem Stein in der Form von Schlangen. Sie kleideten ihn mit der ärmellosen Jacke und hängten sie ihm um. Und sie legten ihm den Halsschmuck an: das geflochtene Halsband aus grünen Steinen und einer goldenen Scheibe in der Mitte. Dies alles und eine Schulterdecke, genannt *tzitzilli,* banden sie an der schmalen Stelle seines Rückens fest. Um die Waden seiner Beine legten sie die Bänder aus grünen Steinen mit goldenen Muscheln. Und sie gaben ihm den Schild mit sich kreuzenden Reihen von Goldeinlagen und Muscheln, an dessen unterem Rand Quetzalfedern und eine Federnfahne befestigt waren. Und vor ihn stellten sie Obsidian-Sandalen.« (Florentine Codex)

Die schreckliche Kanone

Cortés, auf diese Weise für einen spanischen Hidalgo recht außergewöhnlich herausgeputzt, blieb gelassen und erkundigte sich lediglich, ob mehr folgen würde. Dann ließ er die Kanone abfeuern, und die ganze Abordnung fiel wie tot zu Boden. Die Spanier hoben sie auf und versuchten ihre erstorbenen Lebensgeister mit spanischem Wein ins Dasein zurückzurufen. Der ungewohnte Trank machte sie berauscht. Cortés forderte sie dann zu Einzelkämpfen mit seinen eigenen Männern heraus. Sie waren nicht imstande, eine derartige Probe zu bestehen, und weigerten sich höflich, indem sie sagten, ihr Herr hätte sie dafür nicht geschickt und würde sie töten lassen, wenn sie einwilligten. Danach verabschiedeten sie sich, eilten zurück und erreichten Tenochtitlan bei Nacht.
Moctezuma war derart von Angstgefühlen verfolgt, daß er weder schlafen noch essen konnte. Jammernd verbrachte er die Zeit und stöhnte: »Was wird aus uns werden?« In Anwesenheit der Boten wurden Gefangene ums Leben gebracht und mit ihrem Blut die Boten bespritzt, bevor diese mit ihren Berichten begannen. Diese Zere-

monie wurde vollführt, weil sie nicht nur große Dinge, sondern auch die Götter gesehen und mit ihnen gesprochen hatten. Dann berichtete man Moctezuma jede erdenkliche Einzelheit – die weißen Gesichter der Spanier, die schwarze Haut und das gekräuselte Haar der Neger und sogar die Wildheit ihrer Hunde. Nachdem er das alles angehört hatte, fühlte sich der Herrscher einer Ohnmacht nahe und wurde von großer Angst befallen. Die Geschenke der Spanier wurden mit allem Respekt, der geheiligten Reliquien zukommt, behandelt. Die Lebensmittel verwahrte man in einem schönen blauen Gefäß und stellte dieses im Großen Tempel auf den runden Stein, der gewöhnlich die menschlichen Herzen aufnahm *(cuauhxicalli)*. Anschließend wurden die Geschenke nach Tula gebracht und im Tempel von Quetzalcoatl eingegraben, nachdem viele Wachteln zu ihren Ehren geopfert worden waren.

Gott oder Eindringling

Moctezuma schickte nun eine weitere Delegation zu Cortés, die ihn nahe dem heutigen Veracruz vorfand, wo er an Land gegangen war. Der Herrscher war sich offensichtlich über die vermeintlich göttlichen Besucher nicht im klaren, denn er schickte nun Zauberer mit, deren magische Kräfte möglicherweise deren Tod oder Abreise erwirken könnten – eine Behandlungsweise, die man im allgemeinen Göttern nicht zuteil werden läßt. Natürlich waren die Künste der Magier ohne Wirkung. Inzwischen war Cortés auch den in dieser Gegend stationierten Verwaltern oder Steuereinnehmern Moctezumas begegnet. Sie wurden bei ihm zum Essen eingeladen und zu einer weiteren Vorstellung von Kanonendonner. Einer der beiden mit Namen Tendile ließ Cortés und seine Mannen bis zur letzten Einzelheit konterfeien einschließlich der Schiffe, der Pferde und sogar der beiden Windhunde, die Cortés bei sich hatte.

Zufälle, bisweilen ganz lächerliche, hörten nicht auf, Moctezuma zu verblüffen. Tendile hatte ihm einen rostigen spanischen Helm geschickt; dieser sah einem anderen ziemlich ähnlich, der dem Vernehmen nach von Huitzilopochtli für sein auserwähltes Volk bestimmt worden war. Schlau nutzte Cortés das aus und empfahl, ihm den Helm mit Goldstaub gefüllt zurückzubringen. Moctezuma, diesem

Zeugen der Vergangenheit und den ihn täglich mehr beunruhigenden neuen Nachrichten gegenübergestellt, dachte erneut daran, in die Unterwelt zu entfliehen. Mittlerweile war er völlig verzweifelt, wenn auch Augenblicke der Panik mit Stimmungen der Resignation wechselten: »Er tat nichts anderes, als einfach auf sie [die Spanier] zu warten. Nichts anderes blieb ihm, als sich mit allem abzufinden. Schließlich nahm er sich zusammen, zog sich in sich selbst zurück und machte sich bereit, was auch immer kommen mochte, zu empfangen und zu bewundern« (Sahagún, Historia General).

Tendile kehrte zu Cortés zurück, brachte den Helm, wie gewünscht mit Gold gefüllt, und außerdem eine noch üppigere Auswahl von Geschenken: »Sie brachten zwanzig sehr natürlich aussehende Enten aus Gold und andere schöne gegossene Stücke, die Hunde von der Art darstellten, die sie besaßen, und Tiger, Löwen und Affen. Sie brachten auch zehn Halsgehänge der schönsten Ausführung, ein Dutzend Pfeile mit einem Bogen und der Sehne und zwei Stäbe wie jene für die Richter, zwei Handbreit lang und alles aus feinstem Gold« (Díaz, Chronicles).

Gleichzeitig wandte Moctezuma, nachdem er Bilder seiner Besucher gesehen hatte, eine sonderbare List an. Zusammen mit Tendile schickte er einen Häuptling namens Quintalbor, der eine auffallende Ähnlichkeit mit Cortés hatte und den die Spanier ›den anderen Cortés‹ nannten. Umsonst hoffte er auf einigen Erfolg durch die Magie der Verkörperung. Cortés hatte jetzt den Wunsch geäußert, ihn besuchen zu wollen. In einer Antwort beteuerte Moctezuma, dies sei viel zu unbequem, und bat die Spanier, zu bleiben, wo sie waren.

Tendile, einer der ersten von Moctezumas Untertanen, die einem Gottesdienst beiwohnten, war sehr erstaunt über die Ehrfurcht der Spanier vor einem bloßen Stück Holz. Dafür mußte er eine Moralpredigt von einem mercedarischen Priester über sich ergehen lassen, die wahrscheinlich keine weitere Wirkung hatte, als Tendiles Verwirrung zu steigern.

Moctezumas Stimmung änderte sich ständig und ebenso sein Verhalten den Eindringlingen gegenüber. Sogar Cortés beklagte sich in ihrem umfangreichen Austausch von Botschaften über die wechselnde Einstellung des mexikanischen Herrschers. Dieser konnte sich einfach nicht über die Spanier klar werden, und in einem

Augenblick des Zweifels über ihre göttliche Natur hatte er den phantastischen Gedanken, sie zu fangen und zur Zeugung zukünftiger Sakralopfer zu benutzen.
Moctezuma war es gelungen, ein gewisses Maß von Absolutismus einzuführen, der selten, wenn überhaupt je zuvor, für das alte Mexiko bezeugt ist. Sein Verhalten zeigte die Launen eines Alleinherrschers. Es war unvorstellbar, daß sich jemand seinem göttlichen Willen widersetzen könnte, geschweige denn eine kleine Schar von Eindringlingen in seinem Reich. Demgemäß schwankte er zwischen Schwermut und Zorn. Er wurde weiter beunruhigt durch geteilte Meinungen im Rat von Tenochtitlan und verwirrt durch den Widerstand der Priesterschaft gegen eine Politik des Ausgleichs. Durch seine große Unsicherheit wurde die Behandlung der Spanier deutlich schlechter, insbesondere als in den Überlegungen des Herrschers die Politik des Ausgleichs in die einer streitbaren Auseinandersetzung umschlug. Eines Morgens erwachten die Spanier und stellten fest, daß alle Indianer, die ihnen gedient hatten, verschwunden waren.

Cortés und der ›cacique gordo‹ von Cempoala

Zu dieser Zeit kam ein ganz neuer Umstand ins Spiel, der weitreichende Folgen haben sollte. Eines Tages traf Cortés am Strand auf fünf Indianer, die, obwohl sie nominell Untertanen des Reiches waren, deutlich dem Herrscher gegenüber feindlich gesinnt waren. Es waren Totonaken, und ihr Herr war der Fürst von Cempoala, einer wohlhabenden Stadt etwas weiter nördlich. Nachdem Cortés die bedeutsame Entdeckung gemacht hatte, daß nicht alle Untertanen Moctezumas loyal gesinnt waren, entschied sich Cortés, in das Gebiet seiner neuen Bekannten zu gehen. Auf seinem Weg kam er durch das Gelände des heutigen Veracruz. (Das Dorf Rica de Veracruz, das er selbst gründete, lag an einem kleinen Ankerplatz in der Nähe der Quiahuiztlan.) Diese Niederlassung bestand nicht lange. Zuerst wurde sie einige Kilometer weiter nach Süden verlegt, heute noch als Villa Rica bekannt. Später wurde sie an dem Platz des heutigen Veracruz gegenüber der Insel San Juan de Ulua neu erbaut.
Die Stadt Cempoala erfüllte die Spanier mit Bewunderung: »Als wir

in die Stadt kamen und bemerkten, wieviel größer sie war als irgendeine, die wir vorher gesehen hatten, waren wir ganz erschlagen vor Staunen. Die Vegetation war so üppig, und die Straßen waren so voller Männer und Frauen, die herbeieilten, um uns zu sehen, daß wir Gott dafür dankten, solch ein Land entdeckt zu haben« (Díaz, Chronicles).
Sie wurden vom Herrscher empfangen, der wegen seiner stattlichen Figur als »cacique gordo« (der fette Fürst) in die Geschichte eingegangen ist. Er beklagte sich bei Cortés weitschweifig über die Behandlung durch seinen Herrn und Gebieter Moctezuma. Sein ärgster Jammer war, daß jener ihm all seinen Schmuck genommen hatte. Zum Trost für seinen Verlust beschenkte ihn Cortés mit einigen spanischen Kleidungsstücken.
Wenn man Cortés' liebenswürdige Unterhaltungen mit diesem Herrscher liest, darf man nicht vergessen, daß diese teilweise ermüdend gewesen sein müssen. Zunächst mußten Cortés' Worte durch Aquilar ins Yucatec Maya übersetzt werden, dann durch Doña Marina ins Nahuatl und anschließend von den Dolmetschern des Fürsten in die totonakische Sprache.
Die Spanier begaben sich darauf nach Quiahuiztlan, das sie verlassen vorfanden. Nach dem Tag ihrer Ankunft jedoch wurden sie durch fünfzehn reichgekleidete Indianer begrüßt, die sie um Entschuldigung baten, sie nicht früher begrüßt zu haben, aber sie hätten sich zu sehr vor den Pferden gefürchtet.

Cortés' erster Verbündeter

Kurz danach sollte Cortés seinen ersten Eindruck von der Verwaltung des mexikanischen Reiches gewinnen:

»Während wir miteinander sprachen, wurden die Würdenträger von der Ankunft von fünf Mexikanern unterrichtet. Sie erblaßten, zitterten vor Angst und stürzten davon, um die Ankömmlinge zu begrüßen. Ein Raum wurde mit Zweigen dekoriert und Speisen vorbereitet, dazu viel Kakao, ihr bevorzugtes Getränk. Die fünf Indianer gingen an uns vorbei, da die Häuser der Würdenträger sich hier befanden. Sie sprachen weder mit Cortés noch mit irgendeinem anderen von uns und traten selbstbewußt und hochmütig auf. Sie trugen reichverzierte Gewänder und Lendentücher. Ihre Haare glänzten und waren so frisiert, daß sie ein Teil des Kopfes zu sein schienen. Jeder trug einen gekrümmten Stab und Rosen, die sie sich unter die Nase hielten. Diener folgten ihnen, denen es oblag, die Stechmücken zu vertreiben. Sie wurden von den Oberen der totonakischen Stadt begleitet, die sie nicht mehr allein ließen, bis ihnen Wohnungen zugewiesen waren und sie gegessen hatten.« (Díaz, Chronicles)

Das waren *calpixques* oder Steuereinnehmer und damit Repräsentanten der Regierungsgewalt in den Provinzen. Sie überwachten die Tributzahlungen der vielen Völker, die von den Azteken unterworfen worden waren. Zum äußersten Erstaunen der totonakischen Oberhäupter befahl Cortés, die fünf Männer festzunehmen. Er veranlaßte sogar die erschreckten Totonaken, den Befehl selber auszuführen. Nachdem sie dies erledigt hatten, waren sie so begeistert von ihrer eigenen Kühnheit, daß sie bereit waren, die Mexikaner zu opfern. Cortés verhinderte das mit gewohnter Schläue. Er ging so weit, zwei der Tributeinnehmer freizulassen, um sie zu Moctezuma zurückzuschicken. Als die Totonaken gegen diese Milde protestierten, ließ er die verbliebenen drei in Ketten legen und auf eines seiner Schiffe bringen. Danach wurden sie wieder freigelassen und freundlich behandelt. Die Gefangennahme der Steuereinnehmer war ein wesentlicher Schritt und wurde zum Markstein am Scheideweg. Die Totonaken waren damit zu Verbündeten der Spanier geworden, die einzige Möglichkeit für sie, sich vor einer fürchterlichen Rache zu schützen. Für die Azteken waren die Spanier nicht länger mehr nur Eindringlinge, sondern feindliche Angreifer, die ihre Untertanen in einem für das ganze Reich wirtschaftlich wichtigen Gebiet bestochen hatten. Damit war das Reich das Opfer eines feindlichen Angriffs geworden.

Bei dieser und vielen anderen Angelegenheiten erwies es sich, daß die Spanier in Cortés einen Anführer von seltener Begabung hatten. Es war Moctezumas Pech, einer Führernatur gegenüberzustehen, die nicht nur persönlichen Mut und militärisches Können, die für die Konquistadoren charakteristischen Tugenden, besaß, sondern außerdem noch diplomatisches Geschick, Scharfblick und Menschenkenntnis – Eigenschaften, die selten, wenn überhaupt unter den ungehobelten Siedlern zu finden waren, die auf die spanisch-indianischen Inseln geströmt waren.

Moctezuma, dessen Reich nun einer beginnenden Auflösung gegenüberstand, schickte eine noch größere Abordnung, der einer seiner Neffen und ein Mitglied des vierköpfigen Kronrats angehörten. Die Abgesandten beschwerten sich bitterlich über Cortés' Verhalten und warfen ihm vor, er wiegele Moctezumas Untertanen zur Rebellion auf – vielleicht eine etwas allzu direkte Art, einen Gott anzusprechen. Man könnte nicht verstehen, warum Cortés im Haus dieser Verräter bliebe.[215]

Cortés' Sache war durch Bezirke, die sich nun als Gegner von Moctezuma offenbarten, sehr gefördert worden. Seine Fähigkeit, sowohl Freunde als auch Feinde unter den Eingeborenen Mexikos zu finden, war wesentlich für seinen Erfolg. Aber wie dem spanischen Kommandanten seine Begabung für politische Intrige nützlich war, so behinderte ihn eine fast fanatische Verbissenheit in Glaubensangelegenheiten sehr. Bei verschiedenen Ereignissen erschwerte diese Haltung den erfolgreichen Abschluß seines Unternehmens.

Erste religiöse Konflikte

Zu diesem Zeitpunkt war eine religiöse Auseinandersetzung zwischen den Spaniern und den Einwohnern Cempoalas entstanden. Die Spanier waren mittlerweile dorthin zurückgekehrt, wo ihnen der fette Fürst einige Frauen schenkte. Cortés dankte ihm, bestand aber darauf, diese menschliche Habe nur annehmen zu können, wenn sie christlich werde. Er fügte hinzu, es wäre für alle Bewohner Cempoalas höchste Zeit, ihre geliebten Idole aufzugeben. Die Anführer und Priester gaben die Antwort, die den Spaniern immer wieder zuteil wurde, ehe sie in der Lage waren, das Christentum zu erzwingen: Ihre eigenen Götter verliehen ihnen Gesundheit und Auskommen, und deshalb würden sie sich einem derart unnatürlichen Vorschlag bis zum Letzten widersetzen. Inzwischen gingen ihre Sakralopfer ohne Unterbrechung weiter.

Cortés, überaus erzürnt, schickte fünfzig seiner Männer, um die ge-

Süddeutscher Rundfunk Bibliothek

heiligten Abbilder der Götter von Cempoala zu zerschlagen: »Kaum waren die Worte gesagt, waren schon fünfzig von unseren Soldaten auf dem Weg und zertrümmerten ihre Götzen. Einige waren gleich schrecklichen Drachen groß wie Kälber, andere halb Mensch, halb Hund und von bösem Aussehen. Als sie ihre Götter so sahen, in Stücken, weinten die Häuptlinge und Priester und schlossen ihre Augen und baten um Verzeihung und jammerten, es sei nicht ihre Schuld, daß wir sie zerbrochen hätten« (Díaz, Chronicles).

Eine Kirche wurde nun auf der Spitze des Tempels gebaut, und vier Priester mußten als Meßgehilfen dienen; man hatte ihnen die verfilzten Haare geschoren und sie in weiße Mäntel gesteckt. Das war eine von Cortés' letzten Taten, bevor er den mühsamen Marsch ins Landesinnere unternahm. Wie die Gefangennahme der Steuerbeamten, war das ein entscheidender Schritt. Von nun an war nicht nur der aztekische Staat, sondern auch die Religion von den Spaniern bedroht. Besonders von der religiösen Seite sollte ihnen der härteste Widerstand begegnen. Wie wir später sehen werden, kostete Cortés ein ähnliches Verhalten in einem verhängnisvollen Augenblick fast alle seine Triumphe.

In vieler Hinsicht waren er und Moctezuma nicht unähnlich. Beide waren fähige Heerführer und schlaue Politiker mit einem sicheren Instinkt für ein doppelsinniges diplomatisches Wechselspiel. Beide waren nüchterne Realisten und religiöse Fanatiker. Cortés jedoch war es möglich, einen konsequenteren Kurs zu verfolgen. Moctezumas tief sitzende Überzeugungen standen unter dem Einfluß magischer Überlegungen und waren darum plötzlichem Kurswechsel ausgesetzt. Cortés andererseits war getrieben von zielbewußter und ganz und gar aufrichtiger Absicht, die Indianer für seinen Glauben zu gewinnen. In beiden Hauptfiguren waren Fehler wie Vorzüge reichlich vorhanden. Cortés' Gier nach Gold kam gleich nach seinem Eifer für die Ausbreitung des katholischen Glaubens. Es waren aber seine Tugenden und weniger seine Fehler, die ihn in innere Schwierigkeiten stürzten. Während er einesteils einen spanischen Soldaten hängen ließ, weil er zwei Truthähne gestohlen hatte – so sehr war er darauf bedacht, vor den Eingeborenen als gerecht zu erscheinen –, scheute er sich bei anderen Gelegenheiten nicht, einen Widerspruch

herauszufordern, indem er sich mit Grausen über die mexikanischen Götter ausließ, die für ihn die reinen Teufel waren.
Während Moctezuma noch über die wahre Natur seines Gegners im Zweifel war und sich dadurch unschlüssig zeigte, hatte Cortés einen festen Entschluß gefaßt. Was auch immer kommen möge, er würde nach Tenochtitlan gehen und Moctezuma gefangennehmen. Am 10. Juli, ehe er sich auf den Weg machte, hatte er in diesem Sinne bereits an Karl V. geschrieben. Zu gleicher Zeit schickte er dem Kaiser eine verblüffende Menge von Geschenken. Im Grunde genommen aufsässig gegen die Autorität von Diego Velasquez, dem Gouverneur von Kuba, konnte er nur hoffen, die Gunst des ewig an Geldmangel leidenden Kaisers durch Beschaffung von Gold zu gewinnen. Deswegen war Cortés zielbewußt, während Moctezuma zögerte. Jedoch in einem Punkt zumindest war er sich ganz klar: Cortés, ob Mensch oder Gott, mußte daran gehindert werden, seine Hauptstadt zu betreten. Als die Spanier im Anmarsch waren, brach deshalb eine Lawine von Boten über sie herein.

Auf dem Weg nach Tenochtitlan

Mitte August 1519 bekam Moctezuma von seinem Nachrichtendienst den Hinweis, daß Cortés sich auf dem Weg ins Landesinnere befinde. Er hatte etwa fünf Monate an der Küste verbracht, und nun gab es für ihn nur eine Richtung – vorwärts nach Tenochtitlan zur unmittelbaren Auseinandersetzung mit Moctezuma.
Am ersten Tage habe er, so wird berichtet, Jalapa erreicht, die Hauptstadt des heutigen Staates Veracruz. Der anschließende Marsch brachte die Spanier auf die Hochebene, und von da an zogen sie durch wüstenähnliches, von eisigen Winden ausgetrocknetes Land. Der Gegensatz zu dem fruchtbaren und milden Küstengebiet war außerordentlich. Die Berichte, die Tenochtitlan erreichten, wurden immer beunruhigender, als die Invasionsarmee immer näher kam und auf ihrem Weg in vielen Städten, die vom Reich abhängig waren, begrüßt wurden.
Bei einem Aufenthalt in Zacatlan (heute Zautla) versuchte der örtliche Herrscher, Olintetl, auf Cortés mit der Unüberwindlichkeit Tenochtitlans und der Macht Moctezumas Eindruck zu machen. We-

sentlich mehr beeindruckt aber war sein Volk von den Spaniern, deren Aussehen die Leute in höchstes Erstaunen versetzte. Diesmal waren es die Windhunde, die größtes Aufsehen verursachten: Einer der Hunde bellte lange in der Nacht, und die Einwohner wollten von Cortés' indianischen Trägern wissen, ob es Löwen oder Tiger seien. Es wurde ihnen gesagt, daß die Spanier diese Tiere bei sich hätten, um alles, was sie störte, zu töten. Auch die Pferde könnten wie Hirsche laufen und alles einfangen, was sie wollten.

Krieg und Frieden mit Tlaxcala

Die Herrscher von Tlaxcala wurden mit einem Eilbrief, den sie natürlich nicht lesen konnten, offiziell vom Kommen der Spanier benachrichtigt. Dem Brief waren als Geschenke ein karmensinroter Tafthut, ein Schwert und eine Armbrust beigegeben. (Man wird sich erinnern, daß es ein alter mexikanischer Brauch war, einem künftigen Gegner Waffen zu schicken.) Cortés' erster Anblick der tlaxcalanischen Grenze war eine gewaltige Mauer. Das Verhalten der Tlaxcalaner war dem der Mexikaner nicht unähnlich. Die Anführer waren sich in der Behandlung der Eindringlinge nicht einig. Zunächst versuchte man es mit Papierzauber. Als sich das als wirkungslos erwies, wurde bewaffneter Widerstand geleistet, und in zwei regelrechten Feldschlachten versprengte die winzige spanische Truppe eine riesige Horde Tlaxcalaner.[216] Ein Spanier wurde getötet, und um die bestehenden Ansichten über ihr göttliches Wesen nicht zu zerstören, wurde er heimlich begraben.

Nach einem erfolglosen Nachtangriff – die tlaxcalanischen Priester hatten behauptet, der Feind verlöre im Dunkeln seine Stärke – machten die Tlaxcalaner Frieden. Den Spaniern war der Wegfall der Belastung durch die Feindseligkeiten höchst willkommen. Viele waren verwundet oder von den ununterbrochenen Anstrengungen krank. Ihre bisherigen Gegner boten nun eine warmherzige Gastfreundschaft, aber ohne verschwenderische Geschenke. Sie hatten wenig zu geben, da Moctezumas Blockade ihren Lebensstandard vermindert und sie ihrer Luxusimporte beraubt hatte. Aber sie sorgten, so gut sie konnten, für Cortés' Truppe. Zunächst boten sie in Unkenntnis der Tatsache, daß Pferde ›irrationale Tiere‹ waren, diesen die gleiche Verpflegung wie ihren Herren an: Truthähne, Mais, Kuchen und Fleisch.

Die Azteken wußten nun, daß ein neuer und entscheidender Schritt zur Zerstörung ihres Reiches gemacht worden war. Der neue Gegner von jenseits des Meeres hatte sich mit dem alten Feind im Innern vereinigt. Der ständige Kriegszustand, der auf der Hochebene zwischen dem Reich und den unbezähmbaren Tlaxcalanern herrschte, hatte sich für Cortés als große Hilfe erwiesen.

Moctezuma war sicher entsetzt, als ihm seine Kundschafter von dem leicht errungenen Triumph der Spanier über eine Armee berichteten, die seinen vereinten Streitkräften widerstanden hatte. Seine Geschenke wurden jetzt noch großartiger und seine Botschaften immer gereizter. Höflich gratulierte er Cortés zu dem Sieg über seinen eigenen Feind. Gleichzeitig beschwor er ihn, nicht nach Tenochtitlan zu kommen, da der Weg rauh und öde sei; er wolle sogar dem spanischen Kaiser Tribute entrichten, wenn er bloß einverstanden wäre, daß der Vormarsch gestoppt würde. Moctezuma fehlte offenbar jegliches Verständnis dafür, daß Goldgeschenke den Entschluß der Eindringlinge, den Urquell dieser Gaben zu erreichen, nur festigen konnten. Außerdem war Cortés ein Mann, der eindeutig am Widerstand aufblühte. Je größer die Hindernisse waren, die man ihm in den Weg legte, desto entschiedener wurde seine Entschlossenheit, sein Ziel zu erreichen. Ganz abgesehen von irgendwelchen politischen oder moralischen Folgen des Sieges über Tlaxcala war die militärische Bedeutung unermeßlich. Es stand nun außer Zweifel, daß einige wenige Spanier auf offenem Feld aus jeder noch so riesigen indianischen Armee Hackfleisch machen konnten. Das sollte sich in vielen Gefechten, sei es in Mexiko oder später in Peru, wieder und wieder erweisen.

Zu Beginn war der durch die ungewohnten Waffen verursachte Schreck verständlicherweise lähmend. Sogar in darauffolgenden Zusammenstößen wurden Pferde, Geschütze und Hakenbüchsen oft mit großem Erfolg benutzt. Man sollte jedoch nicht vergessen, daß die Spanier später im wirklichen Tiefpunkt ihres Geschickes die Azteken bei Otumba überwältigten, nachdem sie ihre gesamte Artillerie verloren hatten und ihnen nur dreiundzwanzig entkräftete Pferde geblieben waren. Sogar während eines Teiles der entschei-

denden Operation gegen Tenochtitlan konnte die Kavallerie nicht eingesetzt werden.
Außerdem muß man sich erinnern, daß in der ursprünglichen Truppe nur dreizehn Mann mit Hakenbüchsen ausgerüstet waren, zu jener Zeit noch eine ziemlich schwerfällige Waffe, insbesondere bei feuchter Witterung.

Schwerter gegen Keulen

Die spanische Fähigkeit, die Indianer zu besiegen, war wahrscheinlich mehr ihrer Überlegenheit in den herkömmlichen Waffen zu verdanken. Die Armbrust war dem einfacheren indianischen Bogen glatt überlegen – obgleich es beachtenswert sein mag, daß die Armbrust – selber eine Waffe, die nur langsam geladen werden konnte – in der Schlacht von Crécy, 173 Jahre vor der Spanischen Eroberung, dem wallisischen Langbogen unterlegen war. Von noch größerer Bedeutung jedoch war das Schwert, die Hauptwaffe der spanischen Streitmacht, das der indianischen Waffe *(maquahuitl)*, einer hölzernen, mit Obsidiansplittern besetzten Keule, weit überlegen war. Die Keule mußte man hochheben, um einen Schlag auszuführen, während die Spanier mit blitzschnellen Schwerthieben Indianer nach Indianer ins Jenseits beförderten, bevor diese mit ihrer unhandlichen Waffe zurückschlagen konnten.
Ungeachtet wiederholter spanischer Beteuerungen über die Tapferkeit der Indianer scheinen ihre gewöhnlichen Waffen, gemessen am europäischen Maßstab, ziemlich wirkungslos gewesen zu sein. Das Verhältnis der Verwundetenzahlen unter den Spaniern zu den verhältnismäßig wenigen Toten in offener Feldschlacht fällt einem dauernd auf. Der mexikanische Pfeil und Bogen scheint mehr geeignet gewesen zu sein, die Eindringlinge zu verwunden als zu töten – obwohl sie dazu übergegangen waren, die einheimische Baumwollpanzerung zu verwenden. Man bekommt auch Zweifel an der Wirksamkeit des mexikanischen Bogens durch den ständigen Hinweis der Spanier auf die Zahl der Todesopfer durch die Steinschleuder – kaum eine sehr fortschrittliche Waffe, die sie aber mehr gefürchtet zu haben scheinen als die indianischen Pfeile. Cortés selbst erwähnt unter den wirkungsvolleren einheimischen Waffen Steine, was vermuten

läßt, daß die anderen Waffen der Azteken nicht übermäßig erfolgreich waren.
Noch ein anderer Umstand, entscheidend, aber schwierig einzuschätzen, muß in Betracht gezogen werden: die spanische Überlegenheit in Taktik und Kampfmoral. Bernal Díaz berichtet, nachdem er einräumte, daß sie die Tlaxcalaner hauptsächlich durch das Schwert besiegten (trotz des Umstandes, daß sie auch noch Geschütze und Pferde hatten), daß die Indianer oft schlecht geführt waren. Sie neigten dazu, sich zusammenzuballen, und ihre taktischen Kenntnisse waren dürftig. Zudem waren sie durch die Zwangsvorstellung, ihre Feinde lebend als Sakralopfer abschleppen zu müssen, hoffnungslos behindert, was in der Hitze des Gefechts sicher ein sehr umständliches Verfahren bedeutete. Zweimal hätten sie Cortés selbst bestimmt töten und damit beinahe den Krieg beenden können, wenn sie nicht so darauf versessen gewesen wären, ihn lebend zu fangen.
Außerdem war der indianische Kampfgeist unbeständig und hing vom Erfolg ab. Beim ersten Rückschlag verloren sie den Mut, während die zähen Spanier sich erst im Mißgeschick richtig entwickelten. Gewiß waren die Indianer sehr mutige Kämpfer, aber sie standen den besten Soldaten des Zeitalters gegenüber. In eineinhalb Jahrhunderten war keine spanische Armee jemals in einer offenen Feldschlacht geschlagen worden. Außerdem versuchten die Indianer einen so schrecklichen Gegner zu bekämpfen in einer Auseinandersetzung, die nur zur Hälfte Krieg und zur anderen Hälfte ein durch Riten und Magie regierter Vorgang war. Die Indianer verstanden einfach nicht die Bedeutung eines totalen Krieges, wie er im sechzehnten Jahrhundert in Europa geführt wurde. Das wird ganz besonders anschaulich durch ihr Versagen, einen wirklich erfolgreichen Widerstand gegen Cortés' Auszug aus Tenochtitlan und späteren Weggang aus Tacuba aufzubauen. Die Spanier dagegen vernachlässigten niemals ihre Wachsamkeit, geschult für eine ganz andere Art von Krieg, wie sie waren. In Tenochtitlan waren sie nie unbewaffnet und zogen niemals auch nur ihre Schuhe aus.
Dank ihrer unterschiedlichen Auffassung vom Krieg waren die Spanier einfallsreicher als ihre Gegner. So konnten Cortés' Truppen die einheimischen Wurfspeere sehr wirksam einsetzen. Wenn aber die

Mexikaner eine Anzahl von spanischen Schwertern erbeuteten, lernten sie nicht, diese in geeigneter Weise zu gebrauchen. Im Gegensatz dazu versuchten sich die Inkas während ihres großen Aufstandes im Gebrauch der Armbrust.
Die psychologische Überlegenheit der Spanier auf dem Schlachtfeld war wahrscheinlich entscheidender als irgendein anderer Umstand, wie zum Beispiel unbekannte Waffen oder die Vorstellung der Spanier von Göttlichkeit. Im direkten Gegenüber waren die Indianer den Spaniern einfach nicht ebenbürtig, wie gering auch deren Streitmacht gewesen sein mag. Erst später, als die Indianer sie von den Hausdächern in Tenochtitlan bombardierten oder von den Rändern der tiefen Schluchten in Peru, gelang es den Indianern, gewisse Erfolge zu erringen.

Unschlüssigkeit in Tenochtitlan

Mittlerweile, während Cortés sein Bündnis mit Tlaxcala befestigte, ging die Beratung in Tenochtitlan über die Frage, ob man die Invasoren willkommen heißen oder bekämpfen solle, weiter. Der Wortführer und Vorkämpfer für einen Widerstand war Cuitláhuac, Moctezumas Bruder (der ihm später für eine kurze Zwischenzeit als Herrscher folgte). Diejenigen, die die Aufnahme der Spanier in die Hauptstadt begünstigten, waren deswegen keineswegs Anhänger einer Beschwichtigungspolitik. Für viele schien es leichter, sie innerhalb als außerhalb der Stadt zu töten. Diese Möglichkeit fand besonders bei der Priesterschaft Anklang. Die Meinungen waren so sehr geteilt, daß der bedauernswerte Moctezuma keinen verläßlichen Rat erlangen konnte.[217]
Cortés war jetzt in einer äußerst vorteilhaften Lage. Durch seine militärischen und diplomatischen Erfolge lagen nun die Mexikaner und die Tlaxcalaner um seine Gunst miteinander im Wettstreit. So sehr war Moctezuma daran gelegen, Cortés aus den Klauen der verhaßten Tlaxcalaner zu entreißen, daß er diesmal seine Boten unterwies, Cortés zu bitten, nach Tenochtitlan zu kommen. Moctezumas Gesandte gingen so weit, sich mit den führenden Tlaxcalanern in Gegenwart von Cortés in ein Wortgefecht einzulassen.
Die Spanier waren mittlerweile in das benachbarte Cholula gezogen,

wo sie freundlich empfangen wurden. Cortés hielt eine seiner ziemlich wirkungslosen Ansprachen und befahl den Leuten, ihren Göttern zu entsagen.

Aber in Cholula beschränkte er sich nicht bloß auf Ermahnungen. Seine Männer massakrierten eine große Zahl Cholulaner im Haupthof ihres Tempels.[218] Das ergab einen weiteren Beweis für den dürftigen Schutz durch ihre alten Götter. Den Vorwand für das Morden lieferte eine Altweibergeschichte. Eine alte Frau berichtete Doña Marina von einer durch Moctezuma angestifteten Verschwörung, die Spanier zu überraschen und zu töten. Ob es diesen Plan jemals gab, bleibt fraglich. Man muß jedoch zugeben, daß es im Einklang mit Moctezumas Benehmen gelegen hätte, andere zur Bekämpfung der Spanier aufzuhetzen, um es später abzuleugnen – genau wie Cortés bisweilen andere drängte, feindliche Handlungen gegen Moctezuma zu unternehmen. Natürlich leugnete Moctezuma jegliches Komplott mit den Cholulanern, und der Austausch ihrer Botschaften blieb nach außen hin freundlich, wie gern auch jeder den anderen losgeworden wäre.

Die neuen Ereignisse wurden Moctezuma getreulich berichtet, der natürlich über ein Gemetzel, das in der heiligen Stadt Cholula im Bereich des Tempels von Quetzalcoatl verübt werden konnte, von Schrecken gepackt war, ausgerechnet dem Gott, für dessen Verkörperung Cortés gehalten wurde:

»Die ganze Straße war von Boten überlaufen, die in beide Richtungen gingen, und alle Leute hier in Mexiko und in den Bezirken, woher die Spanier kamen, waren sehr bestürzt und beunruhigt. Es war, als würde sich die Erde selbst bewegen, und alle waren von Furcht und Staunen erfüllt. Und nach dem Blutbad in Cholula kamen die Spanier mit ihren Indianerfreunden mit viel Lärm und in Staubwolken gehüllt. Ihre Waffen blitzten von weitem und verursachten unter denen, die sie beobachteten, große Furcht: Zur gleichen Zeit erweckten die Windhunde, die sie dabei hatten, Schrecken und Panik, denn sie waren stark, ihre Rachen standen weit offen und ihre Zungen hingen heraus; ihr Keuchen ließ alle, die sie sahen, erstarren« (Sahagún, Historia General).

Mit dem Vorrücken der Spanier kam die drohende Gefahr näher und näher, nicht abgeschreckt durch weitere Boten, die sie warnten, es gäbe keine Straßen und keine Verpflegung. Die Spannung in der aztekischen Hauptstadt stieg, als die Spanier zwischen den großen Vulkanen hindurchmarschierten (heute noch als Paso de Cortés bekannt). Als sie auf dem höchsten Punkt waren, erreichte sie eine noch größere und schwerer beladene Gesandtschaft, von einem Prinzen angeführt, der Moctezuma ähnlich sah und vorgab, er sei der Herrscher persönlich. Die Tlaxcalaner entdeckten schnell die billige List, und die Spanier sprachen in ziemlich mißbilligender Weise mit ihm: »Glaubst Du, Du kannst uns täuschen? Hältst Du uns für Dummköpfe? Du kannst uns nicht zum Narren halten, und was immer er auch anstellen mag, Moctezuma kann sich nicht verstecken, mag er ein Vogel sein oder unter die Erde gehen. Sehen müssen wir ihn und hören, was er zu sagen hat« (Sahagún).
Ein weiterer Zwischenfall ergab sich, auch an der Grenze des Lächerlichen. Eine Abordnung von Hexenmeistern und Magiern, auf dem Weg, einen Zauberbann über Cortés zu verhängen, traf einen Indianer, der sehr betrunken zu sein schien. Allmählich waren sie bereit, alles zu glauben, und brachten es fertig, sich selbst einzubilden, daß der anscheinend berauschte Bauer der Gott Tezcatlipoca persönlich sei. Sie begannen einen Altar aufzustellen, und zu des Mannes Überraschung und Verlegenheit warfen sie sich vor ihm in den Staub.
Der letzte Gesandte, der Cortés erreichte, als er sich Tenochtitlan näherte, war Moctezumas Neffe, der Herrscher von Texcoco. »Laßt uns zu Moctezuma zurückkehren, der Cortés' Antwort vernommen hatte und dann seinen Neffen Cacamatzin, Herr von Texcoco, sandte, um uns zu begrüßen. Er kam in einer Sänfte, verziert mit grünen Federn, viel Silberarbeit und zahlreichen, in schönstem Gold gefaßten Steinen. Er wurde getragen von acht Häuptlingen, die alle, wie man uns sagte, die Gebieter ihrer Städte waren« (Díaz, Chronicles).

Die Leute des dichtbesiedelten Hochtales von Mexiko waren alle gespannt auf die näherkommenden fremdländischen Eindringlinge. Auch für die Spanier war der Schauplatz ungewohnt und phantastisch, als sie sich Ixtapalapa näherten, das einen der über die Lagune nach Tenochtitlan führenden Dämme schützte: »Als wir die vielen, sowohl am Wasser als auch im Landinnern erbauten Städte und Dörfer sahen und diesen geraden, ebenen Damm, konnten wir unsere Bewunderung nicht zurückhalten. Es war wie eine Verzauberung im Buch von Amadis [spanischer Ritterroman] wegen der hohen Türme, Pfahlbauten und anderer Häuser, alle aus Mauerwerk, das sich aus dem Wasser erhob. Einige unserer Soldaten fragten sich, ob das, was wir sahen, nicht ein Traum sei« (Díaz, Chronicles).
Die reine Schönheit diese Szenerie, die sich den Spaniern bot, als sie das mit Städten bebaute Seeufer überblickten, ließ sie nicht für einen Moment die Gefahren vergessen, von denen sie umgeben waren. Viele fürchteten sogar eine Falle, denn es war augenscheinlich, daß die Zugbrücken, über die sie marschierten, hinter ihnen hochgezogen werden konnten.
Der Höhepunkt war nun erreicht, und Bernal Díaz ist es, der die beste Beschreibung dieser Szene gibt:

»Als wir an eine Stelle in der Nahe der Stadt kamen, wo andere, kleinere Türme standen, entstieg Moctezuma seiner Sänfte, gestützt auf die Arme der höchsten Würdenträger, unter einem wunderbaren, kostbaren Baldachin aus grünen Federn, verarbeitet mit Gold und Silber, Perlen und grünen Steinen, der herrlich anzuschauen war. Moctezuma war reich gekleidet, er trug Sandalen mit goldenen Sohlen, die mit kostbaren Steinen besetzt waren. Auch die vier Würdenträger, die ihn stützten, waren kostbar mit Kleidern angetan, die anscheinend unterwegs für sie bereitgehalten worden waren, denn sie hatten diese nicht getragen, als sie uns empfangen hatten. Es gab noch vier andere Fürsten, die den Baldachin trugen, und viele andere Herren, die vor dem großen Moctezuma einhergingen, um den Boden, über den er gehen würde, zu kehren und mit Matten zu bedecken, damit sein Fuß nicht die Erde berührte. Keiner dieser

Fürsten wagte es, in sein Gesicht zu sehen; alle hielten ihre Augen voller Ehrerbietung gesenkt.
Als Cortés den großen Moctezuma kommen sah, sprang er vom Pferd, und beide zeigten große Achtung voreinander . . . Cortés gab Moctezuma ein Halsband, das er bereitgehalten hatte. Es war aus vielfarbigen, verzierten Glassteinen, die ich Margeriten genannt habe. Sie waren auf eine Goldschnur aufgezogen und mit Moschus parfümiert. Er legte sie um Moctezumas Hals und war bereit, ihn zu umarmen, woran ihn aber die begleitenden Fürsten hinderten, indem sie ihn an den Armen festhielten, denn sie meinten, das verstieße gegen Moctezumas Würde.«

Moctezuma begrüßte Cortés mit folgenden Worten:

»Oh, unser Herr, Ihr habt Euch großer Anstrengung ausgesetzt und habt Euch ermüdet: Nun habt Ihr Euer eigenes Land erreicht. Ihr seid in Eurer Stadt Mexico angekommen. Ihr seid hierhergekommen, um auf Eurem Thron, auf Eurem Stuhle zu sitzen. Oh, für eine kurze Weile haben sie, Eure Stellvertreter, die schon dahingegangen sind, ihn für Euch bewahrt:
Die Herren und Fürsten Itzcóatl, der ältere Moctezuma, Axayácatl, Tízoc, Ahuítzotl. Oh, nur für kurze Zeit schützten und bewahrten sie die Stadt Mexiko in Eurem Namen. Unter Eurer Ordnung, unter Eurem Schutz steht nun das Volk . . .
Nein, ich träume nicht, noch erhebe ich mich aus schwerem Schlaf.
Denn nicht im Traum sehe ich Euch, noch habe ich Visionen.
Ich sehe Euch nun wahrhaftig, und meine Augen sehen in Euer Antlitz.
Fünf oder zehn Tage zuvor war ich voller Unruhe: Ich habe nach Euch Ausschau gehalten in einem Bereich voll von Geheimnissen.
Und aus Wolken und Nebel seid Ihr aufgetaucht.
Das ist es, was uns von den Fürsten gesagt wurde, die unsere Stadt beherrscht und regiert haben.
Daß Ihr Euch auf Eurem Sitz und auf Eurem Thron niederlassen werdet, daß Ihr wiedererscheinen würdet.
Und nun ist es geschehen: Nun seid Ihr angekommen mit viel Mühsal und Erschöpfung.

Kommt in unser Land: Kommt und ruht Euch aus: Nehmt Besitz von Eurem fürstlichen Wohnsitz: Gebt Eurem Körper Ruhe. Kommt in Euer Land, oh, Herr.« (Florentine Codex)

Die Spanier wurden zum weiträumigen Palast Axayácatls, Moctezumas Vater, geführt, wo sie wohnten. Bei ihrer Ankunft feuerten sie zwei Kanonenschüsse ab: »Und von dem Lärm und dem Qualm standen alle Indianer, die da waren, ganz benommen und gingen, als seien sie berauscht: sie begannen, in großer Angst nach allen Richtungen auseinanderzulaufen, und sowohl die Anwesenden wie die, die weiter entfernt waren, wurden von tödlichem Schrecken erfaßt« (Sahagún, Historia General).
Ihre Bestürzung hatte sich zu höchster Erregung gesteigert: »Es war, als hätten sie alle berauschende Pilze gegessen oder erschreckende Halluzinationen gehabt. Überall herrschte Entsetzen, als hätten alle den Mut verloren. Und als die Nacht hereinbrach, war die Unruhe so heftig, und alle waren so von Furcht erfüllt, daß sie nicht schlafen konnten« (Florentine Codex).

Schließlich gewöhnt man sich an alles, wie furchterregend es auch anfangs ausgesehen haben mag. Zunächst wagte es niemand, sich den Spaniern zu nähern. Aber durch Doña Marinas Beharrlichkeit wurden von zitternden Indianern Lebensmittel gebracht, die flohen, sobald sie ihre Aufgabe erledigt hatten.

Aztekische Götter und das christliche Kreuz

Cortés hielt bei einer erneuten Zusammenkunft mit Moctezuma seine gewohnte Predigt über christliche Glaubensgrundsätze und Tugenden, erhielt aber eine schroffe Abfuhr. Moctezumas Antwort war unzweideutig: »Señor Malinche, ich habe über meine Diener vernommen, was Ihr über diese Götter und das Kreuz gesagt habt und über die anderen Dinge, über die Ihr in den Städten gesprochen habt, durch die Ihr gezogen seid. Wir haben nichts darauf geantwortet, denn hier haben wir immer unsere eigenen Götter verehrt und für gut befunden; so müssen die Eurigen sein. Für den Augenblick sprecht nicht weiter über sie« (Díaz, Chronicles).

Wahrscheinlich waren Cortés' Worte durch die Schwierigkeiten der Übersetzung etwas verworren, und diese Darstellung der christlichen Religion mag Moctezuma nicht so verschieden von seinem eigenen Glauben erschienen sein: das Gerede von drei Göttern in einem, von einem Gott, geboren aus unbefleckter Empfängnis, und von der Selbstopferung des Gottes mag ihm nicht gänzlich unbekannt erschienen sein.[219] Der symbolische Verzehr des Fleisches dieses Gottes schien den Gliedmaßen der Gefangenen, die Huitzilopochtli verkörperten, vergleichbar, die an seinem Tisch rituell verzehrt wurden.
Nach diesem mißlungenen Anfang fand ein weiterer Austausch über religiöse Angelegenheiten statt. Dann führte Moctezuma Cortés und einige der Spanier auf den großen Markt und zeigte ihnen den Tempel von Tlatelolco, von dem wir bereits eine Beschreibung gegeben haben.
Nachdem sie den Tempel erstiegen hatten, machte Cortés wieder verächtliche Bemerkungen über die Götter, deren Abbilder er nun sah. Moctezuma entgegnete erneut, daß dies die Gottheiten seien, die ihnen Gesundheit und gute Ernten gäben. Er bestand darauf, daß Cortés nicht mehr über sie reden sollte. Bernal Díaz, der dabei war, beschreibt den Blick vom hochragenden Tempel, von dem man alle die anderen Uferstädte sehen konnte, und die Dämme, die dorthin führten:

»Wir sahen das frische Wasser, das aus Chapultepec kam und die Stadt versorgte, und die Brücken auf den drei Dämmen, die in gewissen Abständen eingebaut waren, damit das Wasser von einem Teil des Sees in den anderen fließen konnte. Wir sahen eine Unzahl von Kanus – solche, die mit Vorräten ankamen, und andere, die mit Handelsware abfuhren. Wir sahen, daß jedes Haus in dieser großen Stadt und in den anderen, die am Wasser gebaut waren, nur durch hölzerne Zugbrücken oder Kanus erreicht werden konnte. Wir sahen Tempel in diesen Städten, die wie Türme oder Festungen erbaut und alle weiß getüncht waren. Es war sehenswert. Wir konnten auf die flachen Dächer der Häuser und die kleinen Türme hinuntersehen und auf Tempel gleich Festungen entlang der Dämme.«

Der unmittelbare Verlauf der Ereignisse drehte sich um die eigentümliche Beziehung zwischen Cortés und Moctezuma, über die schon so viel geschrieben wurde. Zwei Fragen sind wiederholt erörtert worden: Warum hat Moctezuma die Spanier überhaupt ohne Kampf nach Tenochtitlan hineingelassen? Und warum ließ er sich von ihnen zum Gefangenen machen?

Wie Madariaga und andere immer wieder mit Recht betonen, trafen in Cortés und Moctezuma zwei Welten aufeinander und zwei Auffassungen, die gänzlich voneinander verschieden waren. Trotz gewisser Charakterähnlichkeiten und einem Hang bei beiden Männern, feindliche Absichten unter einer Maske von Höflichkeit zu verbergen, gab es grundsätzliche Unterschiede: Cortés' Glaube war nicht notwendigerweise tiefer oder echter als der Moctezumas, wie vermutet worden war, aber Cortés' Glaube hatte den Vorteil, ein unwandelbares Ziel zu haben, die Bekehrung aller Heiden um jeden Preis. Darin war er niemals unschlüssig. Andererseits hatte Moctezuma nicht diese eindeutigen Absichten, und soviel wir wissen, versuchte er auch niemals, Cortés zu seinem eigenen Glauben zu bekehren.

Der bärtige weiße Gott

Der mexikanische Herrscher, von täglichen Prophezeiungen und Vorzeichen beeinflußt, hat wahrscheinlich nach Erwägungen nächstliegender Zweckmäßigkeit gehandelt und pendelte zwischen Zorn und Resignation hin und her. Moctezumas unbeständige Haltung wurde offenkundig in seiner wechselnden Ansicht über die Identität der Spanier. In zahllosen Berichten wurden über Moctezumas Überzeugung, daß Cortés der Gott Quetzalcoatl sei, Erörterungen angestellt, als der einzigen Möglichkeit, seine offensichtlich feige und unterwürfige Haltung zu erklären. Autoren unserer Zeit betonen immer wieder die Vermutung, daß Cortés für den weißrassigen, bärtigen Gott Quetzalcoatl gehalten wurde, dem bestimmt war, im Jahr Eins Rohr (1519) aus dem Osten zurückzukehren.

Nun muß zunächst einmal eindeutig klargestellt werden, daß die Geschichte vom bärtigen, weißhäutigen Quetzalcoatl eine reine Erfindung aus der Zeit nach der Eroberung ist; in einheimischen Bil-

derchroniken ist nichts zu finden, was diese Behauptung stützen könnte. Als Gott des Windes trägt Quetzalcoatl oft eine entenschnabelförmige Maske; ist er ohne diese dargestellt, hat er entweder ein völlig schwarzes Antlitz, oder dieses ist schwarz mit einem senkrechten gelben Streifen. Es ist richtig, daß die Gottheit manchmal mit einem Bart gezeigt wird, aber so waren viele der älteren mexikanischen Götter; als Schöpfergott zählt man ihn natürlich zu diesen. Soviel über den bärtigen, weißen Gott. Sogar die Vorstellung der fest verwurzelten alten Legende, Quetzalcoatl würde im Jahr Eins Rohr aus dem Osten zurückkehren, beruht auf etwas schwachen Grundlagen. Auch das ist eine Geschichte, die von hispanisierten Chronisten und nicht von früheren einheimischen Berichten auf uns überkommen ist, und ihre Verweisungen sind außerdem ziemlich unbestimmt. Der Mönch Motolinía, der zwischen 1530 und 1546 schreibt, spricht von einem Windgott, Quetzalcoatl genannt, der aus Tula kam und eines Tages zurückkehren werde. Der Mönch Mendieta wiederholt am Ende des Jahrhunderts dieselbe Geschichte, fügt aber die offenkundig falschen Einzelheiten hinzu, Quetzalcoatl sei eine weiße, bärtige Gottheit gewesen. Alva Ixtlilxóchitl, der sogar noch später schreibt, wiederholt ziemlich dasselbe, fügt aber die Bereicherung von der Rückkehr im Jahr Eins Rohr hinzu.
Aus diesen Berichten gewann anscheinend die Legende von der Wiederkehr Quetzalcoatls später Substanz und wurde schließlich zu einer Binsenwahrheit und von einem Kommentator nach dem anderen wiederholt.
Wenden wir uns aber den in Nahuatl geschriebenen einheimischen Berichten zu, dann finden wir etwas ganz Unterschiedliches. Diese Schilderungen klingen in ihrer Sprache höchst poetisch, in der Beschreibung von Quetzalcoatls Flucht völlig anders. In diesen Berichten war Quetzalcoatl in einer Personifizierung ein großer Herrscher der Tolteken, er verließ Tula und ging an Cholula vorbei. Dann begab er sich in das ›Land der Roten und Schwarzen Farbe‹ *(Tlillantlapallan)* – im allgemeinen als das Land der Mayas verstanden. Rot und schwarz waren die Farben der Kodizes und darum verbunden mit dem Begriff des Lernens. Von dort ging er im Jahr Eins Rohr weg, dem Jahr seiner Geburt. Nach einigen Darstellungen fuhr er in einem Boot fort, nach anderen wurde er vom Feuer

verzehrt und in den Morgenstern verwandelt. In dieser Form wäre er bereits, lange vor der Ankunft von Cortés, häufig wiedergekommen. In diesen einheimischen Berichten wird niemals irgendeine Art von *Rückkehr* Quetzalcoatls erwähnt, weder für das Jahr Eins Rohr noch für irgendein anderes – mit Ausnahme seiner symbolischen Wiederkehr als Morgenstern.

Aus einem Gedicht über Quetzalcoatls Flucht: »Es ist in dem Roten Land, dem Ort, wo Du erwartet bist; nur dort ist das Land Deiner Träume. Nacxitl Topiltzin [ein anderer Name für Quetzalcoatl], niemals wird Dein Name vergehen, aber Deine Vasallen, sie werden für Dich weinen« (Garibay, Llave del Nahuatl).

Aus den Annalen von Cuauhtitlan: »Sie sagen, daß er im Jahr Eins Rohr, angekommen an der himmlischen Küste der göttlichen Gewässer [das Meer], stehenblieb, weinte, mit den Schultern zuckte, seine Abzeichen aus Federn ordnete und seine grüne Maske. Dann schmückte er sich, entzündete das Feuer und verbrannte sich.« Im Bericht heißt es weiter, daß er sich in den Morgenstern verwandelt habe und am achten Tag wiedererschienen sei.

Nach der Darstellung, die Sahagún von seinen einheimischen Gewährsleuten erhalten hat und von ihm in Nahuatl aufgeschrieben wurde, kam Quetzalcoatl nach vielem Weinen und vielen Abenteuern an die Küste des Meeres: »Und als er diese Dinge getan hatte, ging er, um die Küste des Meeres zu erreichen. Danach fertigte er ein Floß aus Schlangen. Als er das aufgestellt hatte, setzte er sich darauf, als wäre es sein Boot. Dann brach er auf, hinaus auf das Meer. Niemand weiß, wie er dort in Tlapallan angekommen ist.«

Diese Abschweifung mag dazu dienen, Zweifel am Bestehen einer fest verwurzelten Gewißheit aufzuzeigen, daß Cortés der zurückgekehrte Quetzalcoatl war. Was wirklich geschah, ist, daß Moctezuma in seiner Angst anscheinend folgerte, daß, nachdem Quetzalcoatl in Richtung Osten entschwunden war, jedes fremde Wesen, das aus dieser Gegend kam, allein aufgrund dieser Tatsache jener Gott sein müßte. Der Chronist Tezozómoc äußerte sich genau dementsprechend. Moctezuma erzählt einigen seiner Boten, wie Quetzalcoatl nach Osten fortgegangen war, und fügt hinzu, daß er nun zurückgekommen sein muß, »um sich an dem zu erfreuen, was sein ist«.

Es muß in der Tat anerkannt werden, daß Moctezuma in bestimmten Augenblicken von Cortés den Eindruck einer Art Gottheit bekommen zu haben scheint, auch wenn wir seiner Willkommensadresse eine nicht so wörtliche Bedeutung unterlegen, bei einer Gelegenheit also, wo Schmeichelei nichts Ungewöhnliches war. Daß er sich anfänglich über die Natur der zurückgekehrten Gottheit nicht klar war, ist aus seiner Sendung an Cortés ersichtlich, die nicht nur aus den Insignien Quetzalcoatls, sondern auch aus denen von zwei anderen Göttern bestand. Außer der zweifelhaften Existenz einer Legende über Quetzalcoatls Rückkehr im Jahr Eins Rohr muß daran erinnert werden, daß die beiden ersten spanischen Expeditionen, von denen Moctezuma genaue Kenntnis hatte, in vorhergehenden Jahren angekommen waren. Auch Grijalva wurde für Quetzalcoatl gehalten.

Die Quetzalcoatl-Legende

Obgleich die Tlaxcalaner Moctezumas Feinde waren, wußte er ganz genau, was sich auf ihrer Seite der Berge ereignete. Nun erscheint es im höchsten Grade wahrscheinlich, daß es den Tlaxcalanern sehr bald klar wurde, daß Cortés und die Spanier nur zu menschlich waren. Die Priester von Tlaxcala setzten ihre Würdenträger davon in Kenntnis, daß die Spanier Menschen seien, denn sie äßen Truthahn, Hund und Maiskuchen und nicht die Herzen von Sakralopfern. Cortés selbst tat, was er konnte, um sie zu überzeugen, daß er ein Mann aus Fleisch und Blut sei. Desgleichen muß der spanische Hunger nach Gold, vom Augenblick der Landung an unübersehbar, das seine getan haben, um den Mythos zu zerstreuen. Lange bevor die Spanier nach Tenochtitlan kamen, erzählten einheimische Berichte von ihrem geradezu hysterischen Verhalten bei Gelegenheiten, wo das wertvolle Metall zu erlangen war.

Außerdem wäre es wirklich schwer zu erklären, wie Cortés die heilige Stadt Cholula mit einem Massaker hätte entweihen können, wäre er selbst ein Gott gewesen. Was sich dort ereignete, wurde eindeutig als Niederlage Quetzalcoatls betrachtet, der sein auserwähltes Volk nicht beschützt hatte. Sicher konnte ein Gott sich nicht selbst besiegen!

Wenn irgendwelche Zweifel in Moctezumas Denken verblieben waren, mußten sie durch seine erste Unterhaltung mit Cortés zerstreut worden sein. Bei dieser Gelegenheit bemerkte er diesem gegenüber, daß er nun sähe, sie wären Menschen aus Fleisch und Bein. Es ist viel eher denkbar, daß er Karl V. für einen Gott hielt, der ihm als allmächtige und fast legendäre Gestalt beschrieben worden war, die jenseits des Meeres ein riesiges Reich beherrschte. Wie Durán berichtet, hatte Cortés Gott und Karl V. Moctezuma gegenüber fast in einem Atemzug erwähnt und ihn aufgefordert, diesen beiden Herren seinen Gehorsam zu entbieten. Dieses Mißverständnis mag Moctezumas große Bereitschaft hinreichend erklären, sein Reich auf Cortés' Geheiß Karl V. zu unterwerfen. Hätte Moctezuma eine Ahnung davon gehabt, daß im selben Jahr 1520 der scheinbar gottähnliche Karl V. mit seinen eigenen Untertanen in Spanien große Schwierigkeiten hatte und so wichtige Städte wie Toledo und Salamanca vorübergehend seine Herrschaft abgeschüttelt hatten, wäre er noch verwirrter gewesen! Die Quetzalcoatl-Legende ist sicher aus diesen Gründen in sich selbst unzureichend, um Moctezumas offensichtlich kleinmütige Einstellung zu erklären. Es müssen also andere Beweggründe gefunden werden. Ob menschlich oder göttlich, ohne Zweifel fürchtete er die Spanier und mag zum Teil aus bloßer Angst so gehandelt haben, wie er es tat.

Es mag ganz reizvoll sein, sich einmal zu überlegen, was geschehen wäre, wenn es zu einer Umkehrung der Situation gekommen wäre und Spanien zu dieser Zeit einer Invasion fremder Wesen mit unbekannten Waffen gegenübergestanden hätte. Karl V. war ohne Zweifel mutig und schlau, aber wie hätte er wohl auf eine Nachricht reagiert, daß eine Gruppe von 500 Mann im nördlichen Europa gelandet wäre, die nach den ihm zugeleiteten Informationen von einem anderen Planeten gekommen und, sagen wir, mit Panzerwagen und Maschinengewehren ausgerüstet war. Wie hätten er und seine Berater sich bei der Nachricht verhalten, daß diese winzige, aber unüberwindliche Truppe die Unterwerfung seiner Untertanen in den Niederlanden erzwungen und die Franzosen völlig überwältigt hätte, die er zwar niedergeworfen hatte, aber niemals vernichten konnte, und daß diese Invasoren sich nun, alles vor sich hertreibend, langsam Madrid näherten?

Im Gegensatz zu dem, was manchmal vermutet wird, war Moctezuma gleich Karl V. sachlich und scharfsinnig. In seiner Entscheidung, den Spaniern in Tenochtitlan Einlaß zu gewähren, mag eine kühle Einschätzung der militärischen Lage mehr Gewicht gehabt haben als eine abergläubische Idee.

Durch den Umsturz in seinen wichtigen Küstenprovinzen bereits beunruhigt, müssen alle seine Hoffnungen zerstört worden sein, als er hörte, mit welcher Leichtigkeit die Tlaxcalaner, die der Elite seiner eigenen Armee erfolgreich Widerstand geleistet hatten, durch die Spanier aufgerieben worden waren. Hätte Moctezuma von seinem Generalstab ein militärisches Gutachten verlangt, ob er die Invasoren nach Tenochtitlan hereinlassen oder sie außerhalb bekämpfen sollte, wäre sicher aus rein praktischen Erwägungen vorgeschlagen worden, sie in die Hauptstadt zu locken. Der mexikanische Herrscher war vielleicht weniger geneigt als einige seiner Kritiker, zu vergessen, daß die indianischen Armeen trotz ihrer zahlenmäßigen Größe der spanischen Streitmacht gegenüber nicht ebenbürtig waren.

Die Tlaxcalaner waren schließlich nicht knapp an Zahl, und es gibt überhaupt keinen Grund anzunehmen, daß es den Azteken in einer regelrechten Schlacht außerhalb ihrer Hauptstadt irgendwie besser ergangen wäre. Dieser Tatbestand sollte später zur Genüge bewiesen werden. Moctezuma selbst war sich der Grenzen seiner Armeen den Spaniern gegenüber bewußt. Und wenn auch die Siegesaussichten außerhalb der Stadt gering waren, so konnte sich das völlig ändern, wenn der Feind erst einmal eingerückt wäre. Man konnte ihn entweder durch festliche Bewirtung in einen Zustand von Unachtsamkeit und Gleichgültigkeit versetzen oder im anderen Fall durch Hunger zur Unterwerfung zwingen. Später konnte man sicher Mittel finden, ihn loszuwerden, vielleicht mit Hilfe von Hexerei, deren Brauchbarkeit niemals gänzlich unberücksichtigt oder durch praktische Erwägungen außer acht gelassen werden sollte.

Bis zu diesem Augenblick hatte Moctezuma, so erschreckt und bestürzt er auch gewesen sein mag, noch nicht völlig den Kopf verloren. Tatsächlich erscheint seine Entscheidung, die Spanier nach Tenochtitlan hineinzulassen, aufgrund rein militärischer Erwägungen richtig gewesen zu sein.

Bedenkt man andererseits, daß er sich von den Spaniern einsperren ließ, dann wird es einem unmöglich gemacht, zu behaupten, er habe sowohl richtig wie weise gehandelt. Die oft wiederholte Geschichte kann hier kurz erzählt werden. Die Spanier waren in Tenochtitlan natürlich ihrer Sicherheit wegen äußerst nervös. Sie wußten, daß sie nun wesentlich ungeschützter waren als auf freiem Felde. Sie hatten ihr Ziel erreicht, ohne den Feind zu besiegen. Daher konnten sie nicht einfach in einem Vakuum leben oder in einer Art Sackgasse, indem sie sich in der Hauptstadt der Azteken als deren Gäste und nicht als Sieger aufführten. Irgendein entscheidender Schritt mußte getan werden. Wie er diesen ausführen sollte, war das große Problem von Cortés. Seine Hauptleute drängten ihn zu durchgreifenden Maßnahmen.

Just zu diesem Zeitpunkt überstürzten sich die Ereignisse durch die Nachricht, an der Küste seien sechs Spanier durch Untertanen Moctezumas getötet worden. Das nahm Cortés zum Vorwand, den mexikanischen Monarchen anzugreifen.

Cortés und dreißig Spanier, bis zu den Zähnen bewaffnet, begaben sich in Moctezumas Palast.[220] Der Spanier erklärte, Moctezuma könne dieses Unrecht, einen angeblich befohlenen Angriff auf seine Männer, nur gutmachen, wenn er ruhig ins spanische Quartier käme, wo er bedient und geehrt würde wie in seinem eigenen Haus. Nach einer längeren Unterredung erklärte sich Moctezuma zögernd einverstanden und tat sogar seinem eigenen Gefolge gegenüber so, als ginge er freiwillig für ein paar Tage zu seinem persönlichen Vergnügen.[221] Diese Entscheidung wurde erst getroffen, nachdem Doña Marina die schlichte Warnung ausgesprochen hatte, daß eine Weigerung Moctezuma das Leben kosten werde. Die Rolle, die Doña Marina in der moralischen Niederlage Moctezumas spielte, war wahrscheinlich sehr bedeutend.

Solch eine feige Willfährigkeit mag auf den ersten Blick seltsam, wenn nicht äußerst rätselhaft erscheinen. Wieder sollte man jedoch zweckmäßigerweise eine Gegenparallele ziehen. Man sollte überlegen, wie Karl V. sich einer Gruppe wie diesen Unerschrockenen unter Cortés gegenüber verhalten hätte, hätten sie seinen Palast mit modernen Waffen genommen und ihn vor die Wahl Tod oder Entführung gestellt.

Kommentare zu diesen sonderbaren Ereignissen reden immer wieder von der Ansicht, Moctezuma hätte durch ein bloßes Kopfnicken seine Kidnapper töten lassen können. Solch eine Annahme ist zweifelhaft. Wie bereits betont, stand Moctezuma im strengen Sinn des Wortes keine stehende Armee zur Verfügung. Von Gomara wissen wir, daß der Herrscher täglich 600 Fürsten und Ritter zu seinem persönlichen Schutz zur Verfügung hatte. Das waren wie an europäischen Höfen in jener Zeit im wesentlichen Gefolgsleute oder Bedienstete und nicht eine ständige Leibwache. Nun hatten die Spanier bereits große Horden von Indianern in offener Feldschlacht geschlagen und würden folglich Tenochtitlan im Straßenkampf nehmen, selbst wenn sie in der Minderheit von vielleicht fünfzig zu eins waren. Als Cortés überdies später an die Küste ging, um Narvaez zu bekämpfen, schien es ihm ausreichend, Alavarado mit nur achtzig Mann in der Hauptstadt zurückzulassen. Man überlegt sich darum, ob Moctezumas Diener, wäre es zu einem Kampf gekommen, den spanischen Schwertern gegenüber ebenbürtig gewesen wären. Die Spanier hätten sicherlich Moctezumas Palast stürmen können, wie sie später bei der Eroberung hoher Tempel gegen eine riesige Übermacht unglaubliche Waffentaten vollbrachten. Auf jeden Fall wäre Moctezuma in solch einem Scharmützel der erste gewesen, den man getötet hätte.

Trotzdem scheint seine Handlungsweise bei dieser Gelegenheit feige und fehlgeleitet gewesen zu sein. Als absoluter Monarch war er wahrscheinlich darüber verblüfft, daß sein göttlicher Wille so himmelschreiend herausgefordert werden konnte. Und seine Konsequenz war, auf den Thron zu verzichten, um sein Leben zu retten. Dann wären sie gezwungen gewesen, nachzugeben oder, was wahrscheinlicher war, den Herrscher zu töten und dadurch die sofortige Wut seiner Untertanen als den Mördern eines immer noch geachteten Souveräns auf sich zu ziehen. Sicher wäre alles andere besser gewesen, als sich friedlich wie ein teilnahmsloser Gefangener abführen zu lassen.

Aber nur die Edelsten sterben lieber, bevor sie nachgeben, und zu diesem Zeitpunkt war Moctezuma zu niedergeschlagen, um das Ende eines Helden zu begehren. Vielleicht ist ihm sogar die verhängnisvolle Art und Weise seiner Kapitulation gar nicht bewußt geworden. In der Folge war von jetzt an nicht er, sondern Cortés der wirkliche Herrscher des Reiches. Nun waren die Würfel gefallen, und er war unwiderruflich den Spaniern ausgeliefert. Von seinem neuen Quartier aus fuhr Moctezuma zwar fort, die Angelegenheiten des Reiches abzuwickeln, als sei nichts geschehen, Cortés jedoch war nun frei, sich ungehindert zu bewegen; er sandte auf der Suche nach Gold Expeditionen auf die weit entfernten Märkte des Reiches.[222] Überdies wurde die völlige Abhängigkeit des Herrschers bald offenbar, als Cortés ihn fesseln ließ, während seine aufsässigen Kommandanten vor seinem Palast verbrannt wurden. Cortés selbst löste in einem Anfall von Großzügigkeit, die er sich nun unbeschwert leisten konnte, seine Fesseln: »Nach der Verbrennung ging Cortés mit fünf unserer Hauptleute zu seinem Quartier und sprach so herzlich mit Moctezuma, daß dessen Ärger schnell vorbei war, denn Cortés meinte, er betrachte ihn nicht nur als seinen Bruder, sondern er wäre ihm viel näher, und wenn er könnte, würde er ihn mit der Zeit zum Herrscher über andere Länder machen. Cortés sagte ihm auch, wenn er wünschte, könne er in seinen eigenen Palast zurückkehren« (Díaz, Chronicles).

Unnötig zu bemerken, daß dies nur schöne Worte waren; sowohl Cortés als auch sein Gefangener wußten sehr genau, daß keine Absicht bestand, ihn zu befreien. Von da an entwickelte sich zwischen Moctezuma und Cortés mit seinen Spaniern eine eigentümliche Beziehung von Haßliebe. Dieser Zustand erreichte sogar einen Punkt, da einige Spanier fast dazu entschlossen waren, den Herrscher zu bevorzugen, der im Vergleich zu ihrem eigenen Kommandanten so viel verschwenderischer mit Geschenken umging, während Cortés' Geiz, wenn es um die Verteilung von Gold ging, zu viel Verstimmung Anlaß gab.

Um nur ein Beispiel von der Zuneigung der Konquistadoren zu ihrem Gefangenen anzuführen, der ihnen soeben weitere üppige

Goldgeschenke angeboten hatte: »Als wir davon hörten, waren wir erstaunt über die Güte und Großzügigkeit Moctezumas, und mit großer Ehrerbietung nahmen wir unsere Helme ab und gaben unserem Dank Ausdruck. Mit Worten größter Zuneigung versprach Cortés, Seine Majestät von der Großzügigkeit und Freigebigkeit, mit der er uns in seinem fürstlichen Namen Gold gegeben hatte, in Kenntnis zu setzen« (Díaz, Chronicles). Die tatsächliche Verteilung dieser großmütigen Gabe verursachte jedoch weitere Klagen in der Mannschaft der Spanier, die wenig bekommen hatte. Bernal Díaz schreibt bei dieser Gelegenheit sogar von Betrügereien.
Als Gefangener der Spanier kannte Moctezumas Unterwürfigkeit keine Grenzen. Sein Neffe Cacama von Texcoco, der an sich dafür gewesen war, die Spanier nach Tenochtitlan hineinzulassen, wurde allmählich angewidert von der Demut seines Onkels und plante, ihn mit Hilfe von zuverlässigen und gleichgesonnenen Kräften zu stürzen. Moctezuma aber verriet seinen eigenen Neffen; er ließ ihn von seinen Helfershelfern fangen und verriet ihn an Cortés, von wo er niemals lebend entkommen sollte.
Der mexikanische Herrscher hatte sich nun so weit ausgeliefert, daß er sich formell bereit erklärte, Karl V. mit seinen Besitzungen zu huldigen. Damit übergab er sein gesamtes Reich den Invasoren, ohne überhaupt zu dessen Verteidigung auch nur einen Pfeil abgeschossen zu haben. Die sich daraus ergebende Zeremonie war so mitleiderregend, daß sie sogar die Spanier zum Weinen brachte.
Moctezuma hatte der Mut verlassen, nicht aber seine Vernunft. Nachdem er den Weg der Widerstandslosigkeit gewählt hatte, brachte er die Dinge zum logischen Abschluß. Aber die Hoffnung hatte er noch nicht gänzlich aufgegeben, seine Stimmung pendelte immer noch zwischen Zuversicht und Niedergeschlagenheit hin und her, und er hoffte, daß sich irgend etwas ereignen würde – und genau das geschah!
Sein Nachrichtendienst funktionierte immer noch bewundernswert und berichtete ordnungsgemäß von der Ankunft einer Expedition von achtzehn Schiffen, angeführt von Pánfilo de Narvaez und ausgeschickt vom Gouverneur von Kuba, um den aufsässigen Cortés unter dessen Befehlsgewalt zu bringen. Narvaez gelang es tatsächlich, Moctezuma eine Botschaft zu schicken, in der er ihm mitteilte,

daß er gekommen sei, um die rebellierenden Spanier zu bestrafen. Sogleich erzählte Moctezuma Cortés davon und zeigte ihm Bilder der Schiffe. Seine Stimmung änderte sich sichtlich, und seine Lebensgeister belebten sich. Munter erzählte er Cortés, daß dieser nun abreisen könne. Letzterer antwortete, daß er den mexikanischen Herrscher mitnehmen müßte. Immer auf sein gutes Benehmen bedacht, umarmte Moctezuma Cortés, als dieser Abschied nahm. Dieser ließ Pedro Alavarado mit nur achtzig Spaniern zurück, um den Herrscher zu bewachen und seine Macht über die Hauptstadt zu sichern. Aber bevor er ging, machte Cortés einen Kapitalfehler, für den er teuer bezahlen sollte. Die Spanier waren in der Befriedigung ihrer Gier nach Gold bemerkenswert erfolgreich gewesen. In ihrer Unterkunft hatten sie eine riesige Ansammlung von Schätzen entdeckt, die Moctezumas Vater Axayácatl gehört hatte. Das fein verarbeitete Gold war zu Barren verschmolzen worden, die schönen Federn und Steine waren herausgerissen und den Tlaxcalanern gegeben oder einfach weggeworfen worden.

Die Jungfrau Maria und der Götze

Dem anderen, Cortés so teuren Ziel, die Bekehrung Moctezumas und seiner Untertanen, war jedoch kein Erfolg beschieden. Er hatte nicht einmal die Macht, die Menschenopfer zu beenden. Ständig bedrängte er Moctezuma, nicht nur dem Sakralopfer ein Ende zu setzen, sondern auch zu erlauben, daß ein Schrein für die Jungfrau Maria im Haupttempel aufgestellt würde, eine Nische wäre für diese Zwecke genügend. Das hätte eine wunderliche Zusammenstellung gegeben: die sanfte Jungfrau und Huitzilopochtli, immer noch auf Menschenopfer begierig, hätten sich denselben Tempel geteilt!

Nun berichtet Bernal Díaz, wie Moctezuma schließlich nachgab und, nachdem er die Warnung ausgesprochen hatte, dieser Schritt werde die Leute so verbittern, daß es zu einem Aufstand kommen könnte, die Jungfrau tatsächlich neben den aztekischen Göttern aufstellen ließ.[223] Aber wie man in fast jedem Bericht lesen kann – mit Ausnahme desjenigen von Bernal Díaz, der die Begebenheit nicht erwähnt –, ging Cortés viel weiter. Erfüllt von wirklichem Abscheu über die Praktiken der alten Religion, zerschlug er persönlich ge-

wisse Idole. Wir wissen das von ihm selbst: »Ich habe ihre Hauptgötzenbilder, an die sie am meisten glauben und denen sie die größte Zuneigung entgegenbringen, von ihren Postamenten geworfen« (Cortés, Cartas y Documentos).
Cortés, nun voller Zorn, forderte weitere dreißig oder vierzig Mann an und erklärte, für seine Götter gegen ihre kämpfen zu wollen. Zum Beweis nahm er eine Brechstange, stieß sie zwischen die Augen des Huitzilopochtli-Abbildes und schlug damit die goldene Maske herunter. Schließlich wurden die anderen Idole heruntergenommen und Moctezuma übergeben. An ihrer Stelle wurden zwei Altäre errichtet, einer für die Jungfrau Maria und der andere für den heiligen Christophorus, einfach deswegen, weil zufällig eine Statue von ihm verfügbar war. Verschiedene Quellen bestätigen diese Berichte und behaupten, daß dieser Zwischenfall den bewaffneten Zusammenstoß ausgelöst habe.
Ein Augenzeuge, Andrés de Tapía, bestätigt, daß Cortés das Ebenbild Huitzilopochtlis mit einer Brechstange getroffen habe: Nachdem er darüber geklagt hatte, wie Gott es erlauben könnte, daß diese Teufel in Mexiko verehrt würden, erzählte er den versammelten Priestern wieder von den Segnungen des Himmels und den Qualen der Hölle und verlangte, daß man im Tempel Platz für die Heilige Jungfrau schaffen solle. Die Priester lachten, als ob dies undenkbar wäre, und antworteten: »Nicht nur in dieser Stadt, sondern überall im Land hält man diese für unsere Götter, und dies ist das Heiligtum Huitzilopochtlis, zu dem wir gehören, und für alle Leute zählen ihre eigenen Eltern nichts, verglichen mit ihm. Sie sind bereit unterzugehen, und als sie Euch da heraufkommen sahen, haben sie ihre Waffen genommen und wollten für ihre Götter sterben.«
Wie ehrenwert auch die Absichten von Cortés gewesen sein mögen, auch er benahm sich zuzeiten wie sein eigener schlimmster Feind und mißachtete seine gewohnte politische Klugheit und diplomatische Geschicklichkeit. Sein übereilter Anschlag auf die verhaßten mexikanischen Götter, gerade vor seiner eigenen Abreise aus Tenochtitlan, schuf Verhältnisse, die keinen Ausweg offenließen.
Von da an wurde die im Aztekenreich so mächtige Priesterhierarchie, die den Spaniern selbst in günstigsten Zeiten nie wohlgesinnt war, ein unversöhnlicher Feind der Invasoren. Die Bevölkerung, die

ihren Göttern gläubig ergeben war, unterstützte die Priester darin. Alle Hoffnungen Moctezumas auf eine Beschwichtigung waren dahin, und Cortés' eigene Politik einer unblutigen Eroberung war mißlungen. Moctezuma verkündete, seine Götter wären so erzürnt, daß sie wünschten wegzugehen. Zum Beweis folgte darauf eine Dürreperiode, die natürlich der Anwesenheit der Heiligen Jungfrau im Großen Tempel zugeschrieben wurde.

Durch diesen Zwischenfall erreichte ein Problem seinen Höhepunkt, das nicht länger unbeachtet bleiben konnte: der seelische Abgrund, der die Spanier und die Azteken trennte. In Fragen der Religion konnte es keinen Kompromiß geben. So geschmeidig und beweglich Cortés in anderen Dingen auch war, konnte er sich nicht damit zufrieden geben, Zeit zu gewinnen und die Bekehrung auf die Zeit nach der vollständigen Eroberung zu verschieben. Die Azteken andererseits mochten ihr Gold drangegeben haben, ihre Unabhängigkeit und sogar ihre Ehre, aber nicht ihre Götter. Diese wollten sie nicht ohne Kampf aufgeben. Wenn man ihren Sturz verlangte, mußte das einen Krieg unvermeidlich machen.

Der Religionskrieg beginnt

Was im wesentlichen ein Religionskrieg war, befand sich nun in der Entwicklung, aber sein Beginn war beinahe zufällig. Cortés, ungeachtet seiner geringen Zahl, besiegte bald, überlegene Geschicklichkeit mit Gaben von Gold unterstützend, den trägen Narvaez bei Cempoala. Moctezumas Hoffnungen auf Befreiung waren zunichte und nur von kurzer Dauer gewesen.

Keineswegs als Rettung für Moctezuma, erwies sich Narvaez' unglücklicher Feldzug als Geschenk des Himmels für den, der ihn gefangennahm, dessen Streitmacht sich damit auf insgesamt 1300 Mann vergrößerte.

Während Cortés nun die Neigung zeigte, zu selbstsicher zu sein, wurde der ungestüme Alavarado, in einer feindseligen Stadt mit nur achtzig Mann sich selbst überlassen, zunehmend nervöser.

Wieder einmal war der Anlaß Cholula. Zur Feier eines bedeutenden religiösen Festes für Huitzilopochtli war die Erlaubnis erteilt worden. Indessen wurde, zu Recht oder nicht, ein Aufstand befürchtet. Einige von Sahagúns einheimischen Gewährsleuten müssen sich des verhängnisvollen Tages erinnert haben: Ein großes Standbild des Gottes wurde aus einer breiartigen Masse von Amarantsamen hergestellt und mit Federn, Gold und Juwelen geschmückt. Während die Andächtigen davor tanzten, betraten die Spanier den Hof des Tempels: »Sie umringten die Tanzenden und gingen zwischen die Trommler. Dann schlugen sie einem, der trommelte, auf die Arme, trennten seine beiden Hände ab, und mit einem Hieb auf den Nacken fiel sein Kopf herunter und rollte weit weg. Dann stachen sie mit eisernen Lanzen auf die Menschen ein und schlugen auf jeden mit eisernen Schwertern. Manchen schlitzten sie die Rücken auf, und die Eingeweide quollen heraus. Einigen spalteten sie die Schädel, sie hackten sie in Stücke, ihre Köpfe waren völlig zerhauen . . .« (Florentine Codex).

Ein anderer einheimischer Bericht ist ähnlich anschaulich: »Die ersten, die sie angriffen, waren die alten Priester, die die Trommeln schlugen und die Tamburine schüttelten, die aus Kürbissen gemacht waren. Sie schlugen ihnen die Hände und Köpfe ab, und danach starben alle. Alle, die sangen, und alle, die zusahen, kamen um« (Anales de Tlatelolco). Zuverlässige Hauptleute hatten Cortés geraten, Tenochtitlan unter den obwaltenden Umständen nicht wieder zu betreten. Er hatte jedoch den neuen, aus Narvaez' Truppen angeworbenen Leuten selbstsicher von seiner vollständigen Macht über Moctezuma erzählt. Er kehrte darum mit der Gewißheit zurück, die Lage unter Kontrolle zu haben. Moctezuma aber war nun in einer ganz anderen Gemütsverfassung. Cortés fand die Märkte geschlossen und die Versorgung gesperrt. Der Herrscher schickte eine Delegation von zwei Häuptlingen, die von den Spaniern eine scharfe Antwort erhielten: »Ihr Hunde, Ihr wollt nicht einmal Markt halten oder Lebensmittel für uns bereitstellen« (Díaz, Chronicles).

Das Ende eines großen Herrschers

Nun hatte der Krieg ernstlich begonnen, und im Verlauf weniger Tage verloren die Spanier insgesamt dreißig Soldaten, die getötet worden waren. Zunächst versuchte Cortés, den wütenden Moctezuma zu beschwichtigen, dann entschied er, daß er Tenochtitlan

räumen müsse. Seine Truppen waren nun ohne Nahrung und Trinkwasser.
Die Mexikaner hatten in der Zwischenzeit ihren abtrünnigen Herrscher abgesetzt und einen neuen *tlatoani* gewählt – Moctezumas Bruder Cuitláhuac, der von Anfang an der erste Verfechter eines Widerstandes gewesen war. Er war ein tapferer Fürst, aber nach achtzig Tagen erlag er den Pocken, die nun, von einem zu Narvaez' Truppen gehörigen Neger eingeschleppt, mit todbringender Wirkung durchs Land gingen.
Der unglückliche Moctezuma machte einen letzten verzweifelten Versuch, die Woge des Krieges aufzuhalten, den zu verhindern er seine Ehre geopfert hatte. Er postierte sich hinter eine Brustwehr und beschwor seine ehemaligen Untertanen, ihre Waffen niederzulegen, wobei er ihnen versprach, daß dann die Spanier abrücken würden. Am besten beschreibt Bernal Díaz, was daraufhin folgte:

». . . es gab einen solchen Hagel von Steinen und Speeren, daß Moctezuma von drei Steinen getroffen wurde, einer traf ihn am Kopf, ein anderer am Arm und ein dritter am Bein, denn unsere Männer, die ihn deckten, übersahen es für einen Augenblick . . . sie baten ihn, sich in ärztliche Behandlung zu begeben und etwas zu essen . . . aber er wollte nicht, und als wir es am wenigsten erwarteten, kamen sie, um zu sagen, daß er tot sei.«

Mit dieser etwas kläglichen Anmerkung endete das Leben eines großen Herrschers, der auf der Höhe seiner Macht ebenso hoch geachtet war wie jeder seiner Vorgänger.
Bernal Díaz erwähnt, daß Cortés und seine Männer um Moctezuma weinten und daß sie seine Leiche feierlich an die Mexikaner übergaben. Andererseits berichten Sahagúns Gewährsleute, daß sie seine sterblichen Überreste hinauswarfen, und fügen hinzu, als diese feierlich verbrannt wurden, hätten sie einen üblen Gestank ausgeströmt. Einige Quellen behaupten sogar, die Spanier hätten Moctezuma getötet, was weniger wahrscheinlich ist, da sie kein Motiv hatten.[224]
Nachdem sie sich zur Flucht entschlossen hatten, fanden sich die Spanier einem akuten Problem gegenüber: wie sie ihren sorgsam ge-

hegten Vorrat an Gold fortschaffen sollten. Schließlich wurden sieben verwundete Pferde mit Gold beladen, und mit dem Rest überließ man die Männer sich selber. Für einige sollte sich das zusätzliche Gewicht verhängnisvoll auswirken. Die Spanier hatten vorsorglich vier von acht Brücken erobert, die auf dem Tacuba-Damm aus der Stadt hinausführten. Am 10. Juli 1520, fast genau acht Monate nach ihrer Ankunft, rückten die Spanier heimlich nachts ab und erreichten die erste der sich nicht in ihren Händen befindlichen Brücken. Sie fanden sie unbewacht und überquerten sie mit Hilfe einer hölzernen, für diese Zwecke gefertigten Vorrichtung. Auf seiten der Mexikaner war nun Alarm gegeben worden, und an der nächsten Kanalkreuzung trafen die Spanier auf heftigen Widerstand, denn die Mexikaner griffen von allen Seiten an: »Und als die Spanier Tlatecayoacan erreichten, dort am Tolteca-Kanal, fielen sie in einen anscheinend tiefen Graben; sie füllten eine Schlucht. Die von Tlaxcala und Tliliuhquitebec fielen hinein wie die Spanier und die Pferde und einige Frauen. Mit ihnen war der Kanal ganz gefüllt, voll bis zu den Böschungen. Die aber, die ganz am Ende gingen, kamen hinüber, über Menschen, über Körper« (Florentine Codex). Nun gab es nur noch ein: *Rette sich, wer kann.* Die Minderzahl, die entkommen war, drängte einschließlich Cortés vorwärts. Es konnte kein Zurück mehr geben, um gefallene Kameraden zu retten.
Die Mexikaner hatten einen großartigen Sieg erzielt, aber nicht den Krieg gewonnen. Das wäre ihre große Gelegenheit gewesen. Sie aber waren mehr darauf versessen, die Kriegsbeute einzusammeln, einschließlich aller Arten von spanischen Waffen, als die Flüchtlinge zu verfolgen. Vor allem mußten die gefangenen Spanier für das Sakralopfer aufgereiht werden: »Und die Spanier stellten sie, voneinander getrennt, in Reihen auf, gleich weißen Schilfschößlingen oder blassen Magueysprossen oder bleichen Maiskolben waren ihre Körper. Und sie führten jeden der Hirsche weg, die Menschen auf ihren Rükken trugen, Pferde genannt« (Florentine Codex). Dann beschränkten sie sich darauf, Cortés' restlicher Streitmacht in respektvoller Entfernung zu folgen.
Niemals war die mexikanische Unfähigkeit, einen totalen Krieg zu führen, deutlicher vor Augen geführt worden als im Augenblick ihres Sieges, wo sie den Spaniern gewachsen gewesen wären. Zunächst

war es unglaublich, daß der Feind einen Teil seines Auszuges (bis zur zweiten, nicht eroberten Brücke) durchführen konnte, ohne daß auch nur eine Wache aufgestellt gewesen wäre. Der Alarm wurde schließlich gegeben, aber nicht von einem Posten, sondern von einer Frau, die Wasser holte. Das war nicht die Art und Weise, in Europa Krieg zu führen und zu gewinnen.

Zum anderen waren zur selben Zeit, als die Mexikaner dem besiegten Gegner hart auf den Fersen hätten bleiben sollen, ihre Gedanken an Beute und Opferungen von größerer Bedeutung. Die Spanier hatten nun einen Tiefstand erreicht. Es gab nur noch 440 Überlebende, darunter 12 Armbrustschützen, 7 Musketiere und 20 Pferde. Ihr Zustand war erbärmlich, und alle waren verwundet. Sie hatten keine Gewehre, keine Musketen und kein Pulver mehr.

Das Schwert siegt erneut

Aber sogar in einer solchen Zwangslage waren sie, als sie sich wieder sammeln konnten, auf dem freien Felde unbezwingbar. Als es schließlich bei Otumba zu einem Gefecht kam, wichen die Indianer, auch ohne Kanonendonner, angesichts der spanischen Schwerter zurück: »Dann trafen die Spanier die Leute mit Schwerthieben. Es gab ein großes Blutbad unter Mexikanern und Tlatelolcanern« (Florentine Codex). In diesem Kampf ergriffen Cortés und seine winzige Truppe wieder die Offensive und unternahmen einen direkten Angriff auf die Stelle in den aztekischen Reihen, wo ihr strahlender Befehlshaber leicht zu erkennen war – kein anderer, als der Amtsträger der Weiblichen Schlange –, mit seiner reich vergoldeten Rüstung, seinem riesigen, mit Silberarbeit verzierten Federbusch. Aber blendender Glanz kann es mit Mut nicht aufnehmen. Sobald der Anführer gefallen war, lief der Angriff aus. Die Mexikaner hatten ihre große Chance vertan.

Wieder in Tlaxcala

Als die Tlaxcalaner seine übermüdete Truppe begrüßten, befand sich Cortés wieder auf befreundetem Territorium. Die Tlaxcalaner hatten natürlich den Ausgang der Schlacht abgewartet, bevor sie sich

dem Sieger auslieferten. Selbst wenn sich die Invasoren in Schwierigkeiten befanden, hatte sich schließlich gezeigt, daß die Uneinigkeit unter den Einwohnern in Mexiko zu groß war, um gemeinsame Sache gegen die Eindringlinge zu machen.
Für das schließliche Ergebnis noch bedeutender war der stete Zufluß von Verstärkung, der Cortés zu erreichen begann. Angelockt durch die Nachrichten über seine Beute an Gold, landeten die beiden ersten Schiffe, jedes mit einer kleinen Schar bewaffneter Männer; ein drittes Schiff folgte kurz danach mit weiteren sechzig Soldaten, alle gelb von Krankheiten. Danach kamen regelmäßig in jedem Monat Schiffe nach Veracruz, jedes mit einer Schar von Glücksrittern.

Neuer Angriff auf die Hauptstadt

Nun folgte eine Frist von fast genau neun Monaten, vom 21. Juli 1520 bis 21. April 1521, bevor die Spanier, ausgeruht und verstärkt, bereit waren, den endgültigen Angriff auf Tenochtitlan zu unternehmen, der damit mehr als zwei Jahre nach Cortés' erster Landung in Mexiko begann. Die dazwischenliegende Zeit verging mit dem Durchkämmen der umliegenden Gegenden und dem Bemühen, möglichst viele der verbliebenen mexikanischen Verbündeten für sich zu gewinnen. Vorbereitungen für den Angriff wurden aufgenommen, und ein Anfang wurde mit der Konstruktion der äußerst wichtigen Brigantinen gemacht [kleines, zweimastiges Segelschiff]. Eine Anzahl von Kämpfen wurde durchgefochten – wobei die Fähigkeit einer unglaublich kleinen Schar von Spaniern, zahllose Horden von Indianern vernichtend zu schlagen, wiederholt demonstriert wurde. Der den Truppen von Cortés gewährte Empfang beruhte im allgemeinen auf den Gefühlen der Einwohner dem Aztekenreich gegenüber. In bestimmten Orten wie Chalco, wo die Mexikaner immer verhaßt waren, wurden sie als Freunde begrüßt, und der Friede war bald geschlossen. In anderen Niederlassungen, wie etwa Coyoacan, zogen es die Einwohner vor, sich nach keiner Seite hin zu binden; sie hatten ihre Stadt verlassen. Die oft wiederholte Behauptung jedoch, die Azteken seien bei allen ihren Untertanen so verhaßt gewesen, daß sie sich alle bei der ersten Gelegenheit gegen sie auflehnten, ist ungenau. Eine beachtliche Zahl von Orten verhielt sich dem Reich gegenüber loyal und leistete Widerstand gegen die Spanier, wie selbst Cortés beteuert.[225] Es existieren ausführliche Berichte darüber, wie bei der endgültigen Belagerung bestimmte Herrscher und deren Untertanen mutig auf seiten der Verteidiger kämpften. Cuernavaca zum Beispiel fanden die Spanier stark befestigt, und sie konnten sich nur mit Mühe den Eingang erzwingen. Sie hatten sich vorher in den berühmten, vom Ersten Moctezuma angelegten Gärten ausgeruht. Um Xochimilco zu nehmen, mußten sie hart kämpfen. Es war ein erbitterter Widerstand. Die Spanier zerstörten die Stadt und brannten sie nieder.

Von entscheidender Bedeutung war die Ergebenheit von Texcoco. Es wurde bald deutlich, daß Moctezuma, als er diese Stadt seinem herrischen Befehl untertan machen wollte, die Loyalität seines ehemaligen Partners überfordert hatte. Während andere treu zu den Azteken hielten, entschied sich Texcoco, das früher den Mexikanern bei der Eroberung dieser Völker behilflich gewesen war, nun für die Spanier. Cacama, der widerspenstige Herrscher, hatte sein Leben bei der Räumung Tenochtitlans verloren, sein Nachfolger trachtete danach, mit Cortés Frieden zu machen. Sein Antrag jedoch wurde zurückgewiesen, und er wurde für den Tod einiger Spanier verantwortlich gemacht. Er floh zusammen mit anderen loyalen Texcocanern nach Tenochtitlan. Danach wurde Texcoco durch Don Fernando Ixtlilxóchitl, einem zuverlässigen Parteigänger von Cortés, regiert.[226]

Das Verhalten und Vorgehen der Spanier machte während dieser zahllosen Feldzüge einen deutlichen Wandel durch. Zunächst einmal hatte ihr Anführer seinen Denkzettel erhalten und war nun anscheinend bereit, den einheimischen religiösen Praktiken gegenüber vorerst Toleranz zu üben. Der rituelle Verzehr von Gefangenen durch die tlaxcalanischen Verbündeten fand fast unter den Augen der Spanier statt. Bei einer Gelegenheit warf ein tlaxcalanischer Würdenträger das Herz eines Spions in Cortés' Anwesenheit spielerisch einem jungen Krieger ins Gesicht. Wenn dieser auch seine Abscheu vor solchen Bräuchen nicht verbergen konnte, sah er doch die Zweckmäßigkeit ein, sie stillschweigend zu dulden, und verhielt sich deshalb friedlich. Zum anderen waren die Einsätze der Spanier, die sich oft in einer offen feindseligen Gegend aufhielten, natürlich von einem größeren Maß an Brutalität begleitet. Teilweise zur Vorratssicherung und teilweise zur Beschaffung von Arbeitskräften fingen sie an, die Bevölkerung von Orten, die Widerstand leisteten, zu unterjochen und als Sklaven zu verwenden. Den Sklaven wurde ein G (für *guerra* = Krieg) eingebrannt, einige mußten für die arbeiten, die sie gefangengenommen hatten, während andere bei Versteigerungen verkauft wurden. Wie die Verteilung von Gold verursachte die Zuteilung der Sklaven manchen Streit unter den Eroberern. Wenn Cortés das kaiserliche sowie sein eigenes Fünftel zur Seite getan hatte, beklagten sich die anderen, daß nicht ein einziges hübsches Mädchen übriggeblieben war; die besten waren einfach verschwunden. Die weiblichen Sklaven hatten auch ihre eigenen Kümmernisse. Wenn sie an Soldaten versteigert wurden, die ob der Behandlung ihrer menschlichen Habe einen schlechten Ruf genossen, entschwanden sie und wurden nicht wieder gesehen.

›Fallender Adler‹

Mittlerweile waren auch in Tenochtitlan, vielleicht im Ausmaß unzulängliche, Kriegsvorbereitungen im Gange – insbesondere die Durchstiche durch die Dämme. Nach dem Tod Cuitláhuacs, der nur achtzig Tage regiert hatte, wurde Cuauhtémoc, der Sohn des großen Herrschers Ahuítzotl, als Nachfolger gewählt. Cuauhtémoc bedeutet ›Fallender Adler‹ und ist symbolisch für die untergehende Sonne. Es war Cuitláhuac und weniger der jugendliche Cuauhtémoc, der bis zu dieser Zeit der führende Verfechter des Widerstandes gewesen war. Cuauhtémoc hatte eigentlich den Frieden angestrebt und angeraten. Nachdem er jedoch eingesehen hatte, daß dieser unerreichbar war, bewährte er sich als mutiger Anführer.
Als die Spanier Tenochtitlan geräumt hatten, meinte man anfänglich in der Stadt, sie seien für immer fort und würden niemals wiederkehren. Es kam zu gewissen Meinungsverschiedenheiten, und ein paar Würdenträger wurden wegen ihrer Zusammenarbeit mit dem Feind getötet. Unterdessen verlangte eine schreckliche Pockenepidemie ihren erbarmungslosen Tribut, sie raffte nicht nur den Herrscher, sondern auch viele seiner Untertanen hinweg. Die neun Monate zwischen dem Abzug der Eindringlinge und ihrer Wiederkehr

erwiesen sich als sorgenvolle Zwischenzeit, die noch quälender wurde durch das völlige Unvermögen der mexikanischen Streitkräfte, die umliegenden, nur wenige Kilometer von der Hauptstadt entfernten Städte vor den wieder siegreichen Spaniern zu retten.

Die Belagerung beginnt

Am 28. April 1521 war Cortés endlich einsatzbereit für die Belagerung. Mit der Verstärkung, die zu ihm gestoßen war, zählte seine Streitmacht nun 86 Berittene, 118 Musketiere und Armbrustschützen, 700 mit Schwertern und Schilden bewaffnete Soldaten und 15 Geschütze. Fast 300 dieser Truppe wurden benötigt, um die Brigantinen zu bemannen.

Nachdem er diese Schiffe ausgerüstet hatte, teilte Cortés die Armee in ungefähr drei gleiche Teile. Der erste Teil unter Pedro de Alvarado wurde am Zugang zum Damm von Tacuba nach Tenochtitlan postiert; der zweite, kommandiert von Christóbal de Olid, stand in Coyoacan, gegenüber einem anderen Damm; der dritte, von Gonzalo de Sandoval angeführt, schlug das Lager in der Nähe von Ixtapalapa auf, womit ein dritter Zugang bewacht wurde. Jeder Truppenteil war verstärkt durch viele Tausende von einheimischen Hilfstruppen, hauptsächlich aus Tlaxcala und Chalco.

Diese Anordnung ließ den nördlichsten Ausgang zum Festland offen (siehe Karte). Sehr bald jedoch rückten Olid und Sandoval, unterstützt durch die Brigantinen, auf ihren jeweiligen Dämmen vor und vereinigten sich an der Stelle, wo diese beiden Wege nach Tenochtitlan zusammenlaufen. Ein Truppenverband wurde so überzählig. Sandoval wurde entsetzt und an den nördlichen Damm geschickt, der das Festland bei Tepeyacac erreichte, wo heute die Basilika von Guadalupe steht.

Die Belagerung war nun in ihrem Anfangsstadium, wobei die angreifende Streitmacht gleichmäßige Fortschritte erzielte und von den Dämmen in die Außenbezirke der Stadt vorrückte. Es war ein heftiger, wechselvoller Kampf. Die Spanier eroberten Kanalbrücken am Tag, die von den Mexikanern in der folgenden Nacht wieder besetzt wurden. Die Angreifer füllten die Breschen in den Dämmen auf, und die Verteidiger öffneten sie sofort wieder. Um diesen Behinderungen zu begegnen, bewachten die Spanier des Nachts die eroberten Brücken, obwohl diese Wachen eine zusätzliche Belastung für ihre kleinen Verbände waren. In vorderster Reihe der Kampflinien befanden sich die Brigantinen, die die Mexikaner verzweifelt an strategisch postierte Pfähle zu locken versuchten. Sie wurden dazu benutzt, um dem Nachschub an Lebensmitteln in der Nacht aufzulauern. Es war jedoch noch keine lückenlose Blockade, und man darf nicht vergessen, daß eine Anzahl von Städten loyal geblieben war.[227] Zu dieser Zeit gab es einige Zerstörungen, insbesondere an Häusern am Tacuba-Damm, aber der größte Teil von Tenochtitlan war noch unversehrt.

Dieser einleitende Abschnitt der Operation – soweit erfolgreich – wurde mit einem Rückschlag beendet. Cortés selbst, der mit Olids Truppe kämpfte, hatte vom Süden her angegriffen und war weit in die Stadt vorgedrungen, zog sich aber wieder zurück; anscheinend betrachtete er seine Truppe als ungenügend, um diesen Gewinn an Boden festigen zu können. Ebenso waren auch die Breschen in den Kanälen nicht entsprechend aufgefüllt, trotz der Anwesenheit von 10000 Verbündeten, die sie in dieser Aufgabe unterstützen sollten, für die sie besser geeignet waren als für den Kampf.

Die Grausamkeit des Angriffs war der Tapferkeit der Verteidigung ebenbürtig: »Eine Anzahl Tlatelolcaner hatte eilig den einst von Moctezuma bewohnten Palast betreten, kamen dann voller Entsetzen wieder heraus und trafen auf die Reiter. Einer von den Spaniern durchbohrte einen Tlatelolcaner. Obwohl dieser aufgespießt war, hielt er die eiserne Lanze fest, bis seine Kampfgefährten diese dem Reiter aus der Hand schlugen. Er wurde vom Pferd gerissen, und als er taumelnd auf den Boden gefallen war, schlugen sie immer wieder auf ihn ein und trafen ihn hinten am Kopf. Er starb an Ort und Stelle« (Florentine Codex).

Alavarado, der von Tacuba aus operierte, versuchte nun, sich mit der gleichen Taktik durchzusetzen, und fiel in einen Hinterhalt. Die Mexikaner verführten ihn zum Vorgehen und öffneten dann hinter ihm eine weite Bresche im Damm. Seine kleine Truppe von 180 Mann wurde von allen Seiten umringt, und fünf Mann wurden lebend eingefangen. Wären nicht die Mexikaner darauf versessen gewesen, Gefangene für das Sakralopfer zu machen, dann hätte es wahrscheinlich viel mehr Gefallene geben können. Bei dieser Gelegenheit entging Bernal Díaz mit knapper Not dem Ende seines Lebens auf dem Opferstein: »Was mich betrifft, so rauften viele Indianer mit mir, aber ich bekam einen Arm frei, und unser Herr Jesus Christus gab mir genügend Kraft, mit dem Schwert um mich zu hauen, so daß ich sicher aus dem Wasser herauskam, obwohl ich an einem Arm arg verwundet war.«

Die zweite Phase

Nach dieser spanischen Niederlage begann die zweite Phase der Belagerung, die durch eine veränderte Taktik beeinflußt war. Cortés war sich darüber klar geworden, daß es ein kurzes Verfahren, den Sieg zu erringen, nicht gab und daß die Stadt nicht einfach durch einen plötzlichen Vorstoß genommen werden konnte. Er hatte die Erfahrung gemacht, daß seine Truppen nicht genügten, um Tenochtitlan im Sturm zu nehmen. Er konnte es von außen her dem Erdboden gleichmachen, aber von innen konnte er es nicht einnehmen.

In fast jedem europäischen Belagerungsunternehmen war der Sieg errungen, sobald in die Verteidigungslinie eine Bresche geschlagen war und die Belagerer die Wälle stürmten. Dieser Ausgang setzte Angreifer voraus, die in ihrer Stärke den Verteidigern vergleichbar waren. In diesem einzigartigen Fall aber wurde eine große Hauptstadt von einer im Vergleich zur belagerten Streitmacht winzigen Truppe bedrängt. Wenn diese ihren Weg ins Zentrum erzwang und Stadtteile mit unversehrten Häusern hinter sich ließ, hätten die Verteidiger sie einfach einkreisen, ihren Auszug über die Kanäle verhindern und von ihren sicheren Hausdächern aus bombardieren können. Darum konnte Tenochtitlan von einer solchen Streitmacht nicht bezwungen werden; es mußte vielmehr systematisch vernichtet werden. Das ist es, was nun begann. Die Brücken wurden genommen und die umliegenden Häuser mit Unterstützung der einheimischen Hilfstruppen dem Erdboden gleichgemacht. So konnte die Stadt nach und nach mit einer Art Dampfwalzentaktik genommen werden; keine Häuser, von denen aus man die Angreifer hätte überfallen können, insbesondere in der Nähe der Dämme, blieben

stehen. Sobald die Spanier den benötigten manövrierfähigen Raum zur Verfügung hatten, waren sie wieder unbezwingbar.
Was auch immer bei früheren Zusammenstößen ihre Fehler gewesen sein mochten, nun waren der Herrscher, die Priester und das Volk einig, ihre Stadt bis zum Letzten zu verteidigen. Dabei gab es viele Beispiele heldenhaften Mutes: »Und als die Spanier kamen, war es überall leer. Kein Mann des gemeinen Volkes erschien. Tzilacatzin aber, ein großer Häuptling und sehr mutig, schleuderte drei der Steine, die er trug – große, riesige, runde Felsbrocken: Mauersteine oder gekalkte Steine. Einen behielt er in der Hand, zwei trug er auf seinem Schild. Dann jagte er die Spanier, versprengte sie und trieb sie ins Wasser. Ins Wasser mußten sie. Wirklich, die Boote auf dem Wasser waren schwer beladen, als sie mit ihnen untergingen« (Florentine Codex). Dieser tapfere Krieger brachte durch verschiedene Masken den Feind in weitere Verwirrung, der alles versuchte, um ihn zu töten. Einmal erschien der Held in seiner wirklichen Aufmachung als Otomikrieger, ein anderes Mal setzte er eine Perücke und ein Stirnband mit zwei Adlerfederbüschen und einen Federkopfputz auf und verbarg damit seine Identität.
Der allgemeine Widerstand war so wütend, daß die Spanier trotz ihrer brauchbaren neuen Taktik nur quälend langsam vorwärtskamen. Cortés wurde darüber sehr ungeduldig, aber es fügte sich, daß er selber ein Opfer der Überstürzung wurde, für die er Alavarado getadelt hatte. Er drängte bis zum Großen Platz vor und stellte eine Kanone auf dem für die Sakralopfer benutzten Stein auf. Aber wieder einmal war eine verhängnisvolle Lücke im Damm geblieben, der in die Sicherheit führte. Günstig verteilte Pfähle hielten die Brigantinen fern, während Bataillone von Kriegern und Geschwader von Kanus über die Angreifer herfielen und dreiundfünfzig Soldaten lebendig verschleppten.[228] Der Heerführer selbst entkam ganz knapp einer Gefangennahme:
»Hier wird berichtet, wie die Mexikaner wieder einmal Gefangene machten und Spanier ergriffen. Und als sie zählten, waren es dreiundfünfzig Spanier . . . Und als sich das ereignet hatte, fielen die Häuptlinge, die sich geduckt hatten, zusammen über sie her. Sie stürzten aus dem Hinterhalt zwischen den Häusern hervor. Und als die Spanier das sahen, waren sie wie betrunken. Daraufhin wurden

Gefangene gemacht . . . Wirklich zwangen sie die Spanier ins Wasser und tatsächlich alle ihre Verbündeten . . .
Und danach führten sie die Gefangenen nach Yacacolco. Sie wurden vorwärtsgetrieben. Sie umzingelten die Gefangenen beim Gehen. Einer ging weinend, einer singend, einer stieß Kriegsgeschrei aus, indem er sich mit der Handfläche auf den Mund schlug. Und als sie nach Yacacolco gebracht waren, stellte man sie in Reihen hintereinander. Einer nach dem anderen ging auf die kleine Pyramide zu, wo sie getötet wurden. Zuerst die Spanier.« (Florentine Codex)

Die Mexikaner, die den Angriff vom Süden her in die Flucht geschlagen hatten, umkreisten nun die Spanier, die aus dem Norden vorrückten und auf der Flucht sechs Mann verloren. Auch Alvarados Tacuba-Truppenteil wurde heftig angegriffen. Die Mexikaner warfen fünf Köpfe vor seine Männer und verkündeten, sie hätten Cortés getötet und würden bald die restlichen Spanier ins Jenseits befördern. Nach dieser Katastrophe zogen sich die Belagerer zurück, um ihre Wunden zu heilen. Zu ihrem Entsetzen konnten sie aus der Entfernung beobachten, wie ihre Kameraden geopfert wurden. Sie sahen, wie sie die Tempelstufen hinaufgejagt und gezwungen wurden, mit Federn auf den Köpfen vor dem Abbild Huitzilopochtlis zu tanzen.[229]
Wieder einmal hatten die Mexikaner einen laut verkündeten, aber kurzlebigen Triumph errungen; es sollte ihr letzter sein. Wieder wurden die Früchte des Sieges nicht beachtet. In dem Augenblick, wo der Angriff hätte ausgenutzt werden können, war ihre Aufmerksamkeit mit wichtigeren Angelegenheiten beschäftigt – mit dem Sakralopfer und dem Siegestanz, der nächtelang dauerte. Jeden Abend fanden im Großen Tempel, der mit riesigen Feuern strahlend erleuchtet war, Zeremonien statt. Aber Worte scheinen den Vorrang vor Taten gehabt zu haben. Sie verhöhnten die Spanier und erzählten ihnen, daß innerhalb einer Woche keiner mehr von ihnen lebendig sei. Sie beklagten sich sogar: »Zum Beweis, wie böse Ihr seid, sogar Euer Fleisch ist schlecht zu essen, denn es ist bitter wie Galle, so bitter, daß wir es nicht schlucken können« (Díaz, Chronicles).
Zu dieser Zeit war der Ausgang der Belagerung möglicherweise in der Schwebe. Die Spanier konnten sich mehr Verluste dieser Art

nicht leisten. Viele einheimische Verbündete, einschließlich der meisten Tlaxcalaner, bewiesen, daß sie nur im Glück Freunde waren, und ließen darum die Spanier im Stich. Die meisten liefen weg, ohne Cortés etwas zu sagen. Einer der Getreuen, die dablieben, war Don Fernando Ixtlilxóchitl von Texcoco. Durch eine Ironie der Geschichte war es ein aztekischer Herrscher, der Cortés erklärte, wie er am besten die Azteken besiegen könnte: Don Fernando verriet Cortés, daß Hunger und Durst den Mexikanern viel mehr schaden könnten als Kampf.

Der Fall von Tenochtitlan

Die Belagerung trat nunmehr in ihre dritte und letzte Phase ein. Während der zweiten hatte die Politik der Blockade und Zerstörung bereits eine entsprechende Wirkung gehabt, war aber in einem Anfall von Ungeduld fallengelassen worden. In der dritten kam diese Taktik systematisch zur Anwendung. Von dieser Zeit an war der Einsatz der Brigantinen auf die Unterbrechung der Lebensmittel- und Trinkwasserversorgung der belagerten Stadt gerichtet. Die Leute waren gezwungen, Eidechsen und sogar gegerbte Häute zu essen. Sie kauten Mauerpfeffer und Schlammziegel: »Niemals zuvor hat es solche Leiden gegeben. Es war entsetzlich, wie sie belagert wurden; sie verhungerten wirklich in großer Zahl. Und ganz ruhig umzingelte uns der Feind und schloß uns ein« (Florentine Codex).
Die Spanier begannen wieder mit dem Einebnen, und nach kurzer Zeit hatten sie genügend Bewegungsraum entlang den Straßen, da dort alle Häuser zerstört worden waren. Außerdem wurden nun die Dammdurchstiche massiv und für dauernd mit Geröll aufgefüllt und konnten nicht mehr schnell wieder freigemacht werden. Ein großer Teil der Stadt wurde so verwüstet und erobert. Cortés schickte jetzt ein Friedensangebot an Cuauhtémoc. Die Boten bestanden darauf, einen Brief zu befördern; natürlich konnten die Empfänger eine derartige Mitteilung nicht lesen, aber es hatte sich eingebürgert, ein spanisches Sendschreiben sowohl als echt als auch als wichtig zu betrachten.
In dieser Situation war der junge Herrscher, der tapfer gekämpft hatte, bereit nachzugeben, um weitere Leiden und die völlige Zer-

störung der Stadt zu vermeiden. Er berief eine Ratsversammlung ein und erklärte, er habe alles getan, was er konnte; jedesmal, wenn er dachte, die Spanier seien geschlagen, kehrten sie stärker als zuvor zurück. Die mexikanischen Verbündeten hätten sie nun endgültig verlassen. Nur die Priester, die unversöhnlichen Feinde des bilderstürmenden Cortés, waren gegen eine Übergabe und zogen es vor, kämpfend zu sterben, statt sich der Sklaverei zu unterwerfen. Ihr Rat war ausschlaggebend.

Nun standen die Mexica allein. Man kann kaum den verzweifelten Mut übertreiben, der sich in diesem letzten Stadium offenbarte, als die von Huitzilopochtli Auserwählten, verlassen von ihren Freunden, ihrem Gott und ihren Gebräuchen treu blieben. Eine letzte Hoffnung blieb. Ein berühmter Krieger wurde als Quetzalfeder-Eule eingekleidet, eine Ausstattung, die von Cuauhtémocs Vater Ahuítzotl stammte. Dann sprach Cuauhtémoc: »Dies waren meines Vaters, Ahuítzotins, Insignien. Er soll sie tragen. Laßt ihn damit sterben. Möge er Ehre vor dem Volk erreichen. Möge er zu einem Omen werden. Mögen unsere Feinde ihn sehen und über ihn staunen.« (Florentine Codex)

Nachdem dies geschehen war, sprach der Zweite im Land, die Weibliche Schlange: »O Mexikaner! O Tlatelolcaner! War Mexiko nichts gewesen – das, worauf mexikanische Herrschaft gegründet war? Es ist gesagt, mit ihr sei die Macht Huitzilopochtlis. Es ist nichts anderes als die Feuerschlange, der Feuerblitz, mit dem er ging, den er auf unsere Feinde schleuderte – den Ihr, o Mexikaner, für die Kraft seines Wurfspeeres gehalten habt. Sogleich werdet Ihr damit auf unsere Feinde zielen.« Mit dieser heiligen Waffe versehen, gerüstet mit dem, womit der Gott aus seiner Mutter Leib entsprungen war, ging der Krieger voran: »Und als ihn unsere Feinde sahen, war es, als sei ein Berg geborsten. Wirklich erschraken alle Spanier, er jagte ihnen große Angst ein, als hätten sie etwas Unmenschliches in ihm gesehen« (Florentine Codex).

Doch dieser Triumph war nur von kurzer Dauer. Der mexikanische Widerstand war nun auf Tlatelolco beschränkt. Hier gelang es Alvarados Truppen, den großen Marktplatz zu erreichen. Das war in der Tat der Anfang vom Ende. Cortés, der fast zwei Kilometer entfernt kämpfte, konnte die Flammen aus dem Großen Tempel von Tlatelolco schlagen sehen. Hinter der letzten aztekischen Verschanzung gab es nur noch Angst und Qual:

»Die Wege sind bedeckt mit zerbrochenen Lanzen.
Auf allen Seiten liegen Haare verstreut,
Die Häuser sind ohne Dächer,
Ihre Wände sind rot gefärbt.
Würmer wimmeln in Straßen und auf Plätzen,
Und die Mauern sind bespritzt mit Gehirnen.
Die Gewässer sind rot, wie gefärbt.
Und wenn wir trinken,
Ist es, als tränken wir flüssigen Salpeter.«

(Léon Portilla, Vision de los Vencidos)

›Der Ort, wo die Sklaverei begann‹

Schließlich konnte Cuauhtémoc es nicht mehr ertragen. Voller Furcht, er könnte eingeschlossen und in dem, was von seiner Hauptstadt verblieben war, gefangen werden, machte er einen Ausbruch in die Freiheit. Er kam nicht weit:

»Es gefiel unserem Herrn Gott, daß García Holguín die Kanus und Pirogen, in welchen Guatemuz (Cuauhtémoc) segelte, einholte. An der Haltung des Mannes, dem Sitz und den Sonnensegeln, die er benutzte, wußte er, daß es Guatemuz war, der große Herr von Mexiko, und er gab ihnen ein Zeichen anzuhalten. Als sie das nicht taten, tat García Holguín so, als wolle er mit Musketen und Armbrüsten auf sie schießen. Guatemuz erschrak und rief: Schießt nicht auf mich, ich bin der Herrscher dieser Stadt und Guatemuz genannt. Ich bitte Euch, die Dinge, die ich bei mir habe, nicht zu behindern, noch mein Weib oder meine Verwandten. Bringt aber micht schnell zu Malinche.« (Díaz, Chronicles)

Der Ort, an dem sich das ereignete, kann noch besichtigt werden, wenn auch, überflüssig zu sagen, nicht mehr im Kanu. Wenn man die Kirche La Concepción betritt, am Platz mit dem Namen La Plaza de la Concepción Tequipeuca, kann man rechterhand an der Wand eine Gedenktafel sehen, auf der folgendes zu lesen ist: »Tequipeuhcan (der Ort, wo die Sklaverei begann). Hier wurde der Herrscher Cuauhtemotzin am Nachmittag des 13. August 1521 gefangengenommen.«[230]

Bernal Díaz gibt eine Beschreibung von Cuauhtémoc: »Er hatte die Erscheinung eines Mannes von Qualität, sowohl in seinen Gesichtszügen wie in seiner Gestalt. Sein Gesicht war ein wenig groß und heiter, mit Augen, eher ernst als fröhlich. Er war sechsundzwanzig Jahre alt, und seine Hautfarbe war ein wenig heller als bei braunen Indianern.«

Cortés' erste Begrüßung seines besiegten Gegners war herzlich:

»Als Sandoval und Holguín mit Guatemuz kamen und ihn zu Cortés brachten, umarmte er diesen mit großer Freude und zeigte Zuneigung für ihn und seine Hauptleute. Dann sagte Guatemuz: ›Señor Malinche, ich habe getan, was ich zur Verteidigung meiner Stadt und meines Volkes tun mußte. Mehr kann ich nicht tun. Ich bin als Gefangener mit Gewalt zu Euch gebracht worden. Nehmt den Dolch aus Eurem Gürtel und tötet mich damit geschwind.‹ Dann weinte er und schluchzte, und auch die anderen Würdenträger, die mit ihm gekommen waren, weinten.« (Díaz, Chronicles)

Die Lage in der Stadt war so entsetzlich, daß Cortés Befehl gab, daß alle, die dazu fähig wären, sie verlassen sollten: »Laßt mich über die Leichen berichten. Ich schwöre, daß alle Häuser am See voll von Köpfen und Leichnamen waren. Ich habe von der Zerstörung Jerusalems gelesen, aber ich kann nicht glauben, daß das Blutbad schlimmer war als das in Mexiko, obschon ich dessen nicht sicher bin. Die Straßen, Plätze, Häuser und Höfe waren angefüllt mit Leichen, so daß es fast unmöglich war durchzukommen. Sogar Cortés ekelte sich vor dem Gestank« (Díaz).

Die Eroberer, die während der Belagerung selbst von kärglicher Verpflegung gelebt hatten, konnten jetzt sehen, was ihre Gegner erlitten hatten: »Die ganze Stadt war aufgewühlt von der Suche nach Wurzeln, die sie gekocht und gegessen haben. Sie haben sogar die Rinden von einigen der Bäume geschält und gegessen. Wir fanden kein frisches Wasser, nur Salz« (Díaz).

Unterdessen wurde den tlaxcalanischen Verbündeten erlaubt, grausame Rache zu fordern. Cortés bemerkt in seinem dritten Brief an Karl V., daß sie sich in dieser Nacht mit den Gliedmaßen der Besiegten ein besonders gutes Abendessen bereiteten. Gleichermaßen beklagenswert ist, daß die Tlaxcalaner Texcoco plünderten und Paläste und Bibliotheken in Flammen aufgehen ließen. Voller Schmerz protestierte dagegen Don Fernando, der texcocanische Herrscher, gleichermaßen ein zuverlässiger Verbündeter der Spanier.
Die Sieger, goldgierig wie sie waren, versäumten nicht, die Vorteile ihres Sieges wahrzunehmen:

»Und überall bemächtigten sich die Spanier der Leute und beraubten sie. Sie suchten nach Gold. Die grünen Steine, Quetzalfedern und Türkis schätzten sie nicht. Gold war überall, in Busen und Röcken der unglücklichen Frauen und bei den Männern im Lendentuch und im Mund.
Und die Spanier ergriffen die hübschen Frauen und brachten sie in Gewahrsam – die Schlanken und Hellhäutigen. Und einige Frauen, wenn sie überfallen werden sollten, bedeckten ihr Gesicht mit Schlamm und legten alte, geflickte Lumpen als Hemden an.« (Florentine Codex)

Cortés ließ die Würdenträger kommen. Er verlangte 200 Goldbarren. Sie sagten, das meiste davon sei beim Rückzug aus Tenochtitlan auf den Grund der Lagune gesunken. Da sie die Forderung der Sieger nicht erfüllten, wurden sie grausam behandelt, einige wurden sogar von Hunden zerrissen. Cortés handelte ohne Zweifel unter dem Druck seiner goldgierigen Veteranen gegen sein besseres Wissen. Er gab sogar Befehl, Cuauhtémocs Füße ins Feuer zu stecken, um mehr Gold zu erpressen.
Der Kampf war grausam und schwer gewesen. Manchmal war der Ausgang zweifelhaft gewesen: Einmal während der letzten Belagerung und zuvor, als die Spanier die Hauptstadt verlassen hatten, waren die Azteken dem Triumph nahe. Bei beiden Gelegenheiten mußten sie, ihrer angeborenen Vorstellung vom Krieg folgend, den

Sieg feiern, anstatt die Verfolgung des Feindes aufzunehmen – der damit am Leben blieb, um weiterzukämpfen. Hätte der unerschrokkene Ahuítzotl anstelle des unbeständigen Moctezuma noch regiert, der im entscheidenden Augenblick seine Nerven verlor, wäre es nicht unmöglich gewesen, daß Cortés' Streitkräfte bis zur Küste getrieben worden wären und sogar in das Meer. Ein solcher Sieg wäre jedoch nur von kurzer Dauer gewesen, er hätte den Gang der Geschichte nicht geändert. Ein paar Jahre Aufschub für das schwer betroffene Reich hätten gewonnen werden können. Aber die Nachricht von Cortés' Beute an Gold wäre von magnetischer Anziehungskraft für immer mehr Spanier gewesen, in einer Anzahl, die genügt hätte, um die Arbeit zu vollenden. Man kann auch nicht annehmen, daß die Azteken durch einen zeitlich begrenzten Aufschub den Nutzen gehabt hätten, europäische Waffen zu erwerben oder europäische Taktik zu erlernen. Während der Zeit von zwei Jahren zwischen Cortés' Landung und der Belagerung von Tenochtitlan hatten sie nichts gelernt, was sie den spanischen Soldaten ebenbürtig gemacht hätte. Ihr Widerstand, wenn auch noch so tapfer, war letzten Endes dazu verurteilt, vergeblich zu sein!

9. Kapitel
Aztekisches Nachspiel

»Tlatelolco, heroisch verteidigt von Cuauhtémoc, fiel am 13. August 1521 in die Hände von Hernán Cortés. Es war weder ein Sieg noch eine Niederlage, sondern die schmerzhafte Geburt des Mestizenvolkes, das heißt der Mexikaner von heute.«

So liest man es auf der Gedenktafel an der Seite der Großen Pyramide von Tlatelolco auf dem Platz der Drei Kulturen, wo die letzte Schlacht stattfand.

Das Endergebnis war eindrucksvoll, der Werdegang aber lang. Es wurde eine Aufgabe für Jahrhunderte.

Im Hochtal von Mexiko selbst, dem aztekischen Kernland, war im Jahr 1521 eine Bevölkerung von ungefähr eineinhalb Millionen gegenüber 1000 Spaniern verblieben. Sie hatten wenig Gemeinsames. Unter diesen vielen Indianern waren vielleicht diejenigen, die am meisten Widerstand gegen die fremde Herrschaft leisteten, die früheren Eroberer – die noch immer Erinnerungen an ehemalige Größe bewahrten und den stolzen Namen Azteke oder Mexica für sich in Anspruch nehmen konnten. Später, am Ende des Jahrhunderts, wurden sie einfach alle Indianer und waren nicht mehr voneinander zu unterscheiden.

Ihr neuer Herr, der Eroberer, mußte ein weiteres Jahr, bis Oktober 1522, warten, bevor er schließlich vom Kaiser erfuhr, daß er der rechtmäßige Herrscher von Neuspanien sei, wie das Land umgenannt wurde. Er trug den Titel Oberbefehlshaber und Statthalter.

Die amtliche Anerkennung aber, als sie endlich kam, erwies sich als zweifelhafte Gnade. In ihrem Gefolge kam der erste einer großen Zahl von bevollmächtigten Beamten der Krone, mit dem Auftrag, die Eroberer und Siedler in Schranken zu halten, die so begierig auf Gewinn und – abgesehen von Cortés – so gleichgültig dem indianischen Wohlergehen gegenüber waren. Karl V. und seine Vorgänger, die erlauchten katholischen Monarchen Ferdinand und Isabella, hatten bereits die schmerzliche Lehre erhalten, daß Entdeckung und Eroberung in der Neuen Welt eine Seite war und Verwaltung eine andere.

Einst als Gott begrüßt, war der neue Herrscher der Mexikaner auch als Mensch immer noch beliebt. Seine eigene Sorge für die Indianer war echt – vielleicht erinnerte er sich, wie Moctezuma ihn bei ihrer ersten Begegnung als Erben einer langen Linie von vielgeliebten Herrschern begrüßt hatte.

Das Volk seinerseits brachte ihm Achtung entgegen. Es wurde jedoch von ihnen erwartet, daß sie für die Zuneigung ihres Eroberers teuer bezahlten. Cortés nahm später für sich als Marqués del Valle de Oaxaca ein weit ausgedehntes Gebiet in Anspruch, während einige seiner unbedeutenderen Waffenbrüder fast mit leeren Händen ausgingen.

Sein eigener Anteil an der Siegesbeute war riesig. In ausgedehnten Gebieten Neuspaniens mußten die Tribute, die früher an die *tlatoani* gingen, nun einfach an den ›Capitan‹ abgeliefert werden. Indianer der Cuernavaca-Provinz waren verpflichtet, alle achtzig Tage 4800 Baumwollmäntel, zwanzig kostbare Hemden, zwanzig schöne Röcke, zehn feine und zehn grobe Bettdecken sowie zehn Baumwollkissen zu liefern. Alles das war bildhaft aufgezeichnet, genau wie die Tributerhebungen der ehemaligen Herrscher. Aber das war nur ein Teil der Zahlungen. Zusätzlich mußten sie ausgedehnte Ländereien des Marqués ohne Entgelt bearbeiten und reichlich Vieh beschaffen. Sie mußten sogar Ammen für seine Dienstboten stellen.

Nach ihrem Sturz lebten die unglückseligen Azteken in einer Art von religiöser Leere. Ohne die Führung ihrer Priester und Herrscher war die strenge Zucht der Vergangenheit zusammengebrochen. Es gab noch wenig, um diese Öde wieder zu beleben, und die Menschen überließen sich der Hoffnungslosigkeit – oder suchten Trost im Trunk. Zumindest für einige Jahre wußte niemand ganz genau, wer das Weltall in Ordnung hielt. Die alten Götter waren verdammt, und die Anwesenheit der neuen war bis jetzt mangels einer Anleitung zu ihrer Verehrung noch nicht fühlbar geworden. Die Eroberer selbst waren dieser Aufgabe nicht gewachsen. Cortés' eigene Moralpredigten auf die Jungfrau Maria waren bei seiner Zuhörerschaft, ob diese nun Moctezuma, »cacique gordo« oder die Leute von Tlaxcala gewesen waren, auf harten Widerstand gestoßen. Wo die Spanier Tempel zerstört hatten, wurden sie von den Indianern einfach wieder aufgebaut.

Die Bekehrung der Indianer

Die folgenden Ereignisse, die Bekehrung der Indianer zum spanischen Glauben, wenn auch nicht unbedingt zu spanischer Lebensweise, kann man von zwei Seiten betrachten: für den Verteidiger der Indianer war eine einzigartige und alte Kultur niedergetrampelt worden; für den katholischen Verkünder des Evangeliums hat die christliche Zivilisation, durch Luther in der Alten Welt gestört, ihren Vormarsch wieder aufgenommen.
Für Cortés persönlich war die Bekehrung immer eine ernstzunehmende Pflicht gewesen. Dementsprechend schrieb er an Karl V. und bat zur Rettung der Indianerseelen um eine Abordnung von Mönchen. (Zunächst erhob sich die Frage, ob die Indianer überhaupt Seelen hätten, was vom Papst geregelt werden mußte. Dieser erinnerte an eine Verfügung des Herrn an die Apostel, worin es heißt, das Evangelium sei allen Völkern zu verkünden.)
Als erste kamen im Jahr 1522 drei flämische Mönche. Die führende Persönlichkeit unter diesen war Pedro de Gante. Die Schwierigkeiten, denen sie sich gegenübersahen, waren erschreckend: »Die einfachen Leute waren wie Tiere ohne Verstand. Wir konnten sie nicht auch nur in die Nähe der Kirche oder zu einer Zusammenkunft bringen. Sie kamen weder zu den Belehrungen noch zu den Predigten; sie flohen vor all diesem wie der Teufel vor dem Kreuz. Länger als drei Jahre ergriffen sie vor den Priestern die Flucht wie wilde Tiere« (Cartas de Fray Pedro de Gante).

Die ›Zwölf Apostel‹

Nach diesen kamen im Jahr 1524 die berühmten Franziskaner, die ›Zwölf Apostel‹. Barfüßig marschierten sie den ganzen Weg von Veracruz und wurden überall von Mengen von Indianern mit Freude und Staunen begrüßt. An die stolzen Eroberer gewöhnt, waren diese äußerst verblüfft, daß es Spanier gab, die arm waren, mager und bescheiden. Als die Mönche die Stadt Mexiko erreichten, gab es einen dramatischen Auftritt. Cortés persönlich war der erste, der niederkniete und die zerlumpte Kutte von Frater Martín de Valencia zu küssen versuchte: »Und als Cuauthémoc und die anderen *caciques* Cortés niederknien und des Fraters Hände küssen sahen, waren sie sehr erstaunt. Und als sie bemerkten, daß die Mönche barfuß und mager waren und ohne Pferde und daß Cortés andererseits, den sie für eine Art Idol oder so etwas wie ihre Götter gehalten hatten, vor ihnen kniete, folgten die Würdenträger und alle Indianer seinem Beispiel . . .« (Díaz, Historia de la Conquista). Sieben Augustiner kamen 1533 an und die Dominikaner, auch zwölf an der Zahl, im Jahr 1536. Die Bettelmönche hatten anfangs Schwierigkeiten, als sie vergeblich versuchten, ihren Glauben durch Zeichen und Gebärden zu vermitteln. Bald jedoch beherrschten sie das Nahuatl und begannen durch ihre Güte und Einfachheit die Herzen ihrer riesigen Herde zu gewinnen. Ihre strenge Selbstverleugnung war den harten Gewohnheiten und Idealen der Azteken ähnlich. Auch die Mönche hielten sich an die Abtötung des Fleisches, trugen härene Hemden und geißelten sich.

Das ›encomienda‹-System

Die tief gesunkenen Azteken waren glücklich darüber, daß ihr neuer Herrscher zumindest für ihr Wohlergehen sorgte. Als Statthalter Neuspaniens jedoch befand sich Cortés in einer unerträglichen Lage. Er war zwischen zwei Feuer geraten: Auf der einen Seite war die Regierung von Spanien – oder richtiger von Kastilien – darauf bedacht, Ordnung und Gerechtigkeit einzuführen; auf der anderen Seite waren die Eroberer und Siedler erpicht auf einen schnellen Profit durch äußerste Ausbeutung örtlicher Reichtümer, und zwar sowohl menschlicher als auch materieller. Die Widersprüche in Cortés' eigener Lage und in der Neuspaniens wurden über der dringenden Frage, wie das Land zu regieren sei, offenkundig – und insbesondere wegen des Systems, bekannt als *encomienda*. Der Ausdruck stammt von dem spanischen Wort *encomendar* = ›treuhänderisch verwalten‹. Es hatte in Spanien bereits als ein vorübergehendes Recht, Steuern einzuziehen, bestanden. Dann wurde es, mit verheerenden

Folgen, die ausersehene Richtlinie, Hispaniola (Española) und Kuba zu regieren.

Die Verleihung der *encomienda* an einen Spanier bedeutete in sich selbst nicht die Zuteilung von Land; es wurde ihm nur die christliche Wohlfahrt einer großen Zahl von Indianern anvertraut, von denen er dafür Tribute, genau wie die ehemaligen Herrscher, erhielt. Ohne strenge Überwachung konnte das System ein Instrument für gröbsten Amtsmißbrauch werden. Was es einerseits in Spanien gewesen sein mochte, wurde etwas ganz anderes, wenn die Wohlfahrt von Scharen von Indianern einigen wenigen einer fremden Rasse ausgeliefert war, die jene wahrscheinlich als reine Lasttiere betrachteten. Dementsprechend hatte sich Karl V. entschlossen, weiterem Mißbrauch Einhalt zu gebieten, an Cortés geschrieben und ausdrücklich die Einrichtung dieser Art von Verfügungsgewalt in Neuspanien verboten, die teilweise bereits an der Verringerung seiner indianischen Untertanen in Hispaniola schuld war. Soweit Indianer unter der *encomienda* standen, schrieb der Kaiser,[*] wären sie davon zu befreien.

Nun mußte das Land schließlich irgendwie regiert werden, und der Statthalter hatte für diesen Zweck kein anderes Mittel zur Hand. Nachdem er anfänglich die Anwendung des *encomienda*-Systems (mit Ausnahme vielleicht für sich selbst) für verhängnisvoll gehalten hatte, änderte er plötzlich seine Meinung. Als der Brief des Kaisers ankam, waren bereits vollendete Tatsachen geschaffen. Cortés verweigerte einfach den Gehorsam. Das begründete er mit der wunderlichen Behauptung, daß die *encomienda* die Indianer vor den sehr minderklassigen Spaniern beschütze, die nun scharenweise nach Neuspanien kamen. Die *encomenderos* hatten die Verpflichtung, zur Verteidigung ihres Souveräns Waffen zu tragen; konnten sie das nicht, waren kaiserliche Truppen erforderlich. Karl V., dessen Finanzen bei weitem nicht so wohlgeordnet waren wie die des verstorbenen Moctezuma, konnte sich diesen Luxus schwerlich leisten.

Widerwärtigkeiten brachen nun ausgiebig und schnell über Cortés herein. Während seines unglückseligen Feldzugs nach Honduras kam es zu Intrigen in der neugegründeten Hauptstadt. Zum Entzücken der Möchtegern-Nachfolger seines hohen Ranges und seiner

Einkünfte wurde berichtet, er sei tot. In der Kirche des Klosters von San Francisco wurde eine Messe für seine Seele gelesen. Cuauhtémoc war gezwungen worden, seinen Herrn bei diesem unheilvollen Abenteuer zu begleiten, zusammen mit acht Reitknechten, zwei Falknern, fünf Musikern, zwei Jongleuren und drei Maultiertreibern; außer diesen als lebende Speisekammer einer Herde von Schweinen. Die Dinge hatten sich seit der Eroberung geändert. Während des langen Marsches befahl Cortés unter dem Vorwand einer angeblichen Verschwörung, Cuauhtémoc und den *cacique* von Tacuba zu hängen. Laut einheimischen Quellen wurde Cuauhtémoc das Opfer einer reinen Verleumdung. Man fragt sich, warum Doña Marina, immer noch als Dolmetscherin tätig, nicht die Wahrheit ans Licht bringen konnte, wenn sie gewollt hätte. Bevor der ehemalige Herrscher gehängt wurde, erklärte er: »O Malinche, schon seit vielen Tagen weiß ich, daß Ihr mich zu diesem Tod verurteilt habt; ich habe Eure unwahren Worte gekannt, denn Ihr tötet mich zu Unrecht . . .« Bernal Díaz fährt fort: »Und bevor sie sie hängten, nahmen ihnen die Franziskaner die Beichte ab, und wirklich, ich fühlte großes Mitleid mit Cuauhtémoc und seinem Vetter, denn ich hielt sie für große Herren. Noch während des Marsches ehrten sie mich mit Dingen, die sie mir anboten; insbesondere überließen sie mir einige Indianer, um mir Gras für mein Pferd bringen zu lassen. Und ihr Tod war sehr ungerecht und machte auf alle Anwesenden einen schlechten Eindruck.«

1526 kehrte Cortés in die Stadt Mexiko zurück und sah sich einem mit allen Machtbefugnissen ausgestatteten Beamten mit dem Titel Juez de Residencia gegenüber. Dieser neue Wachhund der spanischen Regierung, Luis Ponce de León, starb bald danach. Er hatte seine Befugnisse auf Marcos de Aguilar übertragen, einen alten Mann, der sich nur am Leben hielt, indem er sich an den Brüsten einer Frau ernährte. Er war bei so schwacher Gesundheit, daß die Macht für den Augenblick in Cortés' Händen verblieb.

Die Königliche Audiencia

Als nächstes übertrug der Rat von Westindien in Sevilla in einem offensichtlichen Anfall von Verwirrung die Regierung Neuspaniens einer Königlichen Audiencia unter dem Vorsitz des berüchtigten Nuño de Guzman. Zwei der vier Mitglieder des Gerichtshofes starben an Lungenentzündung. Die verbliebenen zwei machten sich zusammen mit Guzman im Haus von Cortés breit, der immer noch der Oberbefehlshaber war, aber vor der Ankunft der Audiencia durch Estrada (der zeitweise die Regierung innehatte) aus der Stadt Mexiko verbannt worden war.

Guzmans hauptsächliches Anliegen war es, sich zu bereichern und Cortés zu ruinieren. In Bischof Zumarraga, dem künftigen Bischof von Mexiko, fand Guzman einen standhaften Gegner. Zumarraga war offiziell zum Schutzherrn der Indianer ernannt, ein ziemlich ungenauer Titel, den früher der Bischof Las Casas innehatte. Es gelang Zumarraga, über Veracruz einen Brief nach Sevilla zu schmuggeln, in dem er im einzelnen die Ungeheuerlichkeiten der Mitglieder der Audiencia aufzählte. Mittlerweile war Cortés selbst, im Jahre 1528, nach Spanien unterwegs.

Als die Krone Kenntnis von den Ereignissen bekommen hatte, wurde die Erste Audiencia durch die Zweite ersetzt, diesmal mit Männern von Rechtschaffenheit und Ansehen. Dieser wiederum folgte der erste Vizekönig, Don Antonio de Mendoza, ehemals Gesandter in Ungarn und Mitglied einer der großen Familien Spaniens. Sein Kommen verzögerte sich um fünf volle Jahre, währenddessen er seine künftigen Bezüge aushandelte. Endlich, im November 1535, kam er an und wurde mit Jubel empfangen.

Cortés' Tod

Die Beziehungen zwischen dem inzwischen nach Neuspanien zurückgekehrten Cortés und Mendoza verschlechterten sich bald. 1542 ergriff Cortés das etwas würdelose Mittel, eine Eingabe gegen den Vizekönig abzufassen, indem er zahllose Beschwerden aufzählte. Noch einmal ging er nach Spanien zurück und starb 1547, nachdem er an der erfolglosen Belagerung Algiers unter Karl V. teilgenommen hatte. Cortés' Gebeine sind nun im linken Teil des Altars der Kirche des Hospitals Jesu in der Stadt Mexiko beigesetzt. Der Titel eines Marqués del Valle de Oaxaca, den er trug, besteht noch und gehört einem direkten Nachkommen des Eroberers, der auch das sizilianische Herzogtum Terranova und Monteleone besitzt.

Gleichermaßen erwähnenswert ist es, daß auch von Moctezuma ein direkter Abkomme in Spanien – jedoch keiner in Mexiko – in der Person des Vierten Herzogs Moctezuma von Tultengo nachgewiesen werden kann, der den Titel im Jahre 1956 erbte. Tultengo wurde im Jahr 1864 zum Herzogtum erhoben. Die derzeitige herzogliche Familie entstammt Don Pedro Moctezuma, dem elften Sohn des *tlatoani.*[231] Moctezuma II. war außerdem nicht der letzte Regierende seines Namens. Sein Nachkomme, Don José Sanmiento y Valladeros, Conde de Moctezuma y Tula, war von 1696 bis 1701 Vizekönig.

Das Schicksal des einfachen Volkes wurde in erster Linie durch die Einrichtungen und Gesetze bestimmt, mit denen es regiert wurde – worüber darum einiges gesagt werden soll.
In fast jeder Hinsicht löste die spanische Herrschaft in Nord- und Mittelamerika als Nachfolgestaat einfach das aztekische Reich ab – mit dem großen Unterschied, daß die Politik nun nicht mehr in der zentralen Hauptstadt Tenochtitlan bestimmt wurde, sondern von Männern in riesiger Entfernung von Mexiko, die im Grunde genommen bester Absicht, aber oft schlecht beraten waren.
Wie wir gesehen haben, war die spanische Krone anfangs gezwungen worden, sich den vollendeten Tatsachen zu beugen und zeitweilig das *encomienda*-System zu tolerieren. Mitte der 1550er Jahre wachten 130 *encomenderos* im Hochtal von Mexiko über etwa 180000 Indianer. Wie Professor Gibson betont hat, waren Berichte über die erste Generation von *encomenderos* eine einzige Kette von Amtsmißbräuchen und Greueltaten. Zum Unterschied von den ehemaligen Herrschern kümmerten sich diese paar Bevorzugten, deren Einstellung den Indianern gegenüber durch ihre Erfahrungen in Hispaniola bestimmt war, wenig um die, mit deren Wohlfahrt sie beauftragt waren. In den meisten Fällen erhielten sie deren Tribute, ohne sie jemals zu sehen.
Bischof Las Casas machte den Mißbrauch dieses Systems ganz deutlich, es war das Hauptanliegen seines Kreuzzuges im Namen der Indianer. Er berichtete, daß einer der *encomenderos*, betraut mit der christlichen Wohlfahrt vieler Seelen, nicht einmal seinen Namen schreiben konnte, noch wußte, wie man sich bekreuzigt. Ein ande-

rer, dessen Indianer ihre Götterbilder den Mönchen abgeliefert hatten, beschaffte sich anderswo einige weitere Idole und verkaufte sie an dieselben Eingeborenen – vielleicht ein Beweis, daß der Handel mit präspanischen Relikten älter ist, als man denkt!

Die ›corregidores‹

In den ersten Jahren nach 1530 begann die spanische Regierung bezahlte kaiserliche Beamte einzusetzen, bekannt als *corregidores*, die in den größeren Städten ihren Wohnsitz hatten und die Pflichten der *encomenderos* übernahmen. Deren Macht war zwanzig Jahre später mit der Entwicklung des neuen Systems eindeutig im Schwinden. 1570 gab es noch vereinzelt *encomiendas*, aber unter strenger Kontrolle, der Sieg der Krone war bis zu dieser Zeit fast vollendet.

Vom Standpunkt der Eingeborenen bedeutete der Übergang zu den *corregidores*, zumindest theoretisch, eine Besserung. Der Fortschritt war jedoch etwas relativ. Die Indianer waren leicht zu mißbrauchen, und wie einige Berichte aussagen, wurden sie von den *corregidores* sogar schlechter behandelt als von den *encomenderos*. Die *corregidores* neigten dazu, sich kraft ihres Amtes persönlich zu bereichern, und es war schwierig, sie als kaiserliche Beamte für unrechtmäßige Handlungen zu bestrafen. Überdies, welches System auch immer vorhanden war, die Eintreibungen mußten weitergehen: dieselben Methoden setzten sich in großem Ausmaß fort, um die Mittel für Spaniens europäische Kriege zu beschaffen.

Die spanische Krone und der Westindische Rat wurden in ihrem Bestreben, ihre glanzvollen neuen Besitzungen mit einer guten Regierung auszustatten, zum Opfer einer Art von Tauziehen zwischen den im Widerstreit liegenden Interessen.

Der standhafte Las Casas

Einerseits durch den unermüdlichen und furchterregenden Bischof Las Casas und in Neuspanien durch die Orden der Bettelmönche aufgestachelt, die willens waren, jeden Mißbrauch zu bekämpfen, gab man in Spanien eine Flut humanitärer Gesetze heraus, wie sie

ähnlich selten, wenn überhaupt im Verlauf der kolonialen Geschichte zu finden sind. Auch wenn die Wirkungen manchmal unterschiedlich waren, könnte niemand der spanischen Regierung irgendwelche anderen als die besten Absichten unterstellen.
Andererseits geriet die Krone in Bedrängnis durch den Zwang, Geld zu beschaffen, um den grenzenlosen dynastischen Ehrgeiz der Habsburger zu unterstützen. Dadurch war die Regierung oft genötigt, die Handlungen derjenigen zu billigen, die an Ort und Stelle regierten und viele dieser Erlasse für weltfremd hielten. Die Siedler waren bestimmt nicht bereit, mit ihren eigenen Händen zu arbeiten, und hätten ohne eine gewisse Form von indianischer Zwangsarbeit, von der sogar die Kirche teilweise abhängig war, nicht leben, geschweige denn Erfolg haben können. Ohne großzügiges materielles Entgelt hätten die Spanier eine kränkelnde Kolonie einfach aufgegeben – und die Eroberung hätte genauso gut gar nicht stattzufinden brauchen.
Obwohl die überlebenden Azteken den Durchschnittsspanier als Feind betrachteten, besaßen sie doch auch Freunde. Niemals zuvor in der Geschichte hat ein ausländischer Eroberer eine so stattliche Reihe von Gelehrten und Heiligen hervorgebracht, die für die Sache der Besiegten eintraten. Der erste unter diesen, und sei es auch nur aus schierer Hartnäckigkeit und keinem anderen Grunde gewesen, war Bischof Las Casas. Er hatte von 1502 bis 1512 in Hispaniola gelebt und sich selbst ein *encomienda* gehalten; dann wandelte er sich und trat dem Dominikanerorden bei. Von da an war sein Leben fünfzig Jahre lang ein unaufhörlicher Kampf für die Indianer. Für Las Casas waren die Spanier in Übereinstimmung mit der Päpstlichen Bulle von 1493 berechtigt, vorübergehend die Herrschaft über Westindien auszuüben, mit dem einzigen und bestimmten Zweck, die Einwohner zum Christentum zu bekehren.
Dieser redliche, fanatische Vertreter ihrer Sache wurde eine Macht am Hof Karls V. In den umfangreichen Schreiben an seinen Souverän nahm er kein Blatt vor den Mund. Er erläuterte sehr ausführlich seine zwanzig Gründe, warum die Indianer den Spaniern nicht in *encomienda* gegeben werden sollten: »Da sie [die Indianer] Tag und Nacht weinen, mag ihnen wohl der Gedanke kommen, daß ihre Götter besser waren als unser Gott, denn unter seinem Gesetz erlei-

den sie so viel Böses, während unter ihren ehemaligen Göttern alles gutging und niemand ihnen Unrecht tat, wie es die Christen machen. Und als Folge werden sie wahrscheinlich von unserem Glauben abgestoßen und ihn verabscheuen . . .« (Las Casas, Tratados).
Sein sechster Grund drückte die Dinge noch klarer aus: »Der sechste Grund ist, daß die Spanier das Leben der Indianer zerrütten, zugrunde richten und verwüsten und die Hauptfeinde und Schmarotzer der ganzen Rasse sind. Über all dieses kann es keinen Zweifel geben oder die Notwendigkeit eines Beweises, denn alle diese Dinge sind ganz und gar offensichtlich.«
Las Casas betont dem Kaiser gegenüber ausdrücklich den beklagenswerten Eindruck, den die Indianer notgedrungen vom Christentum bekommen, wenn sie ihre spanischen Herren beobachteten:

»Und die Indianer nehmen nicht das Eigentum anderer, sie belästigen, verletzen oder überfallen auch niemanden. Aber sie sehen, wie die Spanier sich auf alle Arten von Vergehen und Bosheiten einlassen, zusammen mit jeder Sünde, die ein Mensch begehen kann, gegen jede Vernunft und jedes Gesetz. Und schließlich könnten die Indianer über alles, was ihnen von Gott erzählt wird, spotten und es lächerlich machen. Einige glauben gar nichts und sind so voller Zweifel, daß sie in der Tat Gott nicht verehren, sondern glauben, er sei der schändlichste und bösartigste aller Götter, da er solche Anbeter hat. Sie glauben außerdem, Eure Majestät müßten der grausamste und ungerechteste aller Könige sein, da Ihr solche Untertanen schickt und hier festhaltet.«

Im allgemeinen stimmten andere führende Geistliche mit diesen Meinungen überein. Einige jedoch denken, daß Las Casas in der Verfechtung seiner Sache zu weit ging. Es gelang ihm sogar, durch seine eigenwillige Art die Feindschaft des heiligmäßigen Motolinía herauszufordern. Dieser gebraucht auch starke Worte in seinem Schreiben an Karl V.: »Er [Las Casas] war ruhelos in Neuspanien und lernte keine indianische Sprache, noch ließ er sich dazu herab, sie zu belehren. Er betätigte sich mit der Abfassung von Beschuldigungen nach allen Seiten sowie über die Sünden, die die Spanier begangen haben, und darin übertreibt er sehr viel. Und wahrhaftig, diese alleinige Tätigkeit kann ihn nicht in den Himmel bringen, denn es ist nicht alles wahr oder gut begründet, was er schreibt . . .« (Icazbalceta, Colección de Documentos).

Es muß für die spanische Regierung in der Tat schwer gewesen sein, eine derart verwickelte Lage zu entwirren – wenn nicht einmal die führenden Geistlichen in Neuspanien sich untereinander einigen konnten.

Um die 1512 erlassenen Gesetze von Burgos zu ergänzen, formulierte nun die spanische Regierung die Neuen Gesetze in einem verspäteten Versuch, die verbliebenen Indianer Neuspaniens und der umliegenden Inseln vor dem Untergang zu retten. Diese Maßnahme erfolgte nach Las Casas' Rückkehr nach Spanien. Er wurde von der 1539 in der Stadt Mexiko abgehaltenen Generalversammlung des Dominikanerordens geschickt, um sich um eine gesetzliche Schutzherrschaft seitens des Westindischen Rates zu bemühen. Die Neuen Gesetze gingen so weit, das *encomienda*-System zu verbieten; sie sahen für alle Fälle von Ausschreitungen gegen Indianer strenge gesetzliche Maßnahmen vor. Insbesondere war Sklaverei verboten. Da man sich bei der Durchführung nicht auf örtliche Beamte verlassen wollte, wurden zu diesem Zweck aus Spanien Sonderbeauftragte abgestellt.

Selbstverständlich waren die ausgezeichneten Vorhaben der spanischen Krone, wie sie in dieser Gesetzgebung zum Ausdruck kommen, sehr schwer in die Tat umzusetzen. Sogar die Brüder von Las Casas' eigenem Dominikanerorden erachteten die sofortige Abschaffung der *encomienda* als unausführbar. Immerhin war jetzt für die Einwohner Neuspaniens ein gewisser Schutz geschaffen worden. In den Jahren nach 1530 und 1540 setzten kaiserliche Beamte Höchstbeträge für die Forderungen der *encomenderos* fest: In bestimmten Fällen wurden diese sogar inhaftiert oder gezwungen, übermäßige Tribute zurückzuzahlen. Wahrscheinlich war dank dieser Maßnahmen und der Männer, die sie angeregt hatten, die Zeit der grausamsten Mißhandlungen im Abklingen. Wie wir jedoch sehen werden, hatte sie schwere Opfer gekostet.

Die ›Schwarze Legende‹

Gewisse Missetaten der frühen Kolonialzeit haben die berühmte ›Schwarze Legende‹ verursacht, die vom spanischen Benehmen in Westindien handelt. Diese wird oft den Schmähungen militanter Protestanten und anderer Spanienhasser zugeschrieben. Aber um der Wahrheit die Ehre zu geben, muß diese Legende bestimmt auf den großen Las Casas zurückgeführt werden. Kein Antispanier hätte bösartiger in den Beschimpfungen sein können, die sich über die Köpfe der Siedler in Mexiko ergossen; er nannte sie ›Wölfe, Löwen und Tiger‹, die Jagd auf die hilflosen Eingeborenen machten.
Zusammenfassend mag es nützlich sein, Professor Gibson zu zitieren, eine führende Autorität dieses Zeitabschnittes:

»Die Schwarze Legende vermittelt die gesamte, in der Hauptsache zutreffende Darstellung der Beziehungen zwischen Spanien und Indianern. Die Legende entwickelt sich aufgrund von Berichten über vorsätzlichen Sadismus. Sie gedeiht in einer Atmosphäre von Empörung, die das Thema dem Bereich sachlichen Verständnisses entzieht. Sie hat nur ungenügende Kenntnis von den Institutionen kolonialer Geschichte. Der wesentliche Inhalt der Schwarzen Legende aber erklärt, daß die Indianer von den Spaniern ausgebeutet wurden, und die Erfahrung sagt, daß sie es tatsächlich wurden.«

Der Diener der Sieger

Der Name Azteke ist, wie schon früher erklärt wurde, wenig mehr als ein brauchbarer Begriff, um das Reich zu bezeichnen, das von den Mexica, den Texcocanern und den Tacubanern gemeinsam erobert wurde. Im strengen Sinn des Wortes haben also die Azteken aufgehört zu existieren, sobald das Reich und die Allianz, die es gegründet hatte, aufgelöst waren.
Natürlich lebten die ehemaligen Eroberer weiter, wie auch ihre früheren Untertanen. Die Institutionen, unter denen sie nun gezwungen waren zu leben, sind kurz beschrieben worden. Es bleibt nun noch, das Schicksal des aztekischen Volkes – nicht mehr länger als

Herren des Ganzen, sondern als Diener ihrer Sieger – unter diesem neuen Regime zu untersuchen.
Es ist nicht überraschend, daß es den Herrschern anfangs besser ging als dem Volk. Die spanischen *encomenderos* waren selbstverständlich nicht in der Lage, ihre Schützlinge direkt zu beherrschen. Die indianische Oberklasse war deshalb ein nützliches Werkzeug, um die unteren Stände zu überwachen. Die Spanier besaßen darüber hinaus eine angeborene Achtung für aristokratische Werte und respektierten den Grundsatz der Erbfolge. Cortés ging sogar so weit, die Autorität des Zweiten im Lande nach dem Herrscher, der Weiblichen Schlange, anzuerkennen.

›Caciques‹ und ›gobernadores‹

Als Teil dieser Politik erhielten Moctezumas Nachkommen *encomiendas* in Gleichberechtigung mit den Konquistadoren. Cortés insbesondere sorgte gut für Moctezumas Töchter und verheiratete verschiedene von ihnen an Spanier aus guten Familien. Die Erben Nezahualpillis wurden *caciques* von Texcoco, sie waren anfänglich ziemlich mächtig, ihr Einfluß jedoch nahm ab. (Das Wort *cacique*, von den Spaniern für ›Herr‹ oder ›Herrscher‹ benutzt, stammt nicht aus Mexiko, sondern war arawakischen Ursprungs.)
Cortés führte bei der eigentlichen Dynastie von Tenochtitlan das für aztekische Richtlinien ungewohnte Verfahren ein, als Nachfolger für Cuauhtémoc 1525 die Weibliche Schlange, Don Diego Velásquez Tlacotzin, zu ernennen. Dieser regierte nur für ein Jahr. Die beiden nächsten Herrscher waren nicht von fürstlichem Blut und wurden auch nicht *tlatoani* in des Wortes vollster Bedeutung. Im Jahre 1539 wurde die Dynastie von Don Diego Huanitzin, einem Enkel des ehemaligen Herrschers Axayácatl, wieder eingesetzt. Auf Huanitzin folgte 1542 ein Enkel Tízocs. Der letzte Herrscher war von 1554 bis 1563 Don Luís de Santa Maria Nacatzipatzin. Als er starb, vermerkt der Chronist traurig: »So endet die Herrschaft der Söhne der sehr geliebten Fürsten Tenochca in Mexiko-Tenochtitlan« (Crónica Mexicayotl). (Es mag erwähnenswert sein, daß der Titel *tlatoani* in Tenochtitlan bald erlosch, aber in anderen Orten sogar heute noch in der einheimischen Hierarchie benutzt wird. Der höchste Würden-

träger seiner Art in Cholula zum Beispiel ist bekannt als *tlatoani*.) Die Herrscher von Tenochtitlan und Texcoco verloren alle Regierungsgewalt über benachbarte Städte und behielten nur einigen Einfluß über ein begrenztes Gebiet rings um ihre Hauptstädte. Außerdem bekam Tlatelolco wieder eine selbständige Existenz.

Die spanische Verwaltungseinheit zur Kontrolle über Neuspanien war die *cabecera* oder Hauptstadt. Jeder Ort mit einem vormals eigenen örtlichen Herrscher, der als aztekischer Vasall tätig gewesen war, wurde nun eine *cabecera*. Wo Städte in früheren Zeiten mehrere Herrscher ihr eigen genannt hatten, blieben sie manchmal als getrennte Einheiten bestehen, öfter jedoch wurden sie unter einem *cacique* zusammengeschlossen. Diese *cabeceras* bildeten die Zentren der indianischen Lokalregierung, wo gewöhnlich auch der ortsansässige Adel wohnte. Die *estancias*, Unterabteilungen jeder *cabecera*, richteten sich im allgemeinen nach dem irgendwie uneinheitlichen präspanischen Muster, bei dem ein Ort einem Zentrum Gefolgschaft schuldete, das zwischen Gebieten lag, die wiederum einem anderen angehörten. Natürlich wollte nun jeder Ort die Würde einer *cabecera*. Das führte zu viel indianischem Rechtsstreit, da jeder Ort seinen Anspruch auf die in den Kodizes niedergelegten alten Gebietseinteilungen durchzusetzen versuchte. Diese Verfahren waren nicht immer frei von Betrügereien und Täuschungen.

Die *caciques* befanden sich natürlich in strenger Abhängigkeit von der spanischen Behörde. Sie waren lediglich verantwortlich für örtliche und städtische Verwaltung, einschließlich solcher Angelegenheiten wie denen der Märkte, Straßen, Wasserversorgung und auch der Arbeitszuteilung für spanische Vorhaben. Im besonderen mußten sie die Tribute für die *encomenderos* eintreiben, was noch auf Moctezumas System der Steuerabgaben beruhte. Ihre Stellung war vielleicht der von Stammeshäuptlingen in gewissen britischen Kolonien nicht unähnlich. Sie wurden mehr und mehr hispanisiert, trugen Schwerter und spanische Kleidung und hatten sogar Feuerwaffen. Sie möblierten ihre Häuser mit Betten, Tischen und Stühlen, was früher unbekannt war, manchmal besaßen sie sogar Negersklaven. Sie heirateten weiterhin untereinander. Die Einehe war nun natürlich Verpflichtung. Oft jedoch war es für die Mönche ein heikles

Problem, die sich widersprechenden Ansprüche vorhandener Frauen auf die neue Stellung der alleinigen Ehefrau zu entwirren – oder zu entscheiden, was mit den durch diese Maßnahmen als überflüssig zurückgegebenen Frauen zu tun sei. Außerdem war die Versuchung immer gegeben, bei dieser Gelegenheit einen Vorteil herauszuschlagen und mit allen Ehefrauen aufzuräumen, die alt und häßlich geworden waren. Der *cacique* konnte dann mit einer neuen und hübschen wieder anfangen, deren rechtliche Ansprüche von diesbezüglichen Zeugen natürlich mit genügend einwandfreien Beweisen unterstützt wurden.

Der Einfluß dieser erblichen Herrscher schwand nach und nach. Erstens wurde das Abgabensystem geändert, das dazu gedient hatte, ihnen wie auch den *encomenderos* einen Lebensunterhalt zu verschaffen. Bis zur Mitte des sechzehnten Jahrhunderts erfolgte die Bezahlung, wie unter den Azteken, mit Produkten. Diese Abgabe wurde dann allmählich in eine Art Kopfsteuer umgewandelt, die in Geld, nicht mehr in Sachleistungen zu bezahlen war.

Zweitens wurde die Autorität der Herrscher durch gewählte indianische Beamte ersetzt, was auf dem spanischen System der kommunalen Verwaltung beruhte. Die auf diese Art Gewählten hießen *gobernadores* oder Gouverneure und wurden von einer Art Ratsversammlung unterstützt, die sich aus *regidores* zusammensetzte. Es ist ein Zeichen von der Achtung, die man den ehemaligen *tlatoanis* entgegenbrachte, daß in vielen Fällen der vorhandene Souverän für dieses neue Amt gewählt wurde. Die letzten Herrscher von Tenochtitlan waren auch Gouverneure. Es mag hinzugefügt werden, daß das Wahlkomitee der Natur nach konservativ und an Zahl begrenzt war – einem eigentlichen ›pocket borough‹ (ein Wahlbezirk, dessen parlamentarische Vertretung unter der Führung einer Person oder Familie stand. Anm. des Übers.) ähnlicher als einer modernen Wählerschaft![232]

Ein Volk wird dezimiert

Während die ehemaligen Herrscher in den ersten Jahren der spanischen Regierung bis zu einem gewissen Maß ihre Schäfchen ins trokkene bringen konnten, war das einfache Volk weniger begünstigt.

Sogar der aztekische Kaufmannsstand verlor seine Existenz und wurde von einer neuen Generation indianischer Händler abgelöst. Das Volk mußte nicht nur leiden, es verschwand einfach oder wurde dezimiert. Als Hauptgründe der Entvölkerung sind weniger Mißhandlungen als Krankheiten anerkannt worden, im besonderen die Epidemien von 1545 bis 1548 und von 1576 bis 1581. Sie sind niemals klinisch diagnostiziert worden, können aber sicher auf Infektionen wie Pocken und Masern zurückgeführt werden, wogegen die Eingeborenen keine Abwehrkräfte besaßen. Das spanische Heilmittel des Aderlasses vermehrte nur die Sterblichkeitsquote.
Die Zahlen sprechen für sich selbst: Bis zum Jahre 1570 war die Bevölkerungszahl im Hochtal von Mexiko von ungefähr eineinhalb Millionen in der präspanischen Zeit auf 325 000 zurückgegangen. Im Unterschied zu ihren Herrschern lebten die Leute, vielmehr diejenigen, die übriggeblieben waren, weiter wie bisher. Es gab zwar gewisse Bemühungen, sie zu bewegen, in Betten zu schlafen, Kleider zu tragen und das Trinken aufzugeben, jene Geißel aus der Zeit nach der Eroberung. Einige Indianer lernten Spanisch, aber wenige gaben ihre eigenen Sprachen auf. Die Kost blieb weitgehend unverändert, wenn auch gegen Ende des Jahrhunderts der Verzehr von Hunden auf feierliche Gelegenheiten beschränkt war und durch Schweinefleisch und anderes Fleisch ersetzt wurde. Nach Aussage einiger Indianer erinnerte sie das Fleisch der Schweine an das der Menschen, das früher bei feierlichen Anlässen rituell verzehrt wurde. Hundefleisch hatte natürlich auch religiöse Bedeutung – sein weiterer Verkauf in Acolman rief seitens des hervorragenden Chronisten Pater Durán stärkste Ausdrücke des Widerwillens hervor. Für ihn bedeutete der Verzehr von Hunden dasselbe wie das Essen von Wieseln und Mäusen.
Unter dem Druck der Veränderung und angesichts der Auflösung ihrer Gesellschaft gab sich die einheimische Bevölkerung – buchstäblich – dem Trinken hin, das in präspanischen Zeiten streng kontrolliert und weitgehend auf religiöse Feierlichkeiten beschränkt worden war. Mit der Abnahme der Bevölkerung stieg die Herstellung von *pulque*. Gebiete, in denen früher Mais angebaut wurde, waren dazu übergegangen, Agaven anzupflanzen. Aufgestachelt durch die Proteste der Mönche gegen übermäßiges Trinken, machte

die spanische Verwaltung ernsthafte Anstrengungen, diese Sucht einzuschränken. Ihre Wirkungslosigkeit veranschaulicht die Schwierigkeiten, denen sich die neue und ausländische Oberschicht gegenübersah. Die Gesetze der Azteken mögen daran gemessen drakonisch gewesen sein, aber sie wurden befolgt.

Trunksucht und Sklaverei

Die Indianer behielten anfänglich ihren gemeindlichen Landbesitz. Später blieb infolge der Entvölkerung vieles unbebaut, was den spanischen Erwerb von Grundbesitz erleichterte. Trotz vizeköniglicher Verordnungen zum Schutze indianischen Eigentums hatten diese Gemeindebesitzungen überdies fortgesetzt unter den Verwüstungen durch die Viehbestände der Spanier zu leiden. Weiteres Land wurde gegen Ende des Jahrhunderts durch eine Politik der Zusammenfassung der Einheimischen in dichtere Ansiedlungen frei und für spanische Besitzergreifung verfügbar. Diese wurde angeblich eingeführt, um die Bemühungen zu unterstützen, die christliche Lebensart zu fördern und die Trunksucht zu bekämpfen. Wenn solche ehrenwerten Absichten auch nicht gänzlich zum Erfolg gebracht wurden, so haben sie jedoch die Ausbreitung von Krankheiten sicherlich erleichtert.

Unter den von Frater Motolinía aufgeführten Geißeln, denen die Indianer ausgesetzt waren, war es die Zwangsarbeit und vor allem die fortgesetzte Duldung der Sklaverei, hauptsächlich um den wachsenden Bedarf an Arbeitskräften in den neuen Minen zu decken.

Gerechterweise muß daran erinnert werden, daß die Spanier selbst durch die Türken in Sklaverei geraten waren und daß diese Behandlung als das übliche Schicksal ungläubiger Kriegsgefangener betrachtet wurde.

Kolumbus hat sich an diese Regeln gehalten, als er so weit ging, in Spanien Indianer als Sklaven zu verkaufen, bis ihm die wütende Königin Isabella 1495 Einhalt gebot. Trotz seiner lyrischen Beschreibungen des friedfertigen Charakters der Indianer war es offensichtlich sein Plan, einen regelrechten Handel mit indianischen Sklaven einzurichten.

Die neuerschlossenen Bergwerke benötigten indianische Sklaven,

um den Bestand an Negern zu ergänzen. Der Import der Schwarzen war ursprünglich ein Vorschlag der drei Hieronymiten-Mönche, die geschickt worden waren, um Hispaniola von den Mißbräuchen früherer Gouverneure zu befreien.
Aufständische Indianer oder solche, die den spanischen Kolonisierungsbestrebungen Widerstand leisteten, konnten nach dem Gesetz versklavt werden. Die spanische Rechtsprechung vermochte solche Mißbräuche nur allmählich und teilweise erst fünfzehn Jahre nach der Eroberung unter Kontrolle zu bringen. Ein Gesetz wurde erlassen, nach dem alle Sklaven von einem königlichen Beamten eingeschrieben werden mußten; geschah das nicht, waren sie freizulassen. Das Brandeisen wurde von da an in einer Metalldose aufbewahrt, für die es zwei Schlüssel gab; einer davon blieb in Gewahrsam von Bischof Zumarraga, dem offiziell beauftragten Schutzherrn der Indianer.

Der Trost durch das Kreuz

In ihrer Mühsal wurde den Indianern Trost durch das Kreuz geboten, eine anfänglich gar nicht gewollte Wohltat – denn es ist ein großer Irrtum anzunehmen, daß sie überhaupt bestrebt waren, den Glauben ihrer Eroberer anzunehmen. Professor Jiménez Moreno sagt: »Es ist nicht genügend betont worden, daß eine beachtliche Anzahl, wenn nicht die Mehrheit der Indianer des alten mexikanischen Reiches in der ersten Hälfte des sechzehnten Jahrhunderts ihre alte Religion unter Zwang aufgeben mußten.«
Ihr Widerstreben wurde ausführlich veranschaulicht, als die frommen Franziskaner mit den aztekischen Häuptlingen und Priestern bei einem ersten Bekehrungsversuch zusammentrafen. Die Mönche hielten zuerst eine Ansprache und gaben eine Einführung in die christliche Heilslehre. Die Fürsten und Herrscher gaben ihrer tiefen Anerkennung Ausdruck, daß ihnen diese schönen Juwelen und kostbaren Steine gezeigt wurden – die übliche Form der Rede für etwas von Bedeutung oder Schönheit. Es war ihnen lieber, die ausführliche Antwort ihren Priestern zu überlassen, die in der Berechnung der Jahre und dem Gang der Gestirne bewandert waren. Was sie sagten, war folgendes: »Ihr habt uns gesagt, daß wir nichts wissen

von Ihm, durch den wir Leben und Dasein haben und der der Herr ist des Himmels und der Erde. Desgleichen sagt Ihr, daß jene, die wir verehren, keine Götter sind. Diese Art und Weise zu sprechen erscheint uns sehr befremdend und erschreckend ... Wir sind entsetzt über diese Worte, denn unsere Ahnen, die uns das Leben gaben und uns führten, sagten niemals solche Dinge zu uns. Aus längst vergangener Zeit überlieferten sie uns den Brauch, unsere Götter zu verehren ...«
Die Priester fuhren fort, den Mönchen zu erklären, daß ihre Götter sie seit unzähligen vergangenen Generationen mit den Lebensnotwendigkeiten versorgt hätten. Es wäre ein Werk des Leichtsinns, die alten Gesetze der Götter zu vernichten und damit ihren äußersten Zorn zu erregen. »Laßt es damit genug sein, daß uns das Recht und die Macht unserer Fürsten genommen wurde. Aber was unsere Götter betrifft, so möchten wir lieber sterben, als aufhören, ihnen zu dienen und sie zu verehren. Dies haben wir beschlossen; tut wie Ihr wollt« (Sahagún, Colloquios).
Dieser Meinungsaustausch fand etwa vier Jahre nach der Eroberung statt. Die Ankunft der Mönche bedeutete das Ende dieses seltsamen Zwischenspiels, währenddessen die alten Götter, obwohl bezwungen, immer noch anwesend waren, der neue Gott aber noch nicht angekommen war. Natürlich wurden frühere Gewohnheiten beibehalten. Die Spanier verhielten sich offenbar nicht unnachsichtig, soweit sie Menschenopfer nicht tatsächlich zu *sehen* bekamen; viele wurden aber noch insgeheim ausgeführt.

Der Kampf gegen die alten Götter

Der erste wirkliche Kampf gegen die alten Götter wurde 1525 in Texcoco durchgefochten, wo noch viele heidnische Tempel vorhanden waren. Predigten wurden gehalten und Aktionen durchgeführt, um die alten Gewohnheiten auszurotten. Dann entschloß man sich in anderen Orten einschließlich der Stadt Mexiko zu Maßnahmen, bei denen viele Tempel zerstört wurden.
Von nun an gab es einen unablässigen Kampf: Stolz rühmte sich um 1531 Bischof Zumarraga, 500 Tempel und 20000 Idole zerstört zu haben. (Viele kostbare Kodizes fielen leider dem bischöflichen

Freudenfeuer zum Opfer.) Kaiser Karl V. selbst war es, der empfahl, die Steine der Tempel zum Aufbau der Kirchen zu verwenden.
Die Ankunft der zwölf Franziskaner war ein bemerkenswertes Ereignis gewesen. Trotz der unbeugsamen Haltung früherer Priester und Herrscher hatte die Anwesenheit der Mönche auf das einfache Volk eine große Wirkung. Das war in der Tat der erste Schritt zu einer Überbrückung der tiefen Kluft, die sich zwischen Eroberern und Besiegten aufgetan hatte. Diese Mönche waren Spanier, die so arm waren wie sie selbst und so lebten, wie sie es taten, und die gleiche Mühsal mit ihnen teilten.
Die Brüder hatten sicherlich eine Aufgabe zu erfüllen. Bis zum Ende des Jahres 1524 waren bereits eine Million Indianer, nach etwas eiliger Bekehrung, getauft worden. Die sprachliche Verständigung war eine Hauptschwierigkeit. Die Ordensangehörigen waren dagegen, daß die Indianer Spanisch lernten, und so gab es keine andere Wahl für die Mönche, als selbst die Eingeborenensprachen zu beherrschen. Wo die Bevölkerung ethnisch gemischt war, kam es sogar vor, daß während ein und derselben Messe Predigten in mehreren Sprachen gehalten wurden.
Überdies war es manchmal schwierig, christliche Begriffe überhaupt in die Landessprache zu übertragen. Sogar bei der Erzählung des Gleichnisses von den Klugen und den Törichten Jungfrauen mußten die spanischen Worte für Öl und Lampe benutzt werden; für gewisse Begriffe gab es in einigen Sprachen nichts Entsprechendes. Als die Jesuiten Ende des siebzehnten Jahrhunderts Niederkalifornien erreichten, konnten sie den des Lesens und Schreibens unkundigen Eingeborenen dieser Region die Bedeutung der Auferstehung nur dadurch erklären, daß sie Fliegen ins Wasser tauchten, sie vor dem Ertrinken herausnahmen und wieder lebendig werden ließen.
Um die indianischen Konvertiten an einem Rückfall zu hindern, war es wichtig, ihnen einen gesunden Schrecken vor den Höllenqualen einzuflößen. Vorstellungen in ihrer eigenen Religion waren weniger deutlich umrissen, und der Begriff der Hölle als Strafe für Sünden war fast unbekannt.
Um die Qualen der Verdammten zu schildern, sah sich Frater Luis Caldera gezwungen, unorthodoxe Methoden anzuwenden: er er-

richtete eine Art Backofen; Hunde und Katzen wurden ins Feuer geworfen, und ihre Schmerzensschreie vermittelten drastisch die Schrecken, die solche Indianer erwarteten, von denen die Lehre des Fraters mißachtet wurde. Dieser war so erfolgreich, daß er bei einigen seiner Herde eine Art religiösen Fanatismus auslöste. Eingedenk der Gebräuche ihres alten Glaubens war es bei den Konvertiten nicht selten, Überraschung und Bedauern auszudrücken, wenn ihre Beichtväter ihnen nicht auftrugen, sich zu geißeln. Nach anfänglichem Zögern wurde der Kampf gegen das Heidentum mit Begeisterung aufgenommen. Möglicherweise bedeutete solch ein Kreuzzug ein Betätigungsfeld für den Eifer der Azteken, die nun ihre Eroberungsfeldzüge entbehren mußten.

Nicht ungewöhnlich war es, daß die Bekehrung teilweise doch noch auf Widerstand stieß. Einige parodierten sogar die Messe, indem sie einen Maiskuchen anbeteten. Eltern der oberen Klassen versteckten ihre Kinder und schickten an deren Stelle Kinder von Sklaven in den Religionsunterricht. Zauberer und Magier hatten in früheren Jahren versucht, die Indianer davon zu überzeugen, daß das für die Taufe benutzte Wasser in Wirklichkeit Blut sei, daß die Frater tote Männer seien und ihre Kutten Leichentücher – und des Nachts, so vermutete man, würden sie verschwinden und sich zu ihren Frauen in der Hölle gesellen. Eine andere Auslegung derartiger Geschichten behauptete, daß die Ordensbrüder niemals Kinder gewesen und in ihren Kutten geboren worden seien.

Um den heidnischen Gebräuchen ein Ende zu machen, wurden Strafen verhängt. Indianer, die es unterließen zu beichten, wurden bestraft; Götzenanbeter aus Texcoco wurden in den dreißiger Jahren des 15. Jahrhunderts hingerichtet. Die Mönche mußten bisweilen auf körperliche Züchtigung zurückgreifen, und erst im siebzehnten Jahrhundert wurden Kirchengefängnisse verboten. Probleme wurden überdies durch den Gebrauch von Zwangsarbeit für die Kirche verursacht. Die im heutigen Mexiko so zahlreichen schönen Klöster aus dem sechzehnten Jahrhundert wurden nicht nur aus den Steinen der Pyramiden erbaut; sie waren von einer ähnlichen Art von zinnenverzierten Mauern umgeben und mit dem gleichen System indianischer Gemeinschaftsarbeit errichtet worden.

Trotz einiger Unzulänglichkeiten und Mißverständnisse liebten jedoch die Indianer ihre Ordensbrüder herzlich. Das wird sehr anschaulich durch den Ärger, der sich ergab, als die Franziskaner von San Juan Teotihuacán abgelöst und durch andere Brüder ersetzt wurden. Die Leute weigerten sich, die Neuankömmlinge mit Nahrungsmitteln zu versorgen, und wurden so aufsässig, daß sich die Zivilbehörden bei dem Versuch, die Disziplin wiederherzustellen, gezwungen sahen, auf Gewalt und Gefängnis zurückzugreifen. Es half alles nichts; zum Schluß konnten die Dorfbewohner ihren Willen durchsetzen, und die Franziskaner kehrten zurück: »Als sie ankamen, war die Freude der Indianer so groß, daß sie alles Elend, das sie erlitten hatten, vergaßen und mit Begeisterung in wenigen Tagen ein heiliges Kloster und eine sehr schöne Kirche bauten« (Torquemada).

Die Heilige Jungfrau von Guadalupe

Allmählich ließen überdies die anfänglichen Spannungen nach, als die Mexikaner bisweilen gegen den Willen der spanischen Geistlichen eigene Beiträge zu ihrem neuen Glauben leisteten. Vor allem verhalf die Verehrung der Heiligen Jungfrau von Guadalupe den Azteken innerhalb des Gefüges von Neuspanien zu einer Eigendarstellung. Am 9. Dezember 1531 sah ein schlichter Eingeborener mit Namen Juan Diego zum ersten Male eine wunderschöne indianische, in glänzende Gewänder gekleidete Dame auf dem Hügel von Tepeyacac, wo heute die Basilika von Guadalupe steht. Sie sprach in Nahuatl und gab sich als Gottesmutter zu erkennen. Juan Diego berichtete seine Vision dem Bischof Zumarraga. Alles in allem sah er die Heilige Jungfrau und den Bischof viermal.
Anfänglich leisteten die Ordensbrüder einen verbissenen Widerstand gegen den neuen Kult. Geistliche Bemühungen zur Unterdrückung hatten jedoch keinen Erfolg. Heute wird die Mutter Gottes von Guadalupe, die indianische Gottesmutter schlechthin, nicht nur in Mexiko, sondern überall in Spanisch-Amerika verehrt. Die erste Reaktion der Geistlichen ist ganz und gar nicht überraschend. Auf dem Hügel von Tepeyacac stand früher das Heiligtum der Göttin Tonantzin (wörtlich: ›unsere Mutter‹). Diese Göttin kann man sogar als identisch mit Coatlicue betrachten, der Mutter Huitzilo-

pochtlis mit ihrem Halsband aus menschlichen Herzen und Händen.
Die Einführung des Christentums mag dazu beigetragen haben, die Härten des gewandelten Daseins der Indianer unter den fremden Herren zu mildern. Die indianische Bekehrung neigte jedoch zur Oberflächlichkeit. Einheimisches Verhalten und Gebräuche änderten sich nicht. Motolinía beklagt sich, sie wollten eben einhundert und einen Gott, anstatt hundert. Der Christengott wurde anerkannt, aber nicht notwendigerweise als die alleinige Gottheit. Überdies war die Vorstellung nur schwer auszurotten, daß ein Gott nur bestehen konnte durch die Wirksamkeit des Beistandes und der Unterstützung, die ihm seine Anhänger verschafften. Heilige waren, und oft sind sie es noch, nicht etwa liebevolle Vermittler, sondern selbst menschenähnliche Gottheiten, schnell verärgert und bereit, Vergehen zu bestrafen, es sei denn, man beschwichtigt sie durch Geschenke von Bekleidung, Nahrung und Getränken.
Es bleibt noch einiges über Tenochtitlan, die Hauptstadt der Azteken, zu sagen, die durch die Eroberung dem Erdboden gleichgemacht worden war.

Die neue Hauptstadt

Der Wiederaufbau war eine vordringliche Arbeit, und für diesen Zweck betraute Cortés die Weibliche Schlange mit der Aufgabe, die Bevölkerung zurückzuholen, die sich nach der Belagerung verlaufen hatte. Cortés selbst entschied, die frühere Lage der Stadt beizubehalten. Die nun erbaute Hauptstadt war somit Überschwemmungen ausgesetzt und von Sumpfland umgeben – aber es war nicht beabsichtigt, wieder eine aztekische Lagunenstadt zu bauen, sondern eine spanische Hauptstadt, mit den schönsten spanischen Kirchen, Häusern, Straßen und Plätzen, von denen einige in veränderter Form bis heute bestehen. Da viele Kanäle durch Straßen ersetzt wurden, gab es für das Wasser bei schweren Regenfällen keine Möglichkeit abzufließen; damit war die Gefahr von Überschwemmungen vergrößert.
Der Wiederaufbau war eine mörderische Aufgabe. Motolinía vermerkt die Verwendung von Zwangsarbeit für die Errichtung von

Mexiko-Tenochtitlan, wie die Stadt nun umgenannt wurde, als eine der die Indianer quälenden Heimsuchungen. Die Hochwasserkontrolle selbst erforderte im Lauf der Jahrhunderte Armeen von Arbeitskräften und kostete vielen das Leben. Als Folge der gefährlichen Überschwemmung im Jahre 1555 rief der Vizekönig eine Armee von 6000 Indianern auf, um einen Damm von sechseinhalb Kilometern Länge zu errichten. Er hatte zuvor die Gouverneure von Tenochtitlan, Texcoco und Tacuba, die Anführer der ehemaligen Tripelallianz, gebeten, alte Zeichnungen beizubringen, aus denen zu ersehen wäre, wie ihre Ahnen die Stadt vor Überschwemmung geschützt haben. Die Organisation der Arbeitskräfte erfolgte nach dem Muster der präspanischen Zeit; die Arbeit jedoch war von ungewöhnlicher Härte, und viele Arbeiter starben.
Erst 1608 war ein Tunnel von sechseinhalb Kilometern Länge beendet, der einen Teil des Lagunenwassers aus dem Hochtal von Mexiko in den Fluß Tula ableitete. Das verhinderte jedoch nicht noch verheerendere Überschwemmungen im Jahre 1629, wo Straßen, Plätze und Dämme tief unter Wasser standen. Eine Nahrungsmittelknappheit war die Folge, Häuser fielen zusammen, und der Handel kam zum Stillstand. Es wurde sogar vorgeschlagen, die Stadt aufs Festland zu verlegen. Erst am Ende des achtzehnten Jahrhunderts war endlich die Umgestaltung des Tunnels in einen offenen Kanal beendet, und damit verminderte sich die Hochwassergefahr.
In der Stadt Mexiko gestalteten die Spanier ihren eigenen Stadtteil mit gesonderter kommunaler Behörde. Die indianische Gemeinde von San Juan Tenochtitlan umgab diese Ansiedlung und behielt die ursprüngliche Einteilung in vier Distrikte oder Unterbezirke bei, wie sie zur Zeit der Gründung eingerichtet worden waren.
Die Herrscherfamilie verlor allmählich ihre Macht, und ihre Befugnisse wurden von den gewählten indianischen Bürgermeistern, sowohl für Tenochtitlan als auch für Tlatelolco, übernommen. Der Markt von Tlatelolco war noch 1555 in Betrieb, aber gegen Ende des Jahrhunderts hatte die indianische Regierung über Handel und Tributeinziehungen vollständig die Kontrolle verloren.
Trotz einer Neigung, die Indianer außer acht zu lassen, wurde in Mexiko-Tenochtitlan der höheren Erziehung viel Aufmerksamkeit geschenkt. Besondere Anstalten wurden geschaffen, unter denen die

wichtigsten San José in Tenochtitlan und die Universität Santa Cruz in Tlatelolco waren. Die Studenten waren Söhne von *caciques*. Gelehrt wurden Latein, Logik, Philosophie und Theologie.
Die Abnahme der Bevölkerung im ganzen Land wirkte sich natürlich auch auf die Hauptstadt aus. In präspanischen Zeiten war Tenochtitlan-Tlatelolco größer als jede europäische Stadt gewesen und erreichte wahrscheinlich eine Bevölkerungszahl von einer viertel Million. Bis 1562 war diese auf 75 000 zurückgegangen.[233]
Erst vor einigen Jahren hat die Stadt Mexiko ihren Rang als eine der großen Hauptstädte der modernen Welt wiedererlangt.

Anhang

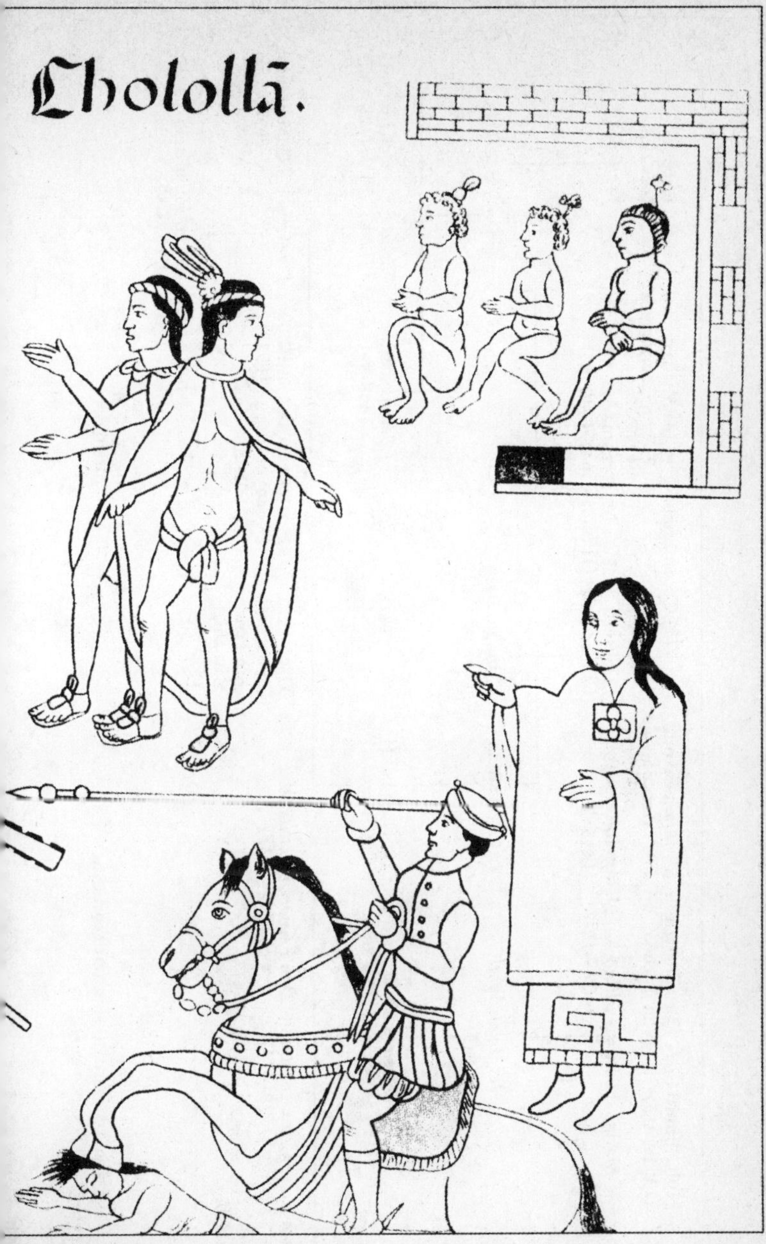
Chollolā.

Genealogie

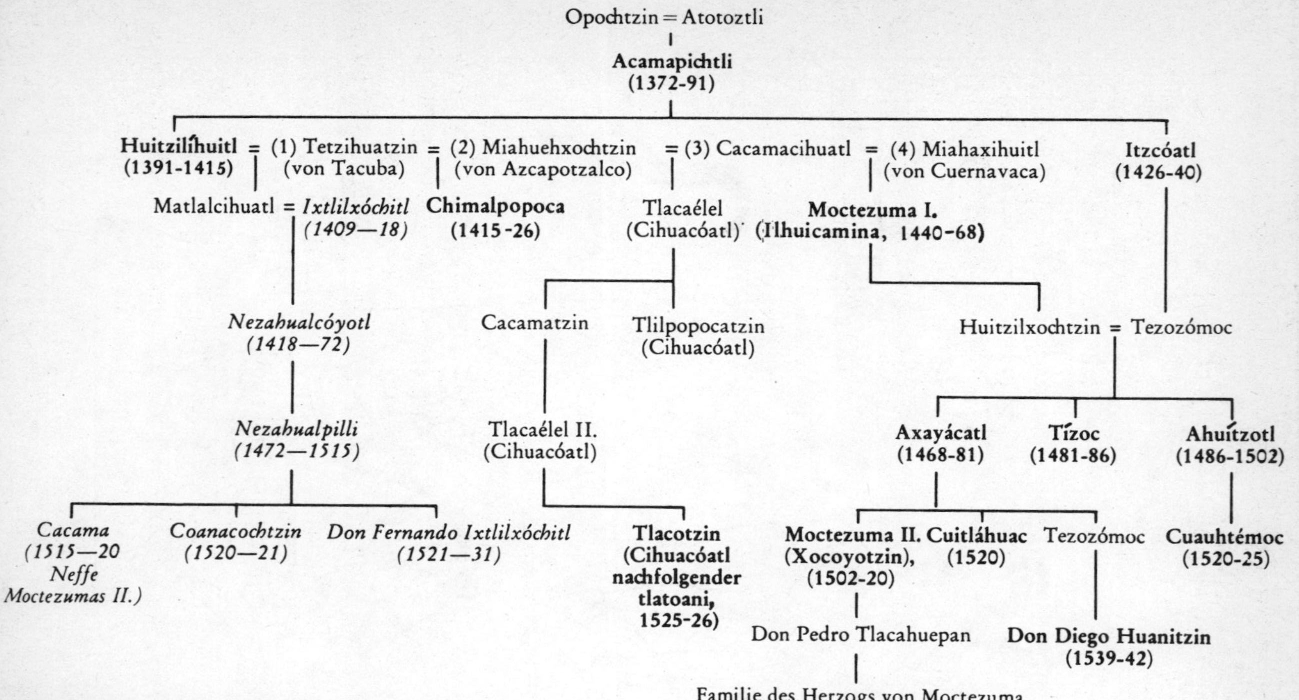

Die Herrscher von Tenochtitlan sind fett gedruckt,
die Herrscher von Texcoco kursiv

Chronologie der wichtigsten Ereignisse

Die Schwierigkeiten, zu genauen Zeitbestimmungen zu kommen, sind erheblich. Die meisten der späteren Daten sind ziemlich sicher, nicht aber einige der frühesten. Unter Berücksichtigung der eigenen Forschungen und jener anderer Verfasser wurde jeweils die Jahreszahl angegeben, die am wahrscheinlichsten zu sein scheint.

n. Chr.	
1111	Die Mexica verlassen Aztlan
1163	In Coatepec feiern die Mexica das Neue Feuer
1168	Endgültiger Fall der Tolteken-Hauptstadt Tula
1215	In Apaxco feiern die Mexica das Neue Feuer
1267	In Tecpayocan feiern die Mexica das Neue Feuer
1299	Die Mexica erreichen Chapultepec
1319	Die Mexica werden aus Chapultepec vertrieben
1343	Die Mexica fliehen aus Culhuacan
1345	Gründung von Tenochtitlan
1358	Gründung von Tlatelolco
1371	Machtübernahme von Azcapotzalco durch Tezozómoc
1372	Machtübernahme von Tenochtitlan durch Acamapichtli und von Tlatelolco durch Cuacuapitzahuac
1375	Beginn der Feindseligkeiten der Tepaneken und Mexica gegen Chalco
1391	Tod Acamapichtlis
1395	Der Krieg gegen Xaltocan
1398	Feldzug der Mexica gegen Cuauhtinchan
1402	Geburt von Nezahualcóyotl
1403	Die Mexica feiern Neufeuerzeremonie in Tenochtitlan
1407	Tod Cuacuapitzahuacs von Tlatelolco, Nachfolge durch Tlacateotl

1409	Machtübernahme von Texcoco durch Ixtlilxóchitl
1414–18	Tepanekisch-mexikanischer Krieg gegen Texcoco
1417	Tod Huitzilíhuitls von Tenochtitlan, Machtübernahme durch Chimalpopoca
1418	Tod Ixtlilxóchitls von Texcoco
1426	Tod Tezozómocs von Azcapotzalco, Chimalpopocas von Tenochtitlan und Tlacateotls von Tlatelolco, Machtübernahme durch Maxtla, Itzcóatl und Cuauhtlatoa
1428	Sieg über die Tepaneken von Azcapotzalco durch die Mexica, Texcocaner usw.
1431	Wiedereroberung von Texcoco durch Nezahualcóyotl
1440	Tod von Itzcóatl, Machtübernahme durch Moctezuma I.
1446–50	Erneute Feindseligkeiten gegen Chalco
1450–54	Die große Hungersnot
1455	Feier der Neufeuerzeremonie in Tenochtitlan
1458	Feldzug gegen Coixtlahuaca
1461–62	Feldzug gegen Cotaxtla
1465	Endgültiger Sieg über Chalco
1468	Tod Moctezumas I., Nachfolge durch Axayácatl
1472	Tod Nezahualcóyotls von Texcoco, Nachfolge durch Nezahualpilli
1473	Sieg über Tlatelolco, Tod von Moquihuix
1474	Feldzug gegen Toluca
1478	Feldzug gegen die Tarasken
1481	Tod Axayácatls, Nachfolge durch Tízoc
1486	Tod Tízocs, Nachfolge durch Ahuítzotl, Ahuítzotls Feldzug nach Matlazinca
1487	Krieg mit den Huaxteken, Einnahme von Xiuhcoac
1488–89	Kämpfe im Gebiet von Oaxaca
1491–95	Niederwerfung des Guerrero-Küstengebietes von Acapulco bis Zacatula
1494–95	Weitere Kämpfe in Oaxaca
1496	Eroberung des Gebietes der Landenge von Tehuantepec
1499–1500	Feldzug ins Soconusco-Gebiet

1500	Überschwemmung Tenochtitlans
1502	Tod Ahuítzotls, Nachfolge durch Moctezuma II.
1503	Einnahme von Achiotla
1504	Ausbruch des Krieges gegen Tlaxcala, Feldzug gegen Quetzaltepec und Tototepec
1505–06	Eroberung von Yanhuitlan und Zozollan
1507	Neufeuerzeremonie in Tenochtitlan
1508–13	Aztekische Feldzüge gegen Huexotzinco
1511	Einnahme von Tlaxiaco, die Spanier besetzen Kuba
1515	Tod Nezahualpillis von Texcoco, Nachfolge durch Cacama, erneut Krieg gegen Tlaxcala. Die Leute von Huexotzinco nehmen Zuflucht in Tenochtitlan
1517	Feldzug gegen die Küste von Mexiko unter Hernandez de Cordoba
1518	Ende der aztekischen Besetzung von Huexotzinco. Huexotzinco verbündet sich wieder mit Tlaxcala, Feldzug nach Mexiko unter Juan de Grijalva
1519	10. Februar: Hernán Cortés segelt nach Mexiko, 8. November: Cortés rückt in Tenochtitlan ein
1520	27. Juni: Tod Moctezumas II., auf dem Thron folgt ihm zuerst Cuitláhuac und nach dessen kurzer Regierung Cuauhtemoc, 30. Juni: Die traurige Nacht. Cortés gibt Tenochtitlan auf
1521	28. April: Beginn der endgültigen Belagerung von Tenochtitlan, 13. August: Der Fall Tenochtitlans. Gefangennahme von Cuauhtemoc

Die wichtigsten Götter im mexikanischen Pantheon

Götter

Centeotl (zusammengesetzt aus *centli* = ›Mais‹ und *teotl* = ›Gott‹). Gott des Maises und der Verkörperung der Maispflanze.

Huitzilopochtli (›Kolibri des Südens‹). Schutzgott der Mexica. Ursprünglich wahrscheinlich überwiegend ein Erd- oder Wassergott, aber auch in Verbindung mit dem Feuer und mit der Sonne, wurde er im wesentlichen zum Kriegsgott.

Mictlantecuhtli (›Fürst der Unterwelt‹). Herrschte über die Unterwelt. Mictlan steht auch in Verbindung mit dem Norden. Er wird immer als Skelett dargestellt.

Mixcoatl (›Wolkenschlange‹). Der Gott der Jagd. In Verbindung mit Tezcatlipoca. Führende Gottheit der nomadischen Chichimeken.

Ometecuhtli (›Herr der Zweiheit‹). Der ursprüngliche Schöpfergott.

Ometochtli (›Zwei Kaninchen‹). Sehr wichtig unter den Göttern des geheiligten Getränkes *pulque*. Ein anderer bedeutender Gott des *pulque* ist Tepoztécatl, dem Ort Tepoztlan in der Nähe von Cuernavaca zugeordnet.

Quetzalcoatl (›Grünfederschlange‹). Als schöpferischer Gott entdeckte er die Landwirtschaft und die Kunst des Schreibens. Als Gott des Planeten Venus, des Morgen- und des Abendsternes, ist er bekannt unter dem Namen Tlahuizcalpantecuhtli. Als Gott des Windes wird er auch Ehécatl genannt. In einiger, aber nicht in jeder Beziehung ist er der Gegenspieler des Tezcatlipoca.

Tezcatlipoca (›Rauchender Spiegel‹). Der ewig junge und allmächtige Gott des nächtlichen Himmels. Schutzgott der Zauberer und Magier. Oft abgebildet als Jaguar, wurde er identifiziert mit dem Sternbild des Großen Bären, in dem die Mexikaner die Umrisse jenes Tieres sahen.

Tlaloc. Die wirkliche Bedeutung des Namens dieses Gottes ist ziemlich unklar, wahrscheinlich steht er aber in Beziehung zu dem Wort *tlalli,* was ›Erde‹ bedeutet und darauf hinweist, daß er vielleicht ursprünglich eine Erd-Gottheit war. Grundsätzlich jedoch ist er der Gott des Regens. Seine Entsprechung bei den Mayas wird Chac genannt. Er wird von einer Reihe kleinerer Götter, den *tlaloques,* begleitet.

Tonatiuh (›Sonne‹). Der Sonnengott. In Verbindung mit dem Adler und mit dem Gott Huitzilopochtli. Sein Gesicht ist in der Mitte des berühmten Aztekensteines zu sehen.

Xipe Totec (›Unser Herr der Geschundene‹). Ursprünglich ein Gott der Pflanzenwelt und der Landwirtschaft. Gott des Frühlings und Schutzpatron der Juweliere. Auch bekannt als der Rote Tezcatlipoca, ist er eng mit dieser Gottheit verbunden.

Xochipilli (›Der Blumenprinz‹). Schutzpatron von Tanz und Spiel. In Verbindung mit Liebe und Frühling.

Göttinnen

Chalchiuhtlicue (›Die mit dem Edelsteinhüfttuch‹). Göttin des Wassers. Verschiedentlich beschrieben als Frau oder Schwester Tlalocs, des Regengottes.

Coatlicue (›Die mit dem Schlangenhüfttuch‹). Erdgöttin und Mutter Huitzilopochtlis. Auch bekannt als Tonantzin (wörtlich: ›Unsere Mutter‹).

Omecihuatl (›Herrin der Zweiheit‹). Die ursprüngliche Schöpfergöttin, Frau des Ometecuhtli.

Tlazolteotl (›Göttin des Unrates‹). Sie war auch die Göttin der Sinnenlust, außerdem Beschützerin der Niederkunft. Jeder legte vor ihr am Ende seines Lebens eine Beichte ab.

Xilonen (zusammengesetzt aus *xilotl*, dem jungen Maiskolben, und *nenen*, ›Puppe‹). Sie verkörperte den jungen Mais vor der Reife.

Xochiquetzal (›Kostbare Blume‹). Verkörperung von Schönheit und Liebe, Göttin der Blumen und Frau des Gottes Xochipilli.

Anmerkungen

1 Veytia und Clavijero sind für diese beispielhaft. Sie waren weniger Chronisten als bereits Historiker, machten aber Gebrauch von bestimmten Quellen, die inzwischen verlorengegangen sind.

2 Das war insbesondere die Ansicht von Eduard Seler, vielleicht der bedeutendste aller Forscher, die sich mit dem alten Mexiko befaßten.

3 Verschiedene Quellen erwähnen Begegnungen der Mexica mit den Huaxteken, deren Hauptsiedlungsbereich das Panuco-Gebiet an der Golfküste ist. Vermutlich aber waren in jenen Tagen die Huaxteken weiter nach Westen vorgedrungen.

4 Der Kodex Boturini oder ›Tira de la Peregrinación‹ zeigt die Hieroglyphen für Culhuacan und Chicomoztoc, nicht aber für Aztlan. Letzteres sollte man sinngemäß ›Ort der Kraniche‹ oder vielleicht ›Land der weißen Farbe‹ nennen.

5 Auf das überlieferte Culhuacan, zur Unterscheidung des Culhuacan im Hochtal von Mexiko, wird oft als Teoculhuacan verwiesen. Die Vorsilbe *teo* bedeutet wörtlich ›den Göttern gehörend‹, aber auch ›authentisch‹ oder in gewissem Sinne ›ursprünglich‹.

6 Die Tepaneken und Acolhua wurden sicherlich bei ihrer Ankunft ›toltekisiert‹, auch wenn sie noch nicht Nahuatl sprachen.

7 Die Verbindung der Mexica mit dem Mond mag auf den Widerschein des Mondes auf der Lagune, ihrer ursprünglichen Heimat, zurückzuführen sein. Die Herkunft des Namens Mexica bleibt unklar. Manchmal war angenommen, er stamme von *metl* (Maguey-Kaktus) und *citli* (Hase), oder auch von *mixtli* (Wolke) ab.

8 Zur Frage der frühen Chronologie der Mexica werden die Ansichten Prof. Jiménez Morenos weitgehend anerkannt. Seine Berechnungen beruhen auf den während der Wanderschaft veranstalteten Neufeuerzeremonien, die jeweils das Ende eines zweiundfünfzigjährigen Zyklus kennzeichnen. Seine Daten sind folgende: Die erste Neufeuerzeremonie wurde im Jahr 1163 in Coatepec abgehalten, die zweite 1215 in Apaxco, die dritte 1267 in Tecpayocan (jetzt Hügel von Guadalupe), die vierte 1319 in Chapultepec, die fünfte 1351 in Tenochtitlan. Zwischen dem vierten und fünften Neuen Feuer vergingen nur zweiunddreißig Jahre, was vermutlich auf der Übernahme einer im Gegensatz zur früher angewandten, unterschiedlichen Jahreszählung durch die Mexica beruht.

9 Die Stätten, die am häufigsten als Aufenthaltsorte erwähnt werden, bevor Coatepec erreicht wurde, sind Cuextecatl-Ichocayan (›der Ort, wo die Huaxteken weinten‹) und Coatlicamac (›im Maul der Schlange‹). Zur Erwähnung der Huaxteken siehe oben Anmerkung 3.

10 Es scheint, daß Malinalxochitl aus dem Chalmeca *calpulli* kam. Andererseits gehörte Coyolxauhqui zum Huitznahuac *calpulli*, wie auch Huitzilopochtli selbst.

11 Cristóbal del Castillo behauptet, daß der menschliche Anführer Huitzilopochtli der ›Diener‹ des Gottes Tetzahuitl war. Jener wurde zum Ebenbild dieses Gottes, der daraufhin Huitzilopochtli genannt wurde. Viele Quellen erwähnen Tetzahuitl als den ursprünglichen mexikanischen Gott.

12 Opochtli war auch der Name eines älteren Gottes der Fischer, der nach Seler mit den *tlaloques* oder Regengöttern verwandt war. So haben beide Bestandteile von Huitzilopochtlis Namen einen Zusammenhang mit Wasser oder Regen.

13 In dieser Rolle wurde er zum Gegenspieler von Tezcatlipoca, dem Herrn des Nächtlichen Himmels.

14 Eine Parallele zu einer solchen Umwandlung könnte man vielleicht in anderen Teilen der Welt finden – insbesondere bei dem israelischen Gott Jahwe, der als eine Art Wind- und Wettergottheit seinen Anfang nahm und sich erst später in einen erbarmungslosen Gott des Krieges verwandelte.

15 Die umfassendsten Verzeichnisse, die nur teilweise übereinstimmen, sind die der Kodizes Azcatitlan und Boturini (›Tira de la Peregrinación‹).

16 Diese eingewanderten Stämme sind unter dem Sammelbegriff Tolteken-Chichimeken bekannt, Leute barbarischer Herkunft, die bereits eine zivilisiertere Lebensweise angenommen hatten.

17 Acolhua bedeutet ›breitschultrig‹ – was Verbindungen zu Giganten und vielleicht Chichimeken andeutet. Außer Coatlichan waren Acolman und Huexotla bedeutende Acolhua-Zentren.

18 Die Tepaneken hatten wie die Leute von Xaltocan Verbindungen mit den Otomí und verehrten deren Gott Otontecuhtli. Sie kamen wahrscheinlich aus dem Matlatzinca-Gebiet im Tal von Toluca.

19 Azcapotzalco war ein bedeutender Teotihuacan-Ort, insbesondere in der späteren Entwicklungsstufe (Teotihuacan IV) ungefähr im Jahr 700 unserer Zeitrechnung. Auch Churubusco (früher Huitzilopochco), Tacubaya und Coyoacan waren tepanekische Ansiedlungen.

20 Als Gott des Windes war er unter dem Namen Ehécatl bekannt. Tlahuizcalpantecuhtli, Gott des Morgensterns, war Quetzalcoatl unter einem anderen Namen.

21 Die Tepaneken und vermutlich auch die Acolhua sprachen bei ihrer Ankunft im Hochtal von Mexiko wahrscheinlich Otomí.

22 Die Chichimeken im besonderen bevorzugten grundsätzlich das System eines einzelnen Häuptlings.

23 Die Anales de Cuauhtitlan nennen als Angreifer Culhuacan, Azcapotzalco, Xochimilco und Coyoacan. Chimalpains *Memorial Breve* erwähnt Xaltocan, Azcapotzalco und Xochimilco.

24 Die überlieferten Berichte über das Hochtal von Mexiko wurden nach der spanischen Eroberung geschrieben bzw. abgeschrieben.

25 Die fünf überschüssigen Tage wurden Nemontemi genannt und galten als Tage böser Vorzeichen. Es konnte niemals ganz sicher ermittelt werden, ob der mexikanische Kalender irgend etwas Ähnliches wie ein Schaltjahr vorsah oder als System einer Einschaltung von zusätzlichen Tagen anzusehen ist.

26 Für diese Methode, das mexikanische System der Zählung der

Jahre zu erklären, ist der Verfasser Salvador de Madariaga, dem Biographen von Cortés, zu Dank verpflichtet.

27 Acolco, auf dessen linker Seite seine Hieroglyphe in der Form eines sich windenden Gewässers zu sehen ist, bedeutet wörtlich ›Ort des sich windenden Gewässers‹.

28 Aus ihren Hieroglyphen zu schließen, waren solche Widersacher Culhua, Tepaneken und Xaltocaner.

29 Statuen Xipe Totecs findet man sogar in Tlatilco, die auf 600 v. Chr. oder sogar früher datiert werden.

30 Nach Durán wurde dieser Ort in seinen Tagen auch Mixiuhtlan genannt, was soviel heißt wie ›Ort der Geburt‹. Noch heute ist in der Nähe ein Calzada Mixhuca.

31 Es ist üblich, das Gründungsdatum Tenochtitlans ›Zwei Haus‹ der offiziellen Zeitrechnung der Mexica zu entnehmen, was dem Jahr 1325 n. Chr. entspräche. Der Verfasser aber meint in Übereinstimmung mit Prof. Jiménez Moreno, daß das Gründungsdatum der Culhua-texcocanischen Berechnung entstammt, was dem Jahr 1345 entspräche, also zwanzig Jahre später.

32 Zusätzlich schreibt Torquemada von der Stelle als einem bereits bewohnten Ort mit dem Namen Temazcaltitlan.

33 Diese trugen die Namen Moyotlan, Teopan, Tzacualco und Cuepopan.

34 *Barrios* (Bezirke) und *calpulli* (Sippenverband) in Tenochtitlan sind ein schwer zugängliches Problem.

35 Tlatelolco, zumindest seine Dynastie und der Adel, neigten dazu, sich mehr nach den Tepaneken von Azcapotzalco zu orientieren, während Tenochtitlan engere Beziehungen zu Culhuacan unterhielt.

36 Die aztekische Keramik II, in beachtlichen Mengen in den unteren Schichten Tlatelolcos aufgefunden, verdankt ihre Herkunft sicher nicht den Azteken. Sie kommt in erheblicher Zahl in Tula vor, von dem angenommen wird, daß es fast 200 Jahre vor der Gründung Tlatelolcos erobert wurde. Noguera nennt diese Keramik ›Pyramiden-Keramik‹ und bezieht sich damit auf die Pyramide von Tenayuca, die mit den Chichimeken von Xólotl während der Blütezeit von Tenayuca im dreizehnten Jahrhundert verbunden war. Aztekische Keramik II wurde, wenn

auch in kleineren Mengen, überdies auch in Tenochtitlan gefunden.

Andererseits glauben Müller und andere, daß die aztekische Keramik III aus der Zeit der Gründung Tenochtitlans stammt. Das ganze Problem wird ausführlich in Davies *»Los Mexica«* behandelt.

37 Die erstaunliche Vielfalt der Daten über Thronfolge und Tod Acamapichtlis, die in den verschiedenen Quellen zu finden sind, genügt an sich, um die verwickelte mexikanische Zeitbestimmung anschaulich zu machen.

Der Verfasser hat die Überzeugung, daß Acamapichtli im Jahr 1372 auf den Thron kam oder ein Jahr nach Tezozómoc von Azcapotzalco. Cuacuapitzahuac übernahm die Regierung in Tlatelolco im gleichen Jahr wie Acamapichtli in Tenochtitlan.

38 In der Tat wäre noch Coatlichan, nicht das im Text erwähnte Texcoco, die Hauptstadt der Acolhua gewesen.

39 Man sollte bedenken, daß die militärischen Oberbefehlshaber nach dem *tlatoani*, Tlacochcálcatl und Tlacatécatl (gleichzeitig Mitglieder des Rates der Vier) die Namen von zweien der ursprünglichen Distrikte Aztlans trugen.

40 Das ›Reich‹ Xólotls war eine kurzlebige Angelegenheit gewesen und wahrscheinlich viel kleiner, als Alva Ixtlilxóchitl behauptet.

41 Der *ezcahuztli* ist ein Wasserwurm von rötlicher Farbe. Da er an Blut erinnert, wurde er gegessen, um sich gewisse Kriege ins Gedächtnis zurückzurufen.

42 Andere Eroberungen waren Cuitláhuac und Mizquic.

43 Quellen erwähnen von den Matlatzinken bewohnte Orte wie Toluca und Xilotepec, deren Bewohner ethnisch mit den Tepaneken verwandt sind.

44 In seiner ›Composición Etnica‹ verzeichnet Kirchhoff nicht weniger als dreizehn Landesteile, die einen Teil Chalco-Amecamecas bildeten.

45 Die Crónica Mexicayotl sagt, ein Krieg mit Cuernavaca habe zu dieser Zeit begonnen, und er habe vierzig Jahre gedauert.

46 Viele gingen nach Metztitlan. Dieses hatte wie Xaltocan Verbindungen mit den Otomí.

47 Barlow und andere behaupten, daß die Eroberung eigentlich 1430 war. Aber die näherliegende Deutung der einheimischen Zeitbestimmung von ›Zehn Kaninchen‹ (1398) ist wahrscheinlich richtig. Ein zusätzlicher Beweis dafür ist, daß zu dieser Zeit zwei Töchter Cuacuapitzahuacs, des Herrschers von Tlatelolco, in die fürstliche Familie von Totomihuacan, dem nächsten Nachbarn von Cuauhtinchan, heirateten.

48 Cuacuapitzahuac von Tlatelolco war vermutlich schon 1407 gestorben. Tlacoteotl wurde sein Nachfolger.

49 Die Chronologie dieses Krieges ist auch aufgrund der unterschiedlichen Zeitberechnungen ziemlich schwierig. Siehe Davies *»Los Mexica«*.

50 Prof. Jiménez Moreno nimmt an, daß Huexotla nach dem Fall von Coatlichan und vor dem Aufstieg Texcocos für kurze Zeit die Hauptstadt der Acolhua war.

51 Diese waren unter dem Namen Tlaillotlaca bekannt, ›Die, die zurückkamen‹.

52 Culhua könnte in diesem Zusammenhang wohl ›Mexica‹ bedeuten. Die vier Gruppen werden als Culhua, Mexica, Tepaneken und Huitznahua bezeichnet. Unter den Mexica, die aus Aztlan kamen, war ein Huitznahua-Einschlag.

53 Er hatte sogar im Tepanekenkrieg gegen Xaltocan eine fragwürdige Rolle gespielt. Zunächst mobilisierte er seine Armeen, um an dem Überfall teilzunehmen, und später hatte er mit den Flüchtlingen von Xaltocan Mitleid und gab ihnen Land.

54 Nur Huexotla und Coatlichan waren loyal geblieben.

55 Ixtlilxóchitls Marschroute kann man auf der Karte verfolgen. Er ging weiter nach Xilotepec, schwenkte zurück nach Tepotzotlan, wo er einen weiteren Kampf bestand, und besiegte nach der Plünderung von Cuauhtitlan die Tepaneken nochmals bei Tecpatepec.

56 Tezozómoc nahm Coatlichan für sich, und Tlatelolco bekam Huexotla.

57 Die Anales de Cuauhtitlan und die Anales de Tlatelolco deuten die Möglichkeit früherer Zusammenstöße zwischen den Mexica und den Tepaneken vor 1428 an.

58 Auch Chimalpain behauptet, die Tepaneken von Tacuba hätten Chimalpopoca getötet.

59 In vielen Teilen Mexikos ist es noch möglich, auf dem Gelände alte Obsidianklingen zu finden. Ihre Schärfe genügt völlig, um den langsamen Fortschritt im praktischen Gebrauch von Metall zu erklären. Die Keule des Kriegers, jene Waffe, mit der die Azteken so oft abgebildet sind, wird in spanischen Texten als *macana* erwähnt. Das ist nicht, wie häufig angenommen wird, eine Entstellung des Nahuatlwortes *maquauhuitl,* sondern ein von den Antillen stammender Ausdruck.

60 Moctezuma und Tlacaélel beanspruchten auch die Titel Tlacatécatl und Tlacochcálcatl als die beiden wichtigsten militärischen Ränge, die eine Mitgliedschaft im Rat der Vier einschlossen.

61 Man sollte erwähnen, daß wir über irgendwelche Auseinandersetzungen zwischen Tlatelolco und den Tepaneken zu dieser Zeit keine Kenntnis haben. Es gibt sogar gewisse Hinweise, daß Cuauhtlatoa, der neue Herrscher von Tlatelolco, sich gegen die härtere Richtung wehrte, die nun in Tenochtitlan wirksam war.

62 Der erste Teil der Geschichte von Nezahualcóyotls Wanderungen ist den Anales de Cuauhtitlan entnommen, einer ursprünglich in Nahuatl geschriebenen besonders wertvollen Chronik aus dem sechzehnten Jahrhundert. Die späteren Ereignisse stammen aus den Berichten von Ixtlilxóchitl – seine Kenntnis hat er hauptsächlich aus dem Kodex Xólotl, einer früheren texcocanischen Quelle. In diesem Fall ist es darum möglich zu erkennen, wie die Chroniken geschrieben wurden – da der frühere Kodex, dessen Darstellungsweise als Grundlage diente, auch noch zum Studium zur Verfügung steht.

63 Die Benennung ›Xólotl‹, der Name des ersten Fürsten der Chichimeken, besagt, daß Nezahualcóyotl Tezozómocs Recht, sich als seinen Nachfolger zu betrachten, anerkennt.

64 Der Historiker Ixtlilxóchitl, der immer ein loyaler Texcocaner war, läßt diesen Feldzug als ein Einzelunternehmen Nezahualcóyotls erscheinen. Da dieser aber kurz zuvor aus Texcoco vertrieben worden war, kann er nicht genügend Streitkräfte zu seiner Verfügung gehabt haben, um Texcoco allein wieder zu

erobern. Es scheint ziemlich sicher, daß dieser Feldzug einfach das Anfangsstadium des Angriffes auf Azcapotzalco war. Ein von tepanekischen Streitkräften besetztes Texcoco wäre eine ernste Bedrohung der alliierten Verbindungslinien gewesen.

65 Die Darstellung der folgenden Ereignisse stammt im wesentlichen von Veytia, einem Historiker des achtzehnten Jahrhunderts, dem jedoch Quellen zugänglich waren, die inzwischen nicht mehr aufzufinden sind. Er berichtet über diese Geschichte grundsätzlich aus texcocanischer Sicht, und teilweise mag dies eine spätere Wiedergabe von dem bedeuten, was sich ereignete – Belagerungstaktik war in jenen Tagen nicht besonders entwikkelt. Die Darstellung geht jedoch viel mehr in die Einzelheiten als die Ixtlilxóchitls, der für gewöhnlich die anerkannte texcocanische Berichterstattung übermittelt.

66 Ihre Truppen landeten tatsächlich am Seeufer zu Füßen des Hügels von Tepeyacac, wo jetzt der Schrein von Guadalupe steht. Von dort rückten sie in Richtung auf Azcapotzalco vor, den Hügel Cuauhtepec, der heute noch denselben Namen trägt, links liegenlassend.

67 Jeder *calpulli* (Sippenverband), alles in allem waren es wahrscheinlich zwanzig an der Zahl, erhielt eine *suerte* (1070 Ar) Land zum Unterhalt seines Tempels, während Tlacaélel selbst zehn und jeder der anderen militärischen Befehlshaber zwei erhielten.

68 Die genaue Art und Weise der Landaufteilung im alten Mexiko ist schwer zu ermitteln, da die Quellen nur magere und in Einzelheiten unterschiedliche Angaben machen.

69 Diejenigen, die daran teilnahmen, waren auch die Herrscher von Xochimilco, Cuitláhuac und Culhuacan, Orte, die zumindest einmal von den Mexica unter der Ägide der Tepaneken unterworfen worden waren.

70 Heute bekannt als Tláhuac – eine weitere wenig eindrucksvolle Vorstadt von Mexico City, wo wenig geblieben ist, was darauf schließen ließe, daß sie einst der stolze Sitz von vier fürstlichen Dynastien war.

71 Chimalpain (Relaciónes) gibt an, daß Cuernavaca im Jahre 1439 erobert wurde.

72 Neben Iguala waren dies unter anderem Orte wie Tepequacuilco und Zaqualpa.

73 Das ist die von Frances Gillmor in ihrer Studie über Moctezuma I. *»The King Danced in the Market Place«* recht geschickt vorgenommene Übersetzung. Ilhuicamina bedeutet wörtlich ›Er, der Pfeile in den Himmel schießt‹.

74 Durán und Tezozómoc meinen beide, daß Moctezuma Itzcóatls Vetter war, irren sich damit aber ziemlich sicher, da es in vielen Berichten heißt, er sei Huitzilíhuitls, des drittletzten Herrschers, Sohn und damit Itzcóatls Neffe gewesen.

75 Der Kodex Ramírez sagt aus, daß der Krieg sehr bald nach Moctezumas Thronbesteigung begann; Durán jedoch behauptet, daß es nach seiner Thronbesteigung zwölf oder dreizehn Jahre Frieden gegeben habe. Chimalpain, der mehr chronologische Einzelheiten bringt, sagt in seinen dritten und siebten *Relaciones,* der Hauptkrieg habe im Jahr 1446 angefangen und zwanzig Jahre gedauert, und in einem anderen Zusammenhang, daß er 1464 geendet habe. Die siebente *Relación* erwähnt auch bereits für das Jahr 1443 einen Angriff auf Tlalmanalco.

76 Sein alter Name war Amaquemecan (›Ort der Papierkleider‹).

77 Chimalpain, *Relaciones.* Chimalpain stellt in seiner siebenten *Relación* fest, daß Cuauhteotl, einer der Herrscher, dem laut Durán die Mexica Boten schickten, in diesem Jahr getötet wurde.

78 Camaxtli entspricht genau Huitzilopochtli, dem Gott der Mexica.

78a Chimalpain, *Relaciónes.* Auch andere Quellen sagen, der Hunger habe 1450 begonnen.

79 Schnee, so wird berichtet, gäbe es in Mexico City, abgesehen von einzelnen Schneeschauern, nur ungefähr alle fünfundzwanzig Jahre. 1967 fiel zum letzten Mal Schnee, der einige Zeit liegenblieb.

80 Die englische Übersetzung des Florentinischen Kodex durch Anderson und Dibble ist eine der besten, die je aus dem Nahuatl in irgendeine Sprache erfolgten.

81 Durán und Tezozómoc erzählen diese Geschichte, als habe sie sich vor der Hungersnot ereignet, beide Ereignisse haben aber

ohne Zweifel einen Zusammenhang. Ixtlilxóchitl bringt den Beginn der Blumenkriege in Beziehung zum Zorn der Götter auf das Reich.

82 Siehe Chimalpain, *Relaciones*. Die Anales de Cuauhtitlan erwähnen frühere Kriege unter den Chalca und zwischen diesen und den Mexica unter Acamapichtli als Blumenkriege. Es scheint recht gut möglich, daß der Blumenkrieg unter den Chalca und nicht unter den Mexica seinen Ursprung hatte. Er war zum Teil den Sakralopfern im Zusammenhang mit Xipe Totec, dem Geschundenen Gott, gewidmet, der besonders in Chalco verehrt wurde.

83 Der fragliche Atotonilco ist jetzt als Atotonilco el Grande bekannt. Chilapa, nach der ›Relación de Chilapa‹, wurde 1458 erobert. Nezahualcóyotl hatte bereits unter der Regierung von Itzcóatl ein Gebiet im Umkreis von Tulancinco besetzt. Wir wissen nicht, wann die Xilotepec-Tula-Region eingenommen wurde, aber es scheint logischer anzunehmen, daß sich das vor dem großen Vorstoß in den Osten und Südosten ereignete.

84 Die Frage, welche Gebiete eigentlich in jeder Regierungszeit erobert wurden, ist sehr schwierig. Isabel Kelley und Angel Palerm haben das in *The Tajin Totonac* sehr eingehend untersucht, und es wurde außerdem von Barlow in ›Conquistas de los Antiguos Mexicanos‹ behandelt.

Es gibt verschiedene Eroberungslisten für jede Regierungszeit; wichtig sind die des Kodex Mendoza, der Anales de Tlatelolco und der Anales de Cuauhtitlan. Eine Schwierigkeit ergibt sich daraus, daß sie nicht genau übereinstimmen; außerdem kommt es vor, daß ein und dieselbe Eroberung in mehr als einer Regierungszeit wiederholt wird. Damit soll vermutlich angedeutet werden, daß der Ort wiedererobert werden mußte, wie es häufig der Fall war. Der Kodex Mendoza führt in seinen Tributlisten Namen von Orten auf, die die Azteken zur Zeit der spanischen Eroberung beherrschten, die aber nicht in den Eroberungslisten enthalten sind. In welcher Regierung diese erobert wurden, können wir nur vermuten.

In unserem Bericht über die Feldzüge wird ungefähr dieselbe Anordnung befolgt wie bei Frances Gillmor in ihrer Studie über

Moctezuma I., »*The King Danced in the Market Place*«. Fragen der Chronologie sind in ihren Anmerkungen ausführlich erklärt.

Fast alle Quellen stimmen darin überein, daß der Coixtlahuaca-Feldzug der erste der großen Expansion war, und geben dafür als Datum meistens 1458 an. Er mag mehrere Jahre gedauert haben, da Torquemada zwei Feldzüge erwähnt. Für den Vorstoß nach Cotaxtla geben die Quellen im allgemeinen 1461 oder 1462 an, für die endgültige Eroberung Chalcos 1465 und für Tepeaca 1466. Es herrschen Zweifel über den Zeitpunkt des Feldzuges gegen die Huaxteken. Es erscheint logisch, daß er nach dem Cotaxtla-Feldzug erfolgte, sagen wir 1462 oder 1463.

85 Atonal wird weder von Tezozómoc noch von Durán als Herrscher von Coixtlahuaca erwähnt. Durán gibt den genauesten Bericht über andere Aspekte dieses Feldzuges.

86 *Pulque* ist heute noch eines der Hauptgetränke des mexikanischen Indianers. Es wird aus der vergorenen Wurzel der Agave gewonnen. In alten Zeiten wurde das Trinken des *pulque* streng kontrolliert, viel wurde es für rituelle Zwecke benutzt. In den Texten wird oft auf das *chalchiuhoctli* oder das ›geheiligte *pulque*‹ Bezug genommen: es ist kein einheimisches, mexikanisches Wort, sondern wurde durch die Spanier, vielleicht von den Antillen, eingeführt.

87 Eroberungslisten führen Orte wie Teozapotlan (heißt nun mit seinem zapotekischen Namen Zaachila) und Mitla in der Umgebung von Oaxaca als von Ahuítzotl erobert auf, zwei Regierungen später. Es scheint, daß Coixtlahuaca die Grenze der tatsächlichen Eroberungen von Moctezuma I. war.

88 Torquemada und andere meinen, daß es in Wirklichkeit Nezahualcóyotl war, der diese Orte einnahm; es gibt jedenfalls keinen Zweifel, daß er an deren Eroberung wesentlichen Anteil hatte.

89 Durán, der ungefähr 1580 schrieb, bemerkt zu diesem Benehmen: »Wie es jetzt der Fall mit unseren Spaniern ist, es sei denn, sie werden unter strenger Kontrolle gehalten.«

90 Wenn Tlaxcala in den Quellen erwähnt wird, sollte man immer

voraussetzen, daß bis auf die wenigen letzten Jahrzehnte vor der spanischen Eroberung in Wirklichkeit Huexotzinco der führende Staat der Region war und ohne Zweifel bei diesen Ereignissen eine bedeutendere Rolle gespielt hat als Tlaxcala.

91 Die vollständige Tributliste der Cotaxtla-Provinz – wie sie im Kodex Mendoza wiedergegeben ist – enthält auch nützlichere Gegenstände wie: 400 Hemden und Röcke für Frauen, 400 kleine Schulterdecken mit blauen und weißen Kanten, 200 Traglasten Kakao, 400 große weiße Mäntel (von doppelter Länge).

92 Tezozómoc und Durán behaupten, daß dies eine wirkliche Eroberung war, obgleich sie über die tatsächlich eingenommenen Orte ungenau bleiben. Jedoch geben sowohl der Kodex Mendoza als auch die Anales de Cuauhtitlan Tuxpan als Eroberung Axayácatls und Xiuhcoac als solche Ahuítzotls an.

93 Laut Chimalpain und den Anales de Tlatelolco fand diese Eroberung im Jahre 1466 statt. Durán und Tezozómoc berichten vor anderen zuerst davon, was im Hinblick auf den näher bei Tenochtitlan gelegenen Ort folgerichtiger zu sein scheint.

94 Es wird bisweilen behauptet, daß nur die Spanier und nicht die Azteken das Gold wirklich geschätzt haben. Das Nahuatl-Wort für Gold jedoch ist *teocuitlatl*, was wörtlich ›Götterkot‹ bedeutet.

95 Die Beschreibung der Luxusgesetze stammt von Durán. Zur Unterscheidung zwischen Geburtsadel und Verdienstadel im allgemeinen gibt Sahagún klare Definitionen.

96 Man kann annehmen, daß dasselbe Gesetz, das in Tenochtitlan angewandt wurde, auch in Texcoco galt.

97 Cuernavaca führte Krieg gegen Cohuixca, Cuitlahuac gegen Tliliuhquitepec. Die Relaciones Geográficas enthalten unzählige Hinweise auf örtliche Kriege zwischen den verschiedenen Stadtgemeinden.

98 Nach den Anales de Cuauhtitlan wurde Chalco nach seiner endgültigen Niederwerfung unter eine Militärregierung gestellt, ebenso Toluca. Auch Azcapotzalco wurde unmittelbar regiert, seine Dynastie jedoch nach sechzig Jahren wieder eingesetzt.

99 Von der Ermordung des Herrschers von Coixtlahuaca wurde schon berichtet. Axayácatl tötete den Herrscher von Xiquipilco, aber das waren seltene Vorkommnisse.

100 Shirley Gorenstein macht klar, daß das spanische Wort *guarnición* große Verwirrung angerichtet hat. Während es im modernen Spanisch im militärischen Zusammenhang ungefähr dieselbe Bedeutung wie das englische Wort ›garrison‹ haben mag, ist es im Wörterbuch von Covarrubias des siebzehnten Jahrhunderts mit ›Soldaten, die einen Ort, an dem sie sind, bewachen oder beschützen‹ erklärt und nicht mit ›Truppen, in einer Festung *stationiert*‹ (und von der Hauptmacht geschickt).

Alonso de Molinas Nahuatl-Wörterbuch aus dem Jahr 1571 übersetzt *guarnición* ins Nahuatl mit *centlamantin yaoquizque* und gibt als Rückübersetzung desselben Nahuatl-Ausdrucks ins Spanische einfach ›eine Abteilung Soldaten‹, ohne zu sagen, daß sie an einem bestimmten Ort stationiert sein müssen.

Bernal Diáz benutzt das Wort *guarnición* ganz entschieden nur in der Bedeutung eines Feldzuges und nicht für den Standort einer Garnison, wie wir es kennen.

101 Das war in Huaquechula, und es ist klar, daß sie speziell geschickt worden sind.

102 Katz hat die Tribute aller im Kodex Mendoza aufgeführten Listen der Provinzen zusammengezählt.

103 Ixtlilxóchitl erwähnt die Texcoco tributpflichtigen Orte als in einer ganz anderen Richtung gelegen, im Umkreis von Toluca, im heutigen Staat Morelos – aber man bezweifelt die Zuverlässigkeit dieser Quelle in solchen Angelegenheiten, wenn man an die Angabe dieses Verfassers über große ›Reiche‹ unter Nezahualcóyotls Vorgängern wie Techotlalatzin denkt, dessen Domäne wahrscheinlich kaum über Texcoco hinausreichte. Gleichermaßen erwähnenswert ist das ›Memorial de los Pueblos Sujetos al Senorío de Tlacopan‹, das ein riesiges Gebiet als dem jüngeren Allianzmitglied tributpflichtig erklärt, wobei niemand behauptet, Tacuba sei Tenochtitlan ebenbürtig gewesen.

104 Die Relación de Cempoala erwähnt, Zempoala, Tlaquilpa, Temascalapa und Tezontepec seien von texcocanischer Aufsicht in mexikanische übergegangen.

105 Die moderne Stadt Texcoco bietet leider wenig, was an ihre große Vergangenheit erinnert.

106 Zur Zeit der spanischen Eroberung mag Tenochtitlan bis zu 250000 Einwohner gehabt haben, ein Riese unter den mittelamerikanischen Städten. Mayapan zum Beispiel, die letzte Stadt der Mayas, die in Yucatan ein ›Reich‹ regiert hat, soll nur 12000 Einwohner gehabt haben.

107 Marquina beschreibt die Tempelanlage zur Zeit der Spanischen Eroberung und zeichnet auf einer Karte den zur Zeit Moctezumas I. vermuteten Umriß des Tempels vor den späteren Erweiterungen unter den darauffolgenden Herrschern.

108 Der ursprüngliche Name war Ahuehuetl, als Ahuehuete heute noch in Mexiko bekannt. Anderson und Dibble übertragen das in ihrer Übersetzung des Florentinischen Kodex mit ›Zypresse‹.

109 Der für diesen Prinzen angegebene Name ist Ezahuahuacatl, was in Wirklichkeit ein wichtiger Titel eines der vier Berater und kein Eigenname ist.

110 Im allgemeinen wird 1468 als Moctezumas Todesjahr angegeben. Einige bedeutende Quellen, darunter Durán und die Anales de Cuauhtitlan, sagen jedoch, er seit 1469 gestorben.

111 Sein einziger legitimer Sohn war anscheinend Iquehuac, der aber bereits vor seinem Vater gestorben ist. Er war zu seinen Lebzeiten der Tlacatécatl, der oberste General, gewesen.

112 Nach Ixtlilxóchitl war Tezozomoctzin, Axayácatls Vater, mit der Tochter Moctezumas I. verheiratet und damit sowohl Itzcóatls wie Moctezumas Enkel. Als solcher wird er auch in anderen Zusammenhängen erwähnt.

113 Die Crónica Mexicayotl, im allgemeinen die beste Quelle für genealogische Fragen, sagt, Axayácatl war der jüngste von drei Brüdern, von denen Tízoc und Ahuítzotl, die beiden anderen, später regierten. Einige weitere Quellen meinen auch, Tízoc sei älter und Ahuítzotl jünger als Axayácatl gewesen.

114 Der Kodex Ramírez und die Crónica Mexicayotl sagen beide, Tlacaélel sei während der Regierung Axayácatls gestorben. Die als zweite angegebene Quelle, die, wie in der vorherigen Anmerkung bereits betont, in diesen Angelegenheiten am besten

unterrichtet ist, bemerkt, sein Sohn Tlilpopocatzin sei sein Nachfolger als Cihuacóatl gewesen. Er starb 1503, und dessen Sohn Tlacaélel II. übernahm dann das Amt. Die Existenz des Letzteren hat wahrscheinlich zu der Verwirrung beigetragen. Die Crónica X – das heißt, Durán und Tezozómoc – betont nachdrücklich, Tlacaélel habe bis zu einem legendären Alter gelebt (die Zahl von 120 Jahren wird erwähnt) und sei bis weit in die Regierungszeit Ahuítzotls hinein die Macht hinter dem Thron gewesen. Abgesehen von anderen unglaubwürdigen Gesichtspunkten in dieser Geschichte, war Ahuítzotl, wie wir sehen werden, kaum die Persönlichkeit, bei einem senilen Helden der Vergangenheit die zweite Geige zu spielen.

115 Chimalpain *(Relaciones)*, Torquemada und die Anales de Cuauhtitlan erwähnen auch einen Feldzug gegen Tlatlauhquitepec im Jahre 1469. Torquemada beschreibt einen solchen gegen Tehuantepec, aber das wäre ziemlich früh gewesen. Möglicherweise war es ein Raubzug der Kaufleute von Tlatelolco.

116 Die Quellen stimmen im allgemeinen mit der Jahresangabe von 1473 überein. Nur Torquemada nennt das Jahr 1474.

117 Culhuacan unterstützte Tlatelolco und nach Torquemada auch Xochimilco und Cuitláhuac. Huexotzinco und Tliliuhquitepec wiesen Hilfe zurück.

118 Die Esperanza-Phase in Kaminaljuyu, ein wichtiges archäologisches Gelände in den Außenbezirken der Stadt Guatemala, steht in engem Zusammenhang mit der Kultur Teotihuacans in der Nähe von Mexico City.

119 Das meiste dieses Berichtes über die Unternehmungen der Kaufleute stammt aus dem Florentinischen Kodex, der eine Fassung in Nahuatl von dem bringt, was Sahagúns Gewährsleute ihm erzählt haben. Das stimmt weitgehend, aber nicht ganz genau, mit *La Historia de las Cosas de Nueva España* überein, Sahagúns spanischer Fassung dieser Berichte. Darin sind die Namen der verschiedenen Anführer und Vorgesetzten der Handelsleute aufgeführt. Gewöhnlich werden sie in Nahuatl als *pochteca* bezeichnet, manchmal aber als *oztomeca*, was soviel wie Handels-Vorausabteilung bedeutet.

120 Der Florentinische Kodex bezieht sich auf Geschäftsmethoden

unter Ahuítzotl, es kann aber angenommen werden, daß diese unter Axayácatl nicht sehr verschieden waren.

121 Ein sehr bedeutender Handelsstützpunkt war Xicalango, wohin die berühmten grünen Steine der Mayas aus dem Landesinnern gebracht wurden.

122 Die Hauptgottheit der Handelsleute war Yacatecuhtli, ›der Herr, der führt‹ (*yacana* bedeutet führen). Die Kaufleute waren gut mit Göttern versorgt, da Yacatecuhtli fünf Brüder und eine Schwester hatte.

123 Diese Zeitangabe wird von Torquemada und den Anales de Cuauhtitlan gegeben. Die Anales de Tlatelolco nennen 1475.

124 Die Erzählungen bei Tezozómoc und Durán stimmen nicht überein. Tezozómoc sagt, Axayácatl sei verwundet gewesen, als er aus seinem eigenen Hinterhalt herauskam, während Durán erklärt, er habe die Wunde in der Falle des Feindes bekommen.

125 Dies ist ein fast einmaliges überliefertes Beispiel von Gefangenen, die eine Abneigung gegen das Sakralopfer zeigen. Als solches ist es wichtig; die dem Gott zustehenden Zeremonien nicht aus freiem Willen auszuführen, bedeutete eine Art Gotteslästerung.

126 Beyer behauptet, dieser Stein habe die Bestimmung eines *cuauhxicalli* (›Adlergefäß‹) gehabt, in das die Herzen der Sakralopfer gelegt wurden – der Adler als Gleichnis der Sonne. Nach der ursprünglichen Vorstellung sollte er wohl eine zylindrische Form haben, ungefähr wie der ›Stein Tízocs‹; ein Teil brach jedoch ab, wie man noch sehen kann, und damit nahm er eine eher scheibenartige Form an.

127 Daß die Götter eine Neigung zeigen, miteinander zu verschmelzen, macht den mexikanischen Pantheon oft schwer verständlich. Der Geschundene Gott Xipe ist tatsächlich der Rote Texcatlipoca, während Huitzilopochtli als der blaue Gott des Mittaghimmels der Blaue Tezcatlipoca ist.

128 Der Kodex Mendoza, die Anales de Cuauhtitlan und die Anales de Tlatelolco vermerken Tochtepec als eine Eroberung Axayácatls und nicht Moctezumas I.

129 Tzintzuntzan bedeutet ›Ort der Kolibris‹ und Michuacan ›Ort

der Fische‹. Dies sind Nahuatl- und nicht taraskische Worte. Viele Einzelheiten über die Tarasken sind in der Relación de Michoacán zu finden.

130 Diese Behauptung dürfte zweifelhaft sein, da die Nahuatl- und die Taraskensprache völlig verschiedene Wurzeln haben.

131 Der Name des Gottes Curicaveri ist taraskisch und bedeutet ›Der große Brenner‹.

132 Dieses Datum wird in den Anales de Cuauhtitlan und im Kodex Telleriano-Remensis erwähnt. Torquemada nennt dagegen das Jahr 1474.

133 Torquemada sagt, daß 11060 Gefangene gemacht wurden.

134 Die Matlatzinca waren natürlich die Leute aus dem Toluca-Gebiet.

135 *Yolatl* bedeutet wörtlich ›Mut-Wasser‹ und wurde aus Mais gemacht.

136 Sein Name ist mit Huitznahuacatl angegeben, was aber wirklich mehr ein Titel als ein Name ist.

137 Oztoma und Tlacotepec werden vom Kodex Mendoza wie auch von den Anales de Cuauhtitlan als Eroberung Axayácatls angegeben. Auch Mixtlan an der Golfküste schreiben sie diesem Herrscher zu. Tlapa, westlich von Tlacotepec, soll von seinem Nachfolger Tízoc erobert worden sein.

138 Tezozómoc bringt bei dieser Gelegenheit die Namen von sechzehn mexikanischen Würdenträgern, die eine Art Zentralrat bildeten. Andere Quellen sprechen von einer Zahl zwischen dreizehn und zwanzig.

139 Es ist bemerkenswert, hier von zwei unterschiedlichen Vorstellungen vom Leben eines Herrschers nach dem Tod zu erfahren. Außer wenigen Ausnahmen, wie es diejenigen sind, die im Krieg gefallen waren oder geopfert wurden, hat man anscheinend allgemein angenommen, daß es im Tod keine Klassenunterschiede gäbe und daß alle für die grausame neunte Unterwelt des Totengottes Mictlantecuhtli bestimmt seien. Aber bei dieser Ansprache könnte man denken, daß einem *tlatoani*, nachdem er neun Monate tot war, dieselben Vorzüge wie einem geopferten Krieger zuteil werden sollten – obwohl es, wie so vieles in der mexikanischen Religion, nicht ganz deutlich gemacht wird.

140 Tezozómoc gibt diesem Gott den Namen Youalahuan: Eduard Seler deutet den Ursprung des Namens aus den Worten *yohualli* (›Nacht‹) und *tlavana* (›viel zu trinken‹) und betrachtet diesen Gott als identisch mit Xipe Totec. Aus Tezozómocs Bericht erfahren wir, daß der Körper des toten Herrschers, wenn er mit diesem Gewand bekleidet war, den *tlauhquecholtzontli* trug, den Kopfputz aus Löffelreiherfedern, ein besonderes Merkmal Xipes, und den *chicahuaztli*, eine spezielle Rassel und ein weiterer unerläßlicher Teil der Ausstattung dieses Gottes.

141 Diese Zeitangaben erscheinen allgemein in den Quellen, allerdings sagen die Anales de Tlatelolco, Tízoc habe den Thron 1482 bestiegen und laut Kodex Telleriano-Remensis im Jahre 1483.

142 Auch der *tlatoani* verdankt seine Machtbefugnis dem Topiltzin Quetzalcoatl, dem bedeutenden toltekischen Priesterherrscher.

143 Mittlerweile war es Brauch geworden, wenn der Herrscher gewählt war, eine Art Einweihungszeremonie abzuhalten, auf die zu einem späteren Zeitpunkt, nachdem der Herrscher während seines ersten Feldzuges Gefangene gemacht hatte, die offzielle Krönung folgte. Durán bemerkt, die eigentliche Krönung sei immer am Tag ›Eins Eidechse‹ gefeiert worden.

144 Dieser Stein ist in der Tat auch ein *cuauhxicalli* oder ›Adlergefäß‹, da es die Herzen aufnahm, die aus den Opfern herausgerissen wurden.

145 Die Anales de Cuauhtitlan berichten von Tízocs Eroberung von Otlappan, das Kelley und Palerm für identisch mit Tlappan halten.

146 Anahuac bedeutet wörtlich ›Am Rande des Wassers‹, oder ›Nahe beim Wasser‹. Damit bekundet der eigentliche Sinn des Namens die warmen, an beide Ozeane angrenzenden Länder – von denen so viele durch Ahuítzotl erobert wurden. Man benutzte den Namen Anahuac auch, allerdings weniger oft, für das Hochtal von Mexiko, da es da die Wasser der Lagune gibt.

147 Allgemein geben Quellen 1486 als Jahre von Ahuítzotls Machtübernahme an, Ixtlilxóchitl allerdings sagt, sie hätte 1485 stattgefunden.

148 Der Name wird von einem kleinen halb mythischen Säugetier der Lagune abgeleitet, das am Ende seines Schwanzes eine Hand gleich der eines Mannes hat. Wenn es tötete, fraß es nur Augen und Nägel des Opfers.

149 Diese, einschließlich des *xiuhuitzolli*, des fürstlichen Diadems, gelten manchmal als ursprünglich dem Erdgott Tlatecuhtli oder dem Feuergott Xiuhtecuhtli beigeordnet.

150 Ixtlilxóchitl erwähnt die Eroberung von Chiapas oder Chiapan im Jahre 1486, verwechselt es aber wahrscheinlich mit der Matlatzinkenstadt Chiapa.

151 Durán schreibt nur von ›der Stadt‹. Tezozómoc aber erwähnt Xiuhcoac namentlich. Chimalpain sagt, sie sei 1487 erobert worden. Xiuhcoac war das Bevölkerungszentrum der Region. Im Gegensatz zu Tuxpan stand es nicht auf den Eroberungslisten von Axayácatls Regierung.

152 Chimalpain erwähnt, daß außer den Einwohnern von Xiuhcoac bei dieser Gelegenheit auch *Tlappaneken* und Zapoteken geopfert wurden, was bedeutet, daß bereits in Guerrero und Oaxaca einleitende Feldzüge durchgeführt worden waren.

153 Es ist sogar behauptet worden, daß der Untergang des großen Gebietes von Teotihuacan der Abforstung zuzuschreiben ist. Alles vorhandene Holz wurde angefordert, um Kalk und Stuck in großen Mengen herzustellen.

154 Die korrekte Zahl mag sogar fünf *tzontli* (Einheiten von 400), das heißt 2000 gewesen sein und fälschlich als fünf *xiquipilli* (Einheiten von 16000), das wären 80000, gelesen worden sein.

155 Es war in der Zeit der Tolteken und nicht der Azteken, wo eine kunstvolle Aufführung zum ersten Mal das Hauptthema eines Krieges wurde, und ein solcher ging in Mittelamerika Hand in Hand mit dem Sakralopfer.

156 Nach Sahagúns Bericht war es ein günstiges Vorzeichen, wenn die Kinder, die Tlaloc geopfert werden sollten, ausgiebig weinten, denn es bedeutete viel Regen.

157 Das eindrucksvollste Beispiel ist das des jungen Mannes, der für ein ganzes Jahr als Abbild des Gottes Tezcatlipoca lebte, bevor er beim Fest für Toxcatl geopfert wurde.

158 Wenn Ixtlilxóchitl mit der Behauptung recht hat, daß Nezahu-

alpilli 1472 im Alter von sieben Jahren Thronnachfolger wurde, dann war er immer noch unter fünfundzwanzig!

159 Es mag bemerkenswert sein festzustellen, daß Land in so entfernten Provinzen, das dem Herrscher vorbehalten gewesen wäre, kaum Erwähnung findet.

160 Durán sagt, er sei am Ort gewählt worden, Tezozómoc aber meint, daß er in Tenochtitlan berufen wurde, was glaubhafter sein dürfte.

161 Einer dieser Fälle war, wie berichtet, die unter Moctezuma I. erfolgte Besiedlung von Oaxaca durch die Azteken – zu einer Zeit, da die Stadt noch nicht erobert gewesen zu sein scheint. Frances Gillmor nimmt an, daß die Siedler vor der großen Hungersnot geflohen sein könnten.

162 Wir haben praktisch keine Angaben über die tatsächlichen Daten der Eroberung der Küste von Guerrero. Man kann nur annehmen, daß die Hauptereignisse zwischen den frühen Kriegen unter Ahuítzotls Regierung und den Eroberungen in Oaxaca und weiterhin von 1485 an stattfanden. Durán und Tezozómoc berichten in dieser Reihenfolge von jenen Feldzügen.

163 Acapulco ist ziemlich sicher der Hafen dieses Namens an der Küste von Guerrero.

164 Die taraskische Grenze kann man von Alahuiztlan und Oztoma südwärts nach Totoltepec, Tetela und Otlatla verfolgen. Wir wissen aus den Relaciones Geográficas, daß die beiden erstgenannten an der Grenze lagen.

165 Wir haben für Monte Alban I eine mit der Radiokarbon-Methode errechnete Zeit von ungefähr 600 v. Chr. bzw. 1489.

166 Coyolapan, in der Nähe der Stadt Oaxaca gelegen, war tatsächlich die Hauptstadt der von den Azteken besetzten Provinz in dieser Region und wurde 1488 oder 1489 erobert.

167 Chimalpain gibt an, daß Cuauhpilollan, Mixquitlan und Tzapotlan 1494 erobert wurden. Der Kodex Telleriano-Remensis erwähnt 1495 für Mitla und Teozapotlan.

168 *Papalotlaxcalli* heißt wörtlich ›Schmetterlings-Tortilla‹, *xonecuilli* ist eine Art Maiskuchen oder Biskuit in der Form eines S, um den Blitz darzustellen, und wird gewöhnlich der Göttin Macuilxóchitl geopfert.

169 Tezozómoc berichtet, wie sich die jungen Männer der *telpochcalli* (der allgemeinen Schule im Gegensatz zu der den oberen Klassen vorbehaltenen *calmecac*) im Gebrauch der Waffen übten, sobald ein Krieg erklärt war. Sie waren ganz sicher nicht Teil einer stehenden Armee.

170 Dieser Ausdruck ist die Übersetzung des Nahuatlwortes *tequihua*. Pomar bestätigt, daß der *tequihua* auch in Texcoco das Recht hatte, an den Kriegsberatungen teilzunehmen.

171 Ein weiterer wichtiger Ritterorden waren die Otomí-Ritter – die nicht notwendigerweise selbst Otomí waren.

172 Ixtlilxóchitl und Chimalpain datieren die Eroberung von Xaltepec auf 1500.

173 Durán erwähnt Ayotla, genau an der heutigen Grenze zu Guatemala, und außer Soconusco selbst das fast angrenzende Mazatlan.

174 Tikal im Gebiet der Mayas, wie auch Teotihuacan, wo sich beginnende städtische Kultur zeigte, mögen vergleichbare Flächenausmaße gehabt haben, aber sicher nicht eine ähnlich große Bevölkerungszahl.

175 Chimalpain berichtet, Ahuítzotl habe auch den Herrscher von Huitzolopochco (heute Chirubusco) töten lassen, weil er von der Nutzung der Quellen von Coyoacan abgeraten hatte.

176 Tacuba und Coyoacan waren beide im Grunde Tepaneken-Städte.

177 Die Schwester des Regengottes Tlaloc war Chalchiuhtlicue (›die mit dem Edelsteinrock‹). Sie ist die Göttin der waagerecht fließenden Gewässer und der Seen, im Gegensatz zum Regen, der herunterfällt.

178 Tlaloc war der Hauptgott von Teotihuacan.

179 Durán wie auch Tezozómoc erwecken den Anschein, als wäre die Flut sofort nach Fertigstellung des Aquäduktes gekommen, und folglich wäre dieser die einzige Ursache gewesen. Die Anales de Cuauhtitlan stellen aber fest, daß der Aquädukt 1499 vollendet wurde und die Überschwemmung im Jahr 1500 hereinbrach. Chimalpain berichtet von sehr schweren Regenfällen in diesem Jahr und deutet damit an, daß dies die Ursache der Flut war und nicht der neue Aquädukt.

180 Ein großer Teil des Handels ging durch den Hafen von Xicalango.

181 Man kann ausreichend Eiweiß zu sich nehmen, wenn man genug Mais und Bohnen ißt: 100 Gramm mexikanische Bohnen enthalten an Eiweißstoffen 7,5 Gramm und 100 Gramm Mais 3,2 Gramm, zum Unterschied von 19,5 Gramm in 100 Gramm Rindfleisch. Merkwürdigerweise enthält Truthahn, eine der wenigen den Azteken zur Verfügung stehenden Fleischsorten von Haustieren, verglichen mit Rind, fast die doppelte Menge an Eiweiß. Hundefleisch ist nicht verzeichnet.

182 Das Todesjahr Ahuítzotls und die Nachfolge durch Moctezuma wird in den meisten Quellen mit ›Zehn Kaninchen‹ (1502) angegeben.

Einige wenige, wie zum Beispiel die Anales de Cuauhtitlan, bestimmen dafür das Jahr ›Elf Rohr‹ (1503).

183 Durán erwähnt den Sonnenstein als *cuauhxicalli* oder Adlergefäß, da es menschliche Herzen aufnahm, und bestätigt damit andere Berichte.

184 Xocoyotzin sagt ›jüngerer Sohn‹, was wörtlich ›grün‹ oder ›unerfahren‹ bedeutet.

185 Der Morgenstern war überall im alten Mexiko von Bedeutung. Eine der großartigen Leistungen der Mayas war die Genauigkeit ihrer Berechnungen über die synodische Umlaufzeit des Planeten Venus.

186 Ixtlilxóchitl betont auch Moctezumas Streben nach Absolutismus.

187 Laut Kelley und Palerm, die die Örtlichkeiten von allen Eroberungen Moctezumas ermittelten, liegt Nopallan nordöstlich von Tototepec, obwohl Tezozómoc die Anwesenheit von Otomís erwähnt. Icpatepec, ein anderes Angriffsziel desselben Feldzuges, liegt nordwestlich von Tototepec.

188 Durán spricht von Tausenden von Gefangenen, die in einer Reihe von aufeinanderfolgenden Tagen geopfert wurden, aber wie bereits erwähnt muß man solche Zahlen mit Vorsicht behandeln.

189 Für das Studium der endgültigen Grenzen des Reiches ist Barlows ›Extent of the Empire‹ unschätzbar.

190 Die Relaciones Geográficas, Berichte über Mexiko für Philipp II., von denen viele durch Paso y Troncoso in den *»Papeles de Nueva España«* veröffentlicht wurden, sind für den Nachweis, welche Orte Moctezuma tributpflichtig waren, auch von großer Hilfe.

191 Die Yopis heißen auch Tlappaneken, die ›roten Leute‹, das heißt Anhänger Xipe Totecs, der mit dem Roten Tezcatlipoca identifiziert wird.

192 Die Grenze der Yopis verlief mehr oder weniger entlang dem Fluß Papagayo.

193 Die Relación de Chilapa besagt, daß dieser Ort erstmals 1468 erobert wurde.

194 In der Tat gab es zwei getrennte Fürstentümer – Metztitlan und Tototepec (in der Regel zum Unterschied des anderen Tototepec in Oaxaca Tototepec de Hidalgo genannt).

195 Für Orte im Gebiet von Metztitlan–Tototepec, die Tributpflichtige der Azteken waren.

196 Orte wie Jicotepec (jetzt Villa Juarez), Pantepec und Pancoac wurden durch Moctezuma II. erobert.

197 Durán erwähnt als Angriffsziele dieses Feldzuges Icpatepec und Xaltepec. Das fragliche Xaltepec muß sicher das nördlich von Soconusco gelegene sein, da Duráns Bericht ganz klar herausstellt, daß der Feldzug jenseits von Tehuantepec durchgeführt wurde und daß er gegen Gebiete sehr fern von Tenochtitlan gerichtet war.

198 Der Tlacochcáltatl Tizcuecpopocatzin amtierte neunzehn Jahre lang bis zu seinem Tode als Gouverneur im Jahre 1506.

199 Die von Durán und Tezozómoc erwähnten Städte sind Tototepec und Quetzaltepec. Das hat einige Forscher dazu verleitet anzunehmen, daß die Hauptstadt des unabhängigen Staates Tototepec eingenommen wurde. Dieser Sachverhalt wird ziemlich ausführlich erörtert, und man kommt zu der Überzeugung, daß der Hinweis einer anderen Stadt gleichen Namens gilt, was in Mexiko häufig der Fall ist.

200 Diese Orte werden bei Durán und Tezozómoc zusammen erwähnt. Die Anales de Tlatelolco berichten, der Feldzug habe

1505 stattgefunden, bei Torquemada heißt es 1506. Der Kodex Telleriano-Remensis nennt als Datum 1509.

201 Bei Durán und Tezozómoc liest man, der Feldzug habe genau vor dem Neuen Feuer stattgefunden; darum erscheint 1506 überzeugend. Kelley und Palerm nehmen an, Teuctepec habe nordöstlich von Tototepec gelegen.

202 Altixco lag oft im Krieg mit den Azteken – es hatte seine Unabhängigkeit vermutlich schon an Huexotzinco verloren, wie auch das geheimnisvolle Tliliuhquitepec, nördlich von Tlaxcala.

203 Die Olmeken-Xicallanken wurden von den Tolteken vertrieben. Diese hatten ihrerseits Verdruß mit den Nachbarn und riefen die sieben Stämme herbei.

204 Auch das Tlaxcala-Gebiet war früher von den Olmeken-Xicallanken besetzt gewesen.

205 Die vier Siedlungen hießen in der Reihenfolge ihrer Gründung Tepeticpac, Ocotelolco, Tizatlan und Quiahuiztlan.

206 Bei Torquemada liest man, daß der Krieg im dritten Jahr von Moctezumas Regierung begonnen habe, im Gegensatz zu anderen Quellen aber legt Torquemada die Thronbesteigung in das Jahr 1501 und nicht 1502. Muñoz Camargo behauptet, der Krieg habe fünfzehn Jahre vor der Ankunft Cortés' begonnen, womit sich auch das Jahr 1504 ergibt.

207 Diese Art Salz, *tequixquitl* in Nahuatl (heute als *tequesquite* bekannt), ist in Wirklichkeit anderthalb-kohlensaures Natron.

208 Ixtlilxóchitl zufolge ging er nach Metztitlan. Dieser Ort hatte wie Texcoco Verbindungen mit den Otomís.

209 Ixtlilxóchitl behauptet, er habe Gebiete der Totonaken nördlich des jetzigen Staates Veracruz eingenommen. Cortés fand jedoch dort keine Texcocaner.

210 Im allgemeinen ist der Name des Herrschers der Unterwelt Mictlantecuhtli. Huemac war der letzte Herrscher von Tula.

211 Sahagún erwähnt den *calpixque* von Cotaxtla mit dem Namen Pinotl, und der von Mictlancuauhtla heißt Yaotzin.

212 Malinche ist eine Entstellung des Namens Malintzin, der nahuatisierten Verkleinerung von Marina.

213 Tezozómoc nennt Tlillancanqui, einen der vier Berater Mocte-

zumas. Es muß dieselbe Abordnung gewesen sein, da Tezozómoc den Auftrag erwähnt, Cortés mit der Kleidung des Gottes zu schmücken.

214 Dieses Xicalango in der Nähe von Boca del Río, südlich von Veracruz, gibt es nicht mehr. Es hat nichts zu tun mit der weiter östlich an der Küste gelegenen wichtigen präkolumbischen Handelszentrale.

215 Durán zufolge zählte zu dieser Delegation auch Huitznahuacatl, ein weiteres Mitglied des Rates der Vier.

216 Cortés erwähnt eine Zahl von 149000. Die Angaben der Konquistadoren über die Menge ihrer Gegner sind zuweilen offenkundig übertrieben: es ist kaum glaubhaft, daß der kleine Staat Tlaxcala mehr Krieger auf das Schlachtfeld schicken konnte als die vereinten Streitkräfte von Napoleon und Wellington in der Schlacht von Waterloo!

217 Die Origen de los Mexicanos vermerken, daß die Mehrheit des Rates den Widerstand bevorzugte.

218 Gómara sagt, daß 6000 getötet wurden, eine Zahl, die auch Torquemada erwähnt.

219 Xipe Totec ist der Rote Tezcatlipoca, Huitzilopochtli der Blaue desselben Namens, während der Schwarze Tezcatlipoca selbst ist und damit tatsächlich drei Götter in sich vereinigt. Huitzilopochtli wurde von Coatlicue geboren, nachdem sie einen Federball verschluckt hatte.

220 Cervantes de Salazar erwähnt eine Gruppe von dreißig, die Moctezumas Palast betraten. Bernal Díaz, der dabei war, spricht nur von fünfen. Es ist jedoch höchstwahrscheinlich, daß für den Bedarfsfall mehr zur Hand waren.

221 Bernal Díaz erzählt, das Gespräch habe eine halbe Stunde gedauert. Cortés schreibt von ›langen Gesprächen‹. Cervantes de Salazar hingegen sagt, sie hätten die Angelegenheit drei Stunden lang erörtert.

222 Expeditionen wurden nach Zacatula an der Küste von Guerrero, nach Malinaltepac und nach Tochtepec geschickt.

223 Die Idole blieben zweifellos vorläufig, wo sie waren. Bernal Díaz bemerkt, ›Abseits ihrer verdammenswerten Idole‹ wurde das Bild Unserer Lieben Frau aufgestellt.

224 Chimalpain macht geltend, die Spanier hätten Moctezuma erhängt.

225 Außer Orten, die in den einheimischen Berichten erwähnt werden, schreibt Cortés von Culhuacan, Xochimilco, Chirubusco, Ixtapalapa, Cuitláhuac und Mizquic, die sogar *während* der entscheidenden Belagerung loyal geblieben seien.

226 Ixtlilxóchitl vermerkt, daß Coanacochtzin von Tecocoltzin abgelöst wurde, der bald darauf starb; dessen Nachfolger war Don Carlos Ahuaxpitzactzin. Aber Cortés selbst erklärt, er habe Don Fernando Ixtlilxóchitl sofort nach Coanacochtzins Flucht nach Tenochtitlan zum Herrn ernannt.

227 Als loyal verbliebene Orte erwähnt Sahagún Xochimilco, Cuitláhuac, Mizquic, Culhuacan, Mexicalcingo und Ixtlapalapa.

228 Díaz gibt die Zahl derjenigen, die gefangen wurden, mit sechsundsechzig an im Gegensatz zu Sahagúns Schätzung von dreiundfünfzig.

229 Bernal Díaz erklärt, sie seien nicht auf der kleinen Pyramide geopfert worden, sondern auf dem Großen Tempel, was wahrscheinlich richtig ist.

230 Streng genommen bedeutet Tequipeuhcan ›wo die Mühe begann‹. *Tequitl* heißt ›Arbeit‹ oder ›harte Arbeit‹, wie auch ›Steuer‹. Das übliche Wort für Sklave ist *tlacotli.*

231 Don Pedro Moctezuma war der Sohn Moctezumas II. und Doña Maria Miahuaxochtzins. Diese Fürstin war die Tochter des Herrschers von Tula mit dem Namen Ixtlilcuechahuac; er selbst war halb-mexikanisch als Sohn aus einer Ehe zwischen dem mexikanischen Herrscher Axayácatl und der Tochter des früheren Herrschers von Tula. Darum ist es nicht verwunderlich, daß der spanische Titel in den Randgebieten Tulas den Namen Tultengo führt.

232 Es gab zum Beispiel in Cuauhtitlan nur vierunddreißig Wahlmänner.

233 Keine der vier größten europäischen Städte – Paris, Neapel, Mailand und Venedig – hatte zu Beginn des sechzehnten Jahrhunderts auch nur annähernd eine Bevölkerung von 250000.

Literaturhinweise

Acosta, Padre Joseph de: *Historia Natural y Moral de las Indias,* Mexico City/ Buenos Aires 1962 (Fondo de Cultura Económica)

Acosta Saignes, Miguel: *Los Pochteca,* Mexico City 1945 (Acta Antropólogica)

Aguilar, Francisco de: *Relación Breve de la Conquista de la Nueve España,* Mexico City 1954

Anales de Cuauhtitlan, veröffentlicht im *Codex Chimalpopoca* (siehe dort)

Anales de Tlatelolco, veröffentlicht in *Fuentes para la Historia,* Nr. 2, Mexico City 1948 (Antigua Libería Robredo)

Anales de Tula (1361–1521), auch bekannt als *Anales Aztecas,* hrsg. von Robert Barlow in *Tlalocan,* Bd. 3, Nr. 1, Mexico City 1949

Anales Mexicanos (1426–1589), auch bekannt als *Anales México-Azcapotzalco,* veröffentlicht in *Anales del Museo Nacional de México,* Jg. 1, Bd. 7, 1903

Armillas, Pedro: *Fortalezas Mexicanas,* in *Cuadernos Americanos,* Bd. 41, Nr. 5, Mexico City 1944

Barlow, Robert H.: *Conquistas de los Antiguos Mexicanos,* in *Minutes of the XXVIII International Congress of Americanists,* Paris 1947

Ders.: *The Extent of the Empire of the Culhua Mexica,* in *Ibero-Americana,* Nr. 28, Berkeley 1949 (University of California Press)

Ders.: *La Fundación de la Triple Alianza,* in *Anales del Instituto Nacional de Antropología,* Bd. 3, Mexico City 1949

Ders.: *Some Remarks on the Term Aztec,* in *The Americas,* Bd. 1, Nr. 3, Washington D.C. 1945 (Academy of the American Franciscan Society)

Bernal, Ignacio: *Tenochtitlan en Una Isla,* Mexico City 1959 (Instituto Nacional de Antropología e Historia)

Ders.: *Teotihuacan – Capital de Imperio?,* in *Revista Mexicana de Estudios Antropológicos,* Bd. 20, Mexico City 1966

Beyer, Hermann: *El Mexico Antiguo,* Mexiko City 1919; erneut 1965

Bray, Warwick: *Everyday Life of the Aztecs,* Batsford/London 1968

Bullock, William: *Six Months Residence and Travel in Mexico,* London 1824; ins Deutsche übersetzt als *Reise nach Mexico im Jahre 1823,* Jena 1824

Burgoa, Fray Francisco: *Geográfica Descripción de la Parte Septentrional de Polo*

Artico de la América, in *Publications of the Archivo General de la Nación*, Bd. 23, Mexico City 1934 (Talleres Gráficos de la Nación)

Cantares Mexicanos, Mexico City 1904 (das Manuskript befindet sich in der Nationalbibliothek von Mexico City)

Carrasco Pizana, Pedro: *Los Otomíes, Mexico City 1950 (Publications of the Instituto de Historia, Nr. 15)*

Caso, Alfonso: El Pueblo del Sol, Mexico City 1953 (Fondo de Cultura Económica)

Ders.: *La Religión de los Aztecas*, Mexico City 1945 (Secretaría de Educatión Pública)

Ders.: *La Epoca de los Señoríos Independientes*, in *Revista Mexicana de Estudios Antropológicos*, Bd. 20, Mexico City 1966

Cervantes de Salazar, Francisco: *Crónica de Nueva España*, 3 Bde., Madrid 1919; erneut Mexico City 1936 (Talleres Gráficos del Museo Nacional de Arqueología, Historia y Etnografía)

Chimalpain, Domingo Francisco de San Anton Muñon Cuauhtlehuantzin: *Das Memorial Breve acerca de la Fundación de la Ciudad de Culhuacan;* ins Deutsche übersetzt von Walter Lehmann und Gerdt Kutscher, Stuttgart: W. Kohlhammer, 1958 (aztekischer und deutscher Text stehen sich gegenüber)

Ders.: *Relaciones Originales de Chalco-Amaquemecan*, Mexico City 1965; übersetzt ins Deutsche als *Die Relationen Chimalpahin's. Zur Geschichte Mexicos*, Hamburg: de Gruyter, 1963/65 (Abhandlungen aus dem Gebiet der Auslandskunde, 2 Tle.)

Clavijero, Francisco Xavier: *Historia Antigua de Mexico*, Mexico City 1964

Codex Aubin, Mexico City 1902 (Oficina Tipológica de la Secretaría de Fomento)

Codex Azcatitlan, veröffentlicht in *Journal de la Société des Américanistes de Paris*, Bd. 38, Paris 1949 (siehe auch Kommentar von Robert Barlow, ebenda)

Codex Boturini siehe *Tira de la Peregrinación*
Codex Mendoza, hrsg. James C. Clark, London 1938

Codex Mexicanus 23–24, veröffentlicht in *Journal de la Société des Américanistes de Paris*, Bd. 20, Paris 1952 (Faksimile des Manuskripts befindet sich in der Bibliothèque Nationale in Paris; siehe dazu auch Kommentar von Ernest Mengin, ebenda)

Codex Ramírez, Mexico City 1944; erneut 1947

Codex Telleriano-Remensis, hrsg. Lord Edward Kingsborough, in *Antiquities of Mexico*, Bd. 3, London 1831

Codex Vaticano-Ríos, hrsg. Lord Kingsborough, in *Antiquities of Mexico*, Bd. 2, London 1831

Codex Xólotl, hrsg. Charles Dibble, Mexico City 1951 (Publicaciones del Instituto de Historia, Nr. 2)

Colección de Documentos inéditos relativos al descubrimiento, conquista y organización de las antiguas posesiones españolas de ultramar, Serie 2, 17 Bde., Madrid 1885–1925

Colección de Documentos para la Historia de Mexico, hrsg. J. García Icazbalceta, 2 Bde., Mexico City 1858–1866

Collis, Maurice: *Cortés and Montezuma*, London 1954; übersetzt ins Deutsche von Katherina Focke als *König, Priester und Gott. Montezumas Vision und Schicksal*, Hamburg: Hoffmann und Campe, 1956

Cooke, Sherburne/Simpson, Lesley Byrd: *The Population of Central Mexico in the Sixteenth Century*, Berkeley 1948 (University of California)

Cortés, Hernán/Marqués del Valle: *Cartas y Documentos*, Mexico City 1963 (mit Einl. von Mario Hernández Sánchez-Barba)

Ders.: *Die Eroberung Mexicos*, übersetzt aus d. Span. Mario Spiro, Berlin 1918 (mit Lithographien von Max Slevogt)

Ders.: *Der Untergang des Aztekenreiches. Dritter Bericht des Ferdinand Cortés an Kaiser V. über die Eroberung von Mexico;* übersetzt aus d. Span. Karl Spangler, Donauwörth 1915

Ders.: *Durch Urwälder und Sümpfe Mittelamerikas. Der 5. Bericht des Hernán Cortés an Kaiser Karl V.*; übersetzt aus d. Span. u. kommentiert Franz Termer, Hamburg 1941

Crónica Mexicayotl, Mexico City 1949 (Imprenta Universitaria; teilweise überliefert durch Alvarado Tezozómoc)

Davies, Nigel: *Los Mexica: Primeros Pasos Hacia el Imperio*, Mexico City 1973 (Universidad Nacíonal Autónoma de México)

Ders.: *Lōs Senoríos Independientes del Imperio Azteca*, Mexico City 1968 (Instituto Nacional de Antropología e Historia)

Davies, R. Trevor: *The Golden Century of Spain 1501–1621*, London 1937

Del Castillo, Cristóbal: *Fragmentos sobre la Obra General sobre Historia de los Mexicanos*, Florenz 1908

Díaz del Castillo, Bernal: *The Bernal Díaz Chronicles*, hrsg. Albert Idell, New York 1956

Ders.: *Historia de la Conquista de la Nueva España*, Mexico City 1969

Durán, Fray Diego: *Historia de Las Indias de Nueva España e Islas de la Tierra Firme*, 2 Bde., Mexico City 1867; erneut 1967

Epistolario de Nueva España, 1505–1808, hrsg. Francisco del Paso y Troncoso, 16 Bde., Mexico City 1939 (Antigua Librería Robredo)

Espejo, Antonieta: *Algunas Semejanzas entre Tenayuca y Tlatelolco*, in *Memorias de la Academia Mexicana de la Historia*, Bd. 3, Nr. 4 (1944)

Florentine Codex, 12 Bde., New Mexico 1950 (Nahuatl-Text, Manuskript des Fray Bernardino de Sahagún)

Gante, Fray P. de: *Cartas de Fray Pedro de Gante* (nicht veröffentlicht)

Garibay, Padre Angel María: *Llave del Nahuatl*, Mexico City 1961

Ders.: siehe auch bei León-Portilla/Heuer

Gibson, Charles: *The Aztecs under Spanish Rule*, Stanford/Calif. 1964 (Stanford University Press)

Gillmor, Frances: *Flute of the Smoking Mirror. A Portrait of Nezahualcóyotl, Poet-King of the Aztecs*, Albuquerque 1949 (University of New Mexico); erneut Tuscon 1968 (University of Arizona Press)

Gómara, Francisco Lopez de: *Historia de la Conquistas de Hernando Cortés*, 2 Bde., Mexico City 1826 (Imprenta de la Testimentaria de Ontiveros)

Gorenstein, Shirley: *The Differential Development of New World Empires*, in *Revista Mexicana de Estudios Antropológicos*, Bd. 20, Mexico City 1966

Gurría Lacroix, Jorge: *Itinerary of Hernán Cortés*, in *Artes de México*, Jg. 15, Nr. 3, 1968 (Text in Englisch, Französisch und Deutsch)

Hemming, John: *The Conquest of the Incas*, London 1970

Herrera Antonio de: *Historia General de los Hechos de los Castellanos*, 10 Bde., Madrid 1934

Historia de los Mexicanos por sus Pinturas, veröffentlicht in *Nueva Colección de Documentos para la Historia de Mexico*, Mexico City 1941

Historia Tolteca-Chichimeca, auch bekannt als *Anales de Cuauhtinchan*, veröffentlicht in *Fuentes para la Historia de Mexico*, Nr. 1 Mexico City 1947 (Antigua Librería Robredo)

Icazbalceta, Joaquín García: *Colección de Documentos para la Historia de Mexico*, 2 Bde., Mexico City 1858–1866

Ixtlilxóchitl, Fernando de Alva: *Obras Históricas*, 2 Bde., Mexico City 1952

Jiménez Moreno, Wigberto: *Diferentes Principios del Año entre diversos Pueblos del Valle de México y sus Consequencias para la Cronología prehispánica*, in *México Antiguo*, Bd. 9, Mexico City 1961

Ders.: *The Indians of America and Christianity*, in *The Americas*, Bd. 14, Nr. 4, Washington/D.C. 1958 (Academy of the American Franciscan Society)

Ders.: *Síntesis de la Historia Precolonial del Valle de México*, in *Revista Mexicana de Estudios Antropológicos*, Bd. 14, Teil 2, Mexico City 1956/57

Katz, Friedrich: *Die sozialökonomischen Verhältnisse bei den Azteken im 15. und 16. Jahrhundert*, Berlin 1956 (Ethnographisch-Archäologische Forschungen, Jg. 3, Heft 2); übersetzt ins Spanische als *Situacion Sozial y económica de los Aztecas durante de los Siglos XV y XVI*, Mexico City 1966 (Instituto de Investigaciones Históricas, Universidad Nacional de México)

Ders.: *Vorkolumbische Kulturen. Die großen Reiche des alten Amerika*, München 1969 (Kindlers Kulturgeschichte, 24)

Kelley, Isabel/Palerm, Angel: *The Tajin Totonac*, Washington/D.C. 1952 (U.S. Government Printing Office)

Kingsborough siehe *Codex Telleriano-Remensis*

Kirchhoff, Paul: *Calendarios Tenochca, Tlatelolca y otros*, in *Revista Mexicana de Estudios Antropológicos*, Bd. 14/Teil 2, Mexico City 1954/55

Ders.: *Composición Etnica y Organizacion Política de Chalco según las Relaciones de Chimalpain*, in *Revista Mexicana de Estudios Antropológicos*, Bd. 14/Teil 2, Mexico City 1954/55

Ders.: Prolog zu *Historia Tolteca-Chichimeca*, siehe ebenda S. 19–49

Las Casas, Bartolomé de: *Tratados*, Mexico City/Buenos Aires 1965 (m. Einl. von Juan Pérez de Trudela Bueso und Lewis Hanke; enthält Faksimile der Ausg. von 1552)

Ders.: *Brevisima relación de destrucción de las Indias occidentales;* übersetzt ins Deutsche als *Kurzgefaßter Bericht von der Verwüstung der Westindischen Länder*, von Dietrich Wilhelm Andreä, hrsg. von Hans Magnus Enzensberger, Frankfurt/Main: Insel, 1966 (Slg. Insel, 23)

León Portilla, Miguel: *Vision de los Vendicos*, Mexico City 1959 (Ediciones de la Unviversidad Nacional de Mexico)

Ders./Heuer, Renate: *Rückkehr der Götter. Die Aufzeichnungen der Azteken über den Untergang ihres Reiches;* aus d. Nahuatl übersetzt von Angel María Garibay, deutsch von Renate Heuer, Köln/Opladen: Middelhauve 1962; erneut München 1965 (DTV, 285)

Lopez Austin, Alfredo: *La Constitución Real de México Tenochtitlan*, Mexico City 1961 (Universidad Nacional Autónoma de México)

Madsen, William: *Religious Syncretism, in Handbook of Middle American Indians*, Bd. 6, Austin 1967 (University of Texas Press)

Mapa Quinatzin, hrsg. J. M. A. Aubin in *Anales del Museo Nacional de México*, Jg. 1, Bd. 3, Mexico City 1886

Marquina, Ignacio: *El Templo Mayor de México*, Mexico City 1960 (Instituto Nacional de Antropología e Historia, Mexico City 1960

Martinez de Río, Pablo: *Resumen de Trabajos en Tlatelolco, in Memorias de la Academia Mexicana de la Historia*, Bd. 3, Nr. 4, Mexico City 1944

Mendieta, Fray Gerónimo de: *Historia Ecclesiastica Indiana*, 4 Bde., Mexico City 1870; erneut 1945

Mendizabel, Miguel O. de: *Influencia de la Sal en la Distribución de los Grupos Indígenas de México*, Mexico City 1928 (Imprenta del Museo Nacional de Arqueología)

Mols, Roger: *Introducion à la Démographie Historique des Villes d'Europe du XIVe au XVIIIe Siècle*, 3 Bde., Louvain 1954–1956 (Université de Louvain)

Motolinía, Fray Toribio de Benavente: *Historia de los Indios de Nueva España*, Barcelona 1914; erneut Mexico City 1941

Müller, Florencia: *La Secuencia Cerámica de Teotihuacan*, in *Report of Round Table Conference on Teotihuacan*, Mexico City 1966 (Sociedad Mexicana de Antropología)

Muñoz Camargo, Diego: *Historia de Tlaxcala*, Mexico City 1947 (Publicaciones del Ateneo de Ciencias y Artes de México)

Navarrete, Martín Fernandez de: *Los Viajes de Colón*, 5 Bde., Madrid 1825–1837

Nazareo, Don Pablo de Xaltocan: *Carta al Rey Don Felipe II*, in *Epistolario de Nueva España*, Bd. 10, Mexico City 1940

Noguera, Eduardo: *La Cerámica Arqueológica de Mesoamérica*, Mexico City 1965 (Universidad Nacional de México)

Origen de los Mexicanos, veröffentlicht in *Nueva Collección de Documentos para la Historia de México*, Mexico City 1941

Oroczo y Berra, Manuel: *Historia Antigua y de la Conquista de Mexico*, 4 Bde., Mexico City 1880; erneut 1960

Papeles de Nueva España, hrsg. von Francisco de Paso y Troncoso, 2. Serie, 6 Bde., Madrid 1905/06

Pereira, Carlos: *Hernán Cortés*, Mexico City 1971

Peterson, Frederick: *Ancient Mexico*, London 1959

Piña Chan, Roman: *Estratigrafía en los Terrenos Adyacentres a la Catedral Metropolitana*, in *Memorias de la Academia Mexicana de la Historia*, Bd. 10, Mexico City 1950

Pomar, Juan Bautista: *Relación de Texcoco*, in *Nueva Colección de Documentos para la Historia de México*, Mexico City 1941

Prescott, William H.: *History of the Conquest of Mexico*, 3 Bde., London 1863; übersetzt ins Deutsche von Julius Hermann Eberty, als *Die Eroberung von Mexico*, bearb. ders., hrsg. von Gerdt Kutscher, Berlin/Grunewald: Herbig, 1956

Ders.: *Die Welt der Azteken*, Bern/München: Scherz, 1970

Relación de Cempoala, veröffentlicht in *Tlalocan*, Bd. 2, Mexico City 1949

Relación de Chilapa, veröffentlicht in *Paples de Nueva España*, hrsg. von Francisco de Paso y Troncoso, Bd. 5, Madrid 1905/06

Relación de la Genealogía, veröffentlicht in *Nueva Colección de Documentos para la Historia de México*, Mexico City 1941

Relación de las Ceremonias y Ritos y Población y Gobierno de los Indios de la Provincia de Michoacán, Madrid 1956 (s. auch Aguilar)

Ricard, Robert: *The Spiritual Conquest of Mexico*, Berkeley/Los Angeles 1966 (Übersetzung aus d. Span.)

Sahagún, Fray Bernardino de: *Colloquios y Doctrina Christiana*, Mexico City 1944; ins Deutsche übersetzt von Walter Lehmann, als *Sterbende Götter und christliche Heilsbotschaft. Wechselreden indianischer Vornehmer und spanischer Glaubensapostel in Mexico 1524*, mit spanischem und mexikanischem Text hrsg. von Gerdt Kutscher, Stuttgart: W. Kohlhammer, 1949 (Quellenwerke zur alten Geschichte Amerikas, 3)

Ders.: *Historia General de Las Cosas de Nueva España*, 6 Bde., Mexico City 1956; aus dem aztekischen Urtext ins Deutsche übersetzt von Eduard Seler, als *Das Herz auf dem Opferstein. Aztekentexte*, Auswahl u. Nachw. Janheinz Jahn, Köln/Berlin: Kiepenheuer & Witsch, 1962

Seler, Eduard: *Gesammelte Abhandlungen zur Amerikanischen Sprach- und Altertumskunde*, 6 Bde., Graz 1960

Siméon, Remi: *Dictionaire de la Langue Nahuatl ou Méxicaine*, Graz 1963

Simpson, Lesley Byrd: *The Encomienda in New Spain*, Berkeley/Los Angeles 1966 (siehe auch Cooke/Sherburne)

Soustelle, Jacques: *Die Kunst des Alten Mexico:* Übersetzung aus d. Französ. *(L'art du Mexique ancien)* von Barbara Ronge, Zusammenstellung und Fotos von Claude Arthaud u. François Hébert-Stevens, Osnabrück: Fromm, 1968

Ders.: *Mexiko;* Übersetzung aus d. Französ. von Ruth Streiff, München: Nagel, 1967 (Archaeologia mundi, 5)

Ders.: *So lebten die Azteken. Am Vorabend der spanischen Eroberung;* Übersetzung aus d. Französ. *(La Vie Quotidienne des Aztèques)* von Curt Meyer-Clason, Stuttgart Deutsche Verlags-Anstalt, 1956

Tezozómoc, Hernando Alvarado: *Crónica Mexicana*, Mexico City 1944

Tira de la Peregrinación (Codex Boturini), Mexico City 1944 (Librería Anticuaria)

Torquemada, Fray Juan de: *Monarquía Indiana*, 3 Bde., Mexico City 1943/44

Vaillant, George: *The Aztecs of Mexico*, Harmondsworth 1950; übersetzt ins Deutsche von Fritz u. Karl Gutbrod als *Die Azteken. Ursprung, Aufstieg u. Untergang eines mexikanischen Volkes*, Köln: Dumont Schauberg 1957

Veytia, Mariano: *Historia Antigua de México*, 2 Bde., Mexico City 1836; erneut 1944

West, Robert C./Armillas, Pedro: *Las Chinampas de México*, in *Cuadernos Americanos*, Bd. 50, Mexico City 1950; erneut Austin 1964 (University of Texas Press)

White, Jon Manchip: *Cortés and the Downfall of the Aztec Empire*, London/NY 1971

Wolf, Eric: *Sons of the Shaking Earth*, Chicago 1959 (University of Chicago Press)

Zantwijk, Rudolf van: *Principios Organizadores de los Mexicas. Una Introducción al Estudio del Sistema Interno del Régimen Azteca*, in *Estudios de Cultura Náhuatl*, Bd. 4, Mexico City 1963

Ders.: *Los seis Barrios Sirvientes de Huitzilipochtli*, in *Estudios de Cultura Náhuatl*, Bd. 6, Mexico City 1966

Zurita, Alonso de: *Breve y Sumaria Relación de los Señores y Maneras y diferencias que había en ellos en la Nueva España*, in: *Nueva Colección de Documentos para la Historia de México*, Mexico City 1941

Verzeichnis der Bilder

Die gesamten Bildrechte wurden freundlicherweise vom Macmillan Verlag zur Verfügung gestellt; alle Fotos des Bildteils und das Autorenfoto stammen von Sonya de la Rozière.

Verzeichnis der Karten

Register

Lee Iacocca und Sonny Kleinfield

Mein amerikanischer Traum

384 Seiten plus 16 Seiten Abbildungen, gebunden, Schutzumschlag

»Inzwischen gibt es über Management etwa so viele Bücher wie übers Abspecken.«
Mit solch kontroversen Aussagen ist Lee Iacoccas zweites Buch randvoll gespickt. Was im ersten autobiographisch war, wird jetzt allgemeingültig.
Lee Iacocca äußert sich mit dem Abstand eines Elder Statesman und zugleich mit dem Engagement eines erfolgreichen Konzernbosses zu Themen unserer Zeit: Publicity, Japan, Nation, Staatsdefizit, Wall Street, Busineß.
Es ist die Abrechnung mit den faulen Stellen in Gesellschaft, Politik und Geschäftswechsel; ein Bekenntnis zur Gradlinigkeit.

Keine Frage, auch das zweite Buch von Lee Iacocca wird ein Welterfolg werden. Ein Ratgeber für Politiker oder solche, die es werden wollen, ein Nachschlagewerk für Manager und Studenten der Nationalökonomie. Eine blendend ins Deutsche übersetzte Gedankensammlung eines überaus erfolgreichen Wirtschaftskapitäns der USA. *Kölnische Rundschau*

Kein drittes Buch Iacocca? Nicht nötig! Es ist alles gesagt!
Frankfurter Allgemeine

Lee Iacoccas Weltbestseller »Eine amerikanische Karriere« ist ebenfalls im ECON Verlag erschienen.
416 Seiten plus 8 Seiten Abbildungen, gebunden, Schutzumschlag.

ECON Verlag · Postfach 30 03 21 · 4000 Düsseldorf 30

Geschichte griffbereit

Grundkurs und Nachschlagewerk für Studenten, Praktiker, Geschichtsinteressierte zum Verstehen und Behalten welthistorischer Prozesse.
Von Imanuel Geiss.

---

1 **Daten**
der Weltgeschichte
Die chronologische Dimension der Geschichte
(6235)

2 **Personen**
der Weltgeschichte
Die biographische Dimension der Geschichte
(6236)

---

3 **Schauplätze**
Die geographische Dimension der Weltgeschichte
(6237)

4 **Begriffe**
Die sachsystematische Dimension der Weltgeschichte
(6238)

---

5 **Staaten**
Die nationale Dimension der Weltgeschichte
(6239)

6 **Epochen**
der Weltgeschichte
Die universale Dimension der Geschichte
(6240)

---

handbuch rororo

957/1

C. W. CERAM

Götter, Gräber und Gelehrte
Roman der Archäologie.
448 Seiten mit 54 Abbildungen im Text und 51 Bildern.
Gebunden und als rororo sachbuch 6790

Der erste Amerikaner
Das Rätsel des vor-kolumbischen Indianers.
Mit 60 Zeichnungen im Text von Hannelore Marek.
376 Seiten. Gebunden und als rororo sachbuch 7798

Eine Archäologie des Kinos
264 Seiten mit 293 Abbildungen auf 168 Tafeln. Gebunden

Das Buch der Pyramiden
rororo sachbuch 7411

SACHBUCH rororo

C 2318/1